기억은 나의 나 됨과 우리의 우리 됨을 형성하는 바탕이다. 기억 없이 내가 없고 기억 없이 공동체가 존재하지 않는다. 그러나 니체의 말대로 "과거에 대한 구속 없이는 최종적 구속이 가능하지 않다." 볼프 또한 망각하지 않는 한 진정한 화해와 평화는 가능하지 않다고 말한다. 물론 우리는 기억해야 한다. 모두가 들을 수 있도록 외쳐야 한다! 그러나 하나님이 우리의 죄악을 잊기 위해서만 기억하시듯 우리는 용서하기 위해서만 기억해야 한다. 볼프가 말하듯 언젠가는 잊게 될 구속의 소망에 의해 통제되어야 하는 것이다. 상처 입은 피해자와 상처 입힌 가해자 모두에게 올바르게 기억한다는 것의 의미와, 사랑만이 기억의 종말이자 목적(end)임을 매우 분명하게 가르쳐 줄 볼프의 이 책을 통해 용서와 화해에 대한 우리 사회의 논의가 한 걸음 더 깊어지길 바란다.

강영안 미국 칼빈 신학교 철학신학 교수, 『읽는다는 것』 저자

개인의 아픈 과거 문제를 해결하거나 사회적으로 잘못된 과거를 청산하는 일은 모두 기억과 관련이 있다. 기억 자체에 대해, 그리고 기억의 내용에 대해 어떠한 태도를 가질 것인지에 대한 볼프의 논의는 친일 청산에서 세월호에 이르기까지 우리가 여전히 제대로 해결하지 못하고 있는 역사적 사안들을 다시금 돌아보게 한다. 여러모로 볼프는 우리 한국 사회에 던져진 중요한 화두 같은 인물이다.

김선욱 숭실대학교 철학과 교수

책을 읽는 내내 세월호 참사 피해자와 유가족들이 떠올랐다. 진상 규명도 제대로 하지 못한 채 자식을, 부모와 형제를 가슴에 묻고 일상을 살아갈 수 있을까? 우리는 정말 '잊히지 않는 상처와 포옹'할 수 있을까? 그런데 얼마간이라도 잊어버리지 않으면, 그만큼 고통스럽고 자신조차 용서할 수 없는 증오심에 사로잡히게 된다. 반면 섣부른 망각은 문제를 해결하기는커녕 덮어 버리거나 이기적이거나 심지어 공의에 반하는 죄악이 될 수 있다. 그럼 어쩌란 말인가? 저자의 체험을 신앙으로 녹여 낸 이 책을 읽으며, 나는 우리가 이 질문에 대한 해답의 실마리를 찾을 수 있으리라는 기대를 하게 되었다.

박종운 변호사, 전 4·16 세월호 참사 특별조사위원회 상임위원

저자인 미로슬라브 볼프 교수는 한마디로 "매력 덩어리"다. 그의 시각은 늘 참신하면서 강렬한데, 특히 인간 실존과 사회 구조에 대한 각각의 통찰을 하나로 녹여 내는 솜씨가 정말 일품이다. 우리는 그에게서 신학에 임하는 자세와 방법론을 새롭게 발견한다. 이 책에서도 그는 자신과 이웃의 경험을 토대로 역사 속 불의한 악행을 규명하고 그 아픔과 어두움을 극복하려 한다. '우리의 정체성은 하나님의 손안에 놓여 있지, 비극의 가해자인 그들이나 피해자인 우리에게 달려 있지 않다'는 고백은 현대 인간 사회의 모순과 부조리 속에서 벌이는 그의 복음 중심적 사투(死鬪)처럼 여겨져 경건하기까지 하다.

변상욱 전 CBS 대기자

이 독특한 책은 악행을 당한 사람의 기억이라는 어두운 미로에 빛을 비춘다.…미로슬라브 볼프는 유고슬라비아 군대에서 스파이 혐의로 심문을 받은 몇 달에 대한 자신의 쓰라린 기억과 면밀한 심리학적 통찰과 신학적 사색을 재치 있게 결합해 낸다. 인간미 넘치는 매력적인 문체로 자신과 하나님께 솔직하게 다가간다. 이 책에는 놀랍도록 새로우면서 설득력 있는 통찰들이 가득하다. 한마디로 걸작이다.…이 정도로 흡인력 있는 심리학 책이나 신학 책은 없을 것이다.

위르겐 몰트만 튀빙겐 대학교

『기억의 종말』은 누군가는 써야 했던 책이다. 오늘날에는 사회 곳곳에서 "당신이 당한 악행을 기억하라"는 외침을 들을 수 있다. 미로슬라브 볼프는 그 외침에 동의하면서도, 악행을 잘못된 방식으로 기억하는 것이 얼마든지 가능하다고 설득력 있게 주장한다. 방대한 학식과 깊이 있는 인문학적 지혜를 바탕으로, 그는 우리에게 가해진 악행을 어떻게 올바르게 기억할 수 있는지 숙고한다. 볼프의 모든 저작에서는 신학이 삶을 조명하고 삶이 신학을 조명한다. 『기억의 종말』은 이 양방향의 조명이 가장 환하게 빛을 발하는 책이다.

니콜라스 월터스토프 예일 대학교, 『정의와 평화가 입맞출 때까지』 저자

유대교와 기독교 모두 기억의 중요성을 강조한다. 유대인들은 출애굽 사건을 기억해야 하고, 그리스도인들은 그리스도의 십자가 처형을 기억해야 한다. 미로슬라브 볼프는 지나친 기억의 부정적인 결과, 특히 개인이나 한 집단에 가해진 악행을 지나치게 많이 기억할 때 따라오는 부정적인 결과를 강조한다. 악행을 잊지 않으면 그것을 용서할 수도 없기에 영원히 사라지지 않는 증오가 생겨난다. 하지만 이 책은 때 이른 망각의 위험을 무시하지 않는다. 섣부른 망각은 과도한 기억 못지않게 큰 문제이기 때문이다. 볼프는 공산주의 국가였던 구(舊)유고슬라비아에서 학대를 당한 경험을 학술적 숙고의 결과물에 솜씨 좋게 짜 넣었다. 흥미롭고 도발적인 저작이다.
마이클 와이스코그로드 뉴욕시립 대학교 바룩 칼리지

미로슬라브 볼프는 잊을 수 없는 이 자전적 서사에서 학대, 기억, 화해의 문제를 새롭게 검토하고, 기억 자체는 아무리 이리저리 만져 봐야 우리의 상처를 다 진정시켜 주기에는 역부족이라는 결론을 내린다. 그러나 올바르게 이해한 망각은 치료제 역할을 한다. 심오함과 지혜를 겸비한 이 책은 저자의 개인적 고통에서 우러난 진정성까지 갖추고 있다.
세라 코클리 하버드 대학교

저자는 파란만장한 20세기 후반을 숙고하면서 갈등 해결이라는 기억의 중요한 역할을 되살린다. 그는 증오의 문제와 씨름하면서 이미 희망의 빛이 바랜 21세기 초두에 종교 간·민족 간의 대화, 신뢰, 관대함이 나아가야 할 새로운 방향을 제시한다.
힐렐 르바인 중재와 역사적 화해를 위한 국제연구소

그리스도인은 악행을 당한 기억을 어떻게 다루어야 할까? 만약 그 기억이 그저 잊힌다면, 피해자들을 위한 정의는 어디에 있을까? 악행이 공동체와 국가 차원에서 행해질 때 화해는 어떻게 가능할까? 이 책『기억의 종말』에서, 볼프는 현재와 미래 모두를 고려한 깊이 있는 신학적 숙고를 통해 이러한 질문들에 훌륭하게 답하고 있다.
「크리스채너티투데이」

기억의 종말

IVP(InterVarsity Press)는
캠퍼스와 세상 속의 하나님 나라 운동을 지향하는
IVF(InterVarsity Christian Fellowship)의 출판부로
생각하는 그리스도인을 위한 문서 운동을 실천합니다.

Copyright ⓒ 2006, 2021 by Miroslav Volf
Originally published in English under the title
The End of Memory, Second edition by Miroslav Volf
Published by Wm. B. Eerdmans Publishing Co.
4035 Park East Court SE, Grand Rapids, Michigan 49546, U.S.A.
www.eerdmans.com
All rights reserved.

This Korean edition is translated and used by permission of
Wm. B. Eerdmans Publishing Co.
through arrangement of rMaeng2, Seoul, Republic of Korea

This Korean Edition Copyright ⓒ 2016, 2022 by Korea InterVarsity Press
156-10 Donggyo-ro, Mapo-gu, Seoul 04031, Republic of Korea

이 한국어판의 저작권은 알맹2를 통하여
Wm. B. Eerdmans Publishing Co.와 독점 계약한 IVP에 있습니다.
신 저작권법에 의하여 한국 내에서 보호받는 저작물이므로
무단 전재와 무단 복제를 금합니다.

불의한 시대를 통과하기 위한 올바른 기억법

기억의 종말

미로슬라브 볼프 | 홍종락 옮김

IVP

팀에게

차례

확대개정판 서문　　　　　　　　　　　　　　13

1부 기억하라!
1. 심문의 기억　　　　　　　　　　　　　　19
2. 기억: 방패와 칼　　　　　　　　　　　　 41

2부 어떻게 기억해야 하는가?
3. 진실을 말함, 은혜를 실천함　　　　　　　65
4. 상처 입은 자아, 치유된 기억들　　　　　 101
5. 기억의 틀　　　　　　　　　　　　　　 127
6. 기억, 출애굽, 그리스도의 수난　　　　　 151

3부 얼마나 오래 기억해야 하는가?

7. 기억의 강, 망각의 강 — 189
8. 망각의 옹호자들 — 217
9. 구속: 조화 이루기와 몰아내기 — 251
10. 선에 몰입하여 — 273

후기: 가상의 화해 — 305
피해자와 가해자의 기억에 관하여 — 327
맺는말 — 349
에필로그: 15년 후 — 353
제임스 스미스와의 인터뷰 — 379
감사의 말 — 399
찾아보기 — 403

확대개정판 서문

『기억의 종말』 개정판 작업을 맡아 준 편집자 데이비드 브랫(David Bratt)과 어드만 출판사에 감사를 전한다. 삶의 모든 영역에서 변화가 가속[1]되는 전자통신 시대에는 많은 책이 태어나고 아주 짧게 살다가 죽음을 맞이한다. 그리고 대부분의 죽음이 그렇듯 금세 잊히고, 그 책들이 독자로 상정했던 대중은 계속 밀려드는 신간들로 관심을 돌린다. 이 책이 처음 세상의 빛을 본 것은 거의 15년 전의 일이다. 출간 후 15년이 지났다고 하면 한때는 책의 유아기로 여겨졌지만, 이제는 꽤 고령으로 느껴진다. 이 책은 제법 오래되었을 뿐 아니라 상당히 괜찮은 생애를 보냈다. 이 책이 나오자 일반 대중들과 학계는 이의를 제기하거나 크게 환영했고, 두 반응이 공존하는 경우도 많았다.

    내가 쓴 다른 대부분의 책과 마찬가지로, 『기억의 종말』은 예수 그리스

---

[1] 근대의 주된 특성으로서의 가속에 대해서는 다음을 보라. Hartmut Rosa, *Social Acceleration: A New Theory of Modernity*, trans. Jonathan Trejo-Mathys (New York: Columbia University Press, 2013).

도의 오래된 이야기와 그분의 생생한 임재로 빚어진 삶, 번영하는 삶, 그 삶의 방식의 한 측면을 조명하고자 했다. 내가 이 책에서 하는 일은 내가 모든 기독교 신학의 목적을 인식하는 방식과 궤를 같이한다. 여기에는 교회, 가정, 일터, 심지어 교도소에서 이루어지는 **평신도** 신학이나 신학교와 신학대학원에서 이루어지는 **목회** 신학뿐만 아니라 학문적 신학까지 포함된다. 『세상에 생명을 주는 신학』이라는 제목의 신학 선언문에서 공저자 매슈 크로스문과 나는 모든 **학문적 신학**의 목적이 "예수 그리스도 안에서 드러난 하나님의 자기 계시에 비추어 번영하는 삶의 비전(과 방식)을 분별하고 설명하고 권하는 것"[2]이라고 주장했다. 학문적 신학자들이 하는 일 중에는 번영하는 삶과 직결되지 않는 것도 많지만, 그 모든 일이 제대로 **신학적인** 것이 되려면 궁극적으로는 그런 비전에 어떻게든 기여해야 할 것이다. 『기억의 종말』은 학문적 신학 서적이지만, 기쁘게도 일반 독자들도 상당히 공감해 주었다.

이 확대개정판에서 나는 핵심 본문은 바꾸지 않고 그대로 두었다. 하지만 의미심장한 새로운 내용을 실었다. 첫째, 책의 주된 논지를 더욱 발전시키는 한 장을 추가했다. 초판의 본문은 피해자의 기억에 오롯이 집중하다시피 했다. 그 주된 내용은 피해자들이—**우리가**—번영하는 삶의 기독교적 비전과 방식에 힘입어 자신이 겪은 악행을 어떻게 치유와 화해를 가져오는 방식으로 기억할 수 있는가 하는 것이었다. 그러나 피해자가 있는 곳에는 가해자도 있을 수밖에 없고, 가해자의 기억 또한 그 자체로 다루어

---

[2] Miroslav Volf and Matthew Croasmun, *For the Life of the World: Theology That Makes a Difference* (Grand Rapids: Brazos, 2019), p. 1. 『세상에 생명을 주는 신학』(IVP).

야 할 문제다. 피해자의 용서와 가해자의 회개가 만나야 화해가 가능한 것처럼, 피해자의 올바른 기억함은 가해자의 올바른 기억함과 짝을 이루어야만 한다.

둘째, 『기억의 종말』에 관한 인터뷰 한 편의 녹취록을 실었다. 책이 출간되고 얼마 후 나는 기억을 다룬 이 책에 관해 많은 인터뷰를 했다. 그중 마지막 인터뷰는 거의 10년 전에 한 것이었는데 내용이 가장 충실한 인터뷰였다. 제임스 스미스(James K. A. Smith)와 내가 이 책을 두고 나눈 대화는 "기억의 정의, 망각의 은혜: 미로슬라브 볼프와의 대화"[3]라는 제목으로 「코멘트」(*Comment*)에 실렸다. 내 친구이기도 한 스미스는 중요한 사안들에 대해 나를 부드럽게 몰아붙였다. 그의 질문들에 대해 내가 한 답변을 다시 읽다 보니 원래의 답변을 수정하고 확대하지 않을 수 없었다.

끝으로, 나를 비판하는 사람들에게 답하는 내용이 주를 이루는 긴 에필로그를 썼다. 그 안에 이 책이 나오게 된 배경과, 책을 쓰면서 내가 목표한 바도 간략히 적었다. 똑같은 상황이란 없고, 우리의 확신이 한결같다 해도 다른 상황이 펼쳐지면 그에 따른 "임기응변"이 이루어진다. 여러 측면 중에서도 이런저런 측면이 부각되고 펼쳐지고, 다른 요소들은 배경으로 밀려나고, 또 다른 요소들은 언급되지 않고 남겨진다.[4] 어떤 부분에서 나의 주장에 설득된 독자는 각자 나름의 방식으로 과거를 기억할 것이다. 나의 주장에 설득되지 않은 독자라면, 이 책을 계기로 자신이 당했거나 저지른 악행을 단순히 "기억하고 절대 잊지 않는" 선에서 만족하지 말

---

3   다음을 보라. *Comment*, December 1, 2015, https://www.cardus.ca/comment/article/the-justice-of-memory-the-grace-of-forgetting-a-conversation-with-miroslav-volf/.

4   임기응변에 대해서는 다음을 보라. Volf and Croasmun, *For the Life*, pp. 107-113.

고 어떤 종류의 기억함이 우리의 공통된 인간성에 걸맞은 것인지 분별하고자 노력했으면 한다. 자신이 당하고 저지른 악행을 잘못 기억하는 것은 자기 영혼을 훼손하는 일이다.

1부

기억하라!

1장
심문의 기억

고백할 것이 있다. 한때 나는 국가 안보에 위협적인 인물로 취급받은 적이 있다. 그들은 몇 달에 걸쳐 나를 심문했다. 나의 시시콜콜한 개인사를 추궁했을 뿐 아니라 국가 안보에 위협이 된다고 의심되는 여타 인물들의 유죄를 입증할 만한 정보를 캐내려고 했다. 그래서인지 이라크 아부그라이브 수용소 수감자들의 사진을 보고 나는 큰 충격을 받았다. 두건을 뒤집어 쓴 채 전깃줄에 묶여 양팔을 벌리고 무력하게 서 있는 모습은 마치 현대판 십자가 처형 장면 같았다. 수감자들에 대한 학대가 있었음을 보여 주는 사진들은 그 자체로도 끔찍했지만, 학대와 굴욕의 정도는 그보다 덜했을지언정 나로서는 괴롭기 그지없었던 20여 년 전 심문의 기억을 다시 떠올리게 했다.

혐의와 위협

당시는 우리 주님의 해 1984년이었으나 내게는 적그리스도의 해와 같았다. 1983년 가을, 나는 당시 공산국가였던 유고슬라비아의 군대에서 입영 통보를 받았다. 피할 길이 없었다. 나는 아내와 탈고를 앞둔 박사학위 논문을 뒤로한 채, 모스타르 군사기지에 들어가 1년을 보내야 했다. 40여 명의 군인들과 한 내무반에서 지냈고 새벽 다섯 시면 차가운 굴라시(헝가리 전통음식)에 너무 익혀 타 버린 고기를 곁들인 아침식사를 했다. 하지만 기지에 발을 들여놓으면서 나는 단순한 불편함 정도가 아니라 모종의 위험이 나를 기다리고 있음을 직감했다.

지휘관들이 보기에 미국 시민이었던 내 아내는 언제든 CIA 스파이가 될 수 있는 사람이었다. 서구에서 공부한 나는 모든 것을 하나님, 즉 세속의 모든 신은 물론이고 전체주의 정권이라는 신보다도 더 위에 있는 하나님과 관련지어 연구하는 "체제 전복적" 학문을 익힌 사람이었다. 당시에 나는 칼 마르크스에 관한 박사학위 논문을 쓰고 있었는데, 사회주의와 그 실현 방법을 상술하는 마르크스의 이론은 유고슬라비아 군대가 수호하려 하는 현실 사회주의의 적법성을 오히려 부정할 따름이었다. 나는 목사의 아들이었다. 제2차 세계대전이 끝나고 나서 내 아버지는 민중의 적으로 몰려 공산주의자들의 손에 죽을 뻔했고, 선동을 부추길까 의심하는 비밀경찰들은 잊을 만하면 한 번씩 찾아와 아버지를 괴롭혔다. 나는 잘못한 것이 없었지만 '빅 브라더'가 나를 주시하고 있음을 알고 있었다. 그러나 얼마나 면밀히 지켜보고 있는지는 몰랐다.

나중에 알게 된 사실이지만, 우리 부대의 부대원들 대부분이 나를 감시하는 일에 개입했다. 한 병사는 내게 정치적으로 민감한 책을 건넸고, 또 다른 병사는 「뉴스위크」(Newsweek)나 「타임」(Time)의 최근 호를 건넸다. 아버지가 크로아티아 잡지사 「다나스」(Danas)에서 일하는 한 병사는 내가 그 잡지를 무료로 받아 볼 수 있도록 해 주었다. 이 모두가 나로 하여금 종교, 인종, 정치, 군사 등 예민한 주제에 대해 말하게 하여 나의 선동적 성향이 드러나도록 꾸민 일이었다. 일부 병사들은 내가 갖고 있던 그리스어 신약성경의 내용에 관심이 있는 척하면서 토론을 하고자 했는데, 그것은 기지 내에서 금지된 화제였다. 나는 중대장의 행정병이 되었다. 다른 경우였다면 매력적이었을 그 보직을 내게 맡긴 이유는 단 하나, 도청장치가 설치된 1인실에서 대부분의 시간을 보내게 하기 위해서였다. 그 후 몇 달 동안 내가 한 거의 모든 말이 기록되거나 녹음되었고, 기지 안팎에서의 일거수일투족이 감시의 대상이 되었다.

아내가 내게 보낸 편지를 번역하여 보안장교에게 보고하는 업무를 맡은 병사를 우연히 만나고 나서 얼마 후 시련이 시작되었다. 나는 "면담" 호출을 받았다. "우린 자네에 대해 다 알고 있네." 보안장교인 G 대위가 말했다. 그의 양옆에는 다른 두 장교가 서 있었는데, 무표정한 얼굴이 위협적이었다. 그들은 나의 체제 전복 의도와 활동을 보여 주는 많은 "증거"를 갖고 있다고 했다. 대위의 책상에는 30센티미터 두께의 서류철이 놓여 있었는데, 그 안에는 내가 행정실에서 나눈 대화의 녹취록뿐 아니라 내가 이런저런 병사들에게 했던 말들, 시내 건물로 들어가는 모습이 담긴 사진들이 들어 있었다. 심지어 높은 데서 찍은 사진도 있었다. 그들은 나에 대해 많은 것을 알고 있었지만 그 내용 중 그들의 마음에 드는 것은 하나도 없는 듯했다.

프란츠 카프카의 『소송』에 나오는 법정처럼, 나를 심문하는 이들은 "아무것도 없는 데서 뭔가 심각한 죄"를 끄집어내려 했다.[1] 기지 내에서 종교

---

1 Franz Kafka, *The Trial*, trans. Breon Mitchell (New York: Schocken, 1998), p. 149. 『소

선전을 했으니, 나는 사회주의와 무신론이 공식적으로 연결되어 있던 유고슬라비아에서 사회주의에 반대하는 인물이었다. 스스로 세운 원칙에 따라 행동한 양심적 병역거부자 나사렛 예수에게 찬사를 보냈으니 국가방위를 해치는 자였다. 티토(Josip Broz Tito, 유고슬라비아의 정치가)에 대해 불온한 말을 했으니 분명 인민의 적이었다. 미국인과 결혼하고 서구에서 공부를 했으니 스파이가 틀림없었다. 참으로 심문하는 자가 부끄럽기 그지없는 죄목들이었다. 사상 표현의 자유를 제한하는 것은 도덕적으로 비난받아 마땅하건만, 그들에게는 그런 인식이 없었다. 나에 대한 일부 혐의는 다른 말이 필요 없었다. 그저 우스꽝스러울 따름이었다. 국외 거주 미국인은 다 잠재적 스파이란 말인가? 하지만 그 장교들은 더없이 진지했다. 그들의 눈에 나는 정권 전복을 위해 일하고 있는 게 분명했다. 유고슬라비아를 하나로 묶고 있는 결속력이 언제 깨어질지 모르는 상황이었다. 그들은 적이 어느 돌 아래, 어느 수풀 뒤에 숨어 있을지 모른다고 했다.

　죄목을 열거한 후 협박이 시작되었다. 이 정도 죄목이면 감옥에서 8년은 족히 썩을 수 있었다! 위협에 담긴 의미는 분명했다. 내가 민간인이었다면 유능한 변호사들과 국내외 여론의 도움을 기대할 수 있었을 것이다. 그러나 당시 나는 군대에 있었기 때문에 내가 기대할 수 있는 것이라고는 비공개 군사재판이 전부였다. 독자적으로 변호사도 구할 수 없었다. 고소를 당하면 유죄판결이 날 테고, 유죄판결은 곧 파멸을 의미하니⋯실토하라는 것이었다. 그것도 "최대한 빨리, 가능한 한 모조리 실토하라"고 말이다.[2]

송』(민음사).

2　Arthur London, *The Confession*, trans. Alastair Hamilton (New York: William Morrow and Company, 1970), p. 56.

그들이 이미 파악해 놓은 죄목을 모두 인정하지 않으면 나는 끝장이라고 했다. 그런 협박이 한 주가 멀다 하고 심문이 있을 때마다 이어졌다. 나는 무시무시한 협박을 밥 먹듯이 받았고 이따금 헛된 희망을 품었다. 심문자들은 늘 그 자리에 있던 G 대위를 제외하고는 매번 바뀌었는데, 그 때마다 계급이 자꾸 올라가더니 나중에는 장군들이 찾아왔다.

그들의 관심을 받으면서 내가 중요한 존재라는 느낌이 들기는 했다. 날렵한 사냥개들을 앞세운 채 명마를 타고 손에 무기를 든 왕과 그 수행단에게 쫓기는 여우가 그런 심정이지 않았을까? 그러나 두려움이라는 한 가지 감정이 나를 압도하며 다른 모든 감정을 삼켜 버렸다. 때로 나는 두려움에 온몸이 마비되었다. 영혼이 떨리고 몸이 녹아내리는 것 같았다. 물리적 고문을 당하지는 않았지만 나는 심문자들의 철권에 단단히 사로잡혀 있었고, 나의 미래는 오로지 그들의 처분에 달려 있었다. 그들은 나에게 무슨 짓이든 할 수 있었다. 나를 위협하는 그들의 눈을 보면, 내게 고통을 주는 일을 즐기는 것 같았다. 그들의 위협대로 투옥되는 것은 두렵지 않았지만, 무엇이든 할 수 있을 것처럼 보이는 악한들의 힘은 두려웠다. 악한 눈이 도처에 도사리고 있으면서 나를 지켜보는 것 같았다. 악한 정신이 보이는 모든 것을 제 뜻대로 일그러뜨리는 것 같았다. 악한 의지가 기를 쓰고 나를 괴롭히며, 그 의지가 마음대로 부릴 수 있는 강력한 손이 멀리서도 내 목을 거머쥘 것 같았다. 나는 덫에 걸린 신세였다. 속수무책이었다. 내가 버티고 설 기반, 저항의 근거로 삼을 기반은 보이지 않았다. 권력이라는 거짓 신 앞에서 부들부들 떠는 나는, 표적으로서는 분명 존재감이 있었지만 사람으로서는 하찮은 존재에 불과했다.

학대의 기억

"면담"은 시작할 때처럼 갑자기 중단되었다. 아무런 설명도 없었다. 군복무 기간이 끝났을 때, 보안장교들은 나를 수하에 두고자 어설픈 시도를 했다. 한 장교는 이렇게 말했다. "자네가 한 일을 생각하면, 그래도 우리가 잘 대해 준 걸세. 자네가 어떤 처벌을 받아야 마땅한지 알지 않나. 감사의 표시로 우리를 위해 일하는 게 어떤가?" 감사? 무엇에 대한 감사란 말인가? 내가 기독교 신학자이며 미국인과 결혼했다는 이유만으로 수없이 심문하고 내 인생의 몇 달을 빼앗은 것에 대해? 심적 고통에 대해? 두려움, 무력함, 모욕을 안겨 준 것에 대해? 제대 후에도 나의 내면을 식민지로 삼은 것에 대해? 내가 여러 달 동안 학대의 렌즈로 세상을 바라보고 모든 사람을 불신하며 지낸 것에 대해?

학대의 수준으로 보자면 내가 받은 심문은 중간 정도라고 할 수 있을 것이다. 모욕을 받거나 한 대 맞는 것보다는 심했지만, 많은 이들이 고문자들, 특히 붉은 군대의 고문기법을 배운 이들에게 당한 고문과 고통[3]에 비하면 가벼웠다. 장기간 격리되거나, 잠을 못 자거나, 굶거나, 고통스러운 자세를 강요받지 않았고, 폭행이나 성적 학대도 없었다. 하지만 제대 이후에도 나는 그때 받은 학대에서 자유롭지 못했다. 마치 G 대위가 내 마음속 집으로 이사 와서 거실 한복판에 편안하게 자리를 잡고 나와 함께 살아가는 것 같았다.

---

3 예를 들어, 억류와 심문에 대한 일인칭 기록으로는 Arthur London (*The Confession*), Elena Constante [*The Silent Escape: Three Thousand Days in Romanian Prisons*, trans. Franklin Philip (Berkerly: University of California Press, 1995)]를 보라.

나는 그가 내 머릿속에서 흔적도 없이 사라지기를 **바랐다**. 그러나 아무리 애써도 그를 멀리하고 잊어버릴 방법이 없었다. 그는 내 마음속 거실에 머물면서 거듭거듭 나를 심문했다. 그러나 그를 잊는 것이 설령 가능하다 해도 지혜로운 일이 아님을 나는 알고 있었다. 적어도 당장은 곤란했다. 잊어서는 안 될 정치적·심리적 이유들이 있었다. 그래서 나는 서서히 G 대위를 옆으로 조금씩 밀어냈고 결국 내 삶의 변두리로 몰아내는 데 성공했다. 달리 하는 일 없이 멍하게 있을 때면 그는 다시 내 시선을 사로잡아 한동안 나의 죄목을 나열하고 협박을 늘어놓았다. 그러나 나는 그에게 등을 돌리는 데 대체로 성공했고, 그의 목소리는 분주한 일상 속에 묻혔다. 이런 식의 밀어내기는 효과가 좋았다. 지금도 그렇다. 사실, 이제 그는 내 머릿속 어두운 지하층 한구석에 갇혀 있고 이전에 비하면 희미한 그림자에 불과할 정도로 그 존재감이 미미해졌다.

나는 대위를 머릿속 한구석으로 밀어내는 데는 성공했다. 그러나 그와의 관계에 대한 주된 염려는 해결되지 않은 채 그대로 남아 있었다. 처음 심문을 받을 때부터 곧바로 느꼈던 것이었다. '나는 부당한 대우를 받고 있다. 그런데 어떻게 반응해야 하지?' 내가 **원한** 반응은 분명했다. 소리 지르고 저주하고 되갚아 주고 싶었다. 모리스 웨스트는 소설 『어부의 신발』에서 심문관 카메네프의 생각을 제시한다. "한 사람을 심문해서 산산조각낸 뒤, 그 조각들을 탁자 위에 펼쳐 놓고 다시 이어 붙이면 이상한 일이 벌어진다. 남은 평생 동안 그를 사랑하거나 증오하게 되는 것이다. 그러면 그도 나를 사랑하거나 증오하게 될 것이다."[4] 나를 심문한 사람이 어떤 감정

---

4   Morris L. West, *The Shoes of the Fisherman* (New York: William Morrow and Com-

으로 나를 대했는지는 모르지만, 내가 그에게 사랑을 느끼지 않은 것만은 분명했다. 사랑은커녕 사라질 줄 모르는 차가운 분노, 복수를 한다 해도 사라지지 않을 분노만 남았다. 그러나 내가 그 감정에 굴복한다면, 그것은 자유로운 인간이 아니라 상처 입은 동물로서 반응하는 일이 되리라는 것을 나는 (아마도 무의식적으로) 직감했다. 그 반응이 실제로 나타나든(그건 불가능한 일이었다) 내 상상 속에서만 벌어지든, 그것은 중요하지 않았다. 인간으로 행동한다는 것은 복수심을 포함한 모든 감정을 존중하되 하나님이 인간성 안에 새겨 넣으신 도덕적 요구사항을 따르는 것을 의미한다. 나는 두려움과 모욕감에 사로잡힌 상태였지만, 내가 인간 정신에서 가장 귀하다고 믿는 이웃에 대한 사랑만은 잃지 말자고 다짐했다. 그 이웃이 설령 원수일지라도 말이다.

   몹쓸 일을 겪을수록 우리는 대응하기보다는 반응하게 되고, **도덕적으로 옳은** 방식보다는 **내키는 대로** 가해자들을 대하기 쉽다. 만일 내가 아부그라이브 수용소 수감자들과 비슷한 대접을 받았거나 그보다 더한 학대를 당했더라도 원수를 사랑하자는 원칙을 고수했을까? 아마 아니었을 것이다. 학대의 파괴력에 짓눌려 학대자들을 사랑하자는 생각조차 할 수 없었을 것이다. 사랑은 고사하고 그들이 잘되기를 빈다거나, 그들에게 선을 행하려 한다거나, 그들과 인간적 유대를 형성하기 위해 노력하는 일을 생각조차 할 수 없었을 것이다. 그런 나의 무능함이 원수를 사랑하라는 요구를 무효로 만들까? 그렇지는 않을 것이다. 다만 그 요구의 실현이 잠시 미뤄질 뿐이다. 그러다 마침내 나를 초월하는 어떤 능력이 나를 원래의

---

pany, 1963), p. 46.

모습으로 회복시키면, 그때 비로소 나는 원수를 사랑하는 일이 내가 해야 할 일임을 마음 깊은 곳에서 깨닫고 실천할 수 있을 것이다. 그때가 되어서야 19세기의 노예제 폐지 운동가이자 여권 운동가인 소저너 트루스가 "내가 예수님을 만났을 때"라는 제목의 설교에서 토로했던 마음의 싸움과 승리를 내 방식으로 따라갈 수 있을 것이다.

> 찬양, 찬양, 주님을 찬양하십시오! 전에는 한 번도 느껴 보지 못했던 큰 사랑, 모든 피조물에 대한 사랑이 내 안에서 느껴지기 시작했습니다. 그런데 갑자기 그 사랑이 멈추었습니다. 이런 생각이 들었거든요. '너를 학대하고, 너를 때리고, 너와 같은 흑인들을 괴롭힌 백인들이 있잖아. 그들을 생각해 봐!' 하지만 그때 다시 한번 사랑의 물결이 밀려왔습니다. 그래서 나는 큰 소리로 부르짖었습니다. "주님, 저는 백인들까지도 사랑할 수 있습니다!"[5]

다행히도 내가 사랑해야 할 대상은 G 대위 한 사람뿐이었다. 모든 "백인들", 사람들을 난도질해서 죽인 자들, 특정 종족 전체를 말살하겠다고 나선 괴물들을 사랑해야 하는 것은 아니었다.

악이 온전히 이기려면 한 번이 아니라 두 번의 승리가 필요하다. 악행이 벌어질 때 첫 번째 승리가 이루어지고, 악을 되갚을 때 두 번째 승리가 이루어진다. 첫 번째 승리 후에 두 번째 승리로 새 생명을 공급받지 못하면

---

5 Sojourner Truth and Olive Gilbert, *Narrative of Sojourner Truth: A Bondswoman of Olden Time, with a History of Her Labors and Correspondence Drawn from Her Book of Life*; 또한, *A Memorial Chapter*, ed. Nell Irvin Painter (New York: Penguin, 1998), pp. 107-108.

악은 죽고 만다. 내 경우에, 악의 첫 번째 승리에 대해서는 손쓸 수 없었지만 두 번째 승리는 막을 수 있었다. G 대위가 나를 그와 똑같은 사람으로 만들도록 내버려 둘 수는 없었다. 나는 악을 악으로 갚는 대신, 사도 바울의 가르침에 주목하여 선으로 악을 이기리라 마음먹었다(롬 12:21). 결국 나 또한 불경건한 자를 구원하기 위해 그리스도 안에서 죽으신 하나님의 은혜를 받은 자 아닌가. 그래서 다시 한번, 이번에는 G 대위를 상대로 나는 원수를 사랑하시는 하나님의 발자취를 따라 비틀대며 걷기 시작했다.

G 대위의 잘못이 내 기억 속에서만 되풀이되는 지금, 나는 상상 속의 그와 어떤 관계를 맺어야 할까? G 대위와 그가 내게 한 일을 어떻게 **기억해야 할까**? 대대로 많은 하나님의 사람들이 시편 기자의 글로 기도한 것처럼, 나도 자주 그랬다. "여호와여, 내 젊은 시절의 죄와 허물을 기억하지 마시고 주의 인자하심을 따라 주께서 나를 기억하시되 주의 선하심으로 하옵소서"(시 25:7). 나 자신과 내가 저지른 잘못에 대해 하나님께 기도했던 대로 G 대위와 그의 잘못을 기억한다는 것은 어떤 의미일까? **사랑을 추구하는 사람은 가해자와 그의 잘못을 어떻게 기억해야 할까?**

이것이 내가 이 책에서 탐구하고자 한 문제다. 이 책의 주제는 **가해자를 미워하거나 무시하기보다는 사랑하기 원하는 피해자가 자신이 당한 과거의 악행을 바라본 기억**이다. 악행의 기억이라는 문제를 이런 식으로 다루는 것이 이상해 보일 수 있다. 하지만 기독교 신앙의 핵심을 받아들인다는 것은 곧 편안하고 익숙한 영역에서 벗어나 원수를 사랑하겠다고 다짐하는 위험한 영역으로 들어서는 일이다. 그곳에서는 누구에게나, 심지어 가해자에게까지 자비와 친절을 베풀겠다는 맹세가 기억을 이끄는 지침이 되어야 한다.

많은 피해자들이 자신은 가해자를 사랑해야 할 그 어떤 의무도 없다고 믿는다. 만일 가해자를 실제로 사랑한다면 그것이야말로 오히려 인간성을 배신하는 일이라고 생각한다. 이런 생각대로라면, 가해자는 자신이 저지른 잘못에 **합당한** 대우를 받아야 하며 응보적 정의가 엄격하게 시행되어야 한다. 이러한 주장에는 설득력이 있다. 그러나 이 견해를 받아들이려면, 원수를 사랑하는 일처럼 기독교 신앙의 핵심에 자리 잡은 다른 이들에 대한 태도를 포기해야 한다. 즉 정의에 대한 관심을 배제하지 않으면서도 정의를 넘어서는 사랑을 포기해야 한다는 의미다. 이 책에서 나는 '정의를 인정하면서도 그것을 넘어서는 원수 사랑'을 지지하는 논증을 펼치지 않고 그것을 기독교 신앙의 기정사실로 받아들인다.[6]

나는 가해자를 사랑으로 대하기로 다짐한 피해자가 그 결심에 맞게 자신이 당한 일을 기억하려 할 때 반드시 마주하게 되는 여러 질문들을 다루면서 내가 겪은 심문의 경험을 계속해서 이야기할 것이다. 그 경험은 내가 이 주제를 탐구하게 만든 도가니였기 때문이다. 내게 그 경험은 현재와 과거를 아우르는 수많은 이들의 경험, 특히 역사상 가장 많은 피를 흘린 시기인 20세기에 살았던 사람들의 고통을 들여다보는 창이 되었다. 2장에서 나는 심리학자, 역사가, 공적 지식인들이 기억의 중요성에 대해 나눈 광범위한 대화에 동참할 것이다. 이는 대부분 두 차례의 세계대전, 아르메니아 대학살, 홀로코스트, 스탈린과 마오쩌둥이 벌인 숙청, 르완다 대학살

---

[6] 이 주제를 광범위하게 다룬 책들은 다음과 같다. Miroslav Volf, *Free of Charge: Giving and Forgiving in a Culture Stripped of Grace* (Grand Rapids: Zondervan, 2005), 『베풂과 용서』(복있는사람). *Exclusion and Embrace: Theological Reflections on Identity, Otherness, and Reconciliation* (Nashville: Abingdon, 1996), 『배제와 포용』(IVP).

등 지난 세기에 있었던 큰 재앙들에 대한 응답으로 시작된 대화였다. 나는 기억하는 것도 중요하지만 **올바르게** 기억하는 것이 더 중요하다고 논증해 나갈 생각이다. 이 책의 나머지 부분에서는 올바르게 기억하는 것이 무엇인지 기독교적 관점에서 탐구할 것이다. 그에 앞서 여기 1장 후반부에서는 올바르게 기억하려는 노력이 악행을 당했지만 가해자를 사랑하려고 애쓰는 사람의 입장에서 어떻게 보이는지 기록해 보려 한다. 내가 당한 심문의 기억을 개략적으로 소개했으니, 이제 그 기억을 비판적으로 검토하고 심문해 볼 차례다.

올바르게 기억하기

지난 수십 년간 서구 사회에서 "기억하라"는 촉구는 피해 당사자나 일반 대중 모두에게 어디서나 접할 수 있는 흔한 일이 되어 버렸다. 1984년의 시련 이후 이 지령을 처음 접했을 때, 나는 그것이 불필요하다고 생각했다. 모든 것을 너무나 분명하게 기억하고 있었기 때문이다. 기억하라고 나를 자극할 필요가 없었다. 하지만 그 촉구가 내가 은밀하게 당한 일을 공개하라는 의미일 뿐이라면(그것이 기억하라는 명령을 지지하는 이들의 주된 의도처럼 보였다), 매우 편파적이고 위험천만한 일이라고 생각했다.

어떤 악행을 기억한다는 것은 곧 그것에 맞서 싸우는 일이다. "기억"의 위대한 옹호자들은 우리에게 그 사실을 제대로 일깨워 주었다. 그러나 잘못된 방식으로 기억할 여지가 너무나 많기 때문에, 그 명령은 위험해 보였다. 나는 밀란 쿤데라가 소설 『향수』에서 표현한 대로, 마조히스트적으로 과거를 기억할 가능성이 있었다. 즉 그 사건에서 내가 나 자신에 대해 불쾌감을 느끼게 하는 요소만 기억하는 것이다.7 또는 악을 악으로 갚으려는 복수심에 이끌려 사디스트적으로 기억할 수도 있었다. 그렇게 되면 기억에 힘입어 내가 당한 악행에 맞서 싸우는 과정에서 나 또한 악행을 저지르게 될 터였다. 그리하여 악에 두 번째 승리, 완전한 승리를 안겨 주는 격이 될 것이다.

그러니까 처음부터 내게 핵심이 되는 문제는 기억할지 말지가 아니었다. 나는 분명히 기억할 것이고, 기억해야 마땅했다. 문제는 **어떻게 해야 올바르게 기억할 수 있는가** 하는 것이었다. 나는 기독교적 감수성에 의거해 처음부터 이렇게 묻고 있었다. '나는 가해자를 사랑하고 선으로 악을 이기기로 다짐한 사람으로서 내가 당한 학대를 어떻게 기억해야 하는가?'

"올바르게 기억하기"에는 실제로 어떤 일이 포함될까? 이 책 전체가 이 질문에 대답하려는 시도다. 그러나 "올바르게"가 최종적으로 의미하는 바가 무엇이건, 피해자 개인에게 옳은 것만을 가리킬 수는 없다는 점에 주목해야 한다. 그것은 가해자와 주위 사람들에게도 옳은 것이어야 한다. 이유는 간단하다. 내가 당한 학대를 올바르게 기억하는 것은 설령 나 혼자서 남들 모르게 기억하는 경우라 해도 사적인 일이 아니기 때문이다. 학대를 기억하는 일은 다른 사람들이 늘 관련되어 있기에 공적인 의미가 있다. 학대의 기억과 관련이 있는 상대는 셋이다. 하나씩 살펴보자.

첫째, 피해 당사자다. 학대의 기억이 피해자 이외의 다른 이들에게 미치는 영향력은 간접적이다. 나는 이렇게 자문해 보았다. '내 기억 속에 여전

---

7   Milan Kundera, *Ignorance*, trans. Linda Asher (New York: HarperCollins, 2002), p. 74. 『향수』(민음사).

히 살아 있는 몇 달간의 학대의 경험은 어떤 식으로든 의미가 있을까? 설령 그 경험이 무의미한 것으로 기억된다 해도 내 삶은 여전히 의미가 있을까? 학대의 기억은 나의 내면 어디에 자리 잡게 될까? G 대위는 내면의 거실에 계속 앉아 있을까? 아니면 내가 그를 구석으로 몰아내거나 지하실에 가둬 버릴 수 있을까?'

학대의 기억과 피해자의 내면 "공간" 사이의 관계에 대한 물음은 학대의 기억과 피해자의 내면 "시간" 사이의 관계에 대한 물음과 긴밀히 연결되어 있다. 지금까지 내가 미래를 맞이할 때마다 학대의 기억이 자꾸만 모습을 드러냈다면, 다가올 미래에 G 대위는 내 인생의 또 얼마나 많은 부분을 자기 것으로 삼게 될까? 그는 내 가능성의 지평을 제한할까, 아니면 그와 그가 벌인 더러운 일들이 지평선 너머의 검은 점으로 쪼그라들어 영원히 사라져 버릴 수도 있을까? 올바르게 기억하는 것에 관한 이런 질문들에 대답하는 일은 나 혼자 해야 하겠지만(4장에서 자세히 살펴볼 것이다), 내가 이 질문들에 어떻게 대답하는지에 따라 G 대위와의 관계가 달라지고, 내가 처한 모든 사회적 환경과 맺는 관계도 영향을 받을 것이다.

둘째, 학대가 일어나거나 적용될 수 있는 사회적 환경이다. 처음부터 나는 내가 당한 심문을 학대라는 고립된 사건으로만 경험하지 않았다. 악행을 당한 피해자들 대부분의 경우가 그렇듯, 내 경험은 하나의 **본보기**가 되었고 내 기억 속에서 계속해서 본보기로 작용했다. 그런데 무엇에 대한 본보기일까? 우선 그 경험은 평소엔 예의라는 베일 뒤에 가려져 있지만 사회의 평화가 깨어지면 언제라도 추악한 얼굴을 드러내는, 만연한 인간 상호작용의 본보기일 수 있다. 또한 9·11 사태를 과격한 이슬람의 본질로 보는 시각에서 내 경험을 사회주의의 본질이라 볼 수도 있다. 그리고 만일 내가 사는 세계가 야수처럼 무지막지한 권력이 지배하는 세계라면, 내가 어떻게든 본받아야 할 본보기로 여길 수도 있다. 물론 이 경우 나는 불운한 피해자가 아니라 반드시 G 대위의 입장에 있어야 할 것이다. 내가 당한 심문을 세상을 다스리는 무지막지한 권력을 들여다보는 창으로 기억한다면, 그것은 올바른 기억의 방식일까? 아니면 부정적인 면에 먼저 초점을 맞춤으로써 주위 풍경까지 온통 그 분위기로 물들게 한 잘못된 방식일까? 학대의 기억으로 나의 세계가 어두워지고 그 어두워진 세계가 학대의 경험을 더욱 부정적으로 기억하게 만들어, 결국 과거의 학대로 인해 어두운 지하 세계로 빨려 들어가게 되는 것은 아닐까?

그렇지 않으면, 내가 당했던 심문은 세계가 본질적으로 구성된 방식과 깊은 의미에서 충돌하는 것이어서 우리 세계가 잘못된 곳임을 보여 주는 본보기인지도 모른다. 그가 저지른 일을 선악의 구분이 모호한 세계의 징후가 아닌 선한 세계에 나타난 악한 변칙으로 기억하려면, G 대위의 악행을 어떤 틀을 가지고 바라보아야 할까? 그의 악행을 제대로 파악하여 내가 맞서 싸워야 할 대상으로 이해하되 똑같이 맞받아치는 방식이 아니라 선의 힘으로 맞서 싸우려면, 나를 둘러싼 전반적인 현실을 어떻게 해석해야 할까? 5장에서 내가 겪은 일을 본보기로 이해하는 것에 관한 일련의 질문들을 살펴볼 것이다.

하지만 1984년의 시련을 올바르게 기억하려고 분투하는 과정에서 나는 내적 치유라든가 내가 속한 사회적 환경에서 어떻게 행동해야 할지를 고민하지 않았다. 나의 분투는 G 대위를 정당하게 대하고 그에게 은혜를 베풀기 위한 싸움이었다. 따라서 셋째, 학대의 기억과 관련이 있는 마지막 상대는 가해자다. 가해자가 한 일을 올바르게 기억한다는 것은 어떤 의미일까? "그런 자에게 신경 써서 뭐해?"라고 내뱉고 싶을 수 있다. 그러나 그런 말에 하나님은 우리가 가해자를 사랑하기 원하신다고 대답할 수밖에 없다. 내가 공적으로나 사적으로 기억하는 그날의 모든 **기억**은 G 대위와 깊은 관련이 있다. 따지고 보면, 나는 **그의** 잘못을 기억하는 것이다.

나는 스스로 공정해지기 위한 노력의 일환으로, G 대위와 나 사이에 있었던 일을 이야기할 때마다 그가 다 보고 있고 듣고 있다고 상상했다. 그가 나를 얼마나 부당하게 대했는지 생각하면 쉽지 않은 결정이었다. 나는 상상 속에서 그에게 발언권도 부여했다. 그가 내게 잔뜩 겁을 주어 말까지 더듬게 했던 것을 생각하면 이 또한 어려운 결정이었다. 하지만 나는 그에게 최종 발언권까지는 주지 않았다. 나 자신에게도 마찬가지였다! 나는 인간의 기억이 얼마나 불완전한지 알았고 피해자가 보이는 성향과 맹점들을 잘 인식하고 있었기에, 나 자신마저 온전히 신뢰할 수 없었다. 우리 자신보다 우리를 더 잘 아시는 재판장께서 최후 심판의 날에 최종 발언권을 행사하실 것이다. 그날이 오기 전까지 나는 대위에게 말할 기회를 주고 그의 말에 귀를 기울일 테지만, 혹시라도 그가 범죄를 은폐하려는 것은 아닌지 알아내기 위해 두 귀를 쫑긋 세우고 있을 것이다. 나는 기억의 고삐를 굳게 붙들고 내가 그와 그의 잘못을 기억하는 방식에 대해 그가 내놓는 항변과 정정한 내용, 수정사항에 귀를 기울일 것이다. 심문 당시 G 대위는 거듭 나의 진실을 왜곡하고 나를 하잘것없는 존재로 만들어 버렸다. 그러나 나는 그가 당시의 일을 올바르게 이야기하려 할 때 그의 진실에 귀 기울이고 그의 인격을 존중해야 할 것이다.

그가 저지른 일이라고 내가 기억하는 일들을 그가 정말 내게 행했을까? 상처 입은 나의 영혼이 그가 내게 입히지 않은 상처를 내 기억 속에

심거나 그가 한 일을 과장한다면, **내가 그를** 부당하게 대우하는 셈이 될 것이다. 과거에 그가 나를 더없이 부당하게 대우했다고 해서 그런 처사가 정당화되지는 않는다. 또한 관찰 가능한 행동뿐 아니라 복잡하지만 중요한 의도라는 문제가 있다. 나는 의도에 민감했다. 심문을 받으며 가장 미칠 노릇이었던 것은 심문자들이 나의 단순한 언행을 악의적으로 해석한다는 점이었다. 그들은 나의 언행에 내가 갖고 있지 않았던 의도를 넣어서 읽었다. 악마는 크고 작은 "사실"이 아니라 그들의 해석에 있었다. 마치 뒤틀린 마음이 명백한 텍스트를 읽고도 사실을 겨우 설명하는 가장 기괴한 해석을 기를 쓰고 찾아내는 것 같았다.

그런데 만일 내가 과거를 기억할 때 주의하지 않는다면, G 대위가 내게 한 말과 행동을 그가 했던 것과 똑같은 방식으로 해석할 가능성이 있다. 이를테면, 나는 그의 행위를 그가 속해 있던 정치적·군사적 체제와 분리시켜 온전히 그의 사악한 인격 탓으로 돌릴 수 있다. 그런가 하면 그가 정치와 군사 체제 안으로 숨게 만들어 그에게는 어떠한 책임도 없다고 생각해 버릴 수도 있다. 이건 좀더 너그럽지만 사실과 거리가 멀다는 점에서는 다를 바 없는 해석이다. G 대위가 아니라 체제가 나를 고문한 것이기에 그는 그저 하수인에 불과했다고 보는 것이다. 또한 역설적이지만, 더 큰 선을 이루기 위해 체제가 그의 악행을 합법화해 주었기 때문에, 그가 정말 악을 행하고 그 악을 즐겼다고 말할 수도 있을 것 같다. 어쩌면 그는 제2차 세계대전 중 잔혹행위가 벌어지게 한, 보스니아 내 서로 다른 신앙인들 사이의 적대감이 되살아날 것을 두려워했는지도 모른다. 실제로 그런 적대감은 그로부터 10년도 지나지 않아 되살아났고 더 많은 잔혹행위를 낳았다. 그 외에도 여러 다른 방식으로 G 대위의 행위를 해석할 수 있을 텐데,

어느 쪽이 되었건 나 좋을 대로 선택해서는 안 된다. 내가 당한 악행을 잘못 해석하는 것은 내 쪽에서 저지르는 악행이 될 것이기 때문이다. 이것은 3장에서 살펴볼 주제다.

그러나 악행을 **진실하게** 기억하는 일에는 이미 악행에 대한 정당한 정죄가 들어 있다. 나는 내가 당한 악행을 정죄했다! 그런데 어떻게 하는 것이 제대로 정죄하는 방법일까? 이것은 이상한 질문처럼 보일 수 있다. 진실한 정죄라면 옳은 것이며 정당한 것이다. 그것으로 이야기는 끝이다. 그러나 가해자를 사랑하려는 사람의 경우라면, 그것으로 끝이 아니다. 가해자를 사랑하기로 결심한 사람이 **올바르게** 정죄하는 방법은 무엇일까? 기독교 전통에서 정죄는 따로 떨어진 독립적인 심판이 아니라 화해의 한 요소인데, 화해가 이루어질 수 없는 상황이라고 해서 다를 바는 없다. 우리는 용서를 통해, 즉 행위와 행위자를 구분함으로써 가장 적절하게 정죄한다. 하나님은 그런 식으로 그리스도 안에서 모든 악행을 정죄하셨다. 나 또한 그런 식으로 G 대위의 악행을 정죄해야 마땅하다.

"한 사람이 모든 사람[나를 포함하여!]을 대신하여 죽었은즉"(고후 5:14). 이 좋은 소식 안에는 나도 악행을 저질렀다는 고발이 들어 있다. 내가 저지른 악행의 역사는 G 대위를 정죄하는 나의 기억에서 어떤 모습으로 나타날까? 전혀 나타나지 않는다면 나는 그의 악행을 기억하면서 가해자들 무리와 완전히 분리되어 있는 것이다. 그는 어둠 속에, 나는 빛 가운데 말이다. 하지만 그것이 올바른 일일까? 도덕적 판단은 절대적 판단이기도 하지만 동시에 상대적 판단이다. 따라서 G 대위의 학대를 올바르게 기억하려면, 자칭 성인군자로서가 아니라 나 또한 가해자임을 인정한 상태에서 그 일을 기억해야 하지 않을까?

그의 잘못을 기억할 때 그의 생애 전체를 고려해야 하지 않을까? 그도 평생에 걸쳐 상당한 미덕을 쌓지 않았을까? 누군가의 잘못은 기억 속에서 흔히 그 사람의 성품 일부를 물들인 얼룩에 그치지 않고 계속 퍼져 나가 그의 성품 전체를 물들이기 마련이다. G 대위의 악행이 그런 식으로 퍼져 나가지 않도록 억제하려는 시도를 해야 하지 않을까? 그의 악덕과 더불어 그의 미덕을 기억하고 그의 악행과 더불어 선행까지 기억하지 않는다면, 어떻게 그리할 수 있겠는가? 수많은 심문을 당했지만 가끔씩 나는 얼음장 같은 그의 눈에서 따뜻한 반짝임을 본 것 같다. 그것은 그가 악행과 자신이 소속된 왜곡된 정치 구조의 잔해에서 빠져나오려 발버둥치는 진정한 선은 아니었을까? 아무리 의심스러워도 그 순간을 기억해야 하는 것 아닐까?

한 걸음 더 나아가, 불경건한 자들을 구원하기 위해 죽으신 예수 그리스도의 죽음이 혹시라도 학대자 G 대위에게 영향을 미친다면 어떻게 될까? 사도 바울은 그리스도께서 "모든 사람을 대신하여 죽었"다고 말한다. 그러므로 어떤 의미에서는 그리스도를 믿는 사람들만이 아니라 "모든 사람이 죽은 것"(고후 5:14)이다. G 대위도 그럴까? 그리스도께서 그의 잘못도 대속하셨다면 나는 그가 자행한 학대를 어떻게 기억해야 할까? 그리스도의 대속은 G 대위의 잘못에 대한 나의 기억에 어떤 영향도 미치지 못할까?

한 분이 **모든 사람**의 구원을 위해 죽으셨다면, 우리는 모든 사람의 구원을 **바라야** 하는 것 아닐까? 나는 G 대위도 장차 다가올 세상에 들어가게 되기를 적극적으로 바라야 할까? 또한 그리스도는 사람들이 하나님과 화해할 뿐 아니라 서로 화해하게 하시려고 죽으셨다. 그렇다면 그리스도께서 죽으셨을 때 G 대위와 나도 예루살렘 성문 밖 갈보리 언덕에서 화해한 것일까? 우리는 새 예루살렘에서 화해하게 될까? 아니면 적어도 화해하게 되기를 바라야 하는 것일까? 만일 그렇다면, 내가 당한 일의 기억은 가해자와 피해자 사이의 화해에 대한 기억과 소망으로 규정될 것이다. 이것은 내가 그의 잘못을 기억하는 방식에 어떤 영향을 줄까? 6장에서 나는 그리스도의 죽음이 악행을 기억하는 일에 미치는 영향에 대해 살펴볼 것이다.

신약성경에서 서로 화해한 세상을 묘사할 때 잔치라는 이미지가 자주 사용된다. G 대위와 내가 한 상에 둘러앉아 웃고 동지애를 나누며 실컷 먹는다? 생각만 해도 끔찍하지만 불가능한 시나리오는 아니다! 그런 잠재적 미래를 염두에 두고 **지금** 그의 악행을 기억하는 것은 어떤 의미가 있을까? 하나님과 서로를 온전히 사랑하고 즐거워하는 **그** 세상에서의 삶은 학대의 기억과 무슨 상관이 있을까? 그때도 나는 여전히 그 악행을 기억하고 있을까? 기억한다면 얼마나 오래 기억하게 될까? 왜 그냥 망각해 버리지 않을까? 학대의 기억이 그 나라에서 어떤 유익이 있을까? 그것이 우리 **사이에** 장애물 역할을 하지 않을까? 내가 G 대위를 볼 때마다 "학대자"라는 꼬리표를 더 이상 붙이지 않는 그런 세상을 상상할 수(**바랄 수**) 있을까? 이 책의 마지막 부분(7-10장) 전체에 걸쳐서 나는 하나님이 다스리시는 사랑의 신세계에서 악행의 기억이 어떤 운명을 맞게 될지 탐구할 것이다.

어려운 결정

어떤 의미에서 이 책을 쓰는 데 가장 중요했던 결정은 "가해자를 사랑하고자 하는 피해자가 자신이 당한 일을 올바르게 기억하려면 어떻게 해야 하는가?"라는 첫 질문을 제기하고 그에 따라 전체 탐구를 이끌어 가는 것이었다. 그것은 가장 어려운 결정이기도 했다. **올바른** 결정인지 확신이 없었다는 뜻은 아니다. 나는 이것이 옳은 결정이라고 믿었다. 문제는 그다음 과정에 있었다. G 대위를 사랑해야(따스한 감정이라는 의미가 아니라 자비, 선행, 교제를 추구한다는 의미에서) 한다는 사실을 인정하자, 상세히는 아니어도 이 책에 담겨야 할 내용의 얼개가 저절로 따라왔다. 그러나 G 대위를 "사랑함"에 대해 쓸 때마다 내 영혼 안에서 소규모 반란이 일어났다. "나는 부모님과 친척들을 사랑한다. 아내와 아이들을 사랑하지. 친구들을 사랑하고, 애완동물과 야생 거위도 사랑해. 오지랖 넓은 이웃과 까다로운 동료들까지 사랑한다고. 하지만 학대자를 **사랑하지는 않아**. 지금도 사랑하지 않고 앞으로도 사랑할 수 없어." 반란의 주동자가 내 안에서 소리 질렀다. 그러다 보면 얼마 안 가서 내 입장이 바뀌기도 했지만… 그러나 내게 해를 가하는 사람들을 사랑하는 일은 예수님이 친히 걸어가신 길이며, 그분은 그 어려운 길을 따라오라고 우리를 부르셨다. 그 길은 그분의 하나님과 나의 하나님이 어떤 분이신지를 그 무엇보다 잘 보여 주었다. 그 길을 따르지 않는 것은 우리 생명의 근원이신 분을 배반하는 일이요 우리 모든 소원의 적절한 목표를 놓치는 일이 될 터였다. 또한 내 영혼을 허투루 낭비하는 일이 될 터였다.

G 대위를 기억하는 방식에 내 영혼의 생사가 달려 있었다. 그러나 나는 혼자서 그를 기억해야 하는 처지가 아니었다. 나는 기억이 형성될 때부터 기억의 공동체, 곧 기독교회의 일원이었(고 지금도 그렇)다. (5장과 6장에서 내가 당한 악행의 기억과 기독교회를 규정하는 기억들 사이의 관계에 대해 상술할 것이다.) 또한 나는 기억을 지키기 위한 투쟁과 기억에 대한 논쟁이 격렬히 벌어졌던 거대한 문화적 환경 안에서 살아왔다. G 대위는 구(舊)유고슬라비아의 공산주의 지배층을 떠받치는 수천 개의 버팀목 중 하나였다. 그를

포함한 버팀목들은 봉급을 받고 유고슬라비아 정권을 수호하기 위해 일했다. 그리고 그 통치를 정당화하기 위해 거짓 기억이 동원되었다. 거짓 기억의 종복인 역사가, 언론인, 공적 지식인들이 나라의 과거에서 어떤 사건은 지워 버리고 어떤 사건은 새로 써넣었다. 이 역사의 조작자들은 자기들이 삭제하거나 만들어 내지 못한 것이 있다면 비틀고 왜곡하여, 정권을 미화하는 역사라는 뒤틀린 노선에 맞춰 냈다. 오늘날 세계의 여러 나라에서 그렇듯, 당시 유고슬라비아에서도 어떤 생각들은 가족과 가까운 친구들 사이에서만 속삭일 수 있었다. 그런 생각들은 "정치적으로 올바르지 않은" 숨겨진 기억이었다. 진실을 말하는 것은 체제 전복 행위였다.

그러나 유고슬라비아의 공산주의 지배층은 불행한 시대였던 20세기 최악의 기억 조작자들이라 할 만한 수준은 아니었다. 다른 공산주의 정권들 중에는 그들보다 과거를 더 함부로, 더 잔인하게 대우한 이들도 있었다. 끔찍하고 치명적인 인종 차별주의 이데올로기를 가진 나치는 가장 악랄한 악행을 저질렀을 뿐 아니라 가장 유능한 범죄 은폐자들이기도 했다. 그런 환경에서 진실하게 기억하는 것은 정의로운 행동이다. 범죄를 폭로하고 정치적 압제에 맞서 싸우기 위해 많은 저술가, 예술가, 사상가들이 기억의 용사가 되었다.

그러면 올바르게 기억하려는 나의 분투는 정의라는 대의를 위한 공적 기억과 어떤 관련이 있을까? 나의 내면에서 G 대위의 잘못에 대한 기억은 야누스의 얼굴을 하고 나타나 미덕과 평화의 방향과, 악덕과 전쟁의 방향을 동시에 바라보았다. 공적 기억에서도 같은 일이 벌어졌다. 기억의 방패는 종종 날카로운 칼로 바뀌고, 기억의 정의로운 칼은 종종 그것이 수호하려 하는 선(善)을 제거한다. 다음 장에서 기억의 이 위험한 도덕적 변덕을 살펴보기로 하자.

2장

기억: 방패와 칼

"우리가 아우슈비츠와 그것이 상징하는 모든 것을 기억하는 이유는 그런 과거와 참상에도 불구하고 세계가 구원받을 가치가 있다고 믿기 때문입니다. 그리고 구원은 구속(救贖)이 그렇듯 기억에서만 찾을 수 있기 때문입니다."[1] 엘리 위젤이 1987년 11월 10일 독일 국회의사당 연설에서 한 말이다. 그로부터 50년 전, 악명 높은 '수정의 밤'(Kristallnacht)에 폭도들이 나치 독일의 거리를 누비며 닥치는 대로 유대인 상점들을 파괴했고, 그 일로 인해 독일은 홀로코스트의 참상에 한 걸음 더 가까이 다가가게 되었다. 위젤의 이 말은 빛나는 실처럼 그의 작품을 관통하는 테마, 곧 자신이 당한 악행을 기억하는 일에 구원하는 힘이 있음을 요약적으로 제시하고 있다. 그가 말한 대로 기억이 가진 구원의 힘에 대한 믿음, 곧 기억이 개인을 치유하고 이 세상에서 폭력을 없애는 데 도움이 되리라는 믿음이 그의 "집

---

1   Elie Wiesel, *From the Kingdom of Memory: Reminiscences* (New York: Summit, 1990), p. 201.

념"의 핵심이다.

위젤 자신이 유대인 대학살의 생존자인 까닭에 그의 작품 중심에는 홀로코스트의 기억이 있다. 하지만 그의 작품은 홀로코스트의 기억에만 머무르지 않고 모든 중대한 악행의 기억을 다룬다. 홀로코스트가 얼마나 특별한 사건인지 잘 알지만, 이 자리에서는 위젤 작품의 더 큰 취지를 논지로 삼고자 한다.

우리의 동시대 인물들 중에서 악행의 기억을 가장 설득력 있게 살펴본 사람이 있다면 바로 위젤일 것이다. 하지만 그러한 기억이 가지고 있는 구속의 힘에 대한 믿음은 오늘날 널리 퍼져 있다. 심리학자와 소설가, 역사학자와 철학자, 문화비평가와 정치가들이 든든한 북소리마냥 "기억하라!"는 주문을 되뇌고 있다. 그러나 기억이 그렇게나 확실한 선일까? 기억과 행복(well-being)의 연관성은 얼마나 될까? 악행의 기억 자체에 고통과 고난이 맺혀 있지는 않을까? 때로 기억이 피해자들을 부추겨 다른 이들에게 고통을 가하게 하지는 않을까? 그렇다면 기억은 보호뿐 아니라 파멸과도 연결되어 있는 것 아닐까? 악행을 당한 기억이 개인과 사회의 행복에 반드시 필요하지만 반대의 결과도 낳을 수 있다면, 우리가 **어떻게** 기억해야 더 좋은 방향으로 나아갈 수 있을까? 위젤은 복잡한 사상을 전개하다가 지나가듯 이런 질문들을 제기했다. 이 질문들을 살펴보는 일은 대단히 중요한데, 위젤과 나처럼 기억이 가진 구원의 힘을 믿는 사람들에게는 특히 그렇다.

나는 기억과 구원과 파멸의 관계를 펼쳐 가면서 주로 악행을 당한 기억을 다룰 것이다. 악행의 기억 외에도 우리는 어린 시절의 이야기, 청소년기의 꿈과 실망, 일의 성공과 실패, 조상 혹은 민족 집단의 역사, 종교적 가르침 등 많은 것을 회상한다. 그런 것들 모두가 우리의 현재 모습과 삶의 방식을 형성하는 데 중요하지만, 이 책에서는 다루지 않을 것이다. 나의 주제는 기억 일반이 아니라 악행을 당한 기억이다. 더욱이 2장에서는 악행의 기억이 우리의 행복과 이웃들의 행복에 기여한다는 의미에서 정말 우리를 "구원"하는지 여부만 살피려 한다. 기억하는 일에 구원하는 힘이 있는지와 상관없이 악행을 기억해야 할 다른 이유들이 있을 수 있다. 고난받는 사람들에 대한 의무 때문일 수도 있고, 정의에 대한 가차 없는 요구 때문일 수도 있으며, 인간이 된다는 의미 안에 아예 그처럼 기억하는 일이 들어 있기 때문일 수도 있다. 그러나 일단 지금은 그런 이유들은 제쳐 두고, 논의를 진행하면서 나중에 다시 다룰 생각이다. 당장은 기억과 행복에만 초점을 맞추겠다.

기억의 즐거움과 고통

구원은 기억에 있다. 엘리 위젤은 종교적 어휘를 빌려 와 긴급한 일상사들을 이야기한다. 그런데 자신이 당한 악행의 기억을 구원이나 무엇이건 긍정적인 것과 연결 지어 생각하는 것은 매우 자연스럽지 않을까? 나는 1984년 겨울, 끝도 없이 이어지던 무시무시한 심문을 기억 속에서 다시 체험하는 것이 두렵다. 이유는 분명하다. 기억 속에서라 해도 고통스럽기 때문이다. 우리가 과거를 기억할 때, 그것은 더 이상 과거에 머물지 않고 현재로 침입해 새롭게 수명을 연장한다.

물론 우리는 과거의 **즐거운** 경험들을 기억하기 좋아한다. 쇠렌 키르케고르의 "유혹자의 일기"에 나오는 가상의 저자 요하네스의 기억을 생각해 보라. 그가 일기를 쓰는 이유는 과거의 승리를 기록하기 위해서만이 아니라 그 일들을 회상하기 위해서이고, 회상하면서 "다시 한번 즐기기" 위해서다.² 우리는 그의 승리가 다른 사람들을 착취하는 것이며 그의 기억이 강박적이라고 이의를 제기할 수 있다. 그러나 그는 삶을 "흥미롭게" 만드는 것을 주된 목표로 삼는 탐미주의자이며 그의 입장에서는 기억의 요점이 분명하다. 기억은 처음 경험을 재현하기 때문에 즐거움을 몇 배로 늘려 준다는 것이다. 물론 종종 기억은 부정확하고 과거의 기록은 삭제된다. 먼 옛날의 사건들은 이면으로 밀려나 희미하게 사라진다. 과거에 경험한 즐거움은 망각의 밤에 삼켜져 과거로 영원히 사라진다. 그러나 생생한 기억일수록 과거의 즐거움은 현재의 기쁨이 된다.

즐거움의 기억이 과거의 즐거움을 재현하듯, 고통의 기억은 과거의 고통을 복제한다. "순식간에 사라진 이곳의 찰나의 순간은…결국 다시 한번 유령으로 돌아와 다음 순간의 평화를 어지럽힌다." 프리드리히 니체가 『반시대적 고찰』 중 하나인 "삶에 대한 역사의 공과"에서 쓴 구절이다.³ 트라우마를 낳는 기억을 생각해 보라. 지난 고난이 참을 수 없게 느껴질 때 우리는 그 기억을 억압하는 경향이 있다. 하지만 가끔씩 그 기억이 순식간에 다시 떠올라 우리의 통제를 벗어나면 과거의 끔찍한 고통을 다시 경험하게 된다. 심리적 억압의 실체를 의심한다 해도(그런 학자들이 점점 늘어나고

---

2 Søren Kierkegaard, *Either/Or*, ed. Howard V. Hong and Edna H. Hong (Princeton: Princeton University Press, 1987), 2:305. 요하네스는 과거의 사건들을 "지금 벌어지고 있는 것처럼" 묘사하려 애쓰고 "너무나 극적으로 생생하게 그려 내어 가끔은 모든 사건이 눈앞에서 일어나고 있는 것처럼 보인다"(p. 304). 『이것이냐 저것이냐』(다산글방).

3 Friedrich Nietzsche, "Utility and Liability of History", in *The Complete Works*, ed. Richard T. Gray (Stanford: Stanford University Press, 1995), 2:87. 『비극의 탄생·반시대적 고찰』(책세상).

있다)⁴ 달라질 것은 없다. 과거의 고난을 기억하는 것은 상처를 열어젖히는 일이다. 상처가 크고 기억이 정확할수록, 과거와 현재는 더 긴밀히 융합하고 과거의 괴로움은 현재의 고통이 된다. 기억이 처음의 괴로움을 되살려 내어 다시 겪게 한다면, 어떻게 기억에 구원이 있다고 말할 수 있을까?

모든 고통의 기억이 그 자체로 고통스러운 것은 아니라고 주장할 수도 있을 것이다. 아우구스티누스는 그의 역작『신국론』끝부분에서 내세의 복된 사람들에 대해 말한다. 그는 악에 대한 두 종류의 지식을 구분한 뒤 그것을 두 종류의 기억과 연결시킨다. 악에 대한 지식으로 말하자면 첫 번째는 악을 "지성으로 이해해서 아는 것"이고 두 번째는 "악을 직접 경험해서 아는 것"이다.⁵ 첫 번째는 특정 질병에 대한 의사의 지식과 비슷하고, 두 번째는 그 질병으로 괴로워하는 환자의 지식과 비슷하다. 아우구스티누스가『신국론』에서 이야기하는 것은 복된 자들이 **저지른** 악행의 기억이 아니라 그들이 **당한** 악행의 기억이다. 그는 복된 자들이 악행을 당했던 과거를 전혀 기억하지 못할 것이라고 보는데, 여기에 대해서는 이 책의 3부에서 다시 다룰 것이다.⁶ 그들은 자신이 **다른 사람들**에게 잘못했던 일은 기억하되 의사가 자신이 앓아 본 적 없는 질병을 이해하는 방식으로 기억

---

4 Richard J. McNally, *Remembering Trauma* (Cambridge, Mass.: Harvard University Press, 2003)를 보라.
5 Augustine, *City of God*, trans. Henry Bettenson (Harmondsworth: Penguine, 1976), XXII.30. 『신국론』(분도출판사).
6 아우구스티누스에 따르면, 내세에 성도들은 다른 사람에게 당한 악행을 기억하지 못할 것이다. 아우구스티누스는 하늘의 도성에서 자유롭게 된 의지에 대해 이렇게 썼다. "그것은 모든 악으로부터 자유로울 것이고, 모든 선으로 가득 차서 영원한 기쁨을 어김없이 누릴 것이며, 모든 범행과 처벌을 잊을 것이다"(*City of God*, XXII.30).

할 것이다. 그러나 자신이 당한 "과거의 악은 제대로 기억해 내지 못할" 것이다. 그런 기억은 "그들의 감정에서 완전히 삭제되어 찾아볼 수 없을 것이다."[7] 아우구스티누스는 그 일이 내세에서 어떻게 일어날지에 대해서 설명하지는 않지만, 그 말의 근거가 되는 생각은 충분히 타당하다. 즉 우리가 과거에 저지르거나 당한 악을 기억 속에서 다시 경험한다면, 여전히 그 일의 영향에서 자유롭지 못하다는 의미가 아니겠는가 하는 것이다.

기억이 구원과 정반대로 보이는 상황을 보다 분명히 인지하고 싶다면, 과거의 괴로움을 기억하면서 그 경험에 따라오는 감정을 기억하지 않을 수 있을지 생각해 보라. 기억을 떠올리는 순간의 감정에 따라, 나는 아버지의 장례식을 그저 하나의 사실로 기억할 수도 있고, 너무나도 선한 그분이 내 인생에서 사라졌다는 사실을 깨달으며 깊은 슬픔에 잠길 수도 있다. 그러니까 어떤 사건을 상기하면서 당시의 감정을 다시 느끼지 않는 것은 충분히 가능한 일이다. 그러나 그런 식의 감정 없는 기억은 상당히 변형된 기억이다. 아비샤이 마갈릿이 『기억의 윤리학』에서 주장한 것처럼, 과거의 사건에 관련된 '감수성'(감정)은 그 사건의 기억에서 본질적이며 핵심적인 요소다. "뉴욕 쌍둥이 빌딩이 무너지는 것을 지켜보며 느낀 놀라움과 공포는…그 사건에 대한 기억의 알맹이지 그 위에 올린 양념이 아니다."[8] 상응하는 고통이나 깊은 동정이 따르지 않는 고난의 기억은 잊히기 마련이다. 내가 아버지의 장례식을 기억하고도 슬픔을 느끼지 않을 때가 있는데, 그 사건의 감정적인 측면을 잊고 그에 대한 기억이 변형되도록 둔 경우

---

7   같은 책.
8   Avishai Margalit, *The Ethics of Memory* (Cambridge, Mass.: Harvard University Press, 2002), pp. 62-63.

가 그렇다.

아우구스티누스는 기억과 감수성의 문제를 바로 이런 식으로 생각했다. 그는 악을 아는 두 가지 방식, 즉 머리로 이해해서 아는 것과 경험으로 아는 것에는 그에 대응해 "악을 잊어버리는 각각의 방식"이 있다고 썼다. "배운 학자와 고난을 겪은 사람은 다른 방식으로 잊는다. 학자가 학문을 소홀히 함으로 잊는다면, 고난을 겪은 사람은 비참함에서 도피하여 잊는다." 아우구스티누스는 사실을 잊는 것과 비참함을 잊는 것이라는 망각의 구분을 통해, 내세에서는 과거의 악이 "[성도들의] 감정에서 완전히 지워"질 것이라고 주장했다.[9] 그에 따르면, 복된 사람들의 삶은 과거의 잘못을 기억하는 것뿐 아니라 잊어버림, 즉 괴로움과 악에서 받은 **느낌**을 잊는 것도 포함한다.

구원에 대해 말하자면, 고통을 초래한 사건을 기억하는 것 못지않게 그 기억에서 고통을 제거하는 것 또한 중요하다. 행복이 기억에 있다면, 그 기억의 핵심에는 고통의 망각이 있어야 하지 않을까? 고통이 느껴지는 한, 구원은 여전히 불완전한 것일 테니 말이다.

정체성

그러나 어쩌면 고통의 기억에 너무 몰두해서는 안 될지도 모른다. 적어도 내세의 복된 자들의 상태에 이르기 전까지는 말이다. 아우구스티누스는 내세의 복된 자들에게는 악에 대한 어떤 감각적 기억도 없을 것이라고 생

---

9   Augustine, *City of God*, XXII.30.

각했다. 기억은 즐거움이나 고통을 복제해 낼 뿐 아니라 우리의 정체성을 형성하는 결정적인 요인이기 때문이다.

내적으로는 우리가 스스로를 인식할 때 자신에 대해 기억하는 모습의 상당 부분이 곧 우리다. 내가 나인 이유는 대체로 공산주의 국가 유고슬라비아의 노비사드에서 자란 기억을 갖고 있기 때문이다. 어릴 때 나는 여러 가지 장난(수많은 차량 "표지판"을 훔친 것도 그중 하나였는데, 아우구스티누스가 먹지도 않을 배를 훔쳤던 유명한 일화와 다르지 않은 범죄였다)을 쳤고,[10] 아버지가 오순절 교단 목사라는 이유로 학교 선생님과 급우들에게 조롱을 받아야 했다. 마찬가지로 외적으로는 다른 사람들이 우리를 바라볼 때 그들이 우리에 대해 기억하는 모습이 바로 우리다. 부모님이 어린 나에 대해 기억하는 내용, 내 동료들과 학생들이 나의 행동과 반응에 의거해 특정한 방식으로 나를 "기억"하고 바라본 내용, 독자들이 내 책과 글을 나름의 방식으로 기억하는 일들이 모여 지금의 나를 만들었다. 요점은 기억이 정체성의 중심이라는 것이다. 우리가 한 일과 우리에게 벌어진 일에 대한 기억이 사라지면, 그만큼 우리는 자신의 온전한 정체성을 잃게 된다. 고난이 우리 과거의 일부였다면, 고통은 우리 정체성의 일부일 것이다. 우리는 과거의 기억과 함께 고통을 꼭 붙들어야 한다. 그렇지 않으면 자신에게 진실하지 못한 게 될 것이다. 구원은 기억에 달려 있다. 그 기억이 우리가 자신의 본질적 자아를 왜곡하고 거짓된 삶을 사는 것을 막아 주는 한은 말이다.

그러나 기억과 정체성의 관계는 정확히 무엇일까? 우리 자신과 타인들

---

10 Augustine, *Confessions*, trans. Henry Chadwick (New York: Oxford, 1992), II.4.9. 『고백록』(바오로딸).

이 우리에 대해 기억하는 내용이 곧 우리이며 그것이 의미심장할 정도로 타당하다는 것을 잠시 받아들이기로 하자. 우리는 자신의 배신과 신의, 고통과 기쁨, 증오와 사랑, 비겁함과 용감한 모습 등 완전히 모순된 행동과 감정과 경험을 기억하지 않는가? 게다가 딱히 주목할 만한 것이 없는 수많은 단조로운 시간들을 기억하지 않는가? 우리를 구성하는 기억은 점점 늘어나는 여러 가지 색채의 수많은 개별 기억들을 한데 엮어 꿰맨 진정한 조각보다. 그 조각보에 무엇을 더하고 무엇을 뺄지, 무엇을 두드러지게 하고 무엇을 배경으로 할지는 어떻게 결정될까? 상당 부분 우리가 자신의 기억들을 어떻게 꿰매고 다른 사람들(우리와 가장 가까운 사람들에서부터 우리 사회 전체에 이르기까지)이 그 기억들을 어떻게 꿰매는지에 따라 결정된다. 우리는 기억에 의해 형성되지만, 우리를 형성하는 기억들을 **형성하기**도 한다.

그럴 때 의미심장한 결과가 따라온다. 우리가 우리의 기억을 형성하기 때문에, 우리의 정체성은 우리가 기억하는 **내용**으로만 이루어지지 않는다. **어떻게** 기억하느냐도 여기에 영향을 미친다. 우리는 자신의 기억에 반응하고 기억을 형성할 수 있기 때문에 우리의 기억보다 큰 존재다. 기억에 대한 반응을 결정하는 것이 기억 하나뿐이라면, 우리는 과거의 노예에 불과할 것이다. 그러나 극심한 손상을 입어 치료가 절실하게 필요한 상황이 아니라면, 우리는 자신의 기억에 대해 어느 정도는 자유롭다. 심리적으로 건강한 사람의 경우에는, 기억 자체만이 아니라 기억에 대한 자유로운 반응도 그의 정체성을 결정한다.

게다가 우리가 **미래**에 대해 바라는 바도 우리의 모습을 결정하지 않는가? 물론 과거가 우리의 현재를 앗아 가듯 미래도 앗아 갈 수 있다. 그러나 심리적으로 건강하다면 미래의 **꿈**은 자신의 기억을 미래로 투사한 것에 그치지 않는다. 그렇지 않다면 우리는 과거에 갇히게 되고, 우리의 미래 또한 지루하고 답답한 과거의 연장에 불과할 것이다. 건강한 자아정체감을 가지고 자유롭고 안전하게 사는 사람은 미래에 힘입어 과거와 현재에서 빠져나올 수 있으며 새로운 가능성을 활용하여 새로운 길로 나설 것이다. 우리의 과거, 현재, 미래와 관련해서 우리는 자신의 기억보다 훨씬 큰 존재이며, 기억이 우리의 정체성을 어떻게 형성하는가 하는 문제는, 기억 자체뿐 아니라 우리 스스로나 다른 사람들이 그 기억을 가지고 하는 일에 영향을 받는다.

유고슬라비아 군대에서의 내 경험으로 돌아가 보면, 나는 나 자신을 의도를 알 수 없는 권력자들 앞에서 어찌할 바 몰라 두려워 떠는 개인으로 볼 수 있다. 아니면 고통을 겪은 후에 하나님께 건짐을 받아 새 삶을 얻은 사람으로 볼 수도 있다. 후자는 성문서에 등장하는 고대 이스라엘 사람들과 비슷한 자기인식으로, 그들은 자신들을 이집트에서 고통당한 이들이 아니라 야웨께 구원받은 이들로 보았다. 나는 고통에 대해 분노할 수 있고, 건져 주심에 감사할 수도 있다. 물론 두 가지 모두 할 수도 있다. 나는 괴로웠던 1984년을 멀찍이 흘려보내고 미래를 향해 발돋움할 수도 있다. 예컨대, 내가 소장으로 있는 예일 신앙과문화연구소의 활동에 에너지를 쏟고 두 아들 너대니얼과 에런을 위해 아버지 노릇을 제대로 하는 것도 괜찮을 것이다.

물론 모든 고통의 경험이 그처럼 쉽사리 치워지지는 않을 것이다. 어떤 경험은 우리 정체성의 핵심에서 한사코 비켜나지 않을 것이고, 그 기억이 우리를 규정하여 우리는 그 문제에 대해 별다른 주도권을 갖지 못할 것이다. 하지만 그런 경험들은 예외이지 규칙이 아니며 심리적으로 건강한 사람일수록 더욱 그럴 것이다. 잊기가 쉽건 어렵건, 악행을 당한 기억에 구원이 있다고 말한다면, 그 기억 자체가 아니라 그 기억을 가지고 우리가 무슨 일을 **하느냐**에 구원이 있다는 의미일 것이다. 그리고 우리가 자신의 기억으로 할 일은 지금의 자신을 어떻게 바라보는지, 그리고 미래의 자신을 어떤 모습으로 구상하는지에 달려 있을 것이다.

지금까지 나는 악행의 기억에 구원이 있다는 위젤의 주장에 대해 그런 기억이 행복의 **요소**라는 관점에서 다루었는데, 이것은 말 그대로 기억에 구원이 있다는 의미다. 그런데 그 주장은 기억함이 기억 바깥에 있는 행복을 **성취**하는 데 필수적이라는 의미로도 받아들일 수 있다. 따지고 보면 이것이 위젤이 그 주장을 내세운 주된 의도였다(물론 그는 악행을 기억하는 일이 개인의 정체성을 형성하는 데 중요하다는 점을 매우 강조했다).[11] 기억이 행복의 **수단**이 될 수 있는 방법이 적어도 네 가지 존재하는데, 각각 서로 구별되면서도 긴밀히 연결되어 있다.

치료

기억이 구원의 수단이 되는 한 가지 방법은 **개인적인 치료**와 연결시키는 것이다. 고통으로 생겨난 심리적 상처는 고통스러운 기억의 좁은 문을 통과할 때 비로소 치료될 수 있다. 다시 말해, 기억하는 일의 고통을 견뎌 내야만 치료에 이를 수 있다. 이것은 지크문트 프로이트의 기본 통찰 중 하

---

11   Elie Wiesel, "Ethics and Memory", in *Ernst Reuter Vorlesungs im Wissenschaftskolleg zu Berlin* (Berlin: Walter de Gruyter, 1977), pp. 14-15를 보라.

나다. 겉으로 드러나지 않은 트라우마의 경험은 침습성 병원체와 같아서 "침투한 지 오랜 후에도 여전히 활동하는 균으로 보아야 한다."[12] 그래서 상처를 주는 사건과 거기에 따라오는 감정적 반응을 회상해 내야만 치료가 가능하다. 심리치료는 이 두 가지 모두를 의식의 빛 아래로 가져와 "흥분 상태가 정상적으로 배출될" 기회를 제공한다.[13] 다시 말해, 회상 과정에서 과거의 경험 때문에 생긴 느낌들이 프로이트의 표현대로 "억눌림"(strangulation)에서 자유롭게 되기 때문에 치료가 이루어진다는 것이다.

프로이트의 말은 이전에 억압되었던 사건과 그에 대한 정서적 반응을 기억해 내는 행위로 어느 정도는 치료가 이루어진다는 뜻으로 해석할 수 있을 것이다. 고통과 악행의 기억들이 갇혀 있는 지하 감옥에 지식의 빛을 비추어라. 그리하면 그 은밀하고 파괴적인 영향력에서 벗어나게 되리라! 그러나 이것은 옳은 말일 수 없다. 트라우마 경험을 기억하는 것만으로 치료가 이루어진다면, 애초에 그런 경험으로 상처를 입지도 않았을 것이다. 트라우마를 기억하는 것은 트라우마를(그리고 당연히 그 영향까지) 변형된 형태로 복제하는 일이기 때문이다. 따라서 기억을 통한 반복 **자체**는 문제이지 해결책이 아니다.

트라우마를 다룬 문학이 한결같이 지적하는 것처럼, 상처 입은 정신을 치료하기 위해서는 트라우마 경험을 **기억할** 뿐 아니라 떠올린 기억을 인

---

12 Sigmund Freud, *Studies on Hysteria*, vol. 2 of *The Standard Edition of the Complete Works of Sigmund Freud* (London: Hogarth, 1955), p. 6. 『히스테리 연구』(열린책들).

13 Sigmund Freud, *Five Lectures on Psycho-Analysis*, vol. 11 of *The Standard Edition of the Complete Works of Sigmund Freud* (London: Hogarth, 1955), p. 19. 『정신분석 강의』(열린책들).

생사(one's life story)라는 더 넓은 장에 **통합시키는** 데까지 나아가야 한다. 통합이라는 방법은 트라우마적 경험의 의미를 이해하는 것일 수도 있고, 그 경험을 인생의 잘못된 요소로 규정하는 것일 수도 있다. 개인적 치료는 트라우마 사건과 그에 따르는 감정들을 기억하는 것보다는, 기억을 **해석하고** 더 넓은 의미의 장에 **새겨 넣는** 과정에서 이루어진다. 트라우마의 기억을 자신의 정체성이라는 조각보에 꿰매 넣는 것이다.

예를 들어, 나는 헌병대의 심문 과정에서 당한 굴욕과 고통을 기억 속에서 다시 체험하면서 결국 고난이 나를 더 나은 사람이 되게 했다고 스스로에게 말할 수 있다. 그로 인해 하나님께 더 가까이 나아갔고 고통받는 타인의 마음을 더 잘 이해할 수 있게 되었다고 말이다. 또 나는 그때의 경험이 자국민을 통제하고 자유를 제한하며 실행 불가능한 이데올로기를 좇느라 국민의 행복을 희생시킨 정권의 불의함을 폭로하는 데 미약하게나마 일조했다고 판단할 수도 있다. 어느 경우든, 그저 **기억**한다고 치료가 되는 것이 아니라 기억한 경험을 새로운 빛 아래서 바라봐야 치료가 이루어질 것이다. 좀더 일반적으로 말하면, 고난의 기억은 개인적 치료의 **전제 조건**이지 치료 수단은 아니다. 치료의 **수단**은 사람이 기억**에 대해** 수행하는 **해석** 작업이다. 그러므로 개인적 치료로 구원이 이루어지려면 기억하는 행위가 있어야 하지만, 기억만 한다고 해서 개인적 치료가 저절로 이루어지는 것은 아니다.

인정

기억이 구원의 수단이 될 수 있는 두 번째 방법은 **인정**과 관련이 있다. 내가 심문을 당한 일은 동료 병사들의 협력 없이는 불가능했을 것이다. 그들은 정치적으로 예민한 주제들(이를테면 평화주의!)에 대한 대화로 나를 끌어들이려 했고, 공산주의 정권에 반하는 체제 전복적인 내용을 담고 있는 읽을거리를 제공하여 반응을 유도했는데, 그 모든 대화 내용을 헌병대에서 비밀리에 녹음했다. 막후에서 벌어지는 일을 잘 모르는 사람들에게는 이 병사들이 아주 점잖은 사람들로 보였겠지만, 그들은 죄 없는 한 사람의 인생을 파멸시킬 수도 있는 시도에 적극 가담하고 있었다.

누구도 기억하지 않고 공개적으로 밝히지 않는 악행은 그렇게 가려진 채로 남는다. 바깥에서 바라보는 사람들의 입장에서는 피해자는 피해자가 아니고 가해자는 가해자가 아니다. 피해자의 고통과 가해자의 폭력이 눈에 띄지 않기 때문에 둘 다 알아보지 못한다. 처음 악행이 일어날 때 한 번, 그 악행이 그대로 사라져 버릴 때 또 한 번, 이중의 불의가 벌어지는 것이다.

이처럼 악행을 가리는 불의가 벌어질 때 많은 피해자들은 자신이 당한 일을 알리고 싶은 강한 충동을 느낀다. 물론 그들 중 일부는 분명하게 말하기를 주저한다. 악행을 공적으로 기억한다는 것은 그것을 인정하는 행위이며 그렇기에 정의로운 행위다. 이것은 개인적 층위에서도, 더 넓은 층위에서도 사실이다. 앙드레 뒤 트와는 남아프리카공화국 진실화해위원회의 활동에 대해 이렇게 논평했다.

정치적 살인의 희생자들은 다시 살려 낼 수 없고, 고문과 학대의 피해와 트라우마는 어떻게 해도 없었던 일이 될 수 없다. 하지만 우리가 할 수 있는 일이 있다. 그들에게 가해진 일의 진실을 밝히고 인정함으로써 희생자와 피해자들이 시민과 인간으로서의 존엄을 공개적으로 회복하게 하는 것이다. 이것이 피해자 청문회의 기능이자 목적이었다. 사람들이 그 자리에서 자신의 이야기를 하고 가해자와의 대심 절차 없이 그들이 받은 피해를 공개적으로 인정받을 수 있게 하려는 것이었다.[14]

인정은 개인적·사회적 치료를 위해 반드시 필요하다. 하지만 여기서 인정이 무엇을 의미하는지 주목해 보아야 한다. 뒤 트와에 따르면, 진실화해위원회는 피해자가 기억하는 모든 것을 인정하는 것이 아니라 "그가 당한 일의 **진실**"을 인정해야 했다. 우리가 우선적으로 해야 하는 일은 피해자들이 들려주는 경험과 기억에 주목하는 것이다. 그러나 궁극적으로는 진실을 다루어야 한다. 3장에서 살펴보겠지만, 그 문제가 아무리 복잡해도 외면해서는 안 된다. 기억을 연구하는 사람들이 한목소리로 동의하는바 기억은 신뢰할 수 없는 것으로 악명이 높다.[15] 피해자들의 기억이라고 해서 다르게 봐야 할 이유는 없다. 피해자들이 정확하게 기억하는 경우도 많지만, 부인할 수 없는 고통과 이해할 만한 분노는 그들의 기억을 쉽사리 왜

---

14 André du Toit, "Moral Foundations of the South African TRC: Truth as Acknowledgement and Justice as Recognition", in *Truth vs. Justice: The Morality of Truth Commissions*, ed. Robert I. Rotberg and Dennis Thompson (Princeton: Princeton University Press, 2000), p. 134. 우리의 사법 체계에서 대심 절차의 취지는 "사건의 진실"에 이르는 것이다. 그러나 실제로 그런 결과를 내고 있는지는 분명하지 않다. 돈이 있는 가해자는 상당한 양의 "합리적 의심"을 확보할 수 있고, 피의자의 어깨에 그가 저지르지도 않은 범죄를 지워 진실이 발에 짓밟히는 결과를 만들어 낼 수 있다.

15 Brian L. Cutler and Steven D. Penrod, *Mistaken Identification: The Eyewitness, Psychology, and the Law* (Cambridge: Cambridge University Press, 1995); Elizabeth Loftus and Katherine Ketcham, *Witness for the Defense: The Accused, the Eyewitness and the Expert Who Puts Memory on Trial* (New York: St. Martin's Press, 1992)을 보라.

곡할 수 있다.

G 대위와 그의 상관들이 진행한 심문에 대한 나의 기억이 적절한 사례다. 내가 그 일들을 기억하고 다시 말할 때, 기본적인 사실은 달라지지 않아도 심문자들을 더 잔인한 존재로 만드는 경향이 있다. 또는 내 동료 병사들이 나에게 악의가 있어서가 아니라 상관들에게 잘 보여 외박이나 외출 같은 사소한 혜택을 받고자 그렇게 한 것이라는 사실을 일부러 빠뜨릴 수도 있다. 정직하게 뒤돌아보면, 가해자들을 내가 아는 모습보다 더 못된 악당으로 묘사하고 있는 내 모습이 보였다. 기억 속에서 나는 때때로 그들을 불의하게 대했다. 이 경우에는 "불의"(injustice)가 적절한 용어다. 물론 피해자가 불의를 저지른다고 말하기가 아무래도 조심스럽기는 하다. 하지만 피해자가 사실을 이야기하는 것이 정의의 한 형태라면, 고통스러운 기억을 왜곡하는 것은 불의의 한 형태인 것이 분명하다. 그리고 악행에 대한 불의한 기억은 구원의 수단이 될 수 없다. **참되고** 그렇기에 **정의로운** 기억이 구원의 수단이다. 거짓된 기억은 불의한 기억이고, 따라서 악을 줄이려는 의도와 달리 악을 더할 따름이다. 인정이 행복에 이바지하려면 학대를 기억하는 것만으로는 충분하지 않다. 그 기억이 참된 기억이라야 한다.

연대

기억이 구원의 수단이 될 수 있는 세 번째 방법은 피해자들과 **연대**를 이루는 데 있다. 고난에 대한 기억은 우리의 무심함을 일깨우고 주위의 고난과 압제에 맞서 싸우도록 자극한다(적어도 그렇다는 주장이 펼쳐진다). 악에 맞서 싸우려면 피해자들에게 공감해야 한다. 피해자들과 공감하려면 경험을 통해서든 증인들의 이야기를 통해서든, 굶주리고 목마르고 추위에 떨고 슬퍼하고 두려움에 떠는 것이 무엇인지 알아야 한다. 과거의 참상을 기억하면 현재의 참상을 묵인하지 않고 행동하게 될 것이다.

현재의 악행에 맞서 싸우려면 **과거의** 악행을 회상해야 한다. 자신이나 타인이 당했던 부당한 일을 기억하지 않으면 부당한 일을 당한다는 말의 의미를 아예 알 수가 없다. 현재의 고난을 보지 못하면 행동에 돌입할 수 없는 것과 마찬가지로, 악행을 당하는 것이 무엇인지 생생하게 알지 못하면 악행에 맞설 수 없다. 따라서 기억의 중요성은 악행을 당하는 것이 무엇인지 대략적으로 **알게** 해 준다는 점에만 있는 것이 아니다. 특히 엄청난 악행을 기억하는 것은 오늘날 그런 일을 겪고 있는 사람들과 연대할 **이유**를 추가로 제공해 줄 수 있다. 세르비아의 강제수용소 철조망 안에 있는 수감자들의 수척한 몸뚱이를 볼 때, 우리는 나치 강제수용소 수감자들의 몰골을 기억하고 그들을 돕고 싶은 마음을 품게 된다. 과거의 고난을 기억하는 것은 연대를 만들어 내는 데 도움이 되고 꼭 필요하다.

하지만 과거 고난의 기억이 **반드시** 그처럼 좋은 결과로 이어지는지는 분명하지 않다. 그 반대의 결과도 있을 수 있지 않을까? 대단히 고통스러운 방식으로 악행을 겪은 이들을 생각해 보자. 그들이 고난을 겪었기 때문에 다른 이들의 고난에 무관심해지는 상황도 가능한데, 충분히 이해할 만한 반응이다. 자신의 상처를 달래고 자신의 부서진 삶을 보수하는 사람들이 다른 사람들의 필요를 돌아볼 것이라고 기대하는 이유는 무엇일까? 그들이 그렇게 할 만한 타당한 이유들이 있기는 하지만, 그 이유들은 기억 자체에서 생겨나는 것이 아니라 현실의 본질과 현실 안에 있는 우리의 책임에 대한 일련의 확신에서 나오는 것이다. 괴로움을 당했던 기억은 고난당하는 타인을 위해 행동하도록 만들 수 있지만, 아예 그들을 바라보지 않게 만들 수도 있다. 악행의 기억만으로는 연대를 만들어 내기에 역부족인 것 같다.

요약하면, 피해자들과 연대하는 데 악행의 기억이 꼭 필요한 것은 분명하지만, 그것만으로는 불충분할 뿐 아니라 잠재적으로는 위험하기까지 하다. 그런 기억은 공감을 만들어 내고 억압을 줄일 수는 있지만, 무심함으로 이어지거나 새로운 폭력의 계기가 되는 등 구원의 수단과 거리가 멀 수도 있다. 구원의 수단이 되려면 기억 자체가 구속(救贖)받아야 한다.

보호

기억이 구원의 수단 역할을 할 수 있는 네 번째 방법은 피해자들을 추가 폭력으로부터 **보호**하는 것이다. 엘리 위젤이 노벨상 수상 연설에서 말한 바, "악의 기억은 악을 막는 방패 역할을 할 것이고,…죽음의 기억은 죽음을 막는 방패 역할을 할 것이다."[16] 위젤은 이 믿음을 실존적으로 묘사할 뿐 통제된 관찰 결과를 근거로 제시하지는 않는다. 그러나 그 믿음의 적어도 한 가지 측면은 설득력 있어 보이는데, '악의 폭로가 악의 실행을 예방하거나 적어도 방해한다'는 것이다. 악의 두드러진 특징은 선의 망토 속에 숨어 정체를 감추려 드는 점이다. 사탄은 할 수 있는 한 광명의 천사로 나타나는데, 그렇게 할 때 그의 사악한 활동이 더욱 강력해지기 때문이다. 악은 감추어질 때 번성하고 폭로될 때 쇠약해진다. 행악자들이 자신들 위

16　Wiesel, *From the Kingdom of Memory*, p. 239.

로 기억의 빛이 비칠까 봐 두려워하게 되면 자기 정체가 폭로될 것을 염려하여 물러날 가능성이 높다. 기억의 빛이 꺼질 때 더 많은 악행이 일어나기 마련이다.

방패 역할을 함으로써 피해자를 보호하는 기억의 힘은 아주 명백해 보인다. 하지만 이 명백한 진실도 의외로 복잡하다. 많은 경우에 기억이 악인들의 활동을 억제하는 것은 사실이지만, 반대로 기억이 오히려 악인들을 자극할 수도 있다. 일부 악인들은 자신들의 가공할 명분이 옳다고 확신하고 역사에 **기억되기 위해** 잔혹행위를 저지른다. 이것이 테러범들을 움직이는 부분적인 동인이다. 그들은 자신의 행위가 기억되는 것을 영광으로 생각한다. 그래서 이스라엘을 비롯한 많은 고대사회에서는 범죄자에 대한 기억을 완전히 삭제했다. 이것은 오늘날 우리가 생각하는 것처럼 피해자들에 대한 범죄가 아니라 가해자들에 대한 형벌이었다.[17]

기억이 가끔은 보호 기능이 아닌 정반대의 영향을 미친다는 것보다 더 중요한 사실은, 보호 자체가 심각한 문제를 일으킬 수 있다는 점이다. 피해자들이 자신을 보호하려 하다가 가해자가 되지 말라는 법이 없다. 우울한 아포리즘을 능숙하게 구사한 작가 에밀 시오랑이 지적한 대로, 지독한 박해자들은 흔히 "목이 완전히 잘려 나가지 않은 순교자들 중에서 모집된다."[18] 그들은 박해받은 기억 때문에 아무 위험이 없는 곳에서도 위험

---

17 티머시 맥베이(Timothy McVeigh, 1995년 4월 19일, 168명의 목숨을 앗아 간 오클라호마 연방건물 폭파 사건의 주범이다-옮긴이) 재판 중에 어떤 이들은 그를 처형해서는 안 된다고 주장했다. 그를 처형하면 대의명분을 위해 죽고 싶다는 그의 소원을 이루어 주는 일이 될 테고 추종자들 사이에서 그의 지위가 한층 높아질 것이기 때문이었다. 그들은 아무도 모르는 감옥에서 그가 썩어 가도록 내버려 두어, 모두가 그를 잊게 해야 한다고 했다.

18 Emil M. Cioran, *A Short History of Decay*, trans. Richard Howard (London: Quartet,

을 본다. 그렇게 해서 존재하지도 않는 위험을 과장하고 안전 보장을 위해 과도한 폭력과 부적절한 예방조치를 일삼는 등 과잉반응을 보인다. 종종 피해자들은 바로 그들의 기억 **때문에** 가해자가 **된다**. 그들은 과거에 피해자로 겪었던 일을 **기억하기 때문에** 현재 자신이 휘두르는 폭력이 정당하다고 생각한다. 대부분의 관찰자들이 보기에는 분명 편협함이나 증오에서 생겨난 폭력 행사인데도, 그들은 그것이 합법적인 자기방어라고 정당화한다. 이처럼 기억이라는 보호의 방패는 폭력의 칼로 쉽사리 탈바꿈한다.

문제: 기억의 도덕적 변덕

그러면 악행과 고난을 기억하는 일이 어떻게 구원이 될 수 있을까? 기억은 한 사람을 보호하는 대신 다른 사람에게 상처를 입힐 수도 있다. 기억은 피해자들과의 연대를 만들어 내는 대신 무관심을 낳고 폭력의 악순환을 강화할 수도 있다. 기억은 악행을 진실하게 인정하는 대신 피해자의 거짓된 자기인식과 부당한 요구를 강화할 수도 있다. 기억은 상처를 치유하는 대신 덧나게만 할 수도 있다. 일반적으로 악행의 기억은 사람의 정체성을 형성하지만, 그 정체성은 자신의 과거에 갇혀서 그 과거를 되풀이하는 저주받은 사람의 정체성일 수도 있다. 앞의 문장들에 공통적으로 등장하는 "…수도 있다"에 주목하라. 악행의 기억은 상처를 줄 **수도 있고**, 무관심을 낳을 **수도 있고**, 거짓된 자기인식을 강화할 **수도 있고**, 상처를 덧나게 할 **수도 있다**. 나는 지금 악행을 기억하는 일이 모두 이런 결과를 낳아야

1990), p. 4.

한다거나 대체로 이런 결과를 만들어 낸다고 주장하는 것이 아니다. 악행의 기억과 파멸을 연결 짓고 싶은 생각은 전혀 없다. 하지만 도덕적 관점에서 볼 때 악행을 당한 기억이 **어느 쪽으로 튈지 몰라 위험하다**는 점은 강조하고 싶다.

엘리 위젤은 악행을 당한 기억이, 심지어 그의 몸에 상흔으로 남아 있는 홀로코스트의 기억마저도 끼칠 수 있는 영향이 아주 다양하며, 그중 일부는 피해자에게 매우 해롭다는 점을 잘 안다. 그는 어느 누구보다 기억의 고통을 잘 알고 있기에, 『망각』에서 쓴 표현처럼 밤보다 더 어두운 낮의 흔적을 머리에서 모두 지워 버리고 싶어 하는 많은 피해자들의 절실한 욕구를 이해한다.[19] 『사고』에서 그는 죽은 자들에 대한 기억에 집착할 경우 살아 있는 자들을 전폭적으로 사랑할 능력을 상실할 수 있음을 생생하게 보여 준다.[20] 그는 기억이 거짓 정체감을 형성하고 증오를 불러일으키며 무심함을 낳고 정의 대신 폭력을 초래하는 성향 때문에 오용될 여지가 있음을 잘 안다.[21] 이 열렬한 기억의 예언자는 1990년대에 일어난 구유고슬라비아 내전을 통해서 기억 자체가 "혐오스러운 것"이 될 수 있음을 분명히 보았다. 그는 이렇게 썼다. "고통의 땅" 보스니아에서는 "바로 기억이 문제다. 그들은 부모와 자매와 조부모에게 벌어진 일을 기억하고 있기 때문에 서로를 증오한다."[22] 어느 인터뷰에서 위젤은 역사를 통틀어 볼 때 기억

---

19 Elie Wiesel, *Forgotten* (New York: Schocken, 1992), p. 297.
20 Elie Wiesel, *The Accident*, trans. Anne Borchardt (New York: Hill and Wang, 1962).
21 Wiesel, "Ethics and Memory", pp. 11-28를 보라.
22 Elie Wiesel and Richard D. Heffner, *Conversations with Elie Wiesel*, ed. Thomas J. Vincigoerra (New York: Schocken, 2001), pp. 144-145.

이 긍정적으로 쓰인 경우보다 부정적으로 쓰인 경우가 더 크게 다가온다고 시인하기까지 했다. 그는 기억이 구속의 힘을 갖기 위해서는 기억을 구속할 필요가 있다고 지적한다. 하지만 그는 이 문제의 탐구를 다른 사람들에게 맡기고, 그가 제시할 수 있는 가장 창의적인 방법을 사용하여 한 가지 주요한 명령을 외친다. "기억하라!"

만일 우리가 그의 명령을 따라야 하고 역사상 기억이 긍정적으로 쓰인 경우보다 부정적으로 쓰인 경우가 더 많다면, 악행을 당한 기억을 **구속할 방법**을 반드시 알아보아야 할 것이다. 선하게 기억하고, 파괴적인 방법이 아니라 건전한 방법으로 기억하려면 무엇이 필요할까? 기억이 원수 된 이들을 갈라놓는 깊고 어두운 골짜기가 아니라 그들을 이어 주는 다리가 되게 하려면 어떻게 해야 할까? 어떻게 하면 이전의 원수들이 화해를 위해 함께 기억하고, 함께 기억하기 위해 화해할 수 있을까? 나는 이런 질문들이 갈등으로 점철된 우리 세계에서 기억하는 일과 관련하여 핵심 논점들을 제시한다고 본다. 이 책에서 이 논점들을 다룰 것이다.

2부

어떻게 기억해야 하는가?

3장

진실을 말함, 은혜를 실천함

2장에서 나는 악행을 당한 기억에 도덕적 이중성이 있다고 주장했다. 그 기억은 건강과 존엄을 회복하고, 정의 추구를 보호하고 촉진하는 일에 보탬이 될 수 있다. 하지만 동시에 그 기억 때문에 사람들이 원한을 품고 악행을 저질러 인간성을 훼손하도록 하는 결과가 나올 수도 있다. 오늘날 많은 사람들이 영혼의 동요와 사회의 폭력에 맞서 악행을 기억하는 약을 섭취하는 것은 옳은 일이지만, 그러한 "약용" 기억이 환자들의 질병을 치료하기는커녕 오히려 질병에 걸리게 하는 경우도 적지 않다. 악행의 기억은 약이기도 하고 독이기도 한 것 같다.

기억의 위험한 도덕적 이중성에 더하여 최근에는 기억의 중요성에 대한 명확한 인식까지 고려해야 한다. 현대는 기억의 호황기다. 사건들을 기념하려는 욕구가 널리 퍼져 있어서 때로는 기억에 대한 집착으로 보일 정도다. 내가 볼 때 이처럼 기억이 호황을 누리는 데는 (많은 부차적 원인들은 차치하고) 두 가지 주된 원인이 있다. 역설적이게도, 첫 번째 주된 원인은 우리가 빠르게 돌아가고 새로운 것에 집착하며 유흥에 푹 잠긴 문화 속에서 살고 있다는 점이다. 한편으로 이 문화 때문에 우리는 주위에서 일어나는 일들을 빨리 잊어버리는데, 그러다 보니 우리에게 큰 의미가 있었던 일들마저 금세 잊는다. 대중 매체가 우리로 하여금 현재의 지엽적 단편들에만 매여 있게 만들고 새것이 숨 막히는 속도로 옛것을 대체하기에, 과거는 빠르게 움직이는 기차에서 바라본 풍경처럼 흐릿한 영상이 되어 점차 어두워지다가 까맣게 사라지고 만다. 다른 한편으로 우리는 미래를 염두에 두면서 기억을 극찬하고 경험을 기념한다. 과거가 망각의 세계로 사라지지 않게 막고 닥터로가 『신의 도시』에서 표현한 것처럼 우리의 기억이 "노병이 행진하듯" 비틀대지 않게 하려는 노력이다.[1]

이제 막 벌어진 사건들에 대해서도 얼마나 빨리 기념물을 세우려고 하는지 주목하라. "9·11" 희생자들을 위한 적절한 기념물을 세워야 한다는 논쟁이 테러공격이 있고 나서 2-3주 만에 본격적으로 진행되었다. 재난의 영향을 받아들이고 그 의미를 숙고할 만한 시간을 충분히 갖기에는 너무나 이른 시기였다![2] 우리가 외적 상징인 기념물을 즉각적으로 요구하는 것은 내면에서 기억의 장악력이 너무도 미약하기 때문이다. 손에 잡히고 눈에 보이는 기념물이 생기면, 우리가 그 일을 기억해야 할 의무감에서 벗어난 듯한 느낌을 받는다. 그러고 나서 우리는 떳떳하고 양심에 거리낌이 없는 상태가 되어 흐릿한 현재에 몰두한다. 기억의 호황이 개개인의 기억의 파산을 보상하려 드는 형국이다.

둘째, 제1차 세계대전을 필두로 한 20세기의 거대한 사회적 재앙이 지

---

1 E. L. Doctorow, *City of God* (New York: Plume, 2001), p. 178.
2 기념물 제작이라는 주제에 대해서는 James Young, *The Texture of Memory* (New Haven: Yale University Press, 1993), p. 4를 보라.

나간 후 서구에서는 우리가 당한 심각한 악행을 기억하되 그 모든 내용을 항상 기억해야 한다는 폭넓은 사회적 합의가 이루어졌다.[3] 기억하는 일을 통해, 압제자들이 어떤 작자들이고 어떤 일을 했는지 숨기는 역할을 하는 조작된 망각과 싸운다는 논리였다. 압제자의 정체가 스탈린이나 히틀러 같은 전체주의 독재자든, 학대하는 부모나 견디기 어려운 상사 같은 개인적인 폭군이든 다를 것은 없다. 우리는 기억함으로써 악행과 고통을 당한 이들을 존중하게 된다. 그렇게 그들에게 진 빚을 갚는다. 그들이 당한 악행을 잊는 것은 정의를 위한 가장 기본적인 의무를 소홀히 하는 일이다. 그들의 죽음을 잊는 것은 그들을 두 번 죽이는 일과 같다.[4] 만연한 악행에 시달리는 빠른 속도의 문화에서는 기억이라는 약을 계속 섭취하는 것이 필요해 보인다. 어떤 도덕적 결과를 낳을지 알 수 없고 유익 못지않은 해악이 있을 수 있다는 점은 우리가 감수해야 할 대가다.

앞서 언급한 기억의 두 측면, 즉 악행을 기억하는 일의 중요성과 거기에 따라올 수 있는 실제 위험들은 불편한 짝이다. 두 측면 때문에 우리는 기억하라는 명령과 기억함으로써 다른 이들을 학대하고 자신을 배신할 위험이 있다는 경고 사이에 끼어 옴짝달싹 못하게 된다. 악행을 기억하는 일의 중요성을 책임감 있게 지지하기 위해서는 기억이라는 약에서 독을 걸

---

[3] 제1차 세계대전 같은 거대한 재앙과 기억의 중요성이 부각된 것 사이의 관계에 대해서는 Jay Winter, *Sites of Memory, Sites of Mourning: The Great War in European Cultural History* (Cambridge: Cambridge University Press, 1995); *War and Remembrance in the Twentieth Century*, ed. Jay Winter and Emmanuel Sivan (Cambridge: Cambridge University Press, 1999)을 보라.

[4] Avishai Margalit, *The Ethics of Memory* (Cambridge, Mass.: Harvard University Press, 2002), pp. 20-21를 보라.

러 낼 필요가 있다. 하지만 어떻게 해야 할까? 어떻게 해야 올바르게 기억할 수 있을까? 기억은 분명 우리가 어떤 존재인지 규정하고 우리를 보호하며 정의를 행하는 데 힘을 보태는 측면이 있으나 다른 한편으로는 우리에게 상처를 주고 우리를 갈라놓으며 심지어 남을 공격하도록 몰아가기까지 하는 전혀 다른 행태도 보이는데, 이런 부분을 중단시키려면 어떻게 해야 할까? 기억이 치료하고, 결속시키고, 공동의 번영을 촉진하도록 할 방법은 무엇일까?

과거를 구속함

그리스도인들에게 자신이 당한 악행을 바르게 기억하는 문제는 더 큰 사안인 구속(救贖), 특히 과거를 구속하는 일의 일부분이다. 그러면 과거의 구속은 무엇을 의미할까?

『차라투스트라는 이렇게 말했다』에서 니체는 구제[redemption, 기독교 신학에서 말하는 구속(救贖)과 같은 단어다—옮긴이]에 대해 놀라운 진술을 한다. "시간과 그 '정해진 과거'(it was)에 대한" 악감정으로부터 사람들을 구해 내는 것, "나는 그것만을 구제라 부르겠다."[5] 하지만 그가 강조하며 덧붙인 "만을" 때문에 그가 내놓은 구제의 정의는 반쪽짜리가 되고 만다. 구제가 필요한 것은 과거만이 아니기 때문이다. 니체가 건드리지 말아야 한다고 주장했던 현재도 자기를 구제해 달라고 소리친다! 결점 많고 허약한

---

5   Friedrich Nietzsche, *Thus Spoke Zarathustra*, in *The Portable Nietzsche*, trans. and ed. Walter Kaufmann (New York: Penguin, 1976), pp. 251-252. 『차라투스트라는 이렇게 말했다』(민음사).

우리의 몸, 상처 입은 우리 영혼, 지각 기관인 눈과 귀도 온전해질 필요가 있다. 미래도 구제가 필요하다. 물론 여기에서 미래는 아직 벌어지지 않은 미래의 사건들을 말하는 것이 아니라, 우리가 꿈과 노동 가운데 그리로 발돋움하는 투사된 미래를 말한다. 불건전한 꿈과 방향을 잘못 잡은 노동은 종종 깨어진 현실로 나타나지 않던가?

니체는 현재와 미래의 구제(구속)를 무시했을 뿐 아니라 과거를 구속하는 일의 의미도 잘못 파악했다. 운명애(運命愛, *amor fati*)라는 영웅적 행위로 과거를 받아들여야 한다고 주장한 것이다. 그러나 받아들이는 것은 과거를 **참는** 것이지 **구속하는** 것이 아니다. 그래도 니체가 과거를 구제하는 일의 중요성, 아니 필요성을 주장한 것은 옳았다. 현재와 미래를 구제한다 해도 과거―우리 개개인의 과거와 세계의 과거 모두, 우리는 세계의 일부이고 세계도 우리의 일부다―의 구제 없이는 완전할 수 없기 때문이다. 우리가 겪은 일은 벗어 버리고 싶은 무거운 짐처럼 우리를 짓누른다. 포기를 모르는 적처럼 우리를 가차 없이 공격한다. 부서진 아름다움, 더럽혀진 선(善), 뒤틀린 진실, 쏟아지는 눈물, 강물 같은 피, 산더미 같은 시체 등 역사의 잔해는 어떻게든 복구되어야 한다. 과거는 구속되어야 하며 구속되리라는 것이 기독교의 구속 개념에 담긴 본질적 확신이다.

구속과 올바른 기억

잘 기억하는 법을 배우는 것은 과거를 구속하는 일의 한 가지 열쇠다. 과거의 구속은 우리의 깨어진 세상을 온전히 회복하시는 하나님의 더 큰 이야기 안에 자리 잡고 있다. 여기에서 회복은 과거, 현재, 미래를 아우른다.

그러면 잘 기억하는 것과 과거의 구속 사이에는 어떤 관계가 있을까? 내가 G 대위와 그 무리에게 여러 차례 심문을 당하면서 품게 된 다음의 질문들이 그 답을 찾는 데 도움이 될 것 같다. '나는 앞으로 이 경험들을 적개심과 복수심을 품고 바라보게 될까, 아니면 평화를 얻고 가해자들과 화해하려고 할까? 내적 평화와 화해를 위해 너그러운 마음으로 기억하게 될까, 아니면 적개심과 두려움 때문에 과거를 실제보다 더 끔찍한 모습으로 그리게 될까? 무고한 시민들을 잔인하게 심문하는 군인들에 대한 우려에도 불구하고, 나는 두려움을 넘어서서 지금 내가 해야 하는 일들을 적극적으로 추진하게 될까?'

나는 앞의 방식 중 한 가지 방식으로 혹은 여러 다른 방식으로 내가 받은 심문을 기억할 것이다. 어떤 방식을 선택할지는 부분적으로 다음 두 가지에 의해 결정될 것이다. 첫째, 내게 어떤 일이 벌어지리라고 생각하는가. 둘째, 나는―그리고 다른 사람들은―내 인생에서 일어난 그 괴로운 사건을 어떻게 이해할 것인가. 나는 세계에 상존하는 불안의 한복판에서 안전함을 느낄까, 아니면 항상 위협에 노출되어 있다고 느낄까? 상처는 치유될까, 아니면 그대로 남아 고통스럽게 곪아 갈까? 악행이 어떻게든 바로잡힐까? 악인들의 승리를 그냥 받아들이고 싶지 않다면 내 손으로 잘못을 바로잡겠다고 나서야 할까, 아니면 역사의 끝에 이르러 공정한 재판장께서 학대를 바로잡아 주시리라는 희망을 품어야 할까? 그 시련은 어떤 식으로든 의미 있는 것으로 드러날까, 아니면 느닷없이 내 인생에 쳐들어와 불안의 그늘을 드리우는 고난으로 남게 될까? 이 사건이 공동체와 온 세계를 아우르는 더 큰 구속의 이야기로 통합될 수 있을까, 아니면 나 자신의 "자아사"(ego-history)[6] 안에서 나 홀로 고통을 겪고 극복해야만 할까? 내가 상처 입은 과거와 화해하고 내게 악행을 저지른 사람들과도 화해하리라고 바랄 만한 타당한 근거가 있을까, 아니면 그들과 내가 속한 공동체의 사람들은 영원히 교제할 수 없는 관계일까?(그래야 하는 것일까?) 이런 질문들에 제대로 대답해야만 우리가 겪은 악행들을 바르게 기억할 수 있다.

이런 일반적인 질문들은 각 사람의 경험에 맞게 조절할 수 있다. 질문들에 대한 답은 우리 존재의 핵심과 실재의 기본적 구조에 대해 우리가 어떤 확신을 갖고 있는지에 따라 달라질 것이다. 개인으로서, 공동체로서, 인류 전체로서 우리는 누구인가? 무슨 목적으로 여기에 있는가? 우리는 어디로 가는가? 나는 이번 장과 이어지는 여러 장에서 올바르게 기억하는 법에 대해 살피면서 기독교 신앙에 근거한 답변을 제시하고자 한다. 그러면 기독교 신앙의 핵심적인 확신은 무엇인지 다음의 다섯 가지 명제를 살펴보자.

첫째, 우리는 우연이나 필연의 부산물로 어쩌다 보니 세상에 생겨난 존재가 아니다. 사랑의 하나님이 우리 각 사람을 세계와 더불어 창조하셨다.

둘째, 우리가 이 세상에 있는 것은 고통을 최대한 피하고 쾌락을 최대한 누리며 혼자 힘으로 살기 위해서가 아니다. 하나님은 정의와 사랑에 기반한 교제 안에서 우리가 그분 및 서로와 더불어 살도록 창조하셨다.

셋째, 인류는 하나님과 이웃을 사랑하는 데 가망 없이 실패했지만, 그 분열의 결과를 혼자 감당하도록 버려지지 않았다. 적의와 고통의 균열이 인류의 모든 역사를 더럽히고 개인의 삶에 상처를 남기지만, 하나님은 그리

---

6 "ego-history"라는 용어에 대해서는 Piere Nora, *Essais d'ego-bistoire*, [contributions de] Maurice Agulhon...[et al.], réunis et présentés par Pierre Nora (Paris: Gallimard, 1987)를 보라.

스도 안에서 인류 역사 속에 들어오셨고 그리스도가 십자가에서 죽으심으로 인간과 하나님, 인간과 인간 사이를 영구불변하게 화해시키셨다.

넷째, 겉보기에는 어떨지 몰라도 시간이 우리를 집어삼켜 무(無)로 만들지는 못할 것이다. 예수 그리스도 안에서 우리의 유한성을 취하신 하나님이 역사의 끝에 우리의 약한 육신을 불멸의 몸으로 만드시고 우리 삶을 구속된 삶으로 회복시키실 것이다. 우리는 영원히 하나님을 즐거워하고 하나님 안에서 서로를 즐거워할 것이다.

다섯째, 시간이 비가역적이라 해서 우리가 겪은 악행이 바꿀 수 없는 과거의 현실로 새겨지지는 않을 것이다. 악행자는 궁극적으로 피해자에게 승리하지 못하고, 고난은 최종 발언권을 행사하지 못할 것이다. 하나님은 악행의 진실을 폭로하시고 각 악행을 정죄하시며, 회개하는 가해자와 그 피해자 모두를 구속하셔서 그들이 하나님 및 서로와 화해하도록 만드실 것이다.

개략적으로 소개했지만, 이것이 바로 창조, 구속, 최종 완성으로 이어지는 기독교 이야기의 전반적인 그림이다. 나는 이 이야기 덕분에 바르게 기억하는 일의 의미를 파악했다. 이 이야기 속에서 하나님은 올바르게 기억하는 일을 가능하게 해 주신다.

진실함에 대한 의심

올바르게 기억하는 일에서 주요한 측면은 진실함이다. 기억과 진실함에 대한 기독교 텍스트는 "진실하게 기억하라"는 간단한 명령 하나면 족하다고 보는 이들도 있다. 전통적으로 해석한 십계명의 제9계명—"거짓 증거하지 말라"(출 20:16)―을 과거의 일에 적용하는 것으로 충분한 설명이 된다는 것이다. 언뜻 보기에 진실하게 기억해야 한다는 것은 진실을 왜곡하거나 반쪽짜리 진실만 말하거나 노골적인 거짓말을 해서는 안 되며 오직 진실만을 말해야 한다는 것만큼이나 자명해 보인다. 진실을 말하는 것이 본인이나 타인에게 중대한 해를 초래하는 경우처럼, 특정한 상황에서도 진실하게 말해야 하는지에 대해 논쟁이 벌어질 수는 있다. 그러나 그런 예외적인 상황을 인정한다 하더라도, 그것은 어디까지나 예외일 뿐 규칙이 아니다. 규칙은 단순하다. '자신이 경험하거나 의도하는 바를 말할 때처럼, 자신이 기억하는 내용도 진실하게 말하라.' 이 정도면 기억과 진실성에 대한 긴 논의를 생략할 수 있지 않을까?

너무 성급한 판단이다. 우리의 기억은 특히나 왜곡되기 쉽기 때문이다. 뒤에서 인간 지식의 일반적인 한계를 다룰 텐데, 기억도 그 한계에서 자유롭지 못하다. 그러나 기억은 다른 형태의 지식보다도 더 신뢰성이 떨어지는 특유의 한계를 갖고 있는데, 우리가 기억하는 **내용**이 그 정의상 과거에 벌어진 일이고 지금 우리 앞에서 펼쳐지는 일이 아니라는 점이다. 내가 창문 밖 습지에 있는 왜가리를 보고 있다고 당신에게 말한다면, 나는 지금 현재 내가 보고 있는 것에 대해 말하는 것이다. 오늘 오후에 비가 오지 않으면 자전거를 탈 생각이라고 말한다면, 내가 지금 품고 있는 의도를 말하는 것이다. 하지만 기억의 경우는 다르다. 내가 일주일 전 정오에 왜가리를 **봤다**거나 사흘 전에 자전거를 탈 생각이었다고 말한다면, 내가 보는 것과 의도하는 것은 내가 말하는 순간에 이루어지는 일이 아니다. 둘 다 과거에 속한 일이다. 현재의 나와 이전에 내가 보거나 의도한 것 사이에는 시간적 간격이 있다. 나는 이미 벌어진 일을 기억해야 한다. 시간적 간격과 그것을 잇기 위해 필요한 기억이라는 활동 때문에 거짓이 끼어들 여지가 생긴다. 기억이 누락하는 부분을 상상력이 메워 주기 때문이다. 나는 지금 의도적인 거짓말을 말하는 게 아니다. 물론 내가 인지하거나 의도하는 것에 대해 거짓말을 할 수 있듯이, 기억에 대해서도 의도적으로 거짓말을 할 수 있다. 그러나 지금 나는 시간상의 간극 때문에 종종 나타나는 의도성 없는 모호함에 대해 말하는 것이다. 내가 왜가리를 본 시간은 일주일 전 정오였을까, 아니면 닷새 전 오전 10시에 가까웠을까? 내가 본 것은 정말 왜가리였을까? 혹시 다른 큰 새나 황새는 아니었을까?

기억으로 떠올리는 내용이 단순한 지각이나 의도가 아니라 복잡한 사건인 경우에는 오류의 가능성이 더 커진다. 윌리엄 제임스는 19세기 말에 다음과 같이 지적한 바 있다.

> 자신의 경험을 다른 사람들에게 들려줄 때 잘못된 기억을 가장 흔히 볼 수 있다. 거의 언제나 우리는 이야기를 진실보다 더 단순하고 흥미롭게 만든다. 우리는 실제로 말하고 행동한 내용이 아니라 우리가 말하고 행동했어야 했던 내용을 들려준다. 이야기를 시작할 때는 그 둘 사이의 구분을 온전히 인식하고 있을 수도 있지만, 얼마 안 가서 허구가 실재를 기억에서 몰아내고 혼자서 떵떵거린다. 이것이 정직하려고 했던 증언에서 오류가 발생하는 중요한 원인이다.[7]

---

7   William James, *The Principles of Psychology* (New York: Dover, 1890), 1:373-374. 『심리학의 원리』(아카넷).

한마디로 우리는 기억을 윤색하는 경향이 있으며, 그것도 상당히 자주, 별다른 악의 없이 그렇게 한다. 이야기를 들려줄 때 그런 경향이 특히 심하다.

제임스가 행간에서 말하는 바에 따르면, 정직한 윤색조차도 우리 자신을 돋보이게 만들고 싶은 무의식적 욕구에서 나오는 것이다. 우리는 이런저런 말을 하고 행동을 해야 **했지만** 그렇게 하지 않았다. 그러나 흘러간 시간의 도움을 받아, 우리가 **해야 했지만** 분명히 그렇게 하지 않았던 말과 행동을 **했다**고 기억함으로써 원래의 언행을 더 나아 보이게 만든다. 이 기억은 실제 벌어진 일과 별로 관계가 없다. 우리가 바람직하다고 여기는 태도와 유용하다고 여기는 행동이 투영된 가공의 이미지나 이야기가 실제 상황 위에 자라났기 때문이다. 예를 들어, G 대위에 대한 끓어오르는 분노를 정당화하고 싶은 마음에 내가 겪은 정신적 고문이 내가 당한 적 없는 물리적 고문으로 바뀔 수 있다. 그가 실제보다 더 나쁜 인간으로 보이기를 바란 나머지 기억 속에서 더 나쁜 모습으로 그려 내는 것이다.

오늘날 우리는 의심과 속임수의 문화 속에서 살기에, 많은 이들이 기억은 진실한 경우가 드물다고 말한다. 더 심하게는, 기억이 실제로 벌어진 일과 조금이라도 일치하는가 하는 점에서 볼 때 진실한 것**일 수 없다**는 막연한 생각이 우리 사회 전반에 퍼져 있다. 이런 생각을 받아들이는 사람들은 모든 이야기는 나름의 진실성이 있지만 과거에 대한 이야기는 특정한 관점에서 들려주는 것이기에 실제 벌어진 일과는 거리가 먼 진실, 다시 말해 일종의 가상적 진실이라고 생각한다. 모든 이야기의 진실성이 똑같다는 것이다. 결국 진실하게 기억하려는 노력이 **바람직한 것인지**조차 의심하기에 이른다. 진실하게 기억하려 함으로써 유익을 주기보다 오히려 해를 끼칠 수 있다고 보는 것이다.

그렇다면 "진실하게 기억하라"는 단순한 명령만으로는 기억과 진실성의 관계에 대해 충분히 이해했다고 할 수 없다. 말하지 않은 부분이 너무 많기 때문이다. 앞으로 몇 쪽에 걸쳐 기억의 내적 논리, 기억의 진실함이 갖는 도덕적 의무와 이상적 모습, 그리고 그런 기억을 가능하게 하는 조건을 살펴봄으로써 기억과 진실성의 관계를 검토하려 한다.

진실함의 주장

어떤 친구가 이렇게 묻는다고 해 보자. "9월 11일에 첫 번째 비행기가 세계무역센터 북쪽 건물을 들이받은 시간을 기억해?" 나는 이렇게 대답한다. "물론이지. 그때 내가 뉴욕에 있었거든. 오전 9시 46분이었어." 친구가 인터넷으로 확인해 본 후 해당 공격 시간이 오전 8시 46분이었음을 알게 된다면 이렇게 말할 것이다. "네 기억도 나보다 나을 게 없네! 시간을 잘못 알고 있었어! 아니지. 네 기억은 내 기억만 못해! 그래도 난 기억 못 한다는 건 알고 있었으니까!" 좀 심하기는 하지만 맞는 말이다. 부정확하게 기억하는 것은 엄밀히 말하면 전혀 기억하지 못하는 것과 같다. 우리가 기억하는 **내용**이 부정확한 바로 그 부분에서, 우리는 **기억을 못 하는** 것이다. 우리의 생각은 필요한 정보가 저장된 파일을 발견하고 내용이 조작된 줄도 모른 채 그것을 읽는다. 기억하는 **과정**의 친숙감 때문에 **사실**을 기억한다고 생각하지만, 실은 그렇지 않은 것이다.[8] 상상력이 몰래 와서 흔들리

---

8 '기억하는 일'과 '기억하는 것 같음'의 구분에 대해서는 Susan J. Brison, *Aftermath: Violence and the Remaking of a Self* (Princeton: Princeton University Press, 2002), p. 72를 보라. 『이야기해 그리고 다시 살아나』(인향).

는 기억을 돕는 바람에 자기도 모르게 허구를 진실이라 여기게 되기 때문이다.

'거짓기억증후군'(false memory syndrome)—객관적으로 거짓이지만 본인은 옳다고 믿는 것으로, 트라우마적 경험에 대한 기억이 어떤 사람의 정체성과 상호 관계의 중심에 자리 잡는 증상—이 이런 경우의 좋은 실례가 된다. 어떤 사람이 어린 시절에 아버지에게 학대를 당했다고 기억하고 있는데, 그것이 심리치료사 등 다른 사람이 잘못 심어 준 생각인 경우다. 그는 기억을 한다고 할 수 있을까? 자신은 기억한다고 **믿지만** 사실은 그렇지 않다. 우리는 벌어지지 않은 일을 기억할 수 없다. 가상의 사건을 기억한다고 진심으로 주장한다면 그것은 엄격히 말해 잘못 기억하는 것이 아니라 암시의 힘에 의해 촉발되었거나 적개심 때문에 품게 된 상상의 산물을 기억으로 **착각하는** 것이다. 거짓기억증후군을 겪는 사람이 상상의 허구와 진짜 기억을 구분하지 못한다고 해서 기억의 본질이 달라지지는 않는다. 어떤 것을 기억한다는 것은 진실하게 기억한다는 것이다. 우리가 이야기의 서두에 "제가 기억하는 내용은 이렇습니다"라고 말하거나 직접 쓴 책에다 "회고록"이라는 부제를 붙인다면, 그것은 **과거에 벌어진 일을 진실하게 전달하겠다고 약속하는 것이다.**[9]

9·11 테러공격이나 내가 보안장교들에게 당한 심문 같은 복잡한 사건을 다룰 때, 경험한 사실의 어떤 측면은 기억하지만 어떤 측면은 기억하지

9　폴 리쾨르(Paul Ricœur)는 이런 주장을 했다. "과거의 '어떤 일'을 기억하겠다고 하거나 이전에 보고 듣고 경험하고 배운 **어떤 것**을 기억한다고 할 때 거기에는 진실을 추구하겠다는 뜻이 들어 있다"[*Memory, History, Forgetting*, trans. Kathleen Blamey and David Pellauer (Chicago: University of Chicago Press, 2004), p. 55].

못할 수 있다. 기억한다는 것은 충실하게 기억하는 것이다. 충실하게 기억하지 못하는 부분의 경우, 우리는 기억하는 것이 아니라 상상한다. 현실은 작은 부분조차 너무나 복잡해서 기억하기는커녕 온전히 파악하기에도 버겁다는 것을 우리는 안다. 그래서 우리는 주어진 상황에서 충분히 진실하다 싶으면 기억한 것으로 관대하게 인정해 준다. 당신이 내가 받은 심문에 대해 알고 있는데 내가 심문자들이 내 머리에 두건을 씌우고 내 몸에 전깃줄을 달아 놓았다고 하거나 나를 발가벗겨 성적으로 학대했다고 말한다면, 당신은 내가 과거의 괴로움을 거짓으로 과장한다고 꾸짖고, 무슨 이유인지 몰라도 나의 경험에다 이라크의 아부그라이브 수용소 수감자들이 당한 학대를 투사하고 있다고 말할 것이다. 나는 그런 일을 당하지 않았기 때문이다. 그러나 내가 나를 심문하기 위해 사라예보에서 딱 한 번 왔던 장군의 얼굴을 자세히 묘사한다면, 호의와 위협을 반복적으로 드러내던 그의 눈동자 색깔을 설령 내가 잘못 알고 있다 해도 당신은 내 기억이 정말 충실하다고 감탄할 것이다. 사건이 복잡하고 현재에서 멀리 떨어진 일일수록, 우리는 기억의 부정확성에 대해 관대해질 가능성이 높다.

 기억은 언제나 기억의 대상이 되는 사건의 근사치일 뿐이다. 일상에서 일어나는 "기억함"에는 진실한 묘사와 상상해 낸 구성물이 모두 포함되어 있지만, 그래도 기억함과 진실성은 서로 긴밀히 연결되어 있다. 엄밀한 의미에서 기억한다는 것은 진실하게 기억하는 것을 뜻한다. 일상적인 의미에서 기억한다는 것은 우리가 아는 대로 최대한 진실하게 과거의 사건을 떠올리는 것이다.

기억이 과연 진실할 수 있는가?

지금까지 내가 펼친 논의—우리가 무엇인가를 기억한다고 말할 때는 그 내용이 옳다고 주장하는 것이다—가 설득력이 있었다고 해 보자. 그럴지라도 어떤 것이 옳다는 주장을 내세우는 것과 실제로 진실하게 기억하는 일로 그 주장을 이행하는 것은 다르다.

오늘날 일부 그룹에서는 과거와 달리 진리를 마음과 실재 간의 형식적 대응으로 보지 않는다. 그들은 이름, 날짜, 전화번호 같은 사실 정보의 조각들을 제외하면 객관적 진실 같은 것은 없다고 주장한다. 과거에 대한 "진실"은 우리가 설득력 있다고 여기는 이야기일 뿐이라는 것이다. 설득력의 근원은 이야기의 매력과 유용성이 될 수도 있고, 미묘한 설득이나 사회적 제약으로 우리 자신도 모르게 호감을 갖게 된 어떤 것일 수도 있다. 그런 이야기를 "참된" 것이라고 불러 봐야 그 인식적 지위나 그것이 실제로 벌어진 일과 어떤 관계에 있는지에 대해 아무것도 말해 주지 않는다고 본다. 이유는 간단하다. 어떤 이야기든, 과거의 사건과 정확하게 대응할 수는 없기 때문이다. 그들은 어떤 이야기를 참이라고 말하는 것은 그것이 즐거움을 준다거나, 세상에서 바람직하게 존재하는 방식을 보게 해 주는 창을 제공한다거나, 권력 투쟁—어떤 것을 소유한 자로서가 아니라 언어 사용자로서[10] 모든 인간이 이 권력 투쟁에 참여한다—에서 한 가지 성공적인

---

10 프리드리히 니체는 이런 "진리"관을 옹호하는 가장 중요한 대변자다. 이 진리관으로 바라보면, 그는 참된 이야기를 가장 성공적으로 들려주는 사람이기도 하다. 그의 『도덕의 계보』(Geneology of Morals)는 그 사례 중 하나다. 『도덕의 계보』는 서구 도덕의 등장을 역사적으로 정확하게 기술한다는 의미에서 참된 책이 아니라, 삶에 대한 특정한 감수성을 가

수를 내놓았다는 의미라고 말한다.

이 자리는 과거에 대한 진실을 포함해 이런 지독히 관점주의적이고 기능주의적인 진리관이 타당한지의 여부를 두고 긴 철학적 논쟁을 펼칠 만한 곳이 아니다. 나는 이 입장이 철학적으로 정합성이 없다고 본다.[11] 하지만 이 입장에 반대하는 논증을 자세히 설명할 생각도 없다. 나는 대체로 전통적인 신 존재 개념을 받아들이는 기독교 신학자이고, 내가 볼 때 진리는 초월적 범주이며 모든 것을 아시는 하나님이 그것을 보증하신다는 것 정도만 말해 두고 싶다. 어떤 것이 참이라면, 이를테면 내가 심문을 받은 군사기지가 현재 보스니아 헤르체고비나의 도시 모스타르에 있다거나, 내가 심문을 받은 이유 중 하나가 전시에 적군을 죽이겠다는 군인의 맹세를 거부했다는 것이 참이라면, 그것은 서술자인 내가 어떤 처지에 있고, 내가 추구하는 목표가 무엇이며, 내가 어떤 투쟁에 참여하고 있는지와 상관없이 참이다. 그것은 언제 어디서나, 어떤 상황에서나 참이며 보편적으로 참이다.

물론 인간은 특정한 관점에서 사건을 지각하는 것처럼 언제나 특정한 관점에서 기억하고 이야기한다. 여기에는 두 가지 주된 이유가 있다. 첫째, 우리가 공간적으로 제한된 상황 속에 있기 때문이다. 한 번에 한 장소에만 있을 수 있기에 한 장소에서만 상황을 볼 수 있다. 특정한 장면을 다양

진 특정 독자들에게 수사적인 설득력을 발휘하려고 쓴 책이다. Alasdair MacIntyre, *Three Rival Versions of Moral Enquiry* (Notre Dame, Ind.: University of Notre Dame Press, 1990), pp. 42-47를 보라.

11 상대주의와 구성주의에 반대하는 최근의 설득력 있는 논증으로는 Paul Boghossian, *Fear of Knowledge: Against Relativism and Constructivism* (Oxford: Clarendon Press, 2006)을 보라.

한 관점에서 검토하는 경우에 우리의 인식은 향상된다. 산봉우리 주위를 돌면서 바라보면 산을 훨씬 잘 볼 수 있는 것과 같다. 하지만 이 경우에도 여전히 한계는 남는다. 그것은 두 번째 이유, 우리가 시간적으로 제한되어 있기 때문이다. 우리는 산봉우리를 모든 각도에서 동시에 바라볼 수 없다. 우리는 "지금" "여기"에 있기 때문에 "지금" 안에서만 지각하고 기억할 수 있고, 지금은 언제나 앞으로만 움직인다. 그래서 우리는 주어진 사건 이전에 있었던 일, 그것이 생겨나는 데 기여한 과거의 일을 온전히 인식하지 못하며, 그 일이 미래에 어떤 영향을 끼칠지도 잘 모른다.

분명 우리는 많은 것을 제대로 기억한다. 날짜와 장소, 소소한 사건들의 기본적인 내용, 주위의 소리, 냄새, 느낌 등을 기억한다(물론 그런 것들에 대해서도 종종 기억을 환기시켜 줄 무언가가 필요하기는 하다). 그러나 주어진 사건의 원인과 동기는 대체로 잘 알지 못한다. 우리의 기억은 어떤 사건을 더 큰 준거틀 안에 적절히 배치할 수 없다. 그저 그 의미를 추측할 수 있을 따름이다. 밀란 쿤데라는 소설 『향수』에서 우리의 머릿속에 기억으로 남아 있는 것은 흔히 "잊어버린 내용 위에 더덕더덕 갖다 붙인 그럴듯한 이야기"라고 말했다.[12] 과장일 수도 있지만 그리 큰 과장은 아니다.

---

12   Milan Kundera, *Ignorance*, trans. Linda Asher (New York: HarperCollins, 2002), p. 126. 쿤데라와 비슷한 생각을 가진 학자들의 평가에 대해서는 Chris Westbury and Daniel C. Dennett, "Mining the Past to Construct the Future: Memory and Belief as Forms of Knowledge", in *Memory, Brain, and Belief*, ed. Daniel L. Schacter and Elaine Scarry (Cambridge, Mass.: Harvard University Press, 2000)를 보라. 『뇌와 기억, 그리고 신념의 형성』(시그마프레스). 이들은 회상이 "생물학과 역사의 제약이라는 맥락 안에서 우리가 내놓는 가장 그럴듯한 이야기(어쩌면 그럴듯한 유일한 이야기)에 불과하다"(p. 19)고 주장한다.

우리가 지각하고 기억하는 내용은 언제나 우리가 목격하거나 경험한 것에 미치지 못한다. 하지만 인간의 앎이 이렇게 주관적이고 제한적일 수밖에 없다고 해서 "진실"이 이런저런 형태의 권력이 내세우는 견해에 불과하다는 말은 아니다. 여러 관점과 이해관계에도 불구하고, 우리는 진실한 기억에 대해 의미 있게 말할 수 있다. 우리가 기억한다고 주장할 때는 우리가 아는 한 그 기억이 실제 사건과 모종의 방식으로 일치한다는 의미에서 참되다고 주장하는 것이다.

진실하게 기억해야 할 도덕적 의무

우리가 무엇인가를 기억한다고 말할 때는 진실하게 기억한다고 주장하는 것이며 진실하게 기억해야 할 **도덕적 의무**를 느끼고 있다는 뜻이다. 최근 몇 년간 우리에게 지독한 악행을 기억할 도덕적 의무가 있는지를 놓고 많은 논의가 있었다. 이 문제는 책 뒷부분에서 다시 다룰 것인데,[13] 지금 내가 이야기하려는 것은 기억해야 할 도덕적 의무가 아니라 기억할 때 **진실해야** 할 도덕적 의무다.

   이 의무를 실행할 우리의 능력은 제한되어 있다. 앞에서 지적한 대로, 기억은 근사치에 불과하기 때문이다. 우리는 언제나 부분적으로만 기억한다. 그리고 우리는 기억을 완전히 제어하지 못한다. 별다른 의지의 개입 없이 머릿속에서 그냥 떠오르는 기억이 있고, 일부러 머릿속에 저장하고 회상을 통해 끄집어내는 기억도 있지만, 어떤 기억들은 아무리 노력해도 우

---

13 10장을 보라.

리 마음이 **저장**하거나 **끄집어내기**를 거부한다. 기억은 종종 우리**가** 하는 일이 아니라 우리**에게** 벌어지는 일이 된다. 기억하는 존재로서 우리는 능동성과 수동성을 모두 갖고 있다. 따라서 진실하게 기억해야 할 도덕적 의무를 **이행**할 우리의 능력이 한계가 있는 만큼, 그 의무 자체도 한계가 있다. 그래도 우리는 최대한 진실하게 기억해야 한다.

내가 친구들과 9·11 테러공격에 대해 이야기한다고 해 보자. 나는 그들에게 내가 그날 아침 뉴욕에 있었고 유엔 건물에서 열린 조찬기도회에 참석해 화해에 대한 강연을 하고 있었다고 말한다. 공격이 있기 몇 분 전에, "네가 누운 자리가 비좁지 않을" "공중의 무덤"에 대해 노래하는 파울 첼란(Paul Celan)의 시 "죽음의 푸가"(Deathfugue)를 낭송하며 강연을 마무리했다고 지나가는 말로 언급한다. 그런데 마침 그 조찬기도회에 참석했던 한 친구가 나를 바라보며 살짝 나무라는 투로 이렇게 말한다. "아냐. 기억 안 나? 자네는 강연 **도입부**에서 그 시를 낭송했다고!" 이것은 사건의 순서를 부정확하게 제시한 단순한 사례다. 그러나 친구의 개입을 보면, 내가 과거에 있었던 일을 기억하고 이야기할 때는 그 일을 **진실하게** 기억하고 말해야 할 도덕적 의무가 자타 모두에 대해 있음을 알 수 있다. 내가 특정한 의도 없이 잘못 기억하는 것이 크게 비난받을 만한 일은 아니지만, 어쨌든 정확하게 기억해야 할 책임이 있는 것이다. 진실하게 기억해야 할 의무는 진실을 말해야 할 일반적 의무의 한 가지 차원이다. 성경의 표현을 빌리면, 과거에 대해 "거짓 증거하지"(출 20:16) 않고 "너희가 그렇다고 생각하는 것은 그렇다 하고 아니라고 생각하는 것은 아니라"(약 5:12)고 말하는 것이다.

물론 나는 허구의 이야기를 들려줄 수도 있고, 사람들을 웃기거나 요점을 전달할 요량으로 사건들을 창의적으로 재구성할 수도 있다. 그런 경우에는 진실을 말해야 할 의무가 같은 식으로 적용되지는 않을 것이다. 말의 의도가 즐겁게 하려는 것이지 정확한 정보 전달이 아니기 때문이다. 그러나 과거에 벌어진 일을 이야기하려 할 때는 폴 리쾨르가 말한 대로, "이야기와 실제로 벌어진 일 사이의 어떤 대응 개념을 끄집어낼 수밖에 없다."[14] 그런 대응이 바로 기억과 역사, 그리고 상상과 허구의 차이점이다.

물론 기억으로 구현된 현실과의 대응성은 언제나 "보고된 사건들의 과정과는 다른 구성"에 해당하는 **재구성이다**.[15] 그러나 기억은 재현을 목표로 하는 만큼 적절한 범위 안에서 재구성을 한다. 기억의 목표가 재현이라 해도 때로는 허구를 활용해야 실제로 벌어진 일—사건 자체만이 아니라 관련된 행위자들의 감정까지 포함하는—을 최대한 잘 기억할 수 있다. 선지자 나단이 다윗왕에게 들려준 이야기를 떠올려 보라. 왕은 얼마 전에 자신의 간음을 은폐하기 위해 선량한 사람을 죽음으로 몰아넣었고 그 아내를 왕궁 규방으로 데려왔다. 선지자는 다윗에게 나아와 "가난한 사람… 에게는 딸처럼 되었"던 하나뿐인 새끼 암양을 빼앗아 손님을 대접한 부자 이야기를 들려준다. 왕이 자기 이야기인 줄도 모르고 이야기 속 탐욕스럽고 부유한 압제자에게 분노를 터뜨리자 나단은 "당신이 그 사람이라!"고 말했다(삼하 11:1-12:23). 그 허구적 이야기가 다윗의 개인사에 대응했기 때문이다. 실제로 있었던 일을 현실적으로 이야기하든 허구적으로 이야기하든, 이야기 구성은 원래의 사건을 존중해야 한다. 그러므로 그 본질은 언제나 사건을 재구성해서 재현하려는 시도가 되어야 한다.

---

14 Paul Ricœur, *The Reality of the Historical Past* (Milwaukee: Marquette University Press, 1984), pp. 25-26.
15 같은 책, p. 26.

리쾨르는 서술자가 과거와 관련하여 "갚아야 할 빚"을 진다고 주장했다. 정당한 주장이다. 그의 설명을 들어 보자. "처음에는 이상해 보일지 몰라도, 내가 볼 때 이 빚 개념은 화가와 역사가 모두에게 공통적인 것 같다. 둘 다 하나의 경치, 사태의 진전을 '그려 내려'(render) 한다. 'render'('돌려주다, 보답하다'라는 뜻도 있다 — 옮긴이)라는 용어 아래 '현재와 과거에 그 몫을 돌리려는' 의도를 파악할 수 있다."[16] 리쾨르는 역사와 관련해서 "빚" 개념을 도입했지만, 그것은 조금 다른 의미에서 기억에도 적용된다. 우리는 기억할 때 다른 사람들에 대해 도덕적 의무를 진다. 사건들을 진실하게 기억하여 사건들에 제 "몫"을 주는 빚을 갚아야 할 의무다.

정의의 의무로서의 진실성

우리 자신이나 다른 사람의 인격을 **좋게나 안 좋게** 비춰지게 할 만한 이야기라면, 진실을 말해야 할 우리의 도덕적 의무는 더욱 커진다. 9·11 테러공격에 대한 내 친구들과의 회상으로 돌아가 보자. 그 대화가 끝난 후 집으로 돌아가는 길에, "죽음의 푸가"에 대한 내 기억을 바로잡아 준 바로 그 친구가 내게 이렇게 말했다고 해 보자. "이봐, 자네는 강연을 한 게 아니었어. 2분짜리 발언이 전부였어. 첼란의 시에서 자네가 인용한 대목도 '새벽의 검은 우유'를 마시는 첫 행뿐이었어. 자네는 '공중의 무덤'에 대해 아무 말도 하지 않았어. 있어 보이려고 자신을 부풀리고 있는 거라고." 또한 내가 그 친구들과 같이 앉아서 이렇게 말했다고 상상해 보자. "안내를

---

16   같은 책, pp. 26-27.

받아 유엔 건물에서 대피한 후, 우리는 행사를 주최한 단체의 인근 사무실로 갔어. 도시를 떠날 때를 기다리면서 나는 맨해튼을 빠져나가는 행인들을 위해 물을 준비해 놓자고 말했지. 그리고 우리가 성직자이니 대피하는 사람들에게 함께 기도하자고 제안했어." 그러나 내 친구는 상황을 다소 다르게 기억하고 있었다. "잠깐만, 자네는 그런 말을 한 적이 없어. 도보로 도시를 빠져나가는 군중을 돕자고 한 건 바로 나였어."

앞의 두 경우 모두 내 친구의 말이 옳았다고 해 보자. 그의 개입은 내가 유엔 강연 끝부분에서 "죽음의 푸가" 일부를 낭송했다고 주장했던 때보다 더 의미심장하다고 말할 수 있다. 나는 회상을 통해 내 평판을 부당한 방식으로 높이려 했기 때문이다. 내가 강연을 했는지 아니면 그냥 몇 마디 말을 했는지, "공중의 무덤"에 대한 첼란의 시구를 낭송했는지 여부는 중요하다. 도시를 빠져나가는 사람들을 돕자는 제안을 누가 했는지는 중요하다. 기억의 내용에 따라서 내 친구와 나에 대한 상대적 평가가 달라지니, 내가 진실하게 기억하고 기억한 것을 다시 진실하게 들려줄—나에게나 남에게나 줄 몫을 제대로 줄—도덕적 의무는 커진다. (독자들이 궁금해할까 봐 이야기하면, 나는 운명의 그날에 유엔에서 강연을 했고 첫 번째 비행기가 쌍둥이 빌딩에 부딪치기 전에 문제의 그 시구를 낭송했지만,[17] 도시를 빠져나가는 군중을 돕자고 제안했던 사람은 내가 아니라 친구였다.)

진실하게 기억함으로써 정의를 실천해야 할 의무는 **한쪽이 다른 쪽에 악행을 가한** 경우에 가장 강하게 요구된다. 9·11 테러공격은 무고한 민간

---

17 강연 원고는 다음 사이트에서 볼 수 있다. http://www.christianembassyun.com/speech_by_dr_volf.htm.

인들을 상대로 한 테러행위였을까(나는 그렇다고 생각한다), 아니면 가난한 무슬림의 피를 빨아먹은 자본주의 미국에 대한 응분의 처벌이었을까?(일부 이슬람교도들의 주장이다) 첫 번째 경우라면, 운 나쁜 비행기 네 대를 추락시킨 사람들은 분명히 잘못을 저질렀고 테러리스트이자 사악한 악인들이라고 부를 수 있을 것이다. 두 번째 경우라면, 미국의 경영인들과 그 동업자들에게 사태의 주된 책임이 있을 텐데 그중 일부는 "공중의 무덤"으로 보내졌을 테고, 건물이 화염에 휩싸이게 만든 사람들은 영웅적인 자유의 투사나 의로운 전쟁에 참전한 용사가 될 것이다. 이런 경우에 진실함은 어떤 관점을 취하느냐에 따라 영향을 받기 마련이지만 그래도 절대적으로 중요하다.

다시 내 심문의 사례로 돌아가 보자. G 대위의 심문이 내가 통째로 지어낸 이야기라면 어떨까? 이 책을 쓰면서 실례로 삼을 만한 개인적인 이야기가 필요했거나, 나를 유고슬라비아 공산주의 정권의 피해자로 묘사함으로써 도덕적 자본을 얻기 원해서 내가 거짓말을 한 것이라면? 그러면 나는 무고한 사람을 부당하게 비난한 것이 된다. 그가 내게 저지른 악행의 범위를 과장해서 나를 독방에 감금했다고 말하는 경우도 마찬가지다. 반대로 내가 당한 악행의 정도를 축소하여 거짓되게 기억한다면 어떨까? 그것은 나 자신에게 몹쓸 일이 될 것이다. 나는 나 자신에게 합당한 몫을 주지 않은 것이 된다. 그리고 그 일이 용서와 화해를 목표로 하는 성숙한 관대함에서 나온 행동이 아니라면, 나는 그야말로 자해를 한 셈이 된다. 진실하지 않은 기억은 기억 속의 사람들과 사건들을 제대로 인정하지 않기에, 그런 기억은 종종 해당 사건에 관련된 사람들을 **다치게 한다**.

그래서 진실하게 기억해야 할 의무는 근본적으로는 정의를 행할 의무인 것이다. 이 의무는 누군가가 다른 사람에게 한 일을 "지칭하는 일" 같은 단순해 보이는 일에서도 요구된다. 누군가 내가 받은 심문에 대한 기록을 들여다본다면(나는 그렇게 한 적이 없다), 추측건대 그 기록에는 "면담"이라고 나와 있을 것이다. 나는 가끔 그런 식으로 호출을 받았다. "G 대위님이 면담을 하러 오라신다." 나를 부르러 온 병사나 장교는 그렇게 말하곤 했다. 면담이라는 완곡한 표현은 그 시간의 위해성을 가리기 위한 것이었다. 하지만 내가 받은 심문을 "면담"으로 기억하는 것은 정당화할 수 없는 일을 정당화하려는 시도가 될 것이다. 그것은 불의한 행동이며 진실해야 할 기본적인 도덕적 의무, 정의를 실천할 의무를 위반하는 일이 될 것이다.

화해를 향한 발걸음

그런데 진실하지 않게 기억할 때, 좀더 정확히 말해서 **다르게 이야기**할 때 위협받는 것은 정의만이 아니다. 가해자들이 진실하지 않게 "기억"할 때, 그 기억은 그들의 악행을 변형된 형태로 연장시킨다. 원래의 악행이 준 상처에다 허위 진술이라는 모욕을 더하게 되는 것이다. 그리고 피해자들이 진실하지 않게 "기억"할 때 그 기억은 종종 그들이 당한 상해에 대한 반응으로 가해자들을 공격하게 되는데, 이는 부당한 앙갚음이다. 거짓되게 "기억"하는 것은 처음의 상해로 만들어진 갈등을 기억 속에서 이어 가는 일인 동시에 더 깊어지게 하는 것이다. 이미 존재하는 갈등의 불 위에 기름을 끼얹은 셈이다. 반면, 진실하게 기억하는 것은 피해자와 가해자 모두를 정의롭게 대하는 일이고, 따라서 화해를 향해 한 걸음 내딛는 일이다.

화해를 향한 도덕적 의무를 인정하면 진실하게 기억해야 할 이유가 더해진다. 진실하게 기억하는 것은 다른 사람들을 정의롭게 대하는 길일뿐더러 과거의 악행으로 인해 서로 등진 피해자와 가해자의 화해에서 없어서는 안 될 전제 조건이다. 평화는 진리와 정의의 토대 위에 서 있을 때만 진정한 평화, 지속적인 평화일 수 있기 때문이다.

위험한 진실?

진실하게 기억해야 할 도덕적 의무에 대해 저항감을 느끼는 분야들이 있는데, 특히 인문학 분야의 여러 학계가 그렇다. 진실은 **위험하다**는 것이다. 우리가 논의했던 마지막 사례들, 즉 악행 때문에 생겨난 여러 갈등을 보면 이 모든 사례에서 피해자와 가해자는 둘 사이에 벌어진 일의 **진실**을 안다고 주장한다. 그 둘의 "진실"이 충돌한다면, 싸울 이유는 더욱 커질 것이다.

이런 반론은 대체로 옳은 것처럼 보인다. "진실들"이 충돌할 때, 갈등은 악화된다. 하지만 이 반론의 요지에는 혼동이 자리 잡고 있다. 우선 이 반론의 관심사는 진실을 알고 있다는 양측의 **주장**이지, 진실을 추구해야 할 양측의 **도덕적 의무**가 아니라는 데 주목해야 한다. 갈등이 깊어지는 이유는 양측 모두 혹은 어느 한쪽이 진실성을 너무 중요하게 여겨서가 아니라 너무나 하찮게 여기기 때문이다. 얼마나 하찮게 여기는지, 자신의 이익을 추구하고 싶은 유혹을 어김없이 받는 오류 가능한 인간인 주제에 자신이 온전한 진실을 보유하고 있으므로 이제 진실 추구를 중단하라고 **주장**해도 정당하다고 느낄 정도이니 더 말할 것도 없다.

내가 진실을 알고 있다고 주장한다면, 다른 사람들이 옳거나 부분적으로라도 옳고 혹은 내가 틀렸거나 부분적으로라도 틀렸을 가능성을 아마 고려하지 않을 것이다. 벌어진 일에 대한 다른 사람들의 말이 설득력 있는지 헤아려 보기 위해 상상력을 발휘해 그들의 세계 속으로 들어가 보는 일도 없을 것이다. 시각을 바꾸어, 나의 관점에서만이 아니라 그들의 관점에서 나의 기억을 검토해 보는 일도 없을 것이다. 한마디로 말해, 나는 갈등 상황에서 진실하게 기억하기 위한 필수 조건인 "이중적 보기"(double vision)를 실천하지 않을 것이다.[18] 이론의 여지가 없는 진실을 알고 있다는 주장이 늘 잘못된 것은 아니지만 늘 위험한 것은 **사실**이다. 진실을 **알고 있다는 주장**이 진실 자체보다 더 중요하게 여겨질 때는 특히나 위험하다. 그러나 이렇게 되면 진실하게 기억해야 할 도덕적 의무로 논의가 되돌아간다. 진실하게 기억해야 할 의무, 따라서 진실을 추구해야 할 의무는 진실을 알고 있다는 주장에 들어 있는 위험을 저지한다. 진실을 추구하는 이들은 자칭 진리를 확보한 자들과 달리 "이중적 보기"를 활용할 것이다. 그들은 다른 사람들의 입장을 좋은 쪽으로 해석하고, 상상력을 발휘해 다른 사람들의 세계에 들어가 보고, 문제가 되는 사건들을 다른 사람들의 관점에서도 바라보는 노력을 할 것이다.

그렇다면 진실해야 할 도덕적 의무는 위험하기는커녕 유익하다고 말할 수 있을 것이다. 정말 위험한 것은 과거에 대한 진실 추구를 포기하고, 과거에 대한 서로 다른 온갖 이야기를 다 받아들이고, 실제 일어난 사건에 다른 이야기들보다 더 정확히 대응하는 이야기 따위는 없다고 말하는 일이다. 오머 바르토브는 하인리히 힘러(Heinrich Himmler)가 1943년 폴란드

18　Miroslav Volf, *Exclusion and Embrace* (Nashville: Abingdon, 1996), pp. 212-220, 250-253를 보라.

포즈난에서 나치 친위대 앞에서 행한 악명 높은 연설에 주의를 기울였다. 이 연설에서 힘러는 "우리 역사에 한 번도 기록된 적이 없고 앞으로도 기록될 일이 없을 영광스러운 페이지"라며 유대인 말살 계획에 찬사를 보냈다. 이 강력한 인용문을 논거로 삼아, 바르토브는 똑같이 타당한 다양한 관점의 존재 운운하며 불투명한 현실과 적당히 타협하려 시도하다가는 "아무런 양심의 가책도 없이 더없이 끔찍한 현실을 만들어 내고는 그런 일이 없었다고 우기는 이들의 장단에 놀아나기 딱 좋다"고 지적했다.[19] 과거의 실재성과 진실을 파악하지 못한 상태에서는 고발하는 이야기와 변명하는 이야기가 결국 같은 무게를 갖게 된다. 그런 이야기들은 사실을 폭로하겠다고 가해자를 위협하지도 못하고 정의의 약속으로 피해자를 위로하지도 못한다.

과거에 대한 진실을 알고 있다는 주장이 위험하다고 말했지만, 실제 사건들과의 대응이라는 면에서 모든 기억이 똑같이 타당하다는 주장 역시 위험하다. 두 번째 위험이 첫 번째보다 더 크다. 과거에 대한 **"확실한 진실"**이 존재하지 않는다면, 그 진실을 추구해야 할 의무는 더더욱 없고, 남은 것은 서로 다른 의견들 사이의 충돌뿐이다. 그 충돌을 해결할 길은 강요(한쪽이 압도적인 힘을 가진 경우)와 타협(대체로 힘이 동등한 경우)밖에 남지 않는다. 어느 쪽이든, 조만간 반란이 뒤따르게 마련이다. 어느 한쪽이 혹은 양쪽 모두가 거짓이 진실을 대체했고 정의가 유린당했다고 믿기 때문이다.

그러나 만일 과거에 대한 "확실한 진실"이 **존재**하고 한쪽이 그것을 알

---

19 Omer Bartov, "Intellectuals on Auschwitz: Memory, History, and Truth", *History and Memory* 5 (1993): p. 112.

고 있다고 주장하지만 충분한 근거가 없다면, 그 주장에 의문을 제기하고 그것이 잘못되었거나 부적절한 것임을 보여 줄 가능성이 남게 된다. 다시 말해, 진실을 안다는 주장 안에 잘못을 바로잡을 가능성이 들어 있는 것이다. 그래서 내가 과거에 대한 진실을 안다고 주장하는 경우, 내가 진실이라고 주장하는 것이 실은 반쪽짜리 진실이거나 거짓이라는 개연성 있는 주장을 만나더라도 즉석에서 거부해서는 안 된다. 진실 주장의 문과 진실의 방 사이에는 개연성과 관점이라는 복도가 있고, 때로 그것은 미로와 같다. 그 문으로 들어서서 미로를 따라 조심스럽게 진실로 나아가는 것이 유익하다. 물론 그 과정에서 피해야 할 여러 위험이 있다.

악행을 진실하게 기억함

지금까지 나는 기억 행위에는 진실하겠다는 다짐이 들어가고, 우리에게는 진실하게 기억해야 할 도덕적 의무가 있으며, 진실하게 기억하려는 노력은 위험하지 않고 유익하다(혹은 진실을 외면하는 기억보다는 유익하다)고 주장했다. 진실함은 정의의 한 형태이자 화해하는 데 반드시 필요한 전제 조건이기 때문이다. 그러나 진실하게 기억하는 것이 실제로 **가능할까**? 나는 이 질문의 한 가지 측면, 즉 기억 일반이 과거 사건들의 실재에 어떻게든 대응할 수 있는지 여부를 이미 검토했고 긍정적인 답을 내놓았다. 그뿐만이 아니다. 엄격히 말하면, 모든 기억은 진실하다. 벌어지지 않은 일을 기억할 수는 없기 때문이다. 그러나 이 질문에는 구체적인 기억과 관련된 좀더 실제적인 측면이 있다. 진실하게 기억하는 것이 이론적으로 가능하다고 해도, 과연 **누군가가 당한 악행**을 진실하게 기억하는 것이 실제로 가능할까?

악행을 기억함에 있어서 종종 진실을 훼손하게 되는 것은 부적절한 인식, 잘못된 기억, 불완전한 이해 때문만은 아니다. 때로는 자신이 당한 악행의 극악무도함이 기억을 압도하기도 한다. 나는 지금 억압의 사례들을 두고 말하는 것이 아니다. 일부 피해자들은 자신이 경험한 괴로움을 아주 작은 부분까지 모두 다 기억하면서도 자신들의 기억이 뭔가 불완전하다는 느낌을 받는다. 아우슈비츠 죽음의 수용소에서 살아남은 프리모 레비의 경우가 좋은 사례다. 그는 이렇게 썼다.

> 법이 통하지 않는 [강제수용소에서] 보낸 2년에 대해 나는 단 하나도 잊지 않았다. 의식적인 노력 없이도 사건, 얼굴, 말, 느낌들이 계속 떠오른다. 마치 그 기간 동안 내 마음의 감수성이 높아져서 그때 벌어진 작은 일 하나도 놓치지 않게 된 것 같다.[20]

하지만 레비는 기억이 "엉터리 도구"[21]라고 생각했고, 살아남은 특권을 얻은 소수의 생존자들뿐 아니라 살해당한 많은 평범한 사람들도 어떤 식으로든 강제수용소에 대한 진실을 말할 수 있다고 믿었다.[22]

그러나 기억은 집단학살보다 훨씬 가벼운 짐 아래서도 비틀거릴 수 있

---

20 Primo Levi, *Moments of Reprieve* (New York: Summit, 1986), pp. 10-11. 다른 홀로코스트 생존자들도 비슷한 이야기를 했다. 예를 들어, Dori Laub, "Truth and Testimony: The Process and the Struggle", in *Trauma: Explanations in Memory*, ed. Cathy Caruth (Baltimore: Johns Hopkins University Press, 1995), pp. 61-75를 보라.
21 Primo Levi, *The Drowned and the Saved*, trans. Raymond Rosenthal (New York: Vintage International, 1989), p. 23. 『가라앉은 자와 구조된 자』(돌베개).
22 과연 그럴까? 죽은 자들이 말할 수 있다면 자신의 진실, 즉 고문당한 몸과 영혼, 그리고 주

고, 프리모 레비가 생각했던 것만도 못한 방식에도 비틀거릴 수 있다. 예를 들어, 모욕을 당한 피해자의 적개심은 그가 겪은 지극히 평범한 악행에 대한 기억조차 왜곡할 수 있다. 피해자의 상상력은 그가 겪은 일을 사악한 악의와 냉담한 부주의의 산물로 그려 내지만, 실제 그 잘못은 가해자가 개인적인 약점을 이겨 내지 못한 데 따른 결과일 뿐일 수도 있다.

또는 가해자가 자신의 범죄를 은폐하거나 없었던 것으로 만들기 위해 과거를 편집하는 경우에 피해자의 기억이 어떤 영향을 받을지 고려해 보라. 피해자는 가해자에게 저항하고 싶을 것이다. 그렇게 해서 기억의 전쟁이 펼쳐진다. 가해자는 자신의 잘못을 최소화하고 책임을 분산시키려 하는 반면, 피해자는 정확히 가해자의 어깨에 책임을 지우고 싶어 할 것이다. 열띤 싸움이 벌어지다 보면, 피해자가 생각하는 가해자의 책임은 실제 벌어진 일에서 끌어낼 수 있는 것보다 훨씬 커진다. 그래서 악행을 저지른 자는 그 일을 책임져야 할 가해자인 동시에 실제 그가 져야 할 몫보다 더 많은 책임을 짊어지는 희생양이 된다. 악행을 기억함에 있어서 가해자에게 공정하지 않을 유혹은 늘 곁에 있다.

어떤 일이든 진실하게 기억하기란 어렵다. 우리는 유한한 존재로 여기와 저기에 동시에 있지 못하고, 언제나 현재에 살 뿐 과거·현재·미래에 동시

위에서 벌어진 일에 대한 진실을 말할 것이다. 그러나 그들의 경험은 그들을 희생자로 만든 악의 극악함 때문에 충분히 알려지지 못한 채로 남을 것이다. 그들의 고난은 특정한 역사가 있는 특정한 땅에 자리 잡은 더 큰 체계의 고난의 일부였다. 그 큰 고통 전체를 제대로 이해하지 않고서는 그들의 고난을 제대로 이해할 수 없다. 설령 그들이 제대로 인지하고 진실하게 기억했다 하더라도, 그 기억을 성공적으로 전달할 수 있을까? 누가 그들의 진실을 진실로 받아들여 듣겠으며, 그것을 자신의 제한된 지평 안에 억지로 밀어 넣거나 자신의 이득을 추구하느라 오용하지 않고 있는 그대로 받아들일 수 있을까?

에 살지 못한다. 우리는 특정한 관점에서 상황을 파악하고 기억한다. 시간이 지나면 빈틈이 생겨서 과거에 대한 의도성 없는 부정확함이 왜곡된 기억의 형태로 끼어들 수 있다. 우리가 당한 악행을 진실하게 기억하는 것은 특히나 어려운 일이다. 우리의 기억 중에서 유한성으로 오염되지 않고 남아 있는 부분은 얼마 안 될 텐데, 우리의 도덕적 나약함과 때로는 도덕적 괴팍함이 언제라도 그 남은 부분마저 끝장낼 판이다. 불가능한 과제처럼 보이긴 하지만, 진실하게 기억하는 일에서 가장 중요한 것은 정확히 자신이 당한 악행을 진실하게 기억하는 일이다. 자신이 당한 악행을 거짓된 방식으로 다시 이야기하는 것은 불의를 실천하는 일이자 악한 열매를 풍성하게 맺을 토양을 준비하는 일이 되기 때문이다.

그러나 우리에게는 자신이 당한 악행을 진실하게 기억해야 할 도덕적 의무가 있다! 그러면 도저히 감당할 수 없는 것처럼 보이는 이 도덕적 의무는 우리가 상처 입은 과거라는 광대한 영역, 겁이 날 만큼 환하면서도 칠흑같이 어두운 그 영역에서 눈먼 채 더듬어야 하는 저주를 받았다는 의미일까? 진실을 추구하려는 우리의 시도는 모두 부질없는 것일까? 그렇지 않다. 우리는 어떤 것을 기억**할 수 있고** 분명히 기억**하며** 온전하지는 못해도 충분히 진실하게 기억한다. 기억의 조각들도 중요한데, 그것은 종종 우리가 과거의 실재를 파악할 유일한 수단이 된다. 우리는 고고학자가 고대 자기의 사금파리를 가지고 작업하듯 기억의 조각들을 이어 붙여 사건들을 재구성해 낸다. 물론 우리는 전문 역사가와는 달리 기억이라는 일상적 활동에 참여하는 보통 사람으로 그 일을 해낸다. 이런 식의 재구성 중에는 우리가 볼 때 불가능하거나 가능성이 높지 않게 느껴지는 것들도 있고, 가능성이 높거나 거의 확실하다고 생각할 만한 것들도 있다. 기억의 조각들 덕분에 우리는 재구성 작업을 단순한 편향적 위조가 아니라 "기억"이라는 고결한 이름으로 부르고 귀하게 여길 수 있다. 기억의 조각들로 구성해 낸 기억은 우리의 상처 입은 정신을 치유하고 보호하는 데 도움이 될 수 있고, 정의와 화해를 위한 노력에서 강력한 도구가 될 수 있다.

기억의 현세적 한계 너머를 바라볼 때 우리는 회상의 조각들을 한데 꿰어 내는 것 이상을 소망할 수 있게 된다. 몇 세기에 걸쳐 그리스도인들은 악행으로 손상된 인간의 과거가 하나님의 참된 은혜의 따스한 빛 안에 푹 잠기게 될 날이 오리라고 믿어 왔다. 나는 지금 전통적으로 '심판의 날'이라 불린 것에 대해 말하고 있다. 참으로, 정의로우신 하나님이 우리의 재판장이 되실 것이며 그분의 기억은 틀림없고 완전할 것이다. 모든 악행은 그 의도까지 낱낱이 기억될 것이고, 이웃에게 가한 위해나 하나님께 대항한 죄로 정죄받을 것이다. 그러나 기독교 전통에서 인정하는 재판장은 하나님뿐 아니라 예수 그리스도까지 포함한다. 예수 그리스도는 죄 없는 분으로 예루살렘성 바깥에 있던 수치스러운 나무에 달려 돌아가심으로써 세상의 죄와 고통을 짊어지셨다. 죄로 얼룩지고 상처 입은 우리의 과거를 아시고 그것을 친히 짊어지신 그분이 우리의 과거에 대한 모든 진실을 알려 주실 것이다. 그뿐만 아니라 그분의 은혜의 심판을 통해, 우리는 기억의 담지자인 우리가 아무리 노력해도 벗어나지 못한 채 사로잡혀 있는 억제, 거짓, 회피, 반쪽짜리 진실이라는 불의에서 벗어나게 될 것이다. 우리는 세상 죄를 지신 재판장 그리스도를 힘입어 우리의 과거와 악행 때문에 우리와 인생이 엮인 사람들의 과거를 진실하고 온전하게 기억하게 될 것이다.

지금 이 세상에서는 진실하게 기억해야 할 우리의 의무를 잠정적으로만 이행할 수 있을 뿐이다. 역사의 끝에 하나님이 들려주실 우리 삶에 대한 "진실 말하기"에 지금 우리 수준에서 참여함으로 그런 시도를 할 수 있는데, 오류가 있을 수 있지만 꼭 필요한 시도다.

사랑으로 진실 말하기[23]

기독교 신학자들은 십계명의 제9계명, 거짓 증거하지 말라는 금지 명령을 진실이 아닌 모든 말을 배제하라는 뜻으로 한결같이 해석했다. 토마스 아퀴나스에 따르면, 이 계명을 통해 하나님은 "말로 그를[즉, 우리 이웃을] 해하는 것"을 금지하신다.[24] 이 명령은 거짓되게 "기억함"으로써 이웃을 다치게 하는 일도 금지한다. 거짓된 기억(이것 자체가 모순어법이다!)은 거짓 증거의 일종이기 때문이다. 이번 장에서 나는 제9계명을 기억의 문제에 적용하면서 우리에게 진실하게 기억해야 할 도덕적 의무가 있는 이유와, 그 의무를 이행하는 것이 제한적이지만 중요한 방식으로 가능한 이유를 제시했다.

많은 기독교 신학자들은 십계명의 금지 명령들이 거기 함축된 적극적인 명령을 부정적인 방식으로 표현한 것이라고 본다. 개신교 종교개혁의 시조인 마르틴 루터는 제9계명이 거짓 증거를 금할 뿐 아니라 이웃에 대해 **좋게** 말하라는 촉구도 담고 있다고 보았다. 그의 주장에 따르면 제9계명을 이행하는 방법은 "아무에게도 해를 끼치지 않는 말"을 하고 거기에 더해 "모든 사람을 이롭게 하고, 불화하는 이들을 화해시키고, 비방받는

---

23 이 항목은 *The Ten Commandments*, ed. Roger Van Harn (Grand Rapids: Eerdmans)에 싣기 위해 린 톤스태드(Linn Tonstad)와 내가 공저한 글의 일부를 가져온 것이다.

24 Thomas Aquinas, *God's Greatest Gifts: Commentaries on the Commandments and the Sacraments* (Manchester, N.H.: Sophia Institute Press, 1992), p. 65.

이들을 변호하고 옹호하는" 말을 하는 것이다.[25] 우리가 이웃에 대해 말할 때는 형식적으로 옳은 선에서 그쳐서는 안 된다. 그들 개개인을 유익하게 하고 그들 사이의 관계를 회복하고 유지하는 데 보탬이 되어야 한다. 거짓 증거하지 말라는 명령을 이렇게 확장해서 해석하는 것은 우리가 자신의 이익만큼이나 이웃의 이익에도 관심을 가져야 한다는 루터의 신념에서 나온 결론이다. 이웃에 대해 좋게 말함으로써 이웃(원수를 포함해)을 우리 자신처럼 사랑하는 것이 거짓 증거하지 말라는 금지 명령을 지키는 길이다.

이제 제9계명에 담긴 이 적극적인 의미를 악행을 기억하는 문제에 적용해 보자. 진실한 기억은 그 자체로 대단히 중요하지만, 진실하게 기억하는 일은 우리가 이웃에 대해 좋게 말함으로써 사람들 사이의 관계를 유지하고 치유해야 한다는 더 큰 의무의 일부다. 그러나 어떻게 악행자들에 대해 진실로 좋게 말할 수 있을까? 이 명령은 악행을 악행이라고 말하면서 동시에 악행자를 칭찬하라는 자기모순적인 요구가 아닐까?

그럴지도 모른다. 그러나 이번에도 악행을 이야기하는 방식이 한 가지만 있는 것은 아니다. 예를 들어, 기억함에 있어서 우리는 악행을 가해자의 전반적인 성품과 행위라는 맥락에서 떼어 내어 완전히 별개의 것으로 생각할 수 있다. 이런 식으로 기억하는 것은 절대 거짓이 아닐 것이다. 그러나 사랑에서 나온 행동이라고 말할 수도 없다. 이런 방식은 가해자가 실제보다 더 나쁜 사람이라는 인상을 사람들에게 심어 줄 것이다. 형식만 갖춘 참된 기억은 그 불완전함 때문에 참이 아닌 것이 된다. 사랑을 추구하

---

25   Martin Luther, *Luther's Works*, vol. 43, ed. Harold J. Grimm (Philadelphia: Fortress, 1957), p. 23.

는 사람들은 누군가의 악행을 기억할 때 그의 선행도 기억하고, 그의 악덕을 기억할 때 그의 미덕도 유념할 것이다. 이와 유사하게, 사랑을 추구하는 사람들은 가해자의 악행을 기억할 때마다 자신의 결점도 돌아볼 것이다(갈 6:1-2을 보라). 악행을 담고 있는 전체 사정이 사랑의 목소리를 통해, 즉 우리가 "사랑으로 진리를"(엡 4:15, 새번역) 말할 때 분명해지는 것이다.

루터는 이웃에 대해 좋게 말하는 것의 의미를 설명하면서 보다 급진적인 한 걸음을 더 내디뎠다. 우리가 "이웃의 죄와 약함"을 "덮어 줘야" 한다고 주장한 것이다.[26] 이웃의 죄를 "덮어 주라"는 권고는 "사랑은 허다한 죄를 덮느니라"(벧전 4:8)는 사도 베드로의 말에 기초한 것이다. 하지만 그 뿌리는 우리가 이웃을 사랑하되 단순히 우리 자신을 사랑하는 정도가 아니라 우리를 구원하기 위해 목숨을 내어 주신 그리스도께서 우리를 사랑하신 것처럼 사랑해야 한다는 믿음에 있다. 루터는 그리스도께서 대속의 죽음으로 우리 죄를 덮어 주신 것처럼, 우리가 이웃의 죄를 덮어 줌으로써 그들에게 "작은 그리스도"가 되어 주어야 한다고 믿었다. 그렇다면 이웃의 악행을 "덮어 준다"는 것은 무엇을 의미하는 것일까? 눈가림하라는 말은 아닐 것이다. 그것은 진실을 가리는 일이 될 테니까! 그들의 죄가 고백과 정죄를 거쳐 용서받은 후에는, 다시 말해 그들이 죄를 고백하고 유죄 선고

---

[26] Martin Luther, *Large Catechism* [electronic resource], trans. F. Bente and W. H. T. Dau (Grand Rapids: Christian Classics Ethereal Library/Boulder: NetLibrary, 1921). 죄를 "가려 주는" 여러 방법에 대해서는 Søren Kierkegaard, *Works of Love*, trans. Howard V. Hong and Edna H. Hong (Princeton: Princeton University Press, 1995), pp. 280-289, 『사랑의 역사』(치우); Søren Kierkegaard, *Eighteen Upbuilding Discourses*, trans. Howard V. Hong and Edna H. Hong (Princeton: Princeton University Press, 1990), pp. 55-78를 보라.

를 받고 그 이후에 용서받았다면, 우리가 그 죄를 "숨기고" "덮어 주고" "흘어 버려야", 즉 용서받은 가해자를 사랑하는 마음으로 "잊어야" 한다는 의미일 것이다.

그렇다면 용서받은 죄를 "잊으라"는 명령은 당한 악행을 기억하는 일과 어떤 관련이 있을까? 우선, 악행을 "덮어 주"거나 "잊기" 위해서는 먼저 그 악행을 기억해야 한다! 그리고 앞에서 살펴본 대로 그 악행을 진실하게 기억해야 한다. 그러나 진실한 기억이 지워지지 않는 기억일 필요는 없다. 진실한 기억의 목표는 불의한 행동을 밝히는 것만이 아니고, 돌이킬 수 없는 과거를 사람 마음의 중심에 영원히 새겨 두자는 것은 더욱 아니다. 사랑으로 진실하게 기억하는 일의 최종 목표는 가해자의 회개, 용서, 변화와 가해자와 피해자 사이의 화해를 이끌어 내는 데 있다. 이런 목표들이 이루어질 때, 기억은 악행을 놓아 보내면서도 여전히 진실할 수 있다.[27] 그때 진실하게 기억함은 비로소 거침없는 이웃 사랑 안에서 그 궁극적 목표를 달성했을 것이기 때문이다.

---

27 3부를 보라.

4장
상처 입은 자아, 치유된 기억들

 부당한 일을 당한 기억에는 도덕적 이중성이 있는데, 그런 기억을 어떻게 구속해야 하는가? 이것은 3장에서 '진실하게 기억함'을 논하며 지침으로 삼았던 질문이다. 나는 진실함이 중요한 이유가 그것이 있어야 부당한 사건 및 거기 관련된 사람들의 잘잘못을 제대로 따질 수 있는 반면, 진실하지 않으면 그 사건과 사람들에게 불의를 행할 뿐 아니라 이후 더 많은 불의를 낳을 수 있기 때문이라고 말했다. "진실하게 기억하라!"가 건전한 기억을 위한 첫 번째 규칙인 것이다. 나는 이 규칙에 소극적인 면과 적극적인 면이 모두 있다는 말도 했다. 소극적인 측면에 해당하는 것은 "과거에 대해 거짓되게 말하지 말라!"다. 이것은 기억을 칼이 아닌 방패로 활용하는 데 꼭 필요한 전제 조건이다. 적극적인 측면은 "과거에 대해 사랑으로 진실을 말하라!"다. 이것은 악행으로 인해 틈이 벌어지거나 깨어진 관계를 바로잡아 주는 기억의 도구다.
 어떤 사람들은 "진실하게 기억하라!"고 말하는 것으로 기억의 구속에 대해 할 말을 다했다고 생각할 것이다. 기억을 구속한다는 것이 악행의 기억에서 거짓을 제거하고, 그 기억이 정의를 행하며 은혜를 베푸는 도구가 되게 만드는 것 외에 달리 무엇일 수 있단 말인가? 그러면 '진실한 기억은 구속된 기억**이다**'라고 결론 내릴 수 있을 것이다. 물론 악행의 기억과 구별되는 **과거의 악행 자체**를 구속하는 데는 더 많은 것들이 필요할 것이다. 기독교적 관점에서 보면, 가해자와 피해자는 모두 하나님이 그리스도 안에서 이루신 화해를 믿음으로 취하고 그들의 화해가 완전해질 빛의 날을 바라보면서 서로 화해를 추구해야 한다.[1] 가해자는 자신의 악행이 초래한 결과를 받아들이고 회개할 뿐 아니라 피해자에게 빼앗은 것을 최대한 되찾아 주고 행실을 바로잡아야 할 것이다. 피해자는 상처를 치료하고 온전한 자아를 회복하며 가해자를 용서하고 깨어진 관계의 회복을 추구할 필요가 있을 것이다. 과거의 악행을 구속하려면 이 모든 단계가 다 필요하고 각 단계는 그 악행을 진실하게 기억해야 가능할 테지만, 그 어느 단계도 악행의 **기억**을 구체적으로 구속하지는 못할 것이다. 그 기억이 진실하여 이미 구속된 기억이라면 구속할 필요도 없을 것이다.

 이런 식의 논증은 설득력 있어 보이지만, 사실은 잘못된 것이다. 이 논증은 기억의 인지적 측면, 즉 기억이 앎의 한 형태라는 사실만 고려하고 있기 때문이다. 그러면 기억이 참인지 거짓인지만 중요한 문제가 된다. 그렇지만 기억은 앎의 한 형태일 뿐 아니라 **행함의 형태**이기도 하다. 기억에는 실용적인 면이 있다. 공격적 기억의 날을 무디게 만들고 기억을 칼로 사용하는 손을 제지하려 할 때는, 개인뿐 아니라 다른 사람들과의 관계에도 영향

---

1 하나님의 용서를 본받는 인간의 용서에 대해서는 다음을 보라. Miroslav Volf, *Free of Charge: Giving and Forgiving in a Culture Stripped of Grace* (Grand Rapids: Zondervan, 2005).

을 주는 기억의 실용적 측면을 고려해야 한다. 그러나 그에 앞서, 기억의 인지적인 면과 실용적인 면의 관계에 대해 좀더 이야기할 필요가 있다.

기억이 아는 것과 행하는 것

폴 리쾨르는 그의 권위 있는 저서 『기억, 역사, 망각』에서, 우리의 기억은 서로 긴밀히 연결되어 있으면서도 분명히 구분되는 두 가지 방식으로 이루어져 있다고 썼다. 한 가지는 수동적 기억이다. 3장에서 지적했듯이, 때로는 기억이 그냥 우리에게 찾아온다. 기억이 마음의 적절한 "방"에 저장되었다가, 의도적인 노력을 한 것도 아닌데 어떤 것이 방아쇠로 작용해 의식의 표면 위로 불쑥 떠오르게 한다. 다른 한 가지는 능동적 기억이다. 기억하고 싶은 내용을 의도적으로 저장하고 필요할 때가 되면 특정한 기억을 "검색하는데, 이것을 흔히 회고, 회상이라 부른다."[2] 기억함은 단순히 영향을 받는 것이 아니라 무엇을 하는 것이다. 예를 들어, 전화번호를 기억하는 경우를 생각해 보라. 전산화된 연락처 목록과 자동 번호 입력 기능을 갖춘 휴대전화가 등장하기 전, 우리는 으레 전화번호를 외웠다. 여러 사람에게 연락을 하기 위해 또는 하다못해 뛰어난 기억력을 자랑하기 위해 전화번호를 기억해 냈다. 기억 자체를 위해 전화번호를 기억한 것이 아니다. 우리가 기억하는 대부분의 것들도 이와 마찬가지다. 물론 머리에서 계속 맴돌며 사라지지 않는 짜증나는 곡조처럼, 때로는 자의적으로 보이는

---

[2] Paul Ricœur, *Memory, History, Forgetting*, trans. Kathleen Blamey and David Pellauer (Chicago: University of Chicago Press, 2004), p. 4.

생각들이 우리의 기억 속에 박혀 버리는 경우도 있다.

기억의 활용은 기억 전반에서 매우 큰 부분을 차지하기에, 일부 학자들은 기억을 "유용한 정보를 저장하고 유용할 만한 상황에서 유용한 형태로 끄집어낼 수 있는 능력"으로 정의하고 싶어 한다.[3] 이 정의가 옳다면, 우리가 기억하는 과정에서 용도를 **추가한다**는 말은 정확하지 않다. 기억하는 행위는 처음부터 용도와 이어져 있다(물론 우리가 어떤 것을 기억한 뒤, 특정한 목적을 위한 수단으로 쓰지 않고 그냥 그것을 즐기는 경우도 있다).

용도는 모든 기억 행위 안에 있지만, 특히 악행의 기억에서 중요하다. 우리가 수동적으로 기억하든 능동적으로 기억하든, 기억하는 **내용**은 종종 우리가 **하는 일**에 깊은 영향을 끼친다. 우리가 당한 악행을 기억하면서 **우리 자신**에게 주로 관심이 있다면, 우리가 그 사건을 기억하는 이유는 비슷한 상황에 다시 빠지지 않기 위해서일 수 있다. 트라우마적 사건에 의해 교란된 내적 행복을 되찾기 위해서나 미래에 대한 기대를 조정하기 위해서, 또는 피해자로서 도덕적 자본을 얻거나 경제적·정치적 이득을 얻어내기 위해서일 수도 있다. 자기 안으로 들어가 상처를 어루만지려는 이유도 가능하다. 우리가 당한 악행을 기억하면서 **가해자**에게 주로 관심이 있다면, 우리가 기억하는 이유는 가해자들에게 복수하고, 그들이 수치심과 죄책감과 도덕적 열등감을 느끼게 하고, 정치적으로 조종하고 경제적으로 착취할 수 있는 상태로 그들을 묶어 두기 위해서일 수 있다. 가해자들에게

---

3   Chris Westbury and Daniel C. Dennett, "Mining the Past to Construct the Future: Memory and Belief as Forms of Knowledge", in *Memory, Brain, and Belief*, ed. Daniel L. Schacter and Elaine Scarry (Cambridge, Mass.: Harvard University Press, 2000), p. 14.

은혜를 베풀고자 하는 마음이 있는 경우에 우리가 기억하는 이유는, 그들의 악행을 용서하고 그들이 죄책감과 수치심에서 벗어나 응분의 결과를 맞지 않게 하려는 것일 수 있다. 9·11 테러공격을 기억하는 전 세계 사람들의 여러 반응에는 이 요소들이 모두 들어 있다.

이뿐 아니라, 우리가 악행을 당한 기억을 이런저런 목적으로 사용할 때 우리의 정체성을 계속 재구성한다는 것도 매우 의미심장하다. 우리가 기억을 가지고 무엇을 하든, 그 과정에서 우리의 정체성은 아주 조금씩이라도 달라진다. 다시 9·11 테러를 예로 들면, 많은 미국인들이 그 재난을 기억하는 과정에서, 특히 테러범들의 동기와 더 큰 목표 및 세계인들의 반응을 기억하면서 자신의 상황을 이전과 다르게 인식하게 되었다. 그들의 굳건하던 자기 확신은 공격에 취약하다는 느낌으로 바뀌었고, 평화의 축복을 누리던 나라는 교전국이 되었다. 그러니까 한마디로 우리는 자신이 당한 악행을 기억만 하는 것이 아니라 그 기억을 **사용한다**.

이제 악행에 대한 수동적 형태의 기억, 즉 우리가 능동적으로 추구하는 기억이 아니라 우리에게 찾아오는 기억을 생각해 보자. 악행을 당한 기억에 대해 **우리가 무슨 일을 하기도** 하지만, 그 기억들도 **우리에게 영향을 끼치기** 때문이다. 그 기억들은 우리의 관심을 사로잡고 수치심, 죄책감, 자책, 자기정당화 등으로 나타나는 내적 동요를 일으켜 우리를 괴롭힌다. 우울함의 어두운 안개로 우리를 감싸고 방해하여 우리가 미래로 과감하게 나아가거나 새로운 길로 나서지 못하게 만든다. 게다가 그 기억들은 우리가 자신의 상처에 매여 있게 만들고 다른 사람들에게 반응하는 방식까지 결정해 버린다. 그 기억들은 과거나 미래에 대한 정보 모음으로만 존재하지 않으며 그 자체로 강력한 힘을 발휘한다.

악행의 기억은 선하게도 악하게도 쓰일 수 있는 이중의 잠재력을 갖고 있는데—이것이 이 연구의 출발점에 해당한다—이 잠재력은 기억의 인지적 측면보다는 주로 실용적 측면에 있다. 이것은 우리가 기억에 영향을 끼치든 기억이 우리에게 영향을 끼치든 상관없이 진실이다.

기억의 진실함과 사용

3장에서 나는 우리에게 자신이 겪은 부당한 일을 진실하게 기억할 의무가 있다고 주장했다. 그러면 진실함은 기억의 사용이나 오용과 어떤 관계가 있을까? 먼저, 왜곡되고 거짓된 기억은 불의하고 상처를 주는 기억이라는 점을 상기해야 한다. 불의를 합법화하기 위해 동원된 기억이 아니라도 (기억이 그런 식으로 동원되는 경우가 종종 있다) 거짓된 기억은 불의한 행함과 같다. 진실하지 않게 기억하는 것은 기억의 오용에 해당한다. 반대로, 자신이 당한 악행을 진실하게 기억하는 것은 정의로운 일이다. 가해자와 피해자 모두에게 합당한 몫을 돌리는 까닭이다. 그러니까 자신이 당한 악행을 기억하는 순간 이미 그 악행을 사용하고 있는 것이다. 진실하게 기억하면 그 기억을 올바르게 사용하는 것이지만, 진실하지 않게 기억하면 그 기억을 오용하는 것이다. 보다 전문적으로 말하자면, 기억의 인지적 측면 자체가 실용적 차원을 갖고 있다.

악행의 기억을 사용하는 것은 진실함과 또 다른 방식으로 관련이 있다. 기억을 사용하는 방식은 우리가 악행에 대한 **어떤** 기억을 진실한 것으로 여기는지를 판단하는 데 영향을 미친다. 악행에 대한 어떤 기억을 진실하다 여기는지에 따라 그 기억을 쓰는 용도가 제한되는 것처럼 말이다. 기억의 사용 목적이 진실함에 미치는 영향을 생각해 보라. 프로이트의 정신분석은 인간에게는 큰 고통을 준 사건이나 도덕적으로 부끄러운 행동에 대한 기억을 억누르는 성향이 있다고 전제한다. 이것을 가리키는 전문 용어가 "억압"(repression)이다. 그러나 억압에 대한 프로이트의 주장이 옳든 그르든, 그 편리한 "망각"은 신경증이나 트라우마를 일으키는 사건들에만 작용하는 것이 아니라 훨씬 일반적으로 벌어지는 현상이며 정상적인 인간 정신 기능의 일부이기도 하다. 인간은 자신이 저지르거나 당한 악행의 기억을 왜곡함으로써 스스로를 불쾌한 진실에서 보호한다. 프리드리히 니체는 『선악의 저편』에 나오는 유명한 아포리즘에서 이것을 매우 인상적인 방식으로 표현했다. "'내가 그 일을 했다'고 내 기억이 말한다. '내가 그런 일을 했을 리가 없어'라고 내 자존심이 말하고 그 주장을 굽히지 않는다. 마침내 기억이 굴복한다."[4] 대부분의 경우, 기억은 의식에서 사라져 버리는 극단적인 방식으로 굴복하지 않는다. 그 대신 왜곡된다. 우리 마음은 혐오스러운 사건들을 윤색해 기억함으로써, 기억의 거울에 자신을 비춰 볼 때 수치심을 느끼거나 죄책감에 시달리는 일이 없게 한다.

니체의 아포리즘에는 정반대의 내용도 함축되어 있는데, 즉 악행을 당한 기억의 진실이 그 기억의 사용을 제약한다는 것이다. 그렇지 않다면 왜 자존심이 기억의 굴복을 재촉하겠는가? 내가 심문을 받기 몇 달 전, 한 동료 병사는 내가 숨겨진 마이크에 대고 금지된 주제에 대해 말하도록 유

---

4 Friedrich Nietzsche, *Beyond Good and Evil: Prelude to a Philosophy of Future*, in *Basic Writings of Nietzsche*, trans. and ed. Walter Kaufmann (New York: Modern Library, 1968), #68. 『선악의 저편』(책세상). 사도 바울은 이런 현상을 잘 알고 있었고 사람들이 "불의로 진리를 막는"(롬 1:18) 경향이 있다고 말했다.

도했다. 체제 전복적인 나의 정치적·종교적 견해를 드러내게 하기 위해서였다. 그 병사가 나의 오랜 친구였고(그렇지 않았지만) 내가 오랫동안 우정을 빌미로 친구를 등쳐 먹어 그가 나를 배신하고 싶어지게 만들었다고 잠시 가정해 보자. 내가 상습적으로 그에게 잘못을 저질렀다는 (가상의) 진실을 받아들인다면, 아마도 나는 그가 배신했다는 기억을 사용해 나의 도덕적 우월성을 과시하려 하지 않을 것이고 그에 대한 보복을 정당화하지도 않을 것이다. 나의 진실한 기억은 내가 그보다 나을 바 없다고 말해 줄 것이다. 이런 식으로 기억의 진실은 기억이 적어도 몇 가지 해로운 방식으로 쓰이지 못하도록 그 쓰임을 제약한다. 이처럼 기억의 진실함이 기억의 쓰임을 제약하기 **때문에**, 기억을 오용하려는 의도가 있으면 그 진실을 모호하게 만들려는 압력을 행사하게 된다.

이제까지 우리는 기억의 진실함과 사용 사이의 관계에 대한 두 가지 의견을 살펴보았다. 진실하게 기억함은 기억을 정당하게 사용하는 것이고, 기억이 오용되지 못하게 제약한다. 진실함은 내적 치유의 중요한 요소이기도 하다. 다시 말해, 과거와 더불어 살면서도 기억의 칼날에 의해 과거의 상처가 계속 덧나지 않게 하는 데 중요한 역할을 한다.

기억의 진실함과 치유

2장과 3장에서 나는 우리를 많이 힘들게 하는 기억들이 진실의 좁은 문을 통과해야만 우리 자신과 평화롭게 살 수 있는 기억이 된다고 말했다.[5]

---

5   그러나 과거의 트라우마를 탐색하는 것이 치유에 결정적이라고 보는 정신분석이나 정신역

물론 우리는 과거에 대한 진실을 뒤에 남겨 두고도 괜찮다는 느낌을 가질 수 있다. 흔히 하는 말로 "행복"(happiness)할 수 있다. 극단적인 경우에는 과거에 철저히 무관심하여 기억이 망각 속으로 밀려나야 그런 "행복"이 가능하다. 프리드리히 니체는 현재에 온전히 몰두할 때 따라오는 과거에 대한 철저한 무관심이 참 행복을 위한 필요조건이라고 말했다. 그가 볼 때 어린아이야말로 과거의 부담에 방해받지 않는 행복의 상징이다. 니체에 따르면, 아이는 "아직 부인할 과거가 없기에 과거의 울타리와 미래의 울타리 사이에 있는 환희의 맹목 속에서 뛰논다." 뒤이어 그는 아이의 이미지가 "잃어버린 낙원의 환상처럼" 우리를 감동시킨다고 썼다.[6]

아이와 과거의 관계에 대한 니체의 말이 옳다고 가정해 보자. 그러면 유아기가 지난 사람들도 현재를 그렇게 거침없이 받아들일 수 있을까? 성인이 된 우리가 설령 기쁨에 겨워 과거와 미래를 의식하지 못한 채로 살아간다 해도, 그것이 과연 바람직한 일일까? 현재에 완전히 몰입하면 행복해질지도 모른다. 현재가 행복한 상황이라면 말이다. 하지만 그럴 경우 우리의 삶은 말할 것도 없이 피상적이 되고 위험천만해질 것이다. "기쁨에 겨워" 자동차 사고에 대한 지식을 무시하고, 죽을 수도 있다는 생각을 전혀 하지 못한 채 굴러간 공을 쫓아 혼잡한 도로로 뛰어든다고 상상해 보라! 설령 그런 상황에서 살아남는다 해도, 우리의 삶에는 깊이도 풍성함도 없

동 이론 같은 심리치료 기법이 현재만 다루는 인지행동 요법보다 환자들을 더 효과적으로 돕는다는 말은 아니다. 과거를 다루는 것은 개인적 치유의 일부일 뿐이다.

6 Friedrich Nietzsche, "On the Utility and Liability of History for Life", in *Unfashionable Observations*, trans. Richard T. Gray (Stanford: Stanford University Press, 1995), p. 88.

을 것이다. 과거와 미래를 현재로 가져올 기억과 희망이 없기 때문이다. 우리가 시간을 경험하는 방식은 좋은 현악기에서 울려 나오는 소리를 듣는 것과 유사하다. 예를 들어, 훌륭한 첼로에서 나는 소리를 들을 때 우리는 그 현의 기본 길이가 만들어 내는 음색만 듣는 것이 아니다. 현의 2분의 1, 4분의 1, 8분의 1 길이 등의 음색이 기본 음색과 어우러져 현악기의 복잡한 음색이 만들어진다. 우리 삶의 음악도 그와 비슷하다. 언제가 되었든, 우리는 주어진 시간에 현재의 단순한 소리 하나만 듣지 않는다. 과거의 여러 실재와 미래의 가능성들이 내는 많은 소리가 현재에 함께 울려 퍼진다. 우리의 현재는 그렇게 해서 깊이를 갖추게 된다.

과거와 미래 사이에서 행복한 망각에 사로잡힌 채 지내려 하는 것이 오류라면, 우리는 과거의 짐들을 가지고 무엇을 해야 할까? 답은 간단하다. 과거의 구속은 기독교에서 말하는 구원의 한 측면이기에 과거는 구속되어야 한다. 그런데 여기서 중요한 질문이 등장한다. 과연 니체가 주장한 대로, 진실과 정의의 문제들을 무시함으로써 과거를 구제해야 하는 것일까? 그래서는 안 된다. 그렇게 한다면 우리 자신에 대한 거짓과 우리에게 악행을 가한 이들에 대한 무관심의 거품에 갇혀 현실과 동떨어진 채 행복에 겨워 떠다니는 형국이 될 것이다. 조만간 그 거품은 현실의 거친 모서리에 부딪쳐 얇은 무지갯빛 표면이 툭 터져 버리고 말 것이다. 과거의 짐에 방해받지 않는 아이 같은 행복은 우리가 다른 사람들과의 관계를 중요하게 여기는지 아닌지에 따라 깊은 우울함으로 빠져들거나 냉담한 무관심으로 변해 버릴 것이다. 과거를 구속하지 않고 "행복한" 망각의 쓰레기통에 그냥 던져 버린다면, 우리의 행복은 거짓되고 불안정할 것이다.

그러나 우리가 악행을 그냥 무시하는 경우는 드물다. 진실을 대면하고 싶지 않을 경우 우리는 이따금 진실을 억압하거나 대체로는 진실을 왜곡하는 방식으로 대처한다. 하지만 억압이나 왜곡은 진정한 치유로 이어지지 않는다. 억압된 기억은 망각의 밤 속으로 그냥 사라지지 않는다. 억압된 기억의 옹호자들이 주장하는 바가 맞다면,[7] 그것은 무의식 기억으로 저장되어 정체를 숨기고 있다가 건강한 정신 기능을 방해한다. 이런 무의식의 반란군들이 인간의 성격에 미치는 작용으로는 반응성의 전반적인 둔화에서부터 개인 정체성의 변화, 트라우마를 되돌려 주고 싶은 충동까지 다양하다. 하지만 거의 대부분의 경우, 우리는 학대의 경험을 억압하기보다는 **기억한다**.[8] 다만, 기억 속에서 학대의 경험을 왜곡하여 참기 어려운 부분을 좀더 수용할 만한 형태로 바꾼다. 하지만 우리가 이런 식으로 외면한 진실은 언젠가 즐거운 왜곡과 편리한 거짓을 보호하는 거짓 평화의 연약한 거품을 위협할 것이다.

캐시 캐루스는 "트라우마와 경험"이라는 에세이에서 이렇게 썼다. "트라우마 병리나 징후의 핵심을 형성하는 것은 트라우마적 경험의 진실성"이다. "그것은 거짓이나 의미 오해…의 병리가 아니라 역사 자체의 병리"다.[9] 만일 그녀가 옳다면, 트라우마적 사건에 대한 진실이 기억의 방에 잠시라

---

[7] Bessel A. van der Kolk and Alexander C. McFarlane, "The Black Hole of Trauma", in *Traumatic Stress: The Effects of Overwhelming Experience on Mind, Body, and Society*, ed. Bessel van der Kolk et al. (New York: Guilford Press, 1996), pp. 3-23를 보라.

[8] 억압 이론에 대한 강력한 비판으로는 Richard J. McNally, *Remembering Trauma* (Cambridge, Mass.: Harvard University Press, 2003)를 보라. 참고. Frederick C. Crews, "The Trauma Trap", *The New York Review of Books* 51, no. 4 (2004): pp. 37-40.

[9] Cathy Caruth, "Trauma and Experience: Introduction", in *Trauma: Explorations in Memory*, ed. Cathy Caruth (Baltimore: Johns Hopkins University Press, 1995), p. 5.

도 머물지 않을 경우, 진정하고 온전한 치유는 이루어지지 않을 것이다. 진실을 찾는 일은 법정으로 넘기고 치료사의 치료실에서는 악행을 당한 이야기를 거침없이 풀어놓으라고 권하는 것으로는 충분하지 않을 것이다. 하지만 수전 브라이슨은 (다른 면에서는 훌륭한 책인데) 저서 『이야기해 그리고 다시 살아나』에서 바로 이런 조언을 내놓는다. 그녀는 법정에서는 재판에 이기기 위해 트라우마의 이야기를 "있는 그대로" 해야 하지만, 심리치료사의 치료실에서는 "과거에 매이지 않고 과거로부터 벗어나기 위해" "과거를 가지고" 놀아야 하고 "과거를 다른 방식으로 다시 써야" 한다고 말한다.[10] 그러나 트라우마 병리의 핵심을 형성하는 것이 트라우마적 경험의 진실이라면, 진실을 우회하면서 어떻게 치유를 기대할 수 있을까?

내가 당한 심문을 "다른 식으로 다시 쓰면" 치유에 정말 도움이 될까? ("다시 쓰기"가 나만 아는 내 마음속이나 정신과 의사만 아는 치료실에서 이루어진다 해도, 그것이 나를 심문한 사람들에 대한 불의한 행동이 될 가능성[11]은 여기서 고려하지 말자.) 실제로 벌어진 일에서 "벗어나기" 위해서 있지도 않았던 이야기를 지어내야 한다면, 실제 과거는 길들여지지 않은 야수로 남게 되는 것 아닐까? 내가 정말 치유받았다고 할 수 있으려면, **실제로** 벌어졌던 일에 대해 평정심을 되찾고 자유롭게 살아가면서 그 일을 기억에서 떠나보낼 수 있어야 하는 것 아닐까? 참으로 그렇다! **진실한** 기억이 아니고는 화해가 필요한 사건에 접근할 수 없다. 다시 쓴 기억은 실제 사건과 동떨어진 채 계속해서 내적 동요를 낳을 가능성이 높다. 그런 기억은 진정한 치유의 수단이

---

10 Susan J. Brison, *Aftermath: Violence and the Remaking of the Self* (Princeton: Princeton University Press, 2002), p. 103.
11 3장을 보라.

아니라 고질병의 징후이자 그 대처법으로, 부식된 동전의 양면과 같다. 기억 속에서 악행의 상처를 대면하는 일이 더 이상 두렵지 않고 다시 쓴 형태라도 그 일로 자꾸만 돌아가고 싶은 강박에 시달리지 않을 때, 비로소 우리는 치유로 가는 중요한 발걸음을 내디딘 셈이 될 것이다.

악행으로 입은 정신적 상처에서 자유로워지려면 진실을 알아야 한다. 이것은 기독교 전통이 죄책에 대해, 적절한 것이든 아니든 감정으로서의 죄책감이 아니라 객관적인 죄책에 대해 늘 내세웠던 가르침이다. 죄책에서 자유를 얻기 위해서는 우리 삶의 어두운 구석구석에 진실의 빛이 비쳐야 하는데, 그 일은 이생에서 사적으로나 공적으로 자발적인 고백을 통해 이루어질 수도 있고, 영원으로 가는 출입구에서 하나님의 최후의 심판 중에 이루어질 수도 있다. 악행으로 입은 상처에 대해서도 마찬가지다. 우리의 괴로운 과거를 진실한 이름으로 부르고, 과거에 무슨 일이 있었고 우리가 거기에 어떻게 반응했으며 지금은 어떻게 반응하고 있는지 정직하게 대면해야만 그 일의 파괴적인 영향력에서 벗어날 수 있다. 물론 진실한 이름을 부르는 것만으로 악행의 기억이 낫지는 않을 것이다. 그러나 그 작업 없이는 기억의 치유를 위해 우리가 벌이는 모든 조치가 불완전할 것이다.

그런데 깊은 상처가 흔히 기억의 왜곡으로 나타나는 상황에서 어떻게 진실하게 기억할 수 있을까? 캐시 캐루스가 말한 대로, 트라우마를 겪은 사람들은 "그들 안에 도저히 받아들일 수 없는 역사를 지고 다닌다."[12] 그들이 그 역사의 진상을 감당하기가 너무나 어려운 것은 당연하다. 진실한 기억에는 원래의 상처를 만들어 낸 충격의 메아리가 울려 퍼지기 때문이

---

12 Caruth, "Trauma and Experience: Introduction", p. 5.

다. 카자 실버먼의 표현을 빌리면, 진실한 기억은 "형체 없는 '상처'가 정신에 머물 자리를 제공한다."[13] 고통스러운 기억의 진실성을 훼손하지 않으면서 상처를 주는 기억의 칼날을 무디게 할 방법은 무엇일까?

이 질문에 대답하기 위해서는 내적 치유의 다른 요소들을 살펴봐야 한다. 심각한 악행의 피해자가 내적으로 치유되려면 그의 **바깥에서** 많은 일이 이루어져야 한다. 친구들이나 가족 또는 일반 대중이 그가 당한 악행을 악행으로 인정하고 정죄해야 한다. 즉 가해자는 사과하고 가능하다면 배상을 제의할 필요가 있고, 그런 일이 가능하도록 만든 상황이 바뀌어 피해자가 안전하다고 느낄 수 있어야 한다. 한편으로는 내적 치유를 위해 피해자의 **내면에서** 이루어져야 할 일들도 있다. 피해자는 자신이 당한 악행으로 미래의 가능성이 닫히거나 자신의 정체성이 완전히 규정되는 것은 아님을 알아야 한다. 그리고 악행을 겪었지만, 어떤 면에서는 그것 때문에 자신의 삶이 여전히 의미가 있다는 인식을 길러야 한다. 앞으로 몇 쪽에 걸쳐 나는 방금 거론한 내적 치유의 세 가지 조건을 기억의 치유와 관련해서 살펴볼 것이다. 보다 구체적으로 말하면, 자신이 당한 악행을 진실하게 기억하되 그 기억 때문에 괴로워하거나 손상을 입지 않을 방법을 살펴보고자 한다.

통합

내적 치유를 이룰 수 있는 한 가지 중요한 방법은 기억된 악행을 우리의

---

13   Kaja Silverman, *The Threshold of the Visible World* (New York: Routledge, 1996), p. 189.

인생사에 통합하는 것이다. 그러면 "통합"한다는 것은 무슨 뜻일까?

첫째, 우리의 인생사 안에서 그 사건들에 긍정적인 **의미**를 부여하는 것이다.[14] 과거에 당한 부당한 일을 통해 다른 식으로는 얻을 수 없었을 중요한 깨달음을 얻었다고 믿게 되는 식이다. 내 경우에는 지난 심문 덕분에 나와 비슷한 처지에 있는 사람들에게 공감할 수 있게 되었다는 결론을 내릴 수 있다. 시련을 통해 인간성에 대한 중요한 교훈을 배웠다거나, 극도의 역경을 딛고 살아남은 것이 불굴의 인간 정신을 증언한다고 말할 수도 있다. 어려움을 겪으며 하나님과 더 가까워졌을 수도 있다. 큰 고통을 경험하면서 십자가에 못 박히신 그리스도와 더 깊이 동일시하게 되는 경우다.[15] 여러 방식으로 우리는 과거에 겪은 악행이 우리에게 의미가 있다고 정리한다. 과거의 부당한 일이 인생 전반의 선(善)을 이루는 데 어떻게 보탬이 되는지 이해하게 됨으로써 그 일을 인생사로 통합해 낸다. 우리는 어려움 덕분에 이런저런 식으로 더 나은 사람이 되었다고 인식한다.

그러나 **참혹한** 악행들은 어떨까? **그런 일들**도 우리에게 의미가 있을 수 있을까? 도스토옙스키(Dostoyevsky)의 유명한 사례를 들어 말하면, 네 살배기 아이가 개들에게 던져져 먹히는 것을 지켜보는 어머니의 경험은 그녀의 **인생사**의 일부로 의미가 있을 수 있을까?[16] 형태가 너무 일그러져 신

---

14 심리치료 기법을 쓰는 정신과 의사들은 의미 부여가 "치료의 중심 목표 중 하나"라고 말한다. Van der Kolk and McFarlane, "The Black Hole of Trauma", p. 19.

15 이 마지막 방식으로 고통을 읽는 법에 대해서는 Marilyn McCord Adams, *Horrendous Evils and the Goodness of God* (Ithaca, N.Y.: Cornell University Press, 1999), pp. 156-180를 보라.

16 도스토옙스키는 압도적인 악 앞에서도 신이 정당화될 수 있는지를 논하면서 이 사례를 제시한다. 이 문제는 사건들에 긍정적인 의미를 부여하는 것과 관련이 있지만 두 가지가 같은

발 속에 들어가지 않는 기형의 발처럼, 이런 사건에는 긍정적인 의미가 잘 덧입혀지지 않는다. 이런 사건에 긍정적인 의미를 부여하려고 하면 그 극악한 참혹함을 덜어 내는 것처럼 보인다. 끔찍한 악행들을 우리의 인생사에 통합하는 문제에서 우리가 할 수 있는 최선은, 그 일들에 우리 **인생사의 무의미한 조각들이라는 꼬리표를 다는 것**이다. 그렇게 하고 나면, 참혹한 악행의 기억들이 더 이상 풀려난 야수처럼 우리의 내면과 외적 관계에 피해를 줄 수 없게 된다. 그 기억들이 우리 마음의 지하실에 갇히는 것이다. 지하실에 갇힌 야수들이 발을 구르거나 소리를 지르기도 하겠지만, 우리는 위협받지 않고 내면의 집에서 살 수 있다.

그런 꼬리표가 달린 악행들을 기억할 때, 우리는 모리스 블랑쇼가 남긴 유명한 말처럼 "있지도 않은 의미를 찾지 못하게 감시"할 수밖에 없는 운명일까?[17] 그렇다. 우리는 있지도 않은 의미를 찾지 못하게 감시할 것이다. 위안을 찾는답시고 우리가 당한 악행을 왜곡하는 싸구려 의미를 좇는 일이 없게 하는 것만으로도 그럴 이유는 충분하다. 그러나 어떻게 절망 대신 희망을 품고 이 일을 수행할 수 있을까? 첫째, 내가 3장에서 요약했던 기독교의 기본 확신을 받아들인다면, 참혹한 악행의 무의미함조차도 궁극적으로는 우리 삶의 온전함을 산산조각 내지 못하리라는 소망을 품을 수 있다. 설령 우리 삶의 어떤 부분이 구속 불능이라 해도, 우리는 구속될 수

것은 아니다. *The Brothers Karamazov*, trans. Richard Pevear and Larissa Volokhonsky (New York: Farrar, Straus and Giroux, 1990), pp. 242-243를 보라. 『카라마조프가의 형제들』(민음사).

17 Maurice Blanchot, *The Writings of the Disaster* (Lincoln: University of Nebraska Press, 1986), p. 42. 『카오스의 글쓰기』(그린비).

있고 구속될 것이다.[18]

둘째, 있지도 않은 의미를 찾지 못하게 감시하면서, 우리는 참혹한 악행들 중 적어도 일부는 우리 인생과 역사 전체가 갈 길을 다 가고 역사의 종국에 이르러 하나님의 새로운 세상에서 모든 악으로부터 안전하게 보호받게 된 다음에 그 의미가 드러나리라고 소망할 수 있다. 그러나 이것은 미래에 의미가 드러나기를 바라는 소망일 뿐 그 의미를 현재로 끌어오는 것은 아니다. 이런 소망은 기억의 치유에는 도움이 되지만 치유를 완성하지는 못한다.

어떤 의미에서 우리는 소망 중에 과거의 악행들에 긍정적인 의미를 부여하는 것이다. 그 사건들이 어떤 식으로든 모종의 선에 기여할 것이라는 우리의 판단은 늘 잠정적일 수밖에 없다. 어제에 대한 통찰은 우리에게 오늘은 가려져 있지만 내일 드러날 수 있기 때문이다. 주어진 모든 사건을 제대로 이해하려면 전체 관점에서 바라봐야 하는데, 그런 관점은 우리 인생과 역사의 종국에 이르러서야 얻을 수 있을 것이다. 그런데 우리가 당한 악행 중 어떤 일에는 의미를 부여하고 다른 일에는 인생 여정의 잘못된 부분이라는 꼬리표를 다는 시도는 소망의 날개를 달고 이루어진다. 이는 현재 부분적으로만 의미가 드러난 일부 악행들의 의미가 언젠가 온전히 드러나기를 바라는 소망이자, 현재 무의미해 보이는 악행들에서 궁극적인 구속을 얻게 되리라는 소망이다.

---

18 9장을 보라.

새로운 정체성

고통스러운 기억의 치유와 관련해서 그리스도에 대한 믿음은 삶의 온전함과 궁극적 의미에 대한 소망 외의 다른 것도 제안한다. 데이비드 켈시는 『구속을 상상하다』에서 '예수님으로 인해 이 세상이 어떻게 달라지는가?'라는 아주 간단한 질문의 답을 모색한다. 그의 대답 중 두 가지가 기억의 치유에 적절한 내용을 담고 있다. 첫째, 예수 그리스도는 새로운 정체성을 주신다. 둘째, 그분이 새로운 가능성을 열어 주신다.

첫째로, 그리스도께서 피해자에게 주시는 **새로운 정체성**을 생각해 보자. 피해자가 당한 악행이 지독할수록, 그 악행은 피해자의 정체성에 더 깊이 새겨진다. 때로 그런 피해자는 자신을(주위 사람들도 그를) 특별한 악행을 겪은 사람으로 본다. 그는 "르완다 집단학살의 생존자"이거나 "배신당한 사람"이다. 그가 당한 그 악행이 그의 인생을 규정하는 사건이 된 셈이다. 창의적인 업적, 우정, 과거와 현재의 즐거운 사건, 그 밖의 다른 모든 일은 뒷전으로 밀려난다. 악행이 우리를 규정할 때 우리는, 켈시의 표현을 빌리면 "시간 속에서 얼어붙어 성장이 멈춘 왜곡된 정체성"을 입는다.[19] 그보다 덜한 경우라 해도, 지난 악행은 우리를 완전히 규정하지 않을지언정 우리의 핵심 자아에 박혀 모든 생각과 행동에 어두운 그늘을 드리운다.

하지만 우리 그리스도인들은 우리가 행하거나 당하는 어떤 일도 가장 깊은 차원에서 우리를 규정하지 못한다고 믿는다. 우리 자신과 다른 사람

---

[19] David Kelsey, *Imagining Redemption* (Louisville: Westminster John Knox, 2005), p. 60.

들이 우리를 어떻게 생각하고 대하는가에 따라 우리의 정체성이 영향을 받기는 하지만, 우리의 성패는 인간에게 달려 있지 않다. 우리를 규정하는 것은 사람들과의 관계가 아니라 **하나님**과의 관계다. 우리가 이웃 및 사회 전반과 관계를 맺고 유일무이한 존재로 살아갈 수 있는 것은 하나님이 우리를 사랑하시기 때문임을 우리는 안다. 하나님은 우리를 사랑하신다. 그래서 성육신하신 하나님, 예수 그리스도께서 십자가에서 우리 죄를 지고 우리의 고난을 맛보셨다.

그뿐 아니라, 우리의 몸과 영혼은 하나님의 사랑 앞에 믿음으로 우리 자신을 열어 드림으로써 사도 바울의 표현처럼 거룩해진 공간, 하나님의 "성전"(고전 6:19, 새번역)이 된다. 우리에게 새로운 정체성을 부여하시는 하나님의 임재의 불꽃이 우리 안에서 꺼지지 않고 불타오른다. 풍수해를 입어 파괴된 건물처럼 우리의 몸과 영혼이 피폐해질 수는 있지만, 우리는 여전히 하나님의 성전이다. 때로는 폐허가 된 성전이지만 그래도 여전히 신성한 공간이다. 그리스도인을 절대적으로 규정하는 것은 우리 안에 거하시는 하나님의 임재의 불꽃이고, 그 불꽃은 우리가 행하는 일이나 당하는 모든 일을 따스한 빛으로 감싼다.

인간이 습득한 것이 아니라 하나님이 부여해 주신 정체성, 심지어 우리의 폐허 가운데도 유효한 이 새로운 정체성은 상처 입은 자아를 치유하는 데 도움이 된다. 과거에 당한 악행을 기억하는 순간 우리의 정체성을 규정하는 것은 하나님이지 가해자의 악행이나 우리의 기억에서 들려오는 악행의 메아리가 아니다. 그 메아리가 너무나 요란하여 다른 소리는 전혀 들리지 않을 때도 있지만, 그래도 우리는 그 견딜 수 없는 소음 너머로 우리의 참된 정체성이라는 하나님의 노래를 믿음으로 들을 수 있다. 그러할 때,

학대의 기억은 우리를 규정하는 힘을 상당 부분 잃게 되고, 제멋대로 들어와 자리를 차지했던 자아의 중심부에서 쫓겨나 주변부로 밀려난다. 이제 그 기억은 우리 안에 살기는 하지만 더 이상 우리를 점령하지 못하고, 고통을 줄 수는 있지만 우리를 완전히 규정하지 못한다. 우리는 과거에 당한 악행보다 큰 존재이고, 그렇기 때문에 그 기억을 가지고 무언가를 할 수 있다. 즉 우리는 그 기억을 우리의 **인생사**에 통합하고, 그것을 분기점으로 삼아 새로운 길로 나설 수 있다. 그리고 우리에게 상처를 준 사람들과 화해하기 위한 여정에 조심스럽게나마 나설 수 있을 것이다.

군대에서 처음 몇 번 심문을 받을 때만 해도, 나는 나 자신을 부분적으로나마 희생자로 보고 싶은 유혹을 많이 받았다. "심문과 위협을 받는" 인간으로 말이다. 20여 년 전 당시에는 내 심경을 그렇게 표현하지 않았을 테지만 말이다. 그 악행은 내 내면의 많은 자리를 차지했다. 하지만 나는 스스로를 하나님이 사랑하시는 자, 하나님이 거하시는 자로 알았기 때문에, 집요하게 내 인생을 사로잡았던 악행의 기억은 내 존재의 핵심까지 사로잡아 나의 자기인식을 지배하거나 나를 규정하지는 못했다. 물론, 하나님의 임재와 사랑이 내가 당한 악행의 기억을 지워 준 것은 아니었다. 그 일은 기억의 문을 통해 지금도 여전히 모습을 드러낸다. 하지만 그 일은 나를 장악하지 못하고 결국 내 삶의 주변부로 밀려났다. 내가 당한 악행의 기억이 나의 "중심"을 점령하지 못하게 지켜 준 요인들은 더 있었다. 단순히 시간이 지나는 것, 인권을 중요하게 여기는 사회 환경에서 산 것, 신앙 공동체 안에 있었던 것도 모두 도움이 되었다. 그런데 이런 요인들이 내 기억의 치유에 도움이 되었던 이유는, '그리스도 안에 있는 자'라는 나의 정체성 때문이었다. 이 정체성이 뼈대가 되어 여러 요인들이 거기에 달라붙을 수 있었다.

악행의 기억이 갖는 규정하는 힘이 현저히 깨어지면, 우리는 기억의 치유가 이루어지는 첫 번째 단계를 다시 밟아야 한다. 우리 삶의 조각보에서 그 기억을 찾아 '부재하는 의미 조각'이라고 꼬리표를 달거나, 그 기억이 전체 조각보에 어떻게 맞아 들어가고 모종의 선에 기여하는지 깨닫는 과정을 통해 그 기억들을 우리 **인생사**로 통합하는 것이다. 우리의 새로운 정체성이 삶의 조각보 중심에 놓이면, 우리가 당한 악행은 주변부로 밀려나고 전체를 지배하지 못한다. 악행을 당한 기억이 우리 정체성의 핵심에 있지 않기에 우리는 그 기억을 우리 인생사로 통합하는 치유의 과제를 효과적으로 수행할 수 있다. 6장에서 살펴보겠지만, 악행의 기억이 우리를 규정하지 못하기 때문에, 우리는 그저 상처 입은 피해자가 아니라 가해자를 사랑하고 화해를 추구하기로 다짐하는 사람이 되어 과거를 기억할 수 있다.

새로운 가능성

데이비드 켈시는 그리스도께서 우리에게 새로운 정체성에 더해 **새로운 가능성**도 주신다고 주장한다. 통탄할 악행은 우리의 몸과 영혼을 상하게 하고 우리의 정체성을 좀먹는 데 그치지 않는다. 그것은 우리를 옭아매기도 한다. 죄수의 발목에 채워진 족쇄처럼 우리의 정신을 꽉 붙들어 매어, 우리 정신이 자유롭게 돌아다니며 미지의 세계로 발돋움하거나 새로운 가능성들을 시험해 보고 대안적인 미래를 상상하지 못하게 막는다. 수전 브라이슨은 악행이 피해자의 미래를 어떻게 빼앗는지 대단히 통찰력 있게 묘사한다. "과거는 현재로 손을 뻗어 욕망이 미처 미래로 향하기도 전에 욕망의 목을 조른다."[20] 강간을 당하고 살해까지 당할 뻔했던 그녀가 이 구절에서 말하는 욕망은 성적 욕망이다. 그러나 심각한 학대를 당했던 사람들의 다른 욕망도 미래로 향하기 어렵기는 마찬가지다. 과거에 당한 악행 때문에 우리는 앞을 내다볼 때조차도 뒤에 있는 것을 보게 된다. 기억은 미래의 영역으로 전이되고, 새로운 가능성을 빼앗긴 미래는 고통스러운 과거의 연장으로 변형된다.

하지만 기독교적 인생관에서는 미래의 가능성이 과거와 현재의 현실성에서만 생겨나는 것이 아니다. 위르겐 몰트만이 『희망의 신학』에서 강력하게 주장한 것처럼, 미래는 과거와 현재의 상태에서 그냥 생겨나는 것이 아니라 아직 오지 않은 것에서, "바깥", 즉 하나님에게서 온다. 하나님의 약속이 새로운 가능성을 낳는다.[21] 아이 없는 어느 부부에게 하나님께서 말씀하신다. "네 아내 사라에게 아들이 있으리라"(창 18:10). 그 순간부터, 수십 년간 자녀를 낳지 못했던 소망 없는 불임의 몸은 더 이상 아브라함과 사라의 미래를 규정하지 못한다. 하나님의 약속이 그들의 미래를 규정한다. 비웃었던 사라가 의심을 내려놓아서가 아니다. 의심은 여전히 그녀를 사로잡을 수 있지만, 하나님의 약속이 열어 놓은 가능성을 향해 그녀가 계속 손을 뻗는다는 것이 핵심이다. 아브라함과 사라의 자손인 우리 모두도 마찬가지다.

---

20 Brison, *Aftermath*, p. 96. 이와 비슷한 맥락에서 그녀는 사후기억(postmemory, 통상적 의미의 기억, 사건이 벌어진 후의 기억)과 사전기억(prememory, 미래로 자신을 투사하는 과거에 대한 기억)을 구분하며 이렇게 썼다. "강간을 뒤돌아보는 사후기억은 이렇게 언젠가 **벌어질** 두려운 미래를 매 순간 내다보는 사전기억이 된다"(p. 88).

21 Jürgen Moltmann, *Theology of Hope* (Minneapolis: Fortress, 1993). 『희망의 신학』(대한기독교서회).

하나님은 이보다 더욱 분명하게, 예수 그리스도 안에서 모든 인간에게 가능성의 새로운 지평을 약속하셨다. 이것은 우리 각 사람이 나름의 방식으로 성장하여 진입하도록 부름받는 새로운 삶이며 궁극적으로는 모든 반목이 사라진 새로운 세계요 사랑의 세계다. 그리스도인이 된다는 것은 과거에 겪은 황폐한 경험이 아니라 하나님의 약속이 우리의 새로운 가능성을 규정하게 된다는 뜻이다. 트라우마를 겪은 사람들이 그 약속을 믿는다면, 처음에는 조롱하고 싶은 유혹이 들더라도 그 약속에 **따라** 계속 살아간다면, 그들은 켈시의 표현대로 "스스로 구축했던 옛 세계의 살아 있는 죽음 가운데서는 상상할 수 없었던 진정으로 열린 미래의"[22] 세계로 들어가게 될 것이다.

그리스도의 약속이 우리의 가능성을 규정할 때, 트라우마의 기억은 그저 과거의 한 부분이 된다. 그 기억은 우리가 무엇을 할 수 있고 무엇이 될 수 있는지를 규정하지 못하며, 따라서 현재를 식민지로 삼거나 미래를 침략할 수 없다. 과거에 당한 악행은 과거에만 머물 뿐, 현재와 미래로 흘러 넘쳐 우리 삶 전체를 가득 채워 버리는 일은 없을 것이다.

내가 여러 차례의 심문을 통해 받은 학대는 많은 이들이 당한 고통과 달리, 그 기억이 현재를 완전히 지배하거나 미래를 규정할 만큼 강력한 것은 아니었다. 그러나 그 경험은 잔인한 세계와의 만남이었으며 가끔씩 나를 어두운 골목으로 끌고 들어갈 조짐을 보인다. 그럴 때면 악에 대한 반응은 무력뿐이라 생각하게 되고, 그 학대로 인해 사랑과 용서는 말할 것도 없고 정의가 충만한 미래로 가는 문까지 닫힌 것처럼 보인다. 하지만 그리

---

22 Kelsey, *Imagining Redemption*, p. 39.

스도의 죽음과 부활 가운데 주어진 하나님의 약속의 빛 아래서 내가 받은 심문을 바라보면, 그 일에 대한 기억은 내 미래의 가능성과 거의 관련 없는 과거의 일이 된다. 그것은 과거에 대한 증언일 뿐, 확정된 미래의 모습을 보여 주는 시사회가 아니다. 그리스도의 자기희생과 부활의 빛 아래에서는 다른 사람들을 십자가에 못 박은 이들이 아니라 사랑 가운데 자신을 내어 준 이들이 미래의 주인공이기 때문이다.

갑자기 심문의 자리로 호출받을 염려가 없는 공동체에 속해 있다는 것은 나의 현재와 미래가 심문의 기억에 휘둘리지 않도록 막는 데 큰 도움이 되었다. 그러나 그보다 더 큰 도움이 되었던 것은 하나님이 주신 약속의 말씀이었다. 그 말씀 덕분에 나는 설령 다시 그런 일을 당하게 된다 해도 내 가능성의 지평이 어두워지지 않으리라 확신할 수 있게 되었다. 다시 돌아간다 해도 나는 미래가 근본적으로 다른 세계라는 현실을 믿을 수 있을 것이다.

기억, 자아, 타인들

우리가 과거에 당한 악행을 진실하게 기억하고 그 기억을 우리 인생사에 통합했다고 가정해 보자. 그 기억이 우리 정체성의 중심에서 밀려나 주변부에 자리를 잡았고, 우리가 현재를 살아가는 방식과 미래의 자신을 그려 보는 방식에 미치는 영향력이 깨어졌다고 가정해 보자. 이 모든 일은 고통스러운 기억이 우리 자아에 미치는 악영향을 제압하는 데 큰 역할을 할 것이다. 또한 우리의 기억은 **다른 사람들**과의 관계에도 영향을 준다.

기억의 이 두 쓰임은 서로 이어져 있다. 가해자와의 관계를 "치유"하지 않고는 그 사람 때문에 겪은 악행에서 벗어나 온전한 내적 치유를 경험할 수 없다. 따지고 보면, 우리는 다름 아닌 관계에 있어서 상처를 입은 것이다. 물리적 상처는 가해자의 개입이 없어도 낫는다. 피해자의 몸은 구별된 별개의 실체이고 가해자의 몸과 엮여 있지 않기 때문이다. 하지만 자아는 언제나 사회성을 띠고, 악행을 매개로 가해자와 피해자는 더없이 긴밀하게 엮인다. 피해자가 겪은 학대에는 고통과 상실이라는 요소도 있지만, 가해자와 피해자 사이에 만들어진 잘못된 관계 자체도 놓쳐서는 안 된다. 그 잘못된 관계 방식이야말로 우리가 당한 악행으로 인해 주로 기억하게 되는 내용이며, 우리는 머리로만이 아니라 몸으로도 그것을 기억한다. 그러므로 가해자와 관계없이 이루어지는 피해자의 치유는 불완전할 수밖에 없다. 완전한 치유를 위해서는 둘 사이의 관계가 회복되어야 한다. 그리스도인들에게는 이것이 곧 화해의 본질이다. 가해자와의 화해가 피해자의 치유를 완성한다.

하지만 자아와 바른 관계를 맺기 위해 기억하는 것과 다른 사람들과 바른 관계를 맺기 위해 기억하는 것은 별개의 활동이다. 5장에서는 우리 이웃들—우리에게 악행을 저지른 사람들 및 우리와 같은 사회에 속한 사람들—과 관련해서 잘 기억하는 방법을 상세히 설명할 것이다.

5장

기억의 틀

우리 대부분은 현대판 기억의 예언자들이 하는 말을 받아들여 우리에게 악행을 기억할 의무가 있다고 믿게 되었다. 망각은 피해자들을 배신하는 일이고 힘없는 자들을 악인들의 손에 넘겨주는 일이 되었다. 하지만 악행의 기억이 역사에서 어떻게 쓰였는지를 생각할 때, 악행의 기억이 과연 축복이기만 한 것인가 하는 의심을 떨칠 수 없다. 기억의 저주 없이 기억의 축복을 누릴 수 있을까? 그 둘을 분리할 수 있을까? 혹시 둘은 뗄 수 없이 이어져 있어서, 저주 없이는 축복도 누릴 수 없는 것 아닐까?

나는 기억이 부분적이나마 구속될 수 있다는 확신을 갖고 이 책을 썼다. 우리는 잘 기억하는 법을 배울 수 있다. 3-4장에서 나는 엘리 위젤이 말한 기억의 흉측함을 제어하기 위한 두 가지 간단한 규칙을 살펴보았다.

"진실하게 기억하라!" 역사가, 철학자, 신학자들이 권하는 규칙이다. 인간관계에서 진실은 얻기 힘든 선이지만, 반드시 필요하다. 다른 사람들을 속이고 때로는 우리 자신을 속이는 도구가 되는 기만적인 기억은 불의하고 해롭다.

"치유를 위해 기억하라!" 영혼을 보살피는 일을 맡은 심리치료사와 전문 종교인들이 권하는 규칙이다. 악행을 당하면 상처가 생기는데, 이런 상처를 방치한 채로 기억한다면 본인의 삶을 파괴하고 다른 사람들에게까지 해를 가하는 결과를 낳을 수도 있다. 치유받지 못한 기억은 상처 입은 사람 본인은 물론이고 그 이웃들에게도 잠재적으로 위험하다.

그러나 이 두 규칙만으로는 올바르게 기억하도록 돕기에 충분하지 않다. 다음 두 가지 중요한 현상과 그 둘이 서로를 강화시키는 방법을 생각해 보라. 첫째, 심각한 악행을 당한 경험과 그 기억은 세계의 특성과 질서, 정의(正義)에 대한 기본적이고 일반적인 가정에 의문을 제기한다(반대로, 세계에 대한 우리의 깊은 확신도 우리가 악행을 경험하고 기억하는 방식에 영향을 준다). 착한 사람에게는 나쁜 일이 벌어지면 안 되고, 착한 사람이 몹쓸 일을 당해서는 더더욱 안 된다는 상식적이고 기초적인 가정이 우리의 도덕적 삶을 많은 부분 떠받치고 있다. 그런데 심각한 악행을 겪으면 이런 가정이 일거에 산산조각 난다. 그런 경험은 우리의 방향 감각을 마비시키고 우리를 밀어붙여 금기가 존재하지 않는 도덕적 지옥으로 빠져들게 할 수 있다.

둘째, 자아에 상처를 입고 도덕적 세계가 황폐해지면 우리는 때때로 다른 사람들을 해쳐서 자신의 상처를 치유하려 한다. 의도적이든 아니든, 다른 사람들을 희생시켜서라도 아픔에서 "벗어나려고" 한다. 산산이 깨어진 자존감과 상처 입은 자부심은 우월한 능력과 업적을 보여 줄 이야기를 내놓으라고 아우성친다. 우리는 다른 사람들을 폄하하고 자신을 높이면서 용기와 자신감을 얻거나, 해결되지 않은 독선적 분노를 복수심으로 표출하여 결과적으로 타인의 삶을 파괴하기도 한다. 보복에 적절한 표적을 만나지 못하면 가해자들이 속한 집단의 모든 구성원을 향해 무차별적으로 적의를 쏟아 내기도 한다. 피해자가 다른 피해자를 만들어 내는 것이다. 그 과정에서 우리가 자부심을 되찾는다면, 그것은 바로 다른 사람들을 폄하하고 그들에게 악행을 가한 결과다.

내가 군대에서 받았던 심문에 어떻게 반응할 수 있는지 생각해 보자. G 대위에게 부당한 대우를 받은 나는 장교나 사회주의자는 무조건 다 악하다고 여길 수 있다. 폭력 외에는 다른 어떤 언어도 이해하지 못하는 "짐승"으로 그들을 규정하거나, 내가 당한 만큼 갚아 주리라고 다짐할 수도 있을 것이다. 이런 어둡고 불합리한 원한의 속삭임을 따라간다면, 나는 결국 다른 사람들을 비하하고 다치게 하는 방법으로 나의 힘과 선함을 확인하고 안전을 도모하게 될 것이다. 이런 식의 잘못된 자기치유는 자아가 상처를 입은 것과 그로 인해 자신의 도덕적 우주가 깨어진 것, 이 두 가지가 원인일 수 있다. 첫 번째 원인은 독극물에 손을 뻗게 만들 수 있고, 두 번째 원인은 독약병에서 경고 문구를 제거하게 만들 수 있다. 한마디로, 피해자인 우리는 과거에 당한 악행의 기억을 날카로운 칼처럼 마구 휘둘러 주위 사람들의 삶을 무자비하게 난도질할 수 있다.

있는 그대로의 기억과 본보기적 기억

츠베탕 토도로프는 다른 사람들에 대한 기억의 오용을 방지하기 위해 기억의 소위 **본보기적**(exemplary) 사용을 지지한다. 그가 이 용어를 어떤 의미로 썼는지 이해하려면 그가 이야기한 **있는 그대로의**(literal) 기억과 대비하여 살펴보는 것이 최선이다.

어떤 사건—예를 들면, 자신의 과거나 자신이 속한 집단의 과거에 있었던 고통스러운 일—이 '있는 그대로'('참되게'라는 뜻은 아니다) 보존된다고 해 보자. 그것은 비이행적 사실로 남아 그 너머의 어디에도 이르지 않는다. 그 사건과 관계가 있는 것들은 그 사건과 근접해 있다. 나는 사건의 원인과 결과를 복원하고 내가 받은 고통을 야기한 후보로 연관 지을 수 있는 모든 사람을 찾아내고 그들을 차례로 정죄한다. 나는 이전의 나와 지금의 나, 또는 내 집단의 과거와 현재 사이의 연속성을 확보하고 처음 트라우마의 결과를 내 존재의 매 순간으로 가져와 연장시킨다.[1]

토도로프에 따르면 **있는 그대로의** 기억은 주로 기억하는 개인이나 집단에 초점이 맞춰져 있다는 특징이 있다. 우리가 기억하려 하는 이유는 자신이 당한 악행에 대한 그럴듯한 이야기를 구성하고, 정확히 어떤 일이 있었는지 이해하고, 그 일이 우리 삶에 끼치는 영향을 파악하고, 주모자들을 규탄하고, 이 모든 활동을 통해 정신적·사회적 건강을 회복하고, 정체성을 안정시키기 위함이다. 있는 그대로의 기억은 자기 자신의 행복에 주로 관심이 있다.

    그에 반해, **본보기적** 기억은 자신의 행복에 대한 관심을 넘어서라고 촉구하며 우리가 과거에서 교훈을 배우고 새로운 상황에 적용하도록 돕는다. 토도로프는 본보기적 기억을 다음과 같이 묘사한다.

---

1   Tzvetan Todorov, "The Abuses of Memory", *Common Knowledge* 5, no. 1 (1996): p. 14.

아니면, 그 [트라우마적] 사건 자체의 특수성을 부인하지 않으면서, 내가 일단 복원한 그 사건을 보다 일반적 범주에 속한 다른 사건들 가운데 한 사례로, 다양한 주체가 참여하는 새로운 상황을 이해할 모델처럼 사용하기로 한다고 해 보자. 이것은 이중으로 작용한다. 한편으로, 정신분석이나 애도의 경우처럼 나는 그 기억을 길들이고 주변화시켜서 그 기억이 초래하는 고통을 분산시킨다. 다른 한편으로—여기서 우리의 행동은 순전히 사적인 것에서 벗어나 공적 영역으로 넘어가는데—나는 이 기억에 유비와 일반화를 허용하여 그것을 예증으로 삼고 그로부터 교훈을 이끌어 낸다. 이렇게 해서 과거가 현재의 행동 원칙이 된다.[2]

있는 그대로의 기억과 본보기적 기억 모두에서 우리는 자신의 행복을 추구한다. 우리는 유익을 얻기 위해 과거에 당한 악행을 기억한다. 그러나 본보기적 기억은 다른 사람들의 이익도 함께 추구한다. 자아에만 몰두하던 데서 벗어나 다른 사람들을 배려할 여유를 갖게 되고 자신과 타인 모두의 유익을 위해 기억한다. 악행을 당한 기억은 다른 사람들을 희생시켜서라도 치유해야 할 과거의 괴로운 흔적이 아니라 정의를 실천하게 하는 촉매가 된다. 토도로프가 쓴 바에 따르면, 기억을 본보기적으로 사용하는 사람은 "자기 상처를 치료하는 데" 몰두하거나 "자기에게 지울 수 없는 범행을 저지른 사람들을 향한 적개심을 키우는" 대신,[3] "과거에서 얻은 불의의 교훈을 가지고 현재에 벌어지는 불의와 맞서 싸울" 것이다.[4]

---

2   같은 책.
3   같은 책, p. 19.
4   같은 책, p. 14.

혼란스러운 교훈들

토도로프가 제안한 본보기적 기억은 구속받은 기억―갈등을 깊게 하는 기억이 아니라 깨어진 관계에 향유를 바르는 기억―의 스케치를 구성하는 또 하나의 선(線)이다. 이 스케치는 우리가 진실하게 기억하는지를 점검하는 일에서 시작한다. 스케치의 두 번째 요소는 악행을 당한 기억이 우리의 인생사에 통합되면서도 우리 정체성을 규정하는 중심에서 구석으로 밀려나 과거에 그대로 갇혀 있어야 하고, 현재와 미래를 식민지 삼도록 허용되어서는 안 된다는 것이다. 이 스케치의 이런 "치료적" 요소는 주로 자아와 관련한 기억의 사용을 다룰 뿐 다른 이들과 관련한 기억의 사용 문제는 건드리지 않는다. 그러나 기억의 오용은 본인뿐 아니라 다른 사람들에게도 해를 끼칠 수 있기에, 구속된 기억이라는 그림을 완성하기 위해서는 본보기적 기억 개념 같은 것이 필요하다. 본보기적 기억의 목적이 바로 악행을 당한 기억이 타인들과의 관계에서 오용되지 못하게 막는 것이기 때문이다. 그러나 본보기적 기억을 실천하기만 하면 그런 목적을 달성할 수 있을까? 이 문제에 대한 답은 새로운 상황에 올바른 교훈을 전달하는 능력이 기억에 있는지에 달려 있다. 새로운 상황이야말로 본보기적 기억의 문제점이 드러나는 지점이다. 동일한 학대의 경험에서 다소 상이한, 심지어 서로 충돌하는 교훈들을 끌어낼 수 있기 때문이다.

    여기에는 크게 두 가지 이유가 있다. 첫째, 특정한 기억의 교훈을 적용할 올바른 상황을 찾아내기가 어렵다. 홀로코스트의 기억을 생각해 보자. 상대가 유대인이든 다른 어떤 집단이든, 그와 같은 일이 다시는 없어야 하고 그렇게 하기 위해 잘 기억해야 한다는 주장을 자주 들을 수 있기 때문이다. 홀로코스트의 기억은 본보기적 기억의 패러다임에 가까워 보인다. 하지만 지난 수십 년간 서구에서 홀로코스트의 기억을 활발히 북돋웠는데도 불구하고 우리는 전 세계에서 벌어진 수많은 집단학살을 저지하지 못했다. 게다가 그중 일부는 르완다의 투치족 학살처럼 전례 없이 잔혹한 집단학살이었다.

본보기적 기억의 역할이 시원찮았던 데에는 개입 의지가 부족했던 탓도 크겠지만 그것이 전부는 아니다. 현재 일어나는 사건 중 어떤 것이 과거의 상황과 비슷한지 판단하기 어려운 것도 이유가 된다.[5] 피해자와 가해자의 구분을 예로 들어 생각해 보자. 제2차 세계대전 기간에 벌어진 유대인 집단학살에서 이 구분은 매우 분명했다. 오늘날 많은 상황에서도 그렇다. 만약 집단이 아니라 개인 단위에서, 길을 가던 무고한 사람이 강도를 만나 살해를 당한다면 우리는 행인이 피해자이고 강도가 가해자라고 확신할 수 있다. 하지만 가해자와 피해자의 구분이 이렇게 선명하지 않은 상황도 많다. G 대위가 나를 심문하고 위협한 것을 생각할 때, 내 입장에서 보면 분명히 내가 피해자이고 그는 가해자다. 그러나 그의 행동은 다르게 해석될 수도 있다. 기독교 신앙이 폭력을 조장하고 사회주의 국가에서 체제 전복 활동을 위장하는 방편이라고 믿는 사람이 있다면, G 대위가 자기 임무를 잘 감당했다고 생각할 것이다.

---

[5] 알랭 핑켈크라우트(Alain Finkielkraut)는 다음과 같이 문제를 제기한다. "우리는 '그런 일이 다시는 없도록!'이라는 구호 아래 한 가지 재난[홀로코스트]의 재발을 막는다는 명분으로 다른 재난[크로아티아와 보스니아에 대한 세르비아의 공격]을 승인했다…잔혹행위를 명심하는 기억이 그런 잘못된 결과를 만들어 낼 수도 있다는 사실을 어떻게 설명할 것인가?" *Dispatches from the Balkan War and Other Writings*, trans. Peter S. Rogers and Richard Golsan (Lincoln: University of Nebraska Press, 1999), p. 116.

그뿐 아니라, 역사가 복잡하게 얽히고 오랫동안 충돌해 온 개인이나 민족일수록 피해자와 가해자를 가르는 구분은 더욱 모호해진다. 어제의 피해자가 오늘의 가해자가 되고, 오늘의 가해자가 내일의 피해자가 된다. 구유고슬라비아에서 몇 해 전 일어났던 전쟁 중 보스니아인, 크로아티아인, 세르비아인들 사이의 충돌과 이스라엘에서 유대인과 팔레스타인 사람들 사이에 일어난 충돌, 그리고 북아일랜드의 구교도와 신교도 간 충돌 등은 나치치하 독일에서의 유대인과 독일인 사이의 상황만큼 선명하지 않다. 오랜 시간에 걸쳐 폭력이 일어났고 서로가 서로에게 폭력을 휘둘렀기 때문이다. 갈등이 복잡하게 얽혀 있고 피해자와 가해자가 명확히 구분되는 도덕적 이야기로 정리하기가 어려울수록, 본보기적 기억은 더욱 갈피를 잡을 수 없는 것이 된다. 불의의 가해자와 피해자를 구분할 수 없다면, 불의의 기억만으로 현재 벌어지는 외견상 유사한 불의에 맞서 싸울 수는 없을 것이다.

하지만 우리가 과거와 현재의 유사점을 정확하게 이끌어 낼 수 있다고 해 보자. 현재 주어진 상황이 과거의 특정한 악행과 비슷하다는 것을 안다고 말이다. 그렇다고 해도 본보기적 기억이 넘어야 할 난관은 하나 더 있다. 과거의 악행이 정확히 어떤 교훈을 가르치는지 짚어 내는 문제다. 토도로프는 "과거에 겪은 불의"는 우리에게 "오늘날 벌어지는 불의와 맞서 싸울" 것을 가르친다고 생각한다.[6] 하지만 과연 그럴까? 내가 사는 세상이 정의란 애초에 불가능하고 서로 먹고 먹히는 살벌한 곳이라면 어떨까? 이 세상에서는 무엇이 정의로운지 알 수 없고 정의를 행할 수도 없다고 생각해 보자. 그러면 나는 불의의 기억에 이끌려 불의와 맞서 싸우게 될까? 그

---

6   Todorov, "The Abuses of Memory", p. 14.

릴 수도 있겠지만, 아마도 나는 불의를 불의로 기억하거나 맞서 싸우기보다는 내 삶의 이익을 위협하는 행동으로 기억할 것이다. 먹고 먹히는 살벌한 세상의 주민인 나는 먹히지 않고 살아남는 데 최선을 다할 것이다. 정의를 위해 투쟁하려면 정의의 가능성에 대한 믿음이 있어야 하는데, 악행을 당한 기억은 그 믿음을 만들어 내지 못한다. 오히려 정의가 불가능하다는 믿음을 강화시킬 가능성이 있다. 따지고 보면, 타인으로 인한 고난은 우리가 도덕적 우주에 살고 있다는 확신을 공격한다. 그런데 고난의 기억 자체가 어떻게 우리를 가르쳐 현재의 불의에 맞서 싸우게 한단 말인가?

과거에 악행을 당한 기억이 현재의 불의와 맞서 싸우게 한다는 토도로프의 주장을 인정한다 해도, 그 소중한 교훈은 여전히 도덕적으로 지나치게 모호하다. 불의에 맞선 싸움 자체가 **정의롭게** 수행되지 않는다면, 그 싸움으로 문제가 해결되기보다는 더 복잡해질 테니 말이다. 불의한 수단으로 정의를 위해 싸우는 일이 가능하고 이 세상은 정의가 무엇인지 **알 수**는 있지만 대부분의 사람들이 정의로운 행동에 **관심이 없는** 곳이라고 믿을 경우, 불의한 수단으로 정의를 위해 싸우는 선택은 모순 없이 이루어질 수 있다. 다음과 같은 시나리오를 상상해 보자. 나는 과거에 어떤 상인에게 속았는데, 오늘 이웃이 같은 상인에게 속고 있는 것을 보게 되었다. 나는 내가 속았던 기억을 떠올리고 이웃을 도울 수 있다. 그러나 나는 이웃을 도와 상인을 속이도록 상황을 역전시켜서 상인의 불의에 맞서 싸울 수도 있다.

그러므로 불의의 기억 자체가 불의와 **정의롭게** 싸우도록 가르친다고 볼 수는 없다. 악행을 당한 기억을 고스란히 간직한 채 나는 간계, 완력, 폭력 등을 사용하여 불의와 싸우기로 마음먹을 수도 있고 악행의 기억을 떠올려 내가 택한 수단을 정당화할 수도 있다. 물론, 정의롭게 싸우는 것이 불의하게 싸우는 것보다 더 도덕적이고 지혜로운 일일 것이다. 정의롭게 싸우면 싸움이 정당성을 얻지만, 무작정 무력을 휘두르면 의혹을 사게 된다. 그러나 가장 중요한 것은 불의에 맞서 정의롭게 싸우는 것이 아니라, 어떤 수단을 써서라도 다른 사람들이 불의를 저지르는 것을 막고 그들을 제어하는 일일 것이다.[7] 악행을 당한 기억이 불의에 맞서 **정의롭게** 싸우도록 우리를 독려하려면 불의에 확고히 반대하는 입장이 필요하다. 그런 입장은 어디서 나올까? 단순히 악행을 당한 기억에서 나오는 것은 아니다. 그 출처는 다른 곳이다.

기억을 위한 틀

우리는 유익한 기억의 스케치를 구성하는 세 번째 요소인 본보기적 기억 개념을 살펴보던 자리로 빙 둘러 다시 돌아왔다. 본보기적 기억을 옹호하는 것은 '과거 악행의 기억을 현재에 어떻게 적용할 것인가?' 하는 원래의 **문제**를 가져다가 **해결책**으로 내놓는 것처럼 보인다. 우리는 악행의 기억에서 쉽사리 교훈을 이끌어 낸다. 다만, 불의와 정의롭게 싸우고 평화를 증진시키는 방식이 아니라 정의를 짓밟고 갈등의 불길에 부채질을 하는 방식으로 교훈을 끌어낸다는 점이 문제일 뿐이다. 악행의 기억을 **잘못된** 방

---

[7] 이 논리 중 일부가 최근에 개발된 예방전쟁 이론의 배후에 놓여 있다. '정당한 전쟁론'의 기준에 따르면 예방전쟁은 정의롭지 않지만 힘의 관계에서는 필요하다고 여겨진다. 이런 생각을 받아들이면 과거의 불의에서 다음과 같은 교훈을 이끌어 낼 가능성이 높아진다. "그들을 제압하지 않으면 우리가 제압당할 것이므로 예방 타격이 합리적이다." 그런데 정의상 "그들"은 아직 "우리를 제압하지" 않았으므로, 결국 과거에 겪은 불의가 우리를 부추겨 현재에 불의를 저지르게 하는 결과를 낳는다.

식으로 본보기 삼는 것이야말로 그 기억을 오용하는 가장 터무니없는 방법이다. 진실함과 기억의 치유가 우리를 어려움에서 건져 주지 못한다는 사실을 기억하기 바란다. 그것들은 나름대로 중요하고, 본보기적 기억을 적절히 사용하도록 우리를 자극할 수 있다. 그러나 다른 사람들을 약화시키거나 파괴하지 않고 그들에게 유익을 끼치기 위해 기억을 어떻게 사용할 것인가 하는 질문에 대한 온전한 답이 되지는 못한다.

악행을 당한 기억을 구속하는 데 필요한 첫 세 단계, "진실하게 기억하라!" "치료에 보탬이 되게 기억하라!" "과거로부터 배우라!"는 모두 중요하지만, 그것을 다 실천한다고 해서 목표에 이르는 것은 아니다. 우리는 기억을 더 큰 도덕적 틀 안에 넣어서 봐야 한다. 그렇다면 그 틀은 어디서 가져와야 하며 그 내용은 무엇일까?

토도로프는 "[기억의] 교훈들이 다 선한 것은 아니"라고 지적한 뒤에 그 교훈들은 "인간의 대화를 떠받치는 보편적이고 합리적인 기준의 도움으로 평가할 수 있다"고 했다.[8] 그가 말한 "보편적이고 합리적인" 기준이 만일 성장 환경이자 삶의 자리인 다양한 상황과 전통을 뛰어넘어 모든 이성적 인간이 다 동의할 수 있는 기준을 뜻하는 것이라면, 그 존재 여부가 의심스럽다. 왜냐하면 "보편적"이고 "합리적"이라고 하는 모든 기준도 특정한 관점에서 형성되기 때문이다. 그 관점은 세속적이거나 종교적일 수 있고, 현대의 것이거나 과거의 것일 수도 있고, 이런저런 특징들의 조합일 수도 있다. 우리는 특정한 관점을 피할 수 없지만, 각 관점에서 형성된 입장들을 비교하고 논쟁을 벌일 수는 있다. 이 부분을 염두에 두고 이제부터 본보기

8　Todorov, "The Abuses of Memory", p. 14.

적 기억을 사용할 수 있는 틀을 살펴볼 텐데, 이 틀은 기독교 성경의 전통에서 끌어낸 것이다.

　나는 기독교 전통이 구속 역사의 중심이 되는 두 사건을 기억하는 방식에 초점을 맞출 것이다. 하나는 이스라엘의 출애굽 사건이고 다른 하나는 인류를 대신한 그리스도의 죽음과 부활이다. 나는 거룩한 역사의 축이 되는 이 사건들의 기억이 우리가 일상에서 겪는 부당한 일을 기억하는 방식을 규제하는 큰 틀이 되어야 한다고 본다. 다르게 표현하자면, 이 구속적 사건들을 규제적 메타기억으로 다루어야 한다는 것이다. 적어도 그리스도인들에게 "본보기적"이라는 말의 일차적 의미는 아무개가 당한 악행의 기억이 아니라, 하나님의 백성과 하나님의 기름부음 받은 분의 고난과 구출이라는 구체적인 기억을 의미한다.

위험한 기억?

출애굽과 그리스도 수난(그분의 죽음과 부활을 뜻한다)의 기억을 규제적 기억으로 바라보자는 나의 제안을 부적절하고 역효과만 낳으며 불쾌한 것으로 여기는 이들이 있을 수 있다. 출애굽과 수난의 기억은 심각하게 오용된 바 있지 않은가? 그 사건들이 오용된 것은 논란의 여지 없는 신성한 기억으로서 규제적 힘을 이미 갖고 있었기 때문이 아닌가? 따지고 보면, 기독교 역사의 어떤 시기에 수난주간 금요일은 유대인들에게 공포의 날이었다. 유대인들은 "예수를 죽인 자들"이라는 비난을 받았고 구세주를 기억하는 그리스도인들의 살기등등한 분노를 감수해야 했다.[9] 출애굽을 기억한 역사도 그리 다르지 않다. 일부 과격하고 호전적인 유대인들과 그리스도인들은 하나님이 이집트의 장자를 죽이셨고, 광야에 있던 이스라엘 자손을 뒤에서 공격한 아말렉 족속의 멸절을 명하셨고(신 25:17-19), 약속의 땅에 살던 가나안 족속들을 쫓아내셨다(신 4:37-38)는 사실을 기억했다. 그리고 그것을 근거로 비유대인을 학대하고 그들이 자리 잡고 사는 집과 땅에서 쫓아내는 것이 정당한 일이라고 생각했다.[10] 그렇다면 나의 제안은 한 귀신(일상의 기억에서 나오는 가증한 일들)을 쫓아내기 위해 더 강력하고 사악한 귀신(신성한 기억에서 나오는 가증한 일들)을 불러오는 격일까?

하지만 나는 나름대로 믿는 구석이 있다. 바로 제대로 이해한 출애굽과 그리스도 수난의 기억 자체에는 문제가 없다는 확신이다. 문제는 맥락을 무시하고 중요한 의미를 솎아 낸 채 두 사건을 왜곡된 형태로 기억하는 데 있다.[11] 예를 들어, 그리스도 수난의 기억을 오용하는 경우는 흔히 다음과 같이 지독히 단순화된 삼단 논법에 의지한다. 전제 1, "유대인들이 예수님을 죽였다." 전제 2, "예수님을 죽인 자들은 죽임을 당하거나 적어도 처벌을 받아야 한다." 결론, "우리가 유대인들을 학대하고 죽이는 것은 정당한

---

9 예를 들어, *The Jewish Encyclopedia: A Descriptive Record of the History, Religion, Literature, and Customs of the Jewish People from the Earliest Times to the Present Day*, ed. Cyrus Adler, Isidore Singer, et al. (New York and London: Funk and Wagnalls, 1916)에서 "Grenoble", "Languedoc", "Germany", "Kholm(Chelm)", "Cracow" 항목을 보라.

10 Michael Walzer, *Exodus and Revolution* (San Francisco: Basic Books, 1985), pp. 141-144; Tom Segev, *Elvis in Jerusalem: Post-Zionism and the Americanization of Israel* (New York: Metropolitan Books, 2002), p. 6를 보라. 예를 들어 Ellen Cantarow, "Gush Emunim: The Twilight of Zionism?" (http://www.corkpsc.org/db.php?aid=2401); Rabbi Meir Kahane, "Passover-Holiday of Vengeance" (http://www.kahane.org/meir/passover.html); Rabbi Meir Kahane, "The Arabs in Eretz Israel" (http://www.kahane.org/meir/arabs.html)을 보라.

11 Miroslav Volf, "Christianity and Violence", *Reflections* (Winter 2004): pp. 16-22를 보라.

일이다." 여기서 전제 1이 제멋대로 빠뜨린 것이 있다. 예수님을 십자가에 못 박는 일에 로마인(이방인!)들이 맡았던 역할, 예수님의 십자가 처형을 요구한 이들은 전체 유대인 중 일부였다는 사실, 그리고 일부 유대인들의 잘못을 전체 유대인들에게 넘길 수 없다는 원칙이다.[12] 사람들이 망각한 의미심장한 사실은 또 있다. 인류 전체, 즉 모든 죄인이 예수님을 "죽였다"는 사실이다. 전제 2의 경우, 기독교가 그리스도의 수난에 대해 이해한 핵심 내용과 정면으로 배치된다. 하나님은 이 땅에 오셔서 원수들(우리 모두가 그분의 원수다)을 벌하거나 죽이지 않으셨다. 하나님은 그들, 곧 유대인과 이방인 모두를 대신해 자신을 희생제물로 내어 주셨다. 따라서 유대인에 대한 학대와 살해를 정당화하는 삼단 논법은 전적으로 잘못되었고 그에 따른 행동 역시 완전히 틀렸다.[13]

내가 하고자 하는 말은, 출애굽과 그리스도 수난의 기억을 그 맥락에 해당하는 더 큰 이야기에서 뚝 떼어 내어 갈등상황에 활용하면 그 기억이 흉기로 바뀔 수 있다는 것이다! 두 사건의 배경이 되는 큰 이야기가 만들어 내는 내적 논리를 존중하고 갈등 상황에서 그 논리에 충실하게 행동하면, 그 기억은 평화의 도구가 될 가능성이 높다. 조금 더 자세히 들여다

---

12 이 마지막 두 요점은 제2차 바티칸 공의회의 역사적 문헌 "우리 시대(Nostra Aetate): 비그리스도교와 교회의 관계에 대한 선언"에 간결하게 요약되어 있다. "유대 당국자들과 그들을 따랐던 이들은 그리스도를 죽이라고 압박했지만(요 19:6을 보라), 그리스도의 수난 중에 벌어진 범죄의 책임을 당대의 모든 유대인들이나 오늘날의 유대인들에게까지 무차별적으로 물을 수는 없다." *Vatican Council II: Constitutions, Decrees, Declarations*, ed. Austin Flannery, O.P. (Northport, N.Y.: Costello, 1996), p. 573.

13 Miroslav Volf, "Johannine Dualism and Contemporary Pluralism", *Modern Theology* 21, no. 2 (2005): pp. 198-200를 보라.

보면, 이것이 곧 출애굽과 수난 기억의 역할이며 이 기억을 진지하게 받아들인 대다수 신자들을 통해 이 사실이 드러나리라고 나는 믿는다. 모스타르시의 군사기지에서 보낸 힘든 몇 달 동안, 그리고 그 후에도 그 기억은 내게 평화의 도구가 되어 주었다. 출애굽의 기억은 하나님이 정의의 하나님이시라는 확신을 갖게 했고, 그리스도 수난의 기억은 내 마음을 움직여 증오의 대상이 되어야 마땅할 이들을 사랑하려고 노력하게 해 주었다.

신성한 기억

유대인들과 그리스도인들은 구약성경에서 출애굽의 기억을, 신약성경에서 그리스도 수난의 기억을 보존했다. "유대인들"—여기서는 구약성경에 등장하는 하나님의 백성을 가리킨다—의 역사에 대한 신성한 기록도 기독교 이야기의 한 부분을 차지한다. 기독교 성경의 구약이 바로 히브리어 성경이기 때문이다. 따라서 출애굽은 그리스도의 수난과는 달리 유대인 이야기이자 기독교 이야기이며, 동시에 기독교 이야기의 본질이기도 하다. 그리스도인으로서 이 글을 쓰는 나도 출애굽을 그렇게 바라볼 것이다.

구약성경에서는 기억이 핵심이다. 요세프 예루샬미는 그의 고전 『유대인의 역사와 유대인의 기억』에서 이렇게 썼다.

한 민족 전체가 기억하라는 명령을 종교적 명령으로 받아들인 경우는 이스라엘이 유일하다. 그 반향은 성경 전체에서 느낄 수 있는데, 신명기적 역사서(신명기 이후의 역사책인 여호수아기, 사사기, 사무엘기, 열왕기를 통틀어 부르는 명칭이다—옮긴이)와 선지서에서 최고조에 이른다. "옛날을 기억하라, 역대의 연대를 생각하라"(신 32:7). "야곱 백성아, 이 일들을 기억하여라. 이스라엘 백성아, 너희가 내 종이라는 것을 잊지 마라. 내가 너희를 지었다. 너희는 내 종이다. 그러므로 이스라엘아, 너희는 결코 나를 잊지 마라"(사 44:21, 쉬운성경). 그리고 끈질기게 강조되는 명령, "너희는…아말렉이 네게 행한 일을 기억하라"(신 25:17). "너는 애굽 땅에서 종 되었던 것을 기억하라"(신 5:15; 15:15; 16:12; 24:18).[14]

기억, 그중에서도 특히 고난과 학대에서 구출된 기억을 "끈질기게 강조하는 모습"은 유대교만의 특징이 아니다. 그리스도인들은 유대인들의 확신과 실천의 많은 부분에서 기억을 중요한 것으로 강조하는 자세를 물려받았다. 기독교의 모든 고백 하나하나에는 기억이 담겨 있다. 과거에 대한 진술이 아니라 그저 "예수는 주님이시다!"를 진술하는 고백도 마찬가지다. 그 고백은 특정한 시간과 장소에 살았던 분의 이름을 언급하고 있으니 말이다. 성찬 집행은 기억의 사건이다. 성찬식은 예수 그리스도께서 하신 일과 하실 일을 "기념하는" 의식이다. 출애굽과 그리스도 수난의 내용 및 그것이 우리 일상의 기억에 미치는 영향, 특히 악행을 당한 기억에 미치는 영향을 검토하기에 앞서, 그 두 사건이 공유하는 네 가지 명확한 특징을 살펴보는 것이 필요할 듯하다. 바로 정체성, 공동체, 미래, 하나님이다.

---

[14] Yosef Hayim Yerushalmi, *Zakhor: Jewish History and Jewish Memory* (Seattle: University of Washington Press, 1982), pp. 9-10.

신성한 기억: 정체성

기억은 유대인과 그리스도인의 **정체성을 규정한다**. 유대인이 된다는 것은 출애굽을 기억한다는 뜻이다. 그리스도인이 된다는 것은 그리스도의 죽음과 부활을 기억한다는 뜻이다. 물론 유대인과 그리스도인이 기억만 하는 것은 아니다. 그들은 현재에 행동하기도 하고(예를 들어, 이웃을 자기 자신처럼 사랑하기를 추구한다) 미래에 대한 소망도 품는다(예를 들어, 메시아의 정의롭고 평화로운 통치를 소망한다). 그러나 출애굽과 수난의 기억을 제거하면, 그들의 활동에 에너지와 방향을 제공하고 소망을 갖게 하는, 약동하는 심장을 제거하는 셈이 될 것이다.

출애굽과 그리스도 수난의 기억이 갖고 있는 정체성 형성의 특성에 보다 분명히 초점을 맞추기 위해 "역사"와 "기억"을 비교해 보자. 예루살미에 따르면, 역사는 지적 활동으로 이루어지고 그 도구는 역사 서술이다. 기억, 적어도 "신성한 기억"의 핵심은 동일시이고 그 매체는 기념식과 기념예배다. 예루살미는 과거에서부터 "멀리서 관조할 일련의 사실"을 끌어내는 것은 기억의 역할이 아니라고 썼다. 그것은 역사가 하는 일이다. "기억은 사람이 실존적으로 참여할 수 있는 일련의 상황을 과거에서 끌어낸다."[15] 기억은 나름의 방식으로 사실에도 관심을 갖기 때문에, 관조할 "일련의 사실"과 참여해야 할 "일련의 상황"을 대비시키는 예루살미의 구분은 지나친 감이 있다. 하지만 그가 말하려는 바, 즉 신성한 기억은 예배자들이 신성한 과거에 실존적으로 참여하여 그들의 정체성을 형성하게 한다는 점은

---

15   같은 책, p. 44.

충분히 받아들일 만하다.

출애굽을 기념하는 유월절(Passover Seder)은 이런 의미에서 유대인들 기억의 본보기라고 할 수 있다. 기억의 목적은 역사적 정보를 전달하는 것이라기보다는(어떤 면에서는 이것도 사실이지만) 중요한 과거가 계속 이어지게 하는 데 있다. 신성한 기억은 시간적으로 멀리 떨어진 사건을 회상하는 데 그치지 않고, 시간을 이어 현재에 있는 사람을 과거 사건 속으로 끌어들인다. 음료, 음식, 상징, 기도, 노래, 이야기 등 유월절의 모든 요소가 "하나의 목표를 위해 존재한다. 곧 유월절을 맞이한 각 사람을 다시 이집트로 데려가는 것으로, 이는 극적인 출애굽 이야기를 재연하여, 각 사람이 자기가 실제로 미츠라임(이집트)에서 구속받은 것처럼 느끼게 만드는 것이다."[16] 신성한 기억은 과거의 일을 떠올리게 할 뿐 아니라(악행을 당한 보통의 기억도 하는 일이다) 그것을 다시 현실로 만든다. 탈무드의 표현을 빌리면, "각 세대의 모든 사람은 자신이 **직접** 이집트에서 탈출한 것처럼 느낄 수 있다."[17]

기독교의 성찬식도 마찬가지다. 그리스도인들이 성찬을 지키며 성경을 읽고, 그리스도의 이야기를 나누고, 찬양을 부르고, 기도하고, 떡을 먹고, 포도주를 마실 때 그들은 그리스도의 수난을 상기하는 데 그치지 않는다. 그들은 의식을 진행하면서 그리스도의 부활과 죽음을 자신과 직접 관련된 사건으로 이야기한다. 그리고 자신이 그리스도와 함께 죽고 부활한 자이며 그리스도와의 이 영적 연합을 핵심 정체성으로 삼는 공동체의 일부라고 기억한다. 그들은 그리스도의 이야기를 **자신의** 이야기로도 기억하고,

---

16 http://www.holidays.net/passover/seder.html.
17 Yerushalmi, *Zakhor*, p. 45에서 인용.

제한적이지만 중요한 의미에서 모든 인간의 이야기로도 기억한다.

신성한 기억: 공동체

둘째, 유대인들과 그리스도인들의 신성한 기억은 본질적으로 **공동의** 기억이다. 모리스 알박스가 주저 『집단기억』에서 주장한 것처럼, 모든 기억은 공동의 기억이다. 그가 말하려는 것은 공동체가 집단적인 주체로서 기억한다거나 개인이 "기억을 행하는 진정한 주체가 아니"[18]라는 이야기가 아니다. 그의 요지는 개인이 홀로 기억하는 것이 아니라 "집단의 구성원으로" 기억한다는 것이다.[19] "사람들이 기억을 습득하는 것은 흔히" 사회 안에서 (또는 가족 같은 집단이나 교회 같은 공동체 안에서) "이루어지는 일이다. 그들이 기억을 회상하고 인지하고 그 기원을 찾아내는 일도 사회 안에서 이루어진다."[20] 당신이 겪은 어떤 일을 누구에게도 말하지 않았다고 해 보자. 비밀을 지키기 위해서가 아니라 누구도 흥미를 보이지 않아서 그랬다면, 이 경우 그 사건의 기억은 물을 주지 않은 식물처럼 금세 시들어 버릴 가능성이 높다.

이처럼 개인적인 기억도 공동체에 의지한다면, **신성한** 기억은 더더욱

---

18 Paul Ricœur, *Memory, History, Forgetting*, trans. Kathleen Blamey and David Pellauer (Chicago: University of Chicago Press, 2004), p. 122.
19 Maurice Halbwachs, *The Collective Memory* (New York: Harper-Colophon Books, 1950), p. 48.
20 Maurice Halbwachs, "The Social Frameworks of Memory", in his *On Collective Memory*, ed. and trans. Lewis A. Coser (Chicago: University of Chicago Press, 1992), p. 38.

그럴 것이다. 개인적으로 악행을 당한 사람은 그 일을 몸과 영혼으로 겪지만, 그에 대한 기억은 **시간이 지남에 따라** 집단 안에서 보존된다. 반면, 신성한 기억의 내용은 우리가 직접 경험하는 것이 아니라 공동체에서 받는다. 그리고 그 기억은 개인으로서의 정체성뿐 아니라 해당 공동체의 구성원으로서의 정체성을 형성한다. 신성한 기억이 신앙 공동체를 규정하고, 신앙 공동체는 신성한 기억을 보존하며 새로운 상황에서 그 기억을 다시 활성화한다. 신앙 공동체가 없어지면 신성한 기억도 사라지고, 신성한 기억이 없어지면 신앙 공동체도 사라진다.

신성한 기억: 미래

출애굽과 그리스도 수난의 기억이 공유하는 세 번째 명확한 특징은 **미래**에 대한 관심이다. 미래를 기억한다는 생각이 이상하게 여겨질 수 있다. 통상 우리는 과거를 기억하고 미래의 일은 소망한다. 그러나 기억과 소망은 결코 상호작용할 수 없는 이질적인 현상들이 아니다. 기억이 소망을 형성하고, 소망이 기억에 영향을 준다.[21] 일상 어법에서는 미래를 기억한다는 표현이 언뜻 이상해 보일 수 있지만, 우리는 미래에 해야 할 일을 기억하는 것("집 나갈 때 불 끄는 거 잊지 마!")이나 미래에 일어날 일을 기억하는 것("기억해, 해는 6시 25분에 질 거야")에 대해서 자주 이야기한다. 그리고 4장에서 트라우마적 기억이 불쾌한 이유 중 하나로, 그것이 달갑지 않은 방식

---

21 Reinhard Koselleck, *Futures Past: On the Semantics of Historical Time*, trans. Keith Tribe (Cambridge, Mass.: MIT Press, 2004), pp. 287-288를 보라. 『지나간 미래』(문학동네).

으로 미래에도 모습을 드러낸다는 점을 꼽았던 것을 생각해 보라. 그 기억들은 앞으로 벌어질 일에 대한 '사전기억'이 된다. 잘 살펴보면, 신뢰와 사랑의 경험에서도 같은 원리를 볼 수 있다. 신뢰와 사랑을 경험했던 사람은 미래에도 그것을 기대하게 된다. 우리는 각자 경험한 신뢰와 사랑을 과거의 미덕으로만이 아니라 앞으로 경험하게 될 미덕으로도 기억한다.

출애굽과 그리스도 수난의 기억도 마찬가지다. 우리는 기억하고, 과거를 바라보면서 미래를 본다. 출애굽이 우리의 이야기라면, 우리는 구출을 우리 공동체가 과거에 경험한 일이자 미래에 경험할 일로도 기억한다.[22] 출애굽 이야기가 들려주는 것은 "그때 거기서" 벌어진 일만이 아니라 우리의 미래에 벌어질 일이기도 하다. 이와 비슷하게, 만약 그리스도의 이야기가 우리의 이야기이기도 하다면, 그리스도를 기억할 때 우리는 그분의 과거뿐 아니라 중요한 의미에서 우리의 미래도 기억하게 된다. 그리스도의 죽음과 부활을 기억하는 우리는, 우리와 우리 공동체와 전 세계에 벌어질 일을 기억하는 것이다. 출애굽과 수난의 기억은 본질적으로 미래의 기억이다.[23] 라인하르트 코젤렉이 만들어 낸 용어를 쓰자면, 유대인들과 그리스도인들에게 신성한 기억은 "경험의 공간"(기억 속에서 현재가 된 과거)이자 "기대의 지평"(동일한 기억 속에서 현재가 된 미래)이다.

---

22 Franz Rosenzweig, *The Star of Redemption*, trans. William W. Hallo (Boston: Beacon, 1972), p. 295를 보라.
23 "미래의 기억"(memory of the future)이라는 문구의 용례에 대해서는 Letty M. Russell, *Human Liberation in a Feminist Perspective: A Theology* (Philadelphia: Westminster, 1979), p. 72를 보라.『여성 해방의 신학』(대한기독교서회).

신성한 기억: 하나님

마지막으로 넷째, 출애굽과 수난의 기억은 무엇보다 **하나님에 대한 기억**이다. 우리는 기억의 시간적 레퍼토리에다 하나님의 존재를 생생하게 보여주는 현재의 기억을 추가한다. 이런 유비를 통해 이해할 수 있다. 연인들은 헤어질 때 가끔 "당신을 늘 기억할 거야"라고 약속하거나, "날 잊지 않을 거지?"라고 호소한다. 이런 식으로 기억할 때 우리는 사랑의 대상을 늘 머리와 가슴에 간직하겠노라고, 우리에게 중요한 관계를 염두에 두고 살겠노라고 다짐한다.

어떤 면에서 출애굽과 그리스도 수난의 기억은 이스라엘 역사와 예수 그리스도의 생애에서 핵심이 되는 사건이다. 우리는 한 민족이 고난의 떡을 먹고 홍해를 지나 약속의 땅에 이른 과정을 기억한다. 우리는 한 사람이 정죄를 받고 얻어맞고 십자가에 못 박혔다가 하나님과 함께하는 새로운 불멸의 생명으로 부활한 일을 기억한다. 하지만 이 모든 사건들은 자기 백성을 위해 신실하게 일해 오신 하나님을 드러낸다. 그리고 기억의 초점은 하나님께 맞춰진다. 하나님이 이집트의 노예로 고통받던 히브리인들의 울부짖음을 들으셨고, **하나님이** 손을 내밀어 그들을 구해 내셨다. 그리스도 수난의 경우도 마찬가지다. 사도 바울은 "하나님께서…세상을 그리스도 안에서 자기와 화해하게 하"(고후 5:19, 새번역)셨다고 썼는데, 그리스도를 죽은 자 가운데서 일으키신 분이 바로 그 **하나님**이시다(행 2:24).

출애굽과 그리스도의 수난을 이야기하면서 하나님을 잊어버린다면, 이야기의 세부 내용을 아무리 정확하게 늘어놓는다 해도 출애굽과 수난을 기억한다고 말할 수 없다. 우리는 고난과 구출의 이야기를 멋지게 늘어놓을 수 있다. 그것은 좋은 이야기, 우리 민족과 영웅의 이야기, 우리에게 영감을 주고 우리의 정체성을 규정하는 이야기일 수도 있다. 그러나 가장 중요한 것이 빠졌다. 출애굽과 그리스도 수난의 핵심은 고난과 압제를 딛고 일어선 인간 승리의 고귀한 사례가 아니기 때문이다. 무엇보다 그것은 인류를 대신하여 개입하신 하나님에 대한 기억이다.

또한 그것은 하나님의 약속에 대한 기억이기도 하다. 약속은 과거에 **어땠고** 현재는 **어떻다**고 묘사하지 않는다. 약속은 약속을 하신 분이 **이루실** 일을 진술한다. "스스로 있는"(출 3:14) 분이 이스라엘 민족을 극심한 고난에서 건지셨던 것처럼, 그 사건을 기억하는 공동체도 건짐을 받을 것이다. 하나님이 예수 그리스도를 죽은 자들 가운데서 일으키셨던 것처럼, 그분을 기억하는 사람들은 죄의 노예가 된 상태와 죽음에 대한 두려움에서 일으켜지고 자유를 얻게 될 것이다. 그러므로 출애굽과 수난의 기억은 무엇보다 하나님에 대한 기억이다.

이처럼 출애굽과 그리스도 수난의 신성한 기억은 우리의 정체성을 형성하고, 공동체가 받아서 보존하고, 우리가 바라보는 기대의 지평을 규정한다. 그리고 무엇보다 그것은 하나님에 대한 기억이다. 우리는 어떤 일을 하든, 적어도 다음 네 가지 요소로 이루어진 인식의 틀 안에서 행동해야 한다. 1. 우리는 누구인가? 2. 우리는 어디에 속하는가? 3. 우리는 무엇을 기대하는가? 4. 우리는 궁극적으로 무엇을, 누구를 신뢰하는가? 하나님의 백성이 자신이 당한 악행을 기억할 때는 출애굽과 그리스도 수난의 신성한 기억에서 도출된 정체감과 공동체 의식, 기대와 궁극적 신뢰를 바탕에 두어야 한다. 그러면 출애굽과 그리스도 수난의 기억은 우리가 일상에서 겪은 악행의 기억에 어떤 영향을 미칠까?

6장

기억, 출애굽, 그리스도의 수난

5장에서 나는 우리가 겪은 악행의 기억에서 올바른 교훈을 배우기 위해서는 그 기억을 출애굽과 그리스도 수난에 대한 신성한 기억이라는 틀 안에서 봐야 한다고 주장했다. 그 신성한 기억은 "과거로부터 배울 수 있게 기억하라"는 규칙과 관련해서 처음 등장했지만, 눈이 밝은 독자라면 올바르게 기억하는 일의 의미를 탐구한 맨 처음부터 그 기억이 영향력을 미치고 있었음을 알아챘을 것이다. 하나님의 은혜로운 최후 심판이 **진실하게** 기억하라는 요구를 뒷받침한다. 그리고 그 심판은 하나님이 이스라엘을 압제에서 구출하시고 예수 그리스도께서 치욕스러운 나무에 달리셨을 때 보여 주신, 하나님이 인간의 죄를 다루시는 방식의 연장선상에 있다. 기억 치유의 세 가지 요소인 새로운 정체성, 새로운 가능성, 통합된 **인생사** 모두가 새로운 출애굽, 새로운 구출로 이해된 그리스도 수난의 기억으로부터 그 기본 내용을 끌어냈다.

출애굽의 기억은 구상 단계부터 이 책의 핵심에 자리 잡고 있었다. 나는 출애굽의 기억을 염두에 두고 이 책 전체를 이끄는 첫 질문, 즉 "가해자를 사랑으로 대하는 피해자는 그 악행을 어떻게 기억하는가?"라는 질문을 던졌다. 이 질문은 "우리가 아직 죄인 되었을 때에 그리스도께서 우리를 위하여 죽으심으로 하나님께서 우리에 대한 자기의 사랑을 확증하셨"(롬 5:8)다는 확신의 메아리일 뿐이다. 기독교의 관점에서 우리가 겪은 악행을 **올바르게** 기억하는 것은 그리스도의 죽음과 부활의 렌즈를 통해 기억하는 일을 가리킨다.

이제 신성한 기억들을 보다 자세히 들여다보고 그 기억들이 올바르게 기억하는 일에 어떤 영향을 끼치는지 검토해 보자. 먼저 출애굽의 기억이 우리가 당한 악행을 기억하는 데 어떤 의미가 있는지 살펴본 후, 출애굽의 기억에서 끌어낸 교훈들이 그리스도 수난의 기억에서 어떻게 재확인 또는 조정되는지 설명을 덧붙일 것이다.

출애굽 기억의 교훈

성경에서 출애굽의 기억은 여러 용도로 쓰이는데, 나는 그중에서 주된 용도 두 가지를 살펴보려 한다. 바로 압제받는 자들의 구출에 대한 교훈과 압제자들의 처벌에 대한 교훈이다.

먼저 이스라엘의 출애굽 경험을 이후 이스라엘 민족이 노예와 외국인을 대하는 규정과 직접 연결시킨 본문들을 보자. 당시 노예와 외국인은 종살이와 "외부인"이라는 지위 때문에 이스라엘뿐 아니라 고대사회 일반에서 경제적으로나 사회적으로 가장 취약한 집단에 속했다.[1] 이스라엘 공

---

1 Leo Baeck, *This People Israel: The Meaning of Jewish Existence*, trans. Albert H.

동체 안에 있던 종들과 외국인들의 무력한 처지는 이집트에서 살던 이스라엘의 처지와 유사했다. 그렇다면 이제 어느 정도 힘과 자유를 얻은 출애굽 후대의 이스라엘 사람들은 그들을 어떻게 대해야 할까? 신명기 15:12-15은 일시적으로 종으로 팔린 이스라엘 사람들에 대해 이렇게 지시한다.

> 네 동족 히브리 남자나 히브리 여자가 네게 팔렸다 하자. 만일 여섯 해 동안 너를 섬겼거든 일곱째 해에 너는 그를 놓아 자유롭게 할 것이요, 그를 놓아 자유하게 할 때에는 빈손으로 가게 하지 말고 네 양 무리 중에서와 타작마당에서와 포도주 틀에서 그에게 후히 줄지니 곧 네 하나님 여호와께서 네게 복을 주신 대로 그에게 줄지니라. 너는 애굽 땅에서 종 되었던 것과 네 하나님 여호와께서 너를 속량하셨음을 기억하라. 그것으로 말미암아 내가 오늘 이같이 네게 명령하노라.

이스라엘 사람들 사이에서 사는 **외국인들**을 자비롭게 대하라는 명령도 하나님이 이스라엘을 이집트에서 구해 내신 기억에 호소하고 있다. 신명기 24:17-18에는 이렇게 나와 있다.

> 이방 사람이나 고아에게 억울한 일이 없게 하고 과부에게서 그 겉옷을 담보물로 잡지 마라. 네가 이집트에서 종이었고 너희 하나님 여호와께서 너를 그곳에서 구해 내셨음을 기억하여라. 그런 까닭에 내가 네게 이렇게 하라고 명령하는 것이다. (우리말성경)

Friedlander (New York: Holt, Rinehart and Winston, 1964), p. 46를 보라.

이스라엘 사람들이 자신들의 종살이와 해방을 제대로 기억한다는 것은 그들이 이집트에서 받던 대접과는 다른 방식으로 종과 외국인을 대하는 것을 의미했다. 그들은 압제하던 이집트인들이 아니라 속량하시는 하나님을 본받아야 했다. 이집트인들을 흉내 내는 것은, 몸은 약속의 땅에 있을지라도 결국 이집트로 돌아가는 것과 다르지 않았다. 하나님을 따르는 것은 곧 하나님이 그들을 위해 이루신 구출을 실천하는 것이었다.

그런데 하나님을 따른다는 것은 하나님을 본보기로 삼아 본받는 것 이상의 깊은 의미가 있었다. 출애굽은 이스라엘을 하나의 민족으로 세우는 이야기였기 때문이다. 하나님이 이스라엘에게 행하신 대로 종과 외국인을 대하는 것은, 이스라엘이라는 민족 존재의 근원과 정체성의 핵심에 하나님의 은혜로운 행위로 종살이에서 건짐 받은 경험이 자리 잡고 있음을 드러내는 행위였다.[2] 그런 민족이 하나님을 본받지 않는다는 것은 지혜로운 충고를 무시하거나 도덕적 명령을 따르지 않는 정도의 문제가 아니라, 어떤 의미에서는 자신들의 진정한 정체성과 모순되게 살아감으로써 그들 자신을, 더 나아가 그들을 속량하신 하나님을 배신하는 일이었다.

이스라엘 민족은 전에 주인으로 섬기던 이집트 사람들을 따라 함으로써 자기 자신과 하나님을 배신하는 위험에서 단 한 번도 온전히 벗어난 적이 없었다. 성경이 종과 외국인을 어떻게 대해야 하는지 누누이 가르친 이유도 여기에 있다. 이 가르침은 구체적인 기억("너희가 애굽에서 종이 되었"다)과 분명한 명령("그를 놓아 자유롭게 할 것이요…그에게 후히 줄지니" "이방 사람

---

2   Emmanuel Levinas, "Difficult Freedom", in *The Levinas Reader*, ed. Sean Hand (Oxford: Blackwell Publishers, 1989), p. 252.

이나 고아에게 억울한 일이 없게 하고")으로 이루어졌고, 이 둘은 서로를 강화한다. 기억은 명령의 근거와 사례가 되고, 명령은 기억의 교훈을 명시한다.

기억과 명령을 잇는 핵심 고리는 이스라엘을 구해 내시는 하나님의 구속 활동에 있다. 이스라엘 사람들은 그들이 "애굽에서 종이었다"는 사실뿐 아니라 "하나님 여호와께서 그들을 구해 내셨다"는 것도 기억해야 한다. 종과 외국인을 합당하게 대하라는 명령은 그들이 겪은 악행에서 배운 교훈이 아니다. 5장의 내용을 떠올려 보라. 악행의 기억 자체가 가르쳐 주는 것은 그와 유사한 상황에 다시 빠져서는 안 된다는 것 정도였다. 그리고 우리가 부당한 일에서 끌어내는 도덕적 교훈은 둘로 나뉜다. 고난받는 이들의 사정에 공감해야 한다는 결론을 내릴 수도 있지만, 나에게 그들의 고난을 무시할 권리가 있다는 결론을 내릴 수도 있다. 내가 당했던 것과는 다른 방식으로 다른 이들을 대해야 한다는 교훈을 얻을 수도 있지만, 내가 고통을 피할 수만 있다면 다른 이들에게 고통을 가하는 일도 주저해서는 안 된다는 교훈을 얻을 수도 있다.

따라서 출애굽의 기억에 근거한 명령들은 이스라엘이 당한 압제에서 끌어낸 교훈이 아니라 하나님의 구출에서 얻은 교훈이다. 어려운 처지에 놓인 약한 자들을 정의롭고 관대하게 대하라는 명령을 뒷받침하는 것은 지나간 고난**의** 기억이 아니라 그 고난**에서 하나님이 건져 주신** 기억이다. 악행을 당한 기억이 본보기가 되려면, 정의를 행하고 긍휼을 사랑하라는 하나님의 명령이 그 기억을 인도해야 하고 짓밟힌 자들을 해방시키시는 하나님의 역사가 그것을 떠받쳐야 한다.

모순된 교훈?

출애굽의 기억은 구약성경에서 종과 외국인을 보호하라는 명령의 근거인 동시에 이스라엘의 원수들을 벌하라는 명령의 근거다. 이제 소개하는 아말렉 족속의 이야기는 출애굽 기억의 한 부분이고, 극단적일 수는 있지만 상당히 전형적인 내용이다.

> 너희는 애굽에서 나오는 길에 아말렉이 네게 행한 일을 기억하라. 곧 그들이 너를 길에서 만나 네가 피곤할 때에 네 뒤에 떨어진 약한 자들을 쳤고 하나님을 두려워하지 아니하였느니라. 그러므로 네 하나님 여호와께서 네게 기업으로 주어 차지하게 하시는 땅에서 네 하나님 여호와께서 사방에 있는 모든 적군으로부터 네게 안식을 주실 때에 너는 천하에서 아말렉에 대한 기억을 지워 버리라. 너는 잊지 말지니라. (신 25:17-19)

아말렉 족속에 대한 출애굽의 교훈은 외국인과 종에 대한 교훈과는 달라 보인다. 약한 이스라엘을 우습게 여겼던 아말렉은 민족의 멸절과 그들에 대한 모든 기억의 말소라는 가장 잔혹한 처벌을 선고받는다. 출애굽 사건에도 동일한 교훈이 똑같이 강력하게 새겨져 있다. 재앙이 꼬리를 물고 이어졌고, 하나님이 이집트의 장자를 모두 죽이는 장면에서 폭력이 절정에 이르렀다. 출애굽의 기억은 가난하고 고통받는 자들을 자비롭게 보호하라고 가르칠 뿐 아니라, 남들을 난폭하게 괴롭히는 자들에 대한 가혹한 처벌도 가르친다.

출애굽의 기억으로부터 끌어낸 이 두 가지 교훈은 한쪽에서는 자비를 촉구하고, 다른 쪽에서는 처벌이나 복수를 촉구하는 모순일까? 어떤 의미에서는 그렇다. 아말렉에 대한 처벌은 끔찍할 만큼 과도하다. 그들의 범죄에 비해 과중하고, 이스라엘에게 저지른 불의에 참여하지 않은 다른 모든 아말렉 족속에게까지 적용되었다는 점에서 무차별적이다. 하지만 출애굽 기억의 교훈에서 복수심에 불타는 이 과도함을 제거하면(제거해야 마땅한데) 종과 외국인에 대한 교훈의 뒷면이 된다. 압제받는 종들을 자유롭게 하시는 하나님의 단일한 활동이 두 가지 모두에 추동력을 제공한다. 하나님께서 모든 이스라엘 노예—이집트인들의 압제하에 살아가던 외국인들—를 자유롭게 해 주신 것처럼, 이제 이스라엘 사람들은 노예가 된 동족에게 자유를 주고 그들 가운데 사는 모든 외국인을 늘 친절하게 대해야 한다. 하나님이 이집트인들에게 여러 재앙을 내리시고 그 군대를 홍해에 수장시키셨던 것처럼, 이스라엘 사람들은 악의적으로 그들의 해방을 방해하는 모든 사람을 벌하고 죽여야 한다.

출애굽의 기억은 서로 연관 있는 두 교훈을 담고 있다. 첫 번째는 **구출**의 교훈이다. 너희가 약하고 압제받을 때 하나님이 너희를 위해 행하셨던 것처럼 약하고 압제받는 자들을 위해 행동하라는 것이다. 둘째는 굽힐 줄 모르는 응보적 **정의**다. 하나님이 너희를 압제했던 자들에게 맞서시고 그들을 벌하신 것처럼 압제자들에게 저항하고 그들을 처벌하라는 것이다. 두 교훈은 긴밀하게 이어져 있다. 두 번째 교훈은 첫 번째 교훈을 따라 나오는 의무로 그려진다. 출애굽의 기억은 불의하고 폭력적인 세계에서 짓밟힌 자들이 해방되려면 그들을 압제하는 자들에 맞서 단호하게 싸워야 한다고 말하고 있다. 이제 곧 살펴보겠지만, 그리스도 수난의 기억은 출애굽의 기억이 주는 이 두 가지 교훈을 재확인하는 한편 적절히 조정할 것이다.

출애굽 기억하기, 악행 기억하기

출애굽의 신성한 기억은 우리가 겪은 악행이라는 평범한 기억에 대해 어떤 메시지를 담고 있을까? 첫째, **기억하라**는 명령이다. 고통받는 자들이 구출되려면 그들 자신이 고난을 잊거나 압제자들과 냉담하고 무심한 관찰자들이 그들의 고난을 은폐하고 외면하면 안 된다. 그들의 고난은 적어도 정의가 시행되기 전까지는 잊히면 안 된다. 기억 없이는 구출도 없다.

둘째, **진실하게** 기억하라는 명령이다. 고통받는 자들을 구출하는 일이 또 다른 불의로 기존의 불의를 바로잡는 폭력 행위가 아니라 정의로운 행위가 되려면, 문제가 되는 악행을 진실하게 기억해야 할 것이다. 진실한 기억 없이는 정의로운 구출도 없다.

셋째, 어려움에 처한 사람들에게 **도움**이 되게 기억하라는 명령이다. 출애굽의 기억이라는 렌즈를 통해 우리가 당한 악행을 바라보면, 고난을 겪는 사람들과 공감하게 되고 그들을 괴롭히는 자들과 맞서 싸움으로써 그들을 돕게 된다. 하나님이 이스라엘 민족의 부르짖음을 들으시고 그들을 구하신 것처럼, 출애굽을 기억하며 살아가는 사람들은 고난받는 자들의 부르짖음을 듣고 그들을 도울 것이다.

넷째, **하나님과 미래**와 관련된 메시지다. 우리가 출애굽을 우리의 이야기로 여긴다면, 과거에 겪은 악행의 기억을 구속받은 미래와 연결할 수 있을 것이다. 상황이 아무리 절망적으로 보일지라도, 결국에 하나님은 고통받는 사람들을 변호하시고 가해자들을 심판하실 것이다. 악행은 최종 발언권을 갖지 못할 것이다. 출애굽의 기억이라는 렌즈를 통해 악행을 바라보면, 가장 참혹한 악행조차도 이미 구원의 길로 들어선 사람들의 역사

속 한순간으로 기억될 것이다.

출애굽의 기억과 기억하기의 규칙

출애굽의 기억은 3-5장에 걸쳐 개진된 기억하기의 세 가지 규칙, 즉 "진실하게 기억하라!" "치유에 보탬이 되게 기억하라!" "과거로부터 배울 수 있게 기억하라!"를 강화시켜 준다. 출애굽의 기억은 이 규칙들을 오용할 가능성에 대한 우려에 대해서도 어느 정도 답을 제시한다.

   진실하게 기억하기에 대하여, 출애굽의 기억은 진실한 태도가 이익이 되지 않을 때도 진실해야 할 한 가지 이유를 제공한다. 우리가 본받아야 할 하나님은 진리와 정의의 하나님이다. 출애굽의 기억 앞에서는 진실을 외면해야 할 것 같은 이유도 무효화된다. 이스라엘을 구원하신 하나님의 역사가 잘 보여 주듯, 우리의 궁극적 구원은 신실하시고 전능하신 하나님의 손에 달려 있다. 그러므로 우리는 자신의 목적을 이루기 위해 속임수에 의지할 필요가 없다.

   치유에 보탬이 되게 기억하기에 대하여, 출애굽의 기억은 다른 사람들을 희생물로 삼아 치유를 추구하는 성향을 경계하게 해 준다. 하나님은 이스라엘의 하나님이지만, 특정한 이들의 사익을 위해 마음대로 부릴 수 있는 사적인 신이 아니다. 하나님은 모든 민족의 번성을 원하신다. 출애굽의 하나님은 아브라함의 하나님이며, 아브라함의 하나님은 아브라함뿐 아니라 전 인류에게 축복을 선언하신 하나님이기 때문이다. 다른 이들을 압제하거나 해치면서 우리의 치유를 추구하고 출애굽의 하나님을 섬긴다는 것은 앞뒤가 안 맞는 일이다.[3]

과거로부터 배움에 대한 출애굽의 교훈은 고난받는 자들의 해방을 위해 싸워야 한다는 것이 분명하다. 하지만 해방을 이루어 내기 위해 과도하고 무차별적인 폭력을 승인한다는 점에서, 출애굽의 기억은 권력욕이 지배하는 세상에서의 무력 사용을 정당화하는 것이 아닐까? 출애굽의 기억은 가해자들에 대한 과도한 복수를 부추기는 듯하다. 이집트 사람들과 아말렉 족속을 대하는 방식이 본보기가 된다면, 출애굽의 기억이 주는 교훈 중 일부는 불의하다고 말할 수 있을 것이다. 출애굽의 기억은 그 자체만으로는 올바르게 기억하기를 보장할 만한, 온전히 적합한 틀이라고 할 수 없다.

출애굽에서 그리스도의 수난으로

앞에서 이야기한 것처럼 응보적 정의가 무차별적 복수를 대신한다 해도, 출애굽 기억의 충분성에 대한 의문은 여전히 남는다. 적법한 응보적 정의라 해도 거기에 최종 발언권을 부여할 수 있을까? 불의는 모든 인간의 행

---

3 여기서 가나안 족속의 진멸이라는 어려운 문제에 부딪치게 된다. 그들은 아말렉 족속과 달리 히브리인들의 출애굽을 방해하고 나서지 않았기 때문이다. 그들의 진멸을 이스라엘 구속의 필연적 결과라고 보는 견해는 신학적으로 도저히 받아들일 수 없다. 하나님이 이스라엘 자손 앞에서 가나안 족속을 "쫓아내셨다"고 말하는 구약성경 본문을 보아도, 가나안 족속의 축출은 그들 자신의 악행의 결과이지 이스라엘의 구속과 관련된 것은 아니다. 그들이 쫓겨난 이유가 무엇이라고 생각하건 간에, 그 일이 이스라엘의 구속을 위해 일어난 것은 아니었다.

물론, 가나안 족속의 축출을 정당화하기 위해 이스라엘의 정복 기록이 가나안 족속의 예배 풍습을 사실과 달리 표현했다고 읽는 독법도 가능하다. 이런 식으로 보는 것이 옳다면, 해당 본문들은 문제가 심각하다는 결론이 나온다. 일부 구성원의 죄 때문에 한 민족 전체를 벌하라는 명령이 내려진 데다가, 이스라엘이 구속받고 땅을 차지한 것이 다른 이들을 희생시킨 대가로 얻은 부당한 결과라는 의미가 되기 때문이다.

동에 스며 있고 모든 사회적 관계가 불의에서 자유롭지 못한데 말이다. 프리드리히 니체는 인생이 불의하다고 말했는데,⁴ 이는 마르틴 루터가 인간의 상태에 대해 한 말을 그대로 되풀이한 것이다. 니체의 요지는 인간이 철저히 불의하다는 것이 아니라, 불의의 얼룩이 가장 정의로운 행동조차도 망쳐 놓는다는 것이다. 그의 말이 옳다면, 우리는 받아들일 수 없는 두 선택지 앞에 서게 된다. (니체가 그랬듯) 정의를 무시하고 세상을 물리력 간의 상호작용으로 인식해 버린 후 약자들을 무방비 상태로 고통 속에 밀어 넣거나, 아니면 가차 없이 정의를 추구하다 결국 폐허가 되어 버린 채 "바로잡힌" 세상, 응보적 정의의 가혹한 손에 갈가리 찢긴 세상을 얻게 되거나.

하지만 세 번째 선택지가 있다. 그것은 옛 랍비의 생각에 다음과 같이 표현되어 있다. 창조의 동이 트기 전, 하나님은 인류가 저지를 모든 악을 보신 후, 먼저 세상을 용서하셔야 했다. 정의를 철저히 무시하는 것과 가차 없이 정의를 추구하는 것 사이에는 **용서**가 놓여 있다. 그리스도인들은 그리스도의 죽음에서 용서의 전형을 볼 수 있다. 하나님은 그 사건을 통해 불의하고 불경건한 세상의 죄를 짊어지셨고 세상을 그 근원이자 목표이신 자신과 화해시키셨다. 그분은 죄악 된 인류에 대해 사도 바울이 말한 대로 의로운 분인 동시에 불경건한 자들을 의롭게 하시는 분으로 행동하셨다(롬 3:26). 그리스도의 죽음은 정의를 무시하지 않으면서도 피해자들에게 응보적 정의를 확보해 주기 위한 싸움보다 더 높은 차원, 즉 가해자들을 변화시키는 놀라운 은혜 및 가해자와 피해자의 화해까지 바라보게 했다.

---

4   Friedrich Nietzsche, "The Utility and Liability of History", in *The Complete Works of Friedrich Nietzsche*, trans. Richard T. Gray (Stanford: Stanford University Press, 1995), 2:107.

세상을 단순한 도덕적 관점에서 바라보는 이들이 있다. 세상이 우리가 옹호해야 할 의로운 사람들과 벌받아 마땅한 가해자들로 명확히 나뉜다고 생각하는 이들이다. 그들이 볼 때 은혜와 화해를 이야기하는 것은 감상적인 일, 심지어 부도덕한 일이다. 그리스도의 죽음은 은혜의 행위이고, 범죄로 깨어진 균형의 회복을 촉구하는 인과응보적 도덕관에 거슬리는 일이 분명하다. 그리스도의 수난은 어떤 상황에서는 **범죄자에 대한 정의의 실현을 요구해서는 안 된다**는 핵심적인 확신을 구현한 사건이기 때문이다. 정의 구현에 열성적인 사람이 그리스도 수난의 기억이 구현하는 가해자에 대한 대응방식을 거부하는 것은 이해할 만한 일이다. 하지만 정의가 아니라 세상의 구원이 가장 중요하다면, 인류를 사랑하는 이는 그리스도 수난의 은혜를 받아들이고, 정의를 분명히 인정하면서도 명확하게 뛰어넘는 스캔들을 감수할 수 있을 것이다.

그리스도의 수난

출애굽의 기억이 구약시대 하나님 백성의 핵심 정체성이라면, 예수 그리스도의 죽음과 부활의 기억은 그리스도인의 핵심 정체성이라고 할 수 있다. 두 공동체를 규정하는 구원의 사건들에는 연관성이 있다. 그리스도 수난의 기억은 출애굽의 기억과 역사적·신학적으로 이어져 있다. 예수님이 제자들과 함께 기념하신 최후의 만찬은 유월절 잔치였고, 최후의 만찬을 기원으로 하는 기독교회의 성찬식은 하나님 백성의 새로운 출애굽, 새로운 해방을 기념하는 행사다. 그렇다면 그리스도 수난의 기억이 출애굽 기억의 중요한 측면들을 받아들이고 그 외 다른 측면들을 변용하는 것은 놀라운 일이 아니다.

수난의 기억이 주는 교훈을 살피기에 앞서 출애굽과 그리스도 수난의 차이점 두 가지를 지적해야겠다. 첫째, 출애굽 이야기는 하나님이 선택하시고 해방시키신 특정한 한 **민족**, 이스라엘의 이야기다. 그리고 수난의 이야기는 하나님이 **온 인류**의 구원을 위해 택하신 한 **사람**, 예수 그리스도의 이야기다. 새 아담 그리스도는 인류 전체를 대표한다(롬 5:12-21). 그리스도가 당한 일은 인류를 위한 일이자 인류가 당한 일이다.[5] 좀더 정확히 말하면, **그분 안에서** 인류에게 벌어짐으로써 인류를 위해 벌어진 일이다.

둘째, 출애굽과 미래의 관계는 재현된 약속의 관계다.[6] 하나님은 과거에 이스라엘 민족을 구해 내신 것처럼, 미래에도 결정적으로 이스라엘을 구해 주실 것이다. 하지만 그리스도인들은 그리스도의 수난 가운데 내세가 약속되었다고 믿을 뿐 아니라 죄와 죽음이 가득한 현세에 그 신세계가 결정적으로 침투해 **들어왔다**고 믿는다. 그 결과, 인류의 미래는 어떤 의미에서 그리스도 안에서 이미 이루어졌다. 미래가 이루어지기 **전에** 이미 이루어졌다는 것은 매우 어려운 개념인지라 이 자리에서 그 내용을 깊이 다룰수는 없다. 그러나 이 개념을 받아들이고 거기에다 그리스도에게 벌어진일이 인류 전체에도 벌어졌다는 확신을 더하면 이런 결론이 따라온다는사실에 주목하면 좋겠다. 즉 그리스도의 수난을 기억하는 것은 다가올 세

---

5 Dietrich Bonhoeffer, *Ethics*, gen. ed. Wayne Whitson Floyd Jr. (Minneapolis: Fortress, 2005), pp. 84-85. 『윤리학』(대한기독교서회).

6 유대교 전통에서 궁극적 구속의 예전적 재현을 다룬 글로는 Lawrence A. Hoffman, "Does God Remember? A Liturgical Theology of Memory", in *Memory and History in Christianity and Judaism*, ed. Michael A. Singer (Notre Dame: University of Notre Dame Press, 2001), pp. 41-72를 보라.

상에서 구속된 인류의 미래를 기억하는 것이다.

그러면 그리스도 수난의 기억이 현대의 우리에게는 어떤 교훈을 줄까? 또 그 교훈은 출애굽 기억의 교훈과 어떻게 연결될까? 이 질문에 대답하려면 먼저 서로 연결된 두 쌍의 문제를 생각해 보아야 한다. 압제와 해방, 반목과 화해가 그것이다.

압제와 해방

독일의 신학자 요한 밥티스트 메츠(Johann Baptist Metz)는 1960년대와 1970년대에 예수 그리스도에 대한 기억, 특히 그리스도 수난에 대한 기억을 그의 사상의 중심에 놓았고[7] 압제와 해방이라는 범주를 사색의 주요 렌즈로 삼았다. 메츠는 그리스도께서 고통받는 자들과 연대하여 고통을 받으셨으니 그들은 그분이 함께하시는 것에서 위안을 얻을 수 있다고 말했다. 그리스도 수난의 기억에서는 고통받는 모든 사람들이 함께 기억된다. 그러나 메츠는 그리스도께서 주시는 위안이 공감하며 함께하시는 것만은 아니라고 말을 이었다. 그리스도께서 우리와 똑같이 고통을 받고 우리의 사정을 헤아리기만 하는 존재라면, 데이비드 켈시의 말대로 그분은 "의도는 좋지만 치명적으로 무능한"[8] 분일 것이다. 그리스도께서 주시는

---

7 요한 밥티스트 메츠의 사상에서 기억이 차지하는 의미에 대해서는 Bruce T. Morrill, S.J., *Anamnesis as Dangerous Memory: Political and Liturgical Theology in Dialogue* (Collegeville, Minn.: Liturgical, 2000), pp. 19-72를 보라.

8 David Kelsey, *Imagining Redemption* (Louisville: Westminster John Knox, 2005), p. 55.

위안에는 해방의 기대가 있다. 그리스도의 수난을 기억할 때 우리는, 악인들의 손에 그분이 고난 당하신 일뿐 아니라 하나님이 그리스도를 신원해 주신 것까지 기억하기 때문이다. 그리스도께서 부활하셨으니, 고통받는 사람들도 그분과 함께 부활할 것이다. 그들은 현재의 고난이나 고통스러웠던 과거에 영원히 갇혀 있지 않을 것이다. 그들은 그리스도와 더불어 죽음을 통과해 이생과 내세의 부활로 가는 길에 서 있다. 그리스도께 일어난 일은 그들에게도 일어날 것이다.

메츠는 그리스도 수난의 기억이 "위험하다"고 썼다. 부당한 이득, 기술 지배, 정치권력을 추구하고 살아가면서 사람들에게 피와 눈물을 흘리게 한 가해자들과 그들을 지지하는 체제에 위험하다는 의미였다. 이 기억의 위험은 과거뿐 아니라 미래로도 향하는 그 지향성에 있다. 메츠는 "우리는 그리스도 고난의 기억 속에서 우리 자유의 미래를 기억한다"고 썼다.[9]

> 고난에 대한 기독교적 기억은 신학적 함의로 볼 때 기대적 기억(anticipatory memory)이다. 그것은 한 사람의 특정한 미래가 이 세상의 고통받는 자들, 소망 없는 자들, 압제받는 자들, 다친 자들, 쓸모없는 자들의 미래가 되리라고 기대하는 것이다. 따라서 이 고통의 기억은 그 기억에 영향을 받는 정치적 삶을 사회적 이해관계나 힘겨루기에 무차별적으로 넘겨주지 않는다.···고통의 기억은···정치적 삶에 새로운 도덕적 상상력을 불어넣는데, 타인의 고통에 대한 이런 새로운 비전은 약한 자들과 대변해 주는 이 없는 이들과의 사

---

[9] Johann Baptist Metz, *Faith in History and Society: Toward a Practical Fundamental Theology*, trans. David Smith (New York: Seabury, 1980), p. 111.

심 없고 관대한 협력 관계로 성숙해야 한다.[10]

그리스도의 수난에 대한 "기대적 기억"은 그 기억을 가진 사람을 고통받는 인류의 유익을 위해 십자가에 못 박히신 분이 보여 주신 섬김으로 끌어들인다. 그리스도를 따르는 자들은 나름의 시간과 장소에서 나름의 방법으로, 그리스도처럼 압제의 피해자들과 연대함으로써 그분을 기억한다.

정치적 해방 자체는 중요하지만 그것만으로는 압제하에서 억울하게 죽은 사람들의 사정이 전혀 나아지지 못한다. 그들에게 남아 있는 위안이라곤 그들의 고난이 미래 세대의 행복에 기여했을 가능성과 그들의 이야기가 후손들의 기억에 늘 살아 있을 가능성뿐이다. 그러나 이 가능성이 주는 소망은 빈약하다. "진보"에 대한 믿음, 미래 세대가 이전 세대보다 더 온전하고 인간답게 살 것이라는 믿음은 현대판 미신에 불과하다. 원래 후손의 기억은 금세 희미해지기 마련인데, 새로운 것에 집착하고 예능에 푹 젖은 포스트모더니즘 사회에서는 그 속도가 더욱 빨라진다. 시간의 이빨은 돌로 만든 기념물도 갉아먹고, 고고학자들과 역사학자들의 노력에도 불구하고 결국 그 대부분이 시야에서 영원히 사라지고 말 것이다. 압제를 받으며 죽어 간 사람들은 새 생명 가운데 자유의 여명을 보게 될까? 그들은 오명을 벗고 가해자들은 정의의 심판을 받게 될까? 그들이 하나님의 신세계에서 새 생명으로 부활할 때만 그 일이 이루어질 것이다. 우리는 미래의 이 새 생명 또한 그리스도 수난의 기억 안에서 기억한다.

메츠의 해석에 따르면, 그리스도 수난의 기억은 출애굽의 기억과 마찬

---

10 같은 책, pp. 117-118.

가지로 **고통과 구출**이라는 구속 패턴의 좋은 예다. 하나님이 이집트인들의 손에 고통받던 이스라엘을 구해 내신 것처럼, 죽음을 이긴 그리스도가 악인들과 악한 체제 때문에 고통받던 사람들을 자유로운 새 생명으로 끌어올리신다. 따라서 불의에 대한 보통의 기억에 대해 그리스도 수난의 신성한 기억과 출애굽의 기억이 주는 교훈은 다음과 같이 비슷하다. '고통받는 자들이 더 다치지 않게 보호할 수 있도록 악행을 기억하라. 정의롭게 행동할 수 있도록 악행을 진실하게 기억하라. 절망이 아니라 소망 가운데 기억할 수 있도록 하나님의 구속의 이야기 안에서 고통의 기억을 바라보라.' 그래서 메츠가 제시하는 그리스도 수난의 기억은 출애굽 기억과 두 가지 강점을 공유한다. 신실하신 하나님의 구속 약속이 담겨 있는 초월적 틀과, 짓밟힌 자들을 섬기는 도덕적 순수성(moral clarity)이 그것이다. 그러나 그리스도 수난의 기억은 출애굽 기억의 주요 약점도 공유한다. 바로, 근절할 수 없는 불의가 퍼져 있는 이 세계에서 그런 기억이 어떻게 도움이 될 수 있는가 하는 의문이다.

반목과 화해

메츠는 그리스도의 죽음과 부활을 충분히 깊게 이해한 것일까? 물론, 고통받는 자들과의 연대는 그리스도께서 십자가에서 하신 일의 중요한 측면이다. 짓밟힌 자들과 어려운 처지의 사람들이 대대로 십자가 발치에서 위로를 찾았고 빈 무덤 앞에서 소망을 발견했다. 그러나 그리스도께서는 고통받는 자들과 연대하여 죽으셨을 뿐 아니라 **범죄자들을 대신**해서도 죽으셨다. 그분은 악행을 저지른 자들과 고통을 초래한 자들을 위해, 즉 압제받는 자들을 보호하시는 하나님의 **원수들**을 위해 죽으셨다. 더욱이 죄인들을 대신하는 것이 그리스도 사역의 주된 측면이라 한다면, 연대는 부차적 측면이라는 것이 신약성경의 가르침이다. 그리스도 수난의 신성한 기억은 "고통/구출"의 쌍만으로는 부족하고, 더 주된 대립쌍인 "반목/화해"까지 아울러야 한다.[11]

사도 바울이 그리스도 수난의 의미를 설명하는 로마서 5장을 보라. 이 대목은 로마서 서두에서 시작된 긴 논증의 정점에 해당한다. 5장에서 바울은 하나님과의 화해에 대해서만 쓰고 있지만, 그의 더 큰 목적은 사람들 사이의 화해까지 다루는 것임이 분명하다. 그래서 그는 로마서 뒷부분에서 하나님이 인류를 포용하시는 것이 인간들이 부족하나마 따라 해야 할 본보기를 제공한다고 주장한다(롬 15:7).

> 우리가 아직 약할 때에, 그리스도께서는 제때에 경건하지 않은 사람을 위하여 죽으셨습니다. 의인을 위해서라도 죽을 사람은 거의 없습니다. 더욱이 선한 사람을 위해서라도 감히 죽을 사람은 드뭅니다. 그러나 우리가 아직 죄인이었을 때에, 그리스도께서 우리를 위하여 죽으셨습니다. 이리하여 하나님께서는 우리들에 대한 자기의 사랑을 실증하셨습니다. 그러므로 지금 우리가 그리스도의 피로 의롭게 되었으니, 그리스도로 말미암아 하나님의 진노에서 구원을 얻으리라는 것은 더욱 확실합니다. 우리가 하나님의 원수일 때에도 하나님의 아들의 죽으심으로 말미암아 하나님과 화해하게 되었다면, 화해한

---

11 "고통/구출"의 축과 "반목/화해"의 축 사이의 관계에 대해서는 Miroslav Volf, *Exclusion and Embrace: Theological Reflections on Identity, Otherness, and Reconciliation* (Nashville: Abingdon, 1996), p. 22 이하를 보라.

우리가 하나님의 생명으로 구원을 얻으리라는 것은 더욱더 확실한 일입니다. (롬 5:6-10, 새번역)

그리스도의 죽음에 대한 사도 바울의 설명의 핵심은 사랑이다. 그러나 놀랍고 아연실색하게도, 그 사랑은 피해자들만이 아니라 가해자들까지 아우른다. "불경건"의 덫에 사로잡힌 "연약한" 자들, 불의한 자들, 하나님의 진노를 받아 마땅한 "죄인들", "원수들"이 그 사랑의 대상이다. 물론 바울의 글에는 고통받는 사람들이 사랑의 대상이라는 사실이 등장한다. 바울이 주의 만찬을 기념하며 그리스도의 죽음을 기억하는 일에 대해 가르치는 대목을 보면, 오만한 부자들이 "빈궁한 자들을 부끄럽게 하"(고전 11:22)는 일을 큰 잘못으로 지적한다는 것을 금세 알 수 있다. 하지만 바울이 전하는 복음의 핵심에는 하나님이 불경건한 자들을 사랑하시되, 그리스도께서 그들을 **위해** 죽으시고 그들을 **대신하여** 죽으실 정도로 사랑하신다는 강력한 확신이 자리 잡고 있다. 사도로 부르심을 받기 전, 바울은 경건하지 않은 사람의 대표적인 사례였다. 그는 대단히 독실하지만 생각이 크게 잘못된 사람이었으며, 예수님을 메시아로 섬긴다는 이유만으로 그리스도인들을 박해했던 악인이었다. 그런데 은혜의 하나님이 다마스쿠스 도상에서 죄인 중의 "괴수"였던 그를 만나 주셨다(행 9:1-19; 딤전 1:15).

그러나 그리스도께서 경건하지 못한 자들을 위해 죽으셨다—신학자들은 때로 이것을 그분의 "대속적" 죽음이라 부른다—는 사실의 의미에 대한 일부 해석에 심각한 문제가 있다는 데 주의해야 한다. 십자가에 달린 그리스도께서 범죄자들의 죄 때문에 벌을 받는 제3자라고 본다면, 그 생각은 아주 잘못된 것이다. 도덕적 부채는 재정적 빚과 달리 양도할 수 없기 때문이다.[12] 그러나 그리스도는 제3자가 아니다. 그리스도는 그분의 신성으로 인해 하나님과 한 분이시고, 죄인은 그분에게 "빚"을 지게 된다. 그래서 **하나님**은 그리스도의 죽음을 통해 우리가 하나님께 저지른 범죄를 짊어지시고 우리로 하여금 정의로운 징벌에서 풀려나게 하신다. 그러나 또한 그리스도는 그분의 인성으로 인해 죄의 빚을 진 우리와 하나이기 때문에, **우리도** 그리스도 안에서 죽음으로써 죄책에서 자유롭게 된다. 그리스도께서 채권자와 채무자 모두와 하나 되심으로 "관계자"에 해당하는 두 범주 모두와 관련을 맺으시니, 그분이 제3자로서 개입하신다는 생각은 설 자리가 없다.

그리스도의 고난이 어떤 식으로든 피해자들이 학대를 수동적으로 받아들이도록 부추긴다는 생각도 잘못된 것이다. 십자가의 메시지는 돌로레스 윌리엄스가 말한 것처럼 "통상 다른 사람이 수행했을 기능을 억지로 떠맡겨도"[13] 된다는 것이 아니다. 제3자의 개입이 없으니, 그리스도의 수난에서는 누군가가 다른 사람 대신 어떤 일을 하라고 강요받는 일도 없다. 대속은 외부의 누군가가 강제로 떠맡긴 섬김의 짐이 아니라, 피해 당사자이신 분이 가해자에게 주도적으로 기꺼이 주시는 선물이다. 그리고 이 선물은 학대를 수동적으로 받아들인다는 신호를 보내기는커녕 학대에 근본적으로 문제를 제기한다. 이 선물은 가해자를 자유롭게 하는 동시에 악행을 정

---

12 Immanuel Kant, *Religion within the Boundaries of Mere Reason*, trans. and ed. Allen Wood and George Di Giovanni (Cambridge: Cambridge University Press, 1998), p. 89. 『이성의 한계 안에서의 종교』(아카넷).

13 예를 들어, Dolores Williams, *Sisters in the Wilderness* (Maryknoll, N.Y.: Orbis, 1993), p. 60을 보라.

죄하기 때문이다. 회개하여 용서받는 악행자는 형벌에서 자유롭게 될 뿐 아니라 악행이 그들의 삶에 미치는 영향력으로부터도 자유롭게 된다.

그리스도 수난의 약속

그리스도의 죽음을 해석하는 두 가지 방식, 즉 피해자와의 연대와 가해자를 위한 대속을 모두 받아들인다면, 그리스도의 수난은 피해자와 가해자 그리고 그들 사이의 관계에 어떤 의미가 있을까? 그리스도의 수난을 기억하는 일은 피해자인 우리가 가해자를 기억하고 그들과의 관계를 기억하는 데 어떤 영향을 미칠까?

첫째, 우리는 그리스도의 수난을 보면서 하나님의 은혜가 모든 인간에게 미친다는 사실을 인정해야 한다. 그 은혜는 하나님이 이스라엘의 가치에 상관없이 출애굽을 통해 그들에게 은혜를 베푸신 데서 잘 드러났다. 앞에서도 말했다시피, 그리스도의 수난은 보편적 적절성이 있다는 점에서 특정한 민족에만 적용된 출애굽과 다르다. 이 차이는 "전부"가 "일부"를 대신하는 양적인 차이로 그치지 않는다. 구속 행위의 성격 자체가 달라진 것이다. 그리스도께서 "모두"를 위해 죽으셨고 가해자들도 그중 일부이니 그들 역시 해방을 얻는다. 이것은 신적 해방으로, 그들이 저지른 악행의 죄책과 그들을 사로잡은 악한 욕망의 힘으로부터 그들을 자유롭게 한다. 그리스도 수난의 기억에서 가해자들은 용서받은 자들이자 악의 지배력에서 풀려난 사람들로 등장한다.

둘째, 우리는 그리스도의 수난을 기억하면서 가해자에게 은혜를 베풀고 피해자를 존중한다. 하나님은 피해자에게 가해진 악행을 짊어지시지만,

악행을 악행으로 바라보시며 정의롭게 정죄하신다. 대속물이 되신 그리스도는 가해자가 지은 죄의 **죄책**을 제거하시지만, 그 죄 자체를 왜곡하거나 무시하시지는 않는다. 게다가 4장에서 보았다시피, 그리스도는 구원자로서 피해자와 함께하겠다고 말씀하신다. 그분은 피해자의 자아를 보호하셔서 그가 당한 악행이 그의 정체성을 근본적으로 위협하거나 그의 가능성을 좌우하지 못하게 하신다. 그리스도는 피해자가 겪은 일이 설령 의미 있는 것으로 해석될 수 없다 해도 그의 삶은 온전함을 얻을 수 있다고 약속하신다. 그리고 그분은 성령을 통해 고통받는 자들과 함께하시면서, 피해자가 하나님을 본받아 가해자를 사랑하면서도 악행에 맞서 싸울 수 있도록 힘을 주신다. 그리스도 수난의 기억은 피해자가 제한적이지만 하나님을 본받을 능력을 부여받은, 하나님의 소중한 자녀 본연의 모습으로 되돌아가게 해 준다.

셋째, 그리스도 수난의 기억은 피해자와 가해자가 화해하도록 돕는다. 피해자의 온전한 치유를 위해서는 내적 치유와 가해자들에 대한 심판만으로는 부족하다. 잘못을 저지른 가해자들을 사랑할 힘을 얻는 것으로도 역시 부족하다. 악행을 겪는 과정에서 가해자들과 왜곡된 관계로 얽힌 피해자들은 가해자들이 진심으로 회개하고 가해자들과 화해해야만 악행의 상처에서 온전히 벗어나 회복될 수 있다. 그리스도는 십자가를 통해 그런 화해가 가능하게 만드셨는데, 구약성경에 그런 화해의 사례가 나온다. 끔찍한 폭력으로 물든 삼국 간의 관계에도 불구하고 이스라엘, 이집트, 앗시리아가 평화롭게 지내는 모습을 보여 주는 이사야의 환상이 그것이다(사 19:24-25). 그리스도는 피해자와 가해자 모두가 하나님과 화해하고, 그들 자신과 화해하고, 서로서로 화해하게 하셨다.

요약하자면, 그리스도께서 피해자들과 같은 위치에 서셨을 뿐 아니라 악행의 짐을 친히 떠맡으셨기 때문에, 그리스도 수난의 기억은 피해자와 가해자 모두가 죽음에서 새 생명으로의 부활을 기대하게 한다. 또한 그리스도께서 십자가 위에서 자기 육체로 그들을 화해시켰기 때문에, 그리스도 수난의 기억은 **철천지원수들이 모여 화해의 공동체를 이루는 일**을 기대하게 한다.

우리는 성찬을 진행하며 바로 그런 공동체를 기념한다. 성찬의 중심은 하나님이 각 사람과 맺으시는 연대와 각 사람이 하나님과 누리는 화해다. 그런데 하나님과의 화해와 뗄 수 없이 연결되어 있는 것이 동료 인간들과의 화해다. 알렉산더 슈메만이 『하나님 나라의 성찬』에서 표현한 대로, 성찬식에서 **"우리는 서로에 대한 기억을 창조하고, 서로를 그리스도 안에서 살아 있고 그분 안에서 서로 연합된 존재로 알아본다."**[14] 성찬을 지킬 때 우리는 서로가 하나님과 화해한 자, 서로와 화해한 자임을 기억한다. 반목으로 점철된 우리의 과거는 사랑을 특징으로 하는 미래에 자리를 내준다. 우리는 그리스도의 수난을 기억함으로써 앞으로 우리가 **갖추게 될 모습**, 즉 가해자와 피해자로 구성된 사랑의 공동체에 속한 구성원으로 우리를 기억한다. 그리스도 수난의 기억은 우리가 당한 악행으로부터의 해방, 악의 권세로부터의 자유, 피해자와 가해자의 화해, 가해자인 동시에 피해자인 사람들 사이의 화해를 기대하게 하는 소망 어린 기억이다. 우리는 부활절 아침의 새로운 빛 같은 하나님의 임재 안에서 서로를 기뻐하는 모습으

---

14 Alexander Schmemann, *The Eucharist: Sacrament of the Kingdom*, trans. Paul Kachur (Crestwood: St. Vladimir's Seminary Press, 1988), p. 130. 『하나님 나라의 성찬』(새세대).

로 고난주간 금요일 오후의 암흑과도 같은 우리의 죄와 고난, 반목을 극복할 수 있을 것이다.

화해는 그리스도의 죽음과 부활을 통해 바라본 해방과 마찬가지로 정치적인 사건이자 더욱 심오한 의미에서 종말론적 사건이다. 화해에 이런 속성이 없다면, 증오에 사로잡힌 채 죽은 사람에게는 소망이 없을 것이다. 죽은 피해자들은 가해자들의 회개와 변화가 있어야만 가능한 온전한 치유를 발견하지 못할 것이다. 죽은 가해자들은 죄책의 짐을 결코 벗지 못할 것이다. 그리고 피해자와 가해자의 관계는 풀리지 않은 반목으로 영원히 고착될 것이다. 9장에서 살펴보겠지만, 그리스도의 수난은 다가올 세계의 입구에서 거대한 화해로 이어질 것이고, 이런 화해 가운데 과거의 원수들은 서로를 같은 사랑의 공동체에 속하는 존재로 받아들일 것이다. 이 화해 없이는 진정한 신세계는 가능하지 않을 것이다.[15] 우리는 그리스도의 죽음과 부활을 기억하면서 바로 그 신세계를 기억하는 것이다.

그리스도 수난의 기억이 알려 주는 교훈

그리스도의 수난을 기억할 때 우리는 하나님이 피해자와 가해자 모두를 아우르는 인류 전체를 위해 행하신 일을 기억한다. 그리스도 수난의 기억은 출애굽 기억처럼 하나님이 행하신 일을 본보기로 회상하게 하고, 하나님이 어떤 방식으로 인류에게 그분을 본받아 행할 자유와 힘을 주시는지

---

15 Miroslav Volf, "The Final Reconciliation: Reflections on a Social Dimension of the Eschatological Transition", *Modern Theology* 16 (2000): pp. 91-113.

보여 준다. 하나님은 그리스도의 죽음을 통해 우리 자신에 대한 배타적 관심에서 우리를 해방시키시고 성령의 내주하심을 통해 다른 사람들, 심지어 우리에게 잘못한 사람들에게까지 은혜로 손을 내밀 수 있는 힘을 주려 하신다. 경건하지 못한 사람을 의롭다 하시는 하나님이 우리 안에 거하시므로, 우리는 가만히 지켜보고 그대로 따라 하는 정도가 아니라 하나님의 생명을 내보이는 존재로서 그분을 본받게 된다. 그리스도를 통해 하나님의 행하심을 본받을 때, 그대로 따라하는 것이 아니라 하나님이 신적인 방식으로 하시는 일을 우리 나름의 제한된 방식으로 행할 때 어떤 결과가 나타날까? 그리스도 수난의 기억이 주는 실제적 교훈은 무엇일까?

첫째, **무조건적인 은혜**를 베풀어야 한다. 우리가 아직 하나님의 원수였을 때 그리스도 안에서 하나님과 화해했기 때문에, 우리는 상대가 (우리와 마찬가지로!) 그 어떤 악행을 저지른 자라고 해도 무조건적인 은혜를 베풀고자 해야 한다. 상대의 잘못이 아무리 크더라도 은혜 베풀기를 미루어서는 안 된다.

둘째, **정의**의 주장을 정당한 것으로 인정해야 한다. 이 교훈은 출애굽의 기억이 주는 교훈과 부분적으로 겹치는데, 첫 번째 교훈과는 모순되는 것처럼 보일 수 있다. 그러나 무조건적인 은혜의 확장은 정의의 요구를 무시하지 않는다. 아니, 은혜는 그 요구를 타당한 것으로 인정하고, 그 상태로 정의의 요구를 물리친다. 정의의 요구를 존중하면서도 초월하는, 긴장 가득한 평결이 가능한 이유는 단 하나, 하나님의 어린양이 세상 죄를 친히 담당하셨기 때문이다. 그 과정에서 그분은 정의의 재확인과 무조건적 은혜의 확장을 동시에 이루어 내셨다.

이 두 교훈이 더해져 용서의 추구로 이어진다. 용서는 처벌받아 마땅한 사람을 처벌하지 않고 그들을 얽어맨 죄책의 굴레를 벗겨 준다. 물론, 이렇게 되기 위해서는 악행자가 자신의 악행을 인정하고 **용서**를 받아야 한다. 선물은 받는 쪽에서 거절하면 받을 수 없는 법이다. 악행자는 자신의 행동이 악행임을 인정해야 하고, 그런 악행으로부터 거리를 둬야 하며, 자신의 악행으로 피해자들이 빼앗긴 것을 가능하면 되찾게 해 주어야 한다. 물론 그렇게 하지 않는다고 해서 용서가 철회되는 것은 아니다. 용서의 선물은 무조건적인 것이다. 그러나 그 경우 용서는 관대한 제공자와 거부하는 상대 사이에 머물게 될 것이다.[16]

셋째, **교제**를 추구해야 한다. 가해자를 용서하고 그에게서 진정한 회개와 배상을 끌어내면서도 여전히 그와 아무런 관계도 맺고 싶지 않을 수 있다. 하지만 그리스도께서 죄악 된 인류를 위해 행하신 일을 반영하는 용서는 그 정도 선에서 만족하지 않는다. 용서는 손상된 관계의 회복을 소망한다. 우리는 가해자를 향한 하나님의 마음을 본받는 사랑으로 상대를 용서한다. 그리고 용서함으로써 과거의 원수를 사랑의 교제 안으로 받아들이는 최종 목표를 향해 결정적인 한 걸음을 내딛게 된다.

그리스도 수난의 기억과 악행의 기억

이제 그리스도 수난의 기억이 피해자와 가해자, 그리고 그들의 관계에 미치는 영향과 그리스도 수난의 기억에서 끌어내야 할 교훈들을 더한 뒤, 그

---

16 Miroslav Volf, *Free of Charge: Giving and Forgiving in a Culture Stripped of Grace* (Grand Rapids: Zondervan, 2005), pp. 181-186.

결과를 이번 장에서 짜고 있는 평범한 악행을 기억하는 틀에 넣어 보자. 지금까지 우리는 출애굽―하나님이 이스라엘을 구출하시고 이후 그들에게 계명을 주신 사건―의 기억을 가지고 이 틀을 만들었다. 그리스도 수난의 기억은 악행을 당한 사람과 그가 기억하는 악행, 그리고 가해자와 피해자의 관계에 어떤 의미가 있을까?

첫째, 피해자가 십자가 아래에서 자신이 당한 악행을 기억할 때는 의로운 사람으로서가 아니라 불의함에도 불구하고 하나님께 용납받은 사람으로서 기억하는 것이다. 20여 년 전 군대에서 심문을 받을 때, 나는 G 대위와의 관계에서 분명히 악행을 당하는 쪽이었다. 그러나 나 역시 행악자다. 나는 G 대위를 부당하게 대했다. 형편상 겉으로 내색하기는 어려웠고, 빈틈을 노려 그렇게 했다면 역효과만 났을 테지만 말이다. 그래서 나는 상상 속에서 그를 부당하게 대했다. 모욕감과 무력감에 휘둘린 나는 상상 속에서 복수심을 불태웠다. 그리고 G 대위와는 아무 상관이 없는, 산더미 같은 나의 불의함이 있다. 나는 "하나님과 이웃에게 죄를 지었고" 지금도 계속 죄를 짓고 있다. 내가 G 대위에게 불의하게 심문을 당했다고 해서 나는 빛 가운데 거하고 그는 어둠에 묻혀 있는 것이 아니다. 의로우신 하나님 앞에서는 우리 둘 다 죄인이고, 내 죄 또한 변명의 여지가 전혀 없다. 물론, 내가 G 대위와 똑같은 죄인으로 간주된다고 해서 그의 악행이 조금이라도 줄어드는 것은 아니다. 나는 그저 나의 죄 이야기를 그의 죄 이야기 옆에 나란히 진실하게 가져다 놓을 뿐이다.

둘째, 그리스도 수난의 기억이라는 렌즈를 통해 보았을 때, 나에게 가해진 모든 악행은 중요한 의미에서 이미 다 속죄받았다. 용서받았다. 하나님께서 그분의 눈에서 가려 버리셨다. 그리스도는 바로 그런 악행을 위해 십자가에서 죽으셨다. 그러면 그 악행은 사라진 것일까? 아니다. 그렇지 않다. 그런데 그 악행에 조금이라도 힘이 남아 있다면, 그 힘은 가해자가 용서를 받고 변화되어 피해자 및 하나님과 화해하기를 거부하는 데서 나온다. 그리스도는 모든 사람의 구원을 위해 죽으셨고 G 대위가 내게 저지른 죄도 속죄하셨다. 내가 그리스도 수난의 렌즈를 통해 그 악행을 기억한다면, 나는 그 악행을 이미 용서받은 죄로 기억할 것이다. 더 정확히 말하면, 분명히 **존재**하면서도 **극복된** 역설적 대상으로 기억할 것이다.

이런 식의 접근이 악행을 너무 가볍게 여기는 것처럼 보일 수도 있다. 그러나 겉보기에만 가벼워 보일 뿐이다. 실은, 하나님이 악행의 끔찍한 무게를 짊어지셔야 한다. 하나님이 그것을 짊어지셨기 때문에 나는 그것을 "가볍게" 여길 수 있고, 어떤 의미에서는 그렇게 여겨야 마땅하다. 내가 G 대위의 악행을 무작정 악행으로만 기억한다면, 나는 그리스도 수난의 렌즈를 통해 그 악행을 보지 못하거나 그리스도 수난이 악행에 미치는 영향을 충분히 인정하지 않는 것이다. 그러나 솔직히 말해, 대위가 내게 저지른 악행을 하나님이 그리스도의 죽음 안에서 용서하셨다고 생각하면 반발심이 든다. 십자가는 내게도 걸림이 되고 내 정의 관념에도 정면으로 배치된다. 정의 없는 삶은 힘들 것이다. 하지만 이런 상황에도 불구하고, 내가 볼 때 나는 용서가 필요한 행악자임이 틀림없다. 그래서 나는 십자가의 은혜를 인간의 죄가 미치는 악영향에 맞서 하나님이 마련하신 기묘하고 아름다운 해결책이요, 악행이 가해자와 피해자 모두에게 지워 놓은 무거운 짐을 "가볍게 해 주시는" 하나님의 방식으로 받아들인다.

마지막으로, 그리스도 수난의 기억은 우리가 기대하는 최후의 화해에 대한 종말론적 기억이기 때문에, 나는 모든 악행을 미래에 있을 가해자와의 화해라는 소망 어린 지평에 비추어 기억할 것이다. 그런데 여기에는 예수 그리스도 안에서 모든 죄가 이미 용서되었다는 개념 못지않게 나를 걸려 넘어지게 하는 사실이 있다. G 대위와 나는 여전히 증오의 관계인데도, 내게 아무 발언권이 허용되지 않은 상태에서 하나님이 우리를 사랑의 한 공동체에 속하게 만드셨다는 것이다. 그것은 인류 전체가 그리스도의 죽음과 부활 안에서 그분과 연합했다는 믿음, 사도 바울이 말한 대로 그리스도께서 죽으셨을 때 그분 안에서 우리 모두가 죽었다(고후 5:14)는 믿음에 직접적으로 따라오는 결론이다. 내가 G 대위에게 당한 학대를 그리스도 수난의 기억이라는 렌즈를 통해 기억하는 것은 우리가 어떤 의미에서는 이미 화해했다는 신뢰를 갖는 일이며, 우리가 언젠가 그리스도께서 베푼 잔치에 참여하여 영원한 우정의 식탁에 함께 앉게 되리라는 소망을 품는 일이다.

그리스도 수난의 기억과 기억의 틀

그리스도 수난의 기억은 출애굽의 기억으로 이미 그려 낸 기억의 틀에 어떤 영향을 미칠까? 그리스도의 수난은 출애굽의 기억이 우리의 보통 기억들에 대해 갖는 함의를 배제하지는 않지만 분명히 그것을 재구성한다.

그리스도 수난의 기억은 진실해야 한다는 출애굽 기억의 첫 번째 함의를 강화시킨다. 출애굽의 기억과 마찬가지로, 그리스도 수난의 기억은 하나님이 정의의 하나님, 진리의 하나님이심을 알려 주어 진실해야 할 근거를 제시한다. 그래서 구출의 약속이 거짓과 속임수에 의지하게 만드는 마음을 약화시킨다. 그러나 그리스도 수난의 기억은 악행으로 얼룩진 상황에서도 진실할 수 있는 사람들을 **빚어내는** 데도 도움이 된다. 하나님은 그리스도의 수난에 대한 내 기억을 통해 내가 당한 악행의 기억을 "정화시킬" 수 있으시다. 내 정체성의 근원은 내가 당한 악행(그렇다면 나는 정체성을 지키기 위해 내가 당한 악행을 끊임없이 비난해야 할 것이다)이 아니며, 나 자신의 (거짓된) 무죄함[그렇게 되면 나는 (부당한) 자기정당화를 하게 될 것이다]도 아니다. 나는 그냥 하나님의 사랑을 받은 자가 아니라, 죄가 있음에도 불구하고 하나님의 사랑을 받은 자다. 나를 괴롭힌 가해자도 마찬가지다. 십자가 아래에서 나는 나 자신과 가해자를 다른 시각으로 바라볼 수 있다. 그 시각은 나는 빛에, 가해자는 어둠에 있다고 이분법적으로 바라보는 도식화된 시각과 달라서, 진실한 태도 때문에 내 잘못이 드러나든 아니든 상관없이 진실할 수 있다.

둘째, 그리스도 수난의 기억은 악행의 대상이 본인이든 타인이든, 악행을 저지하는 데 보탬이 되는 방식으로 악행을 기억하겠다는 다짐에 힘을 실어 준다. 그러나 악행을 저지하는 일은 이제 앙갚음이나 복수가 아니라 은혜의 형태로 나타난다. 나는 내가 당한 악행을 기억할 것이다. 그래야만 악행을 정죄할 수 있고 가해자와 피해자 사이의 정의로운 관계를 추구할 수 있기 때문이다. 그리고 나는 가해자가 짊어진 죄책과 그가 받아 마땅한 응징으로부터 가해자를 풀어 주기 위해 악행을 기억할 것이다. 그리스도 수난의 기억은 악행의 기억이 화해를 위해 쓰이도록 촉구한다. 아니, 그것을 의무로 부과한다.

셋째, 그리스도 수난의 기억은 보호와 행복을 위해 기억하겠다는 다짐을 강화하고 재구성한다. 그리스도 수난의 기억이라는 렌즈를 통해 바라보면, 피해자에게 가해진 학대는 무죄한 사람의 밝은 세상에 뚫고 들어온 어둠이 아니라, 역시 정죄받아 마땅한 불의한 사람에게 가해진 정죄받아 마땅한 불의라는 사실을 상기하자. 이 렌즈로 피해자의 마음을 들여다보면 원한(약한 자가 받는 유혹)과 복수심(강한 자가 받는 유혹)이 드러난다. 이는 피해자는 전적 무죄로, 가해자는 전적 유죄로 추정하는, 양분된 기억의 토양에서 자라난 시큼한 열매다. 그리스도 수난의 기억은 피해자가 기억의 방패를 책임감 있게 쓰도록 도와준다.

마지막으로, 치유와 관련해서 그리스도 수난의 기억은 상처를 주는 사건들과 상처받은 사람들을 하나님의 심판과 신원의 이야기 속에 삽입함으로써, 다른 이들을 희생시켜 자신을 돌보려는 위험한 경향을 물리치게 한다. 그리스도 수난의 기억은 하나님의 심판과 신원의 궁극적 목표가 피해자와 가해자 모두를 아우르는 사랑의 공동체를 이루는 것임을 보여 준다. 이제 개인적 치유는 더 이상 가해자나 그가 속한 공동체와 무관하게 피해자의 내면에서 벌어지는 과정 또는 사적인 문제가 아니다. 그리스도의 수난을 기억할 때 피해자들이 치유를 경험하는 것은 맞지만, 그것은 공동체 안에서 가해자들과 **함께** 찾아오는 것이지 가해자들을 배제하고 이루어지는 일은 아니다.

악행의 기억, 기억의 공동체

지금까지의 내 논증이 설득력이 있었다고 해 보자. 부당한 일을 당한 기억을 출애굽과 그리스도의 수난이라는 신성한 기억의 렌즈를 통해 걸러 보는 것이 유익하다고 해 보자. 하나님 백성의 역사에서 나타난 그 구속적 사건들이 우리가 당한 악행이라는 일상의 기억들을 구속하는 데 도움이 된다고 해 보자. 지금까지 내가 쓴 내용은 대부분 어떻게 하는 것이 유익할지, 심지어 어떻게 하는 것이 **마땅한지**에 관한 것이었다. 그러나 올바르게 기억하기 위해 해야 할 일을 **안다고** 해서 **실제로** 올바르게 기억하게 되는 것은 아니다. 우리가 해야 할 일을 실천할 **수 있는** 방법은 무엇일까? 내가 지금까지 쓴 내용은 피해자들의 어깨 위에 올바르게 기억해야 한다는 짐만 하나 더 얹어 놓는 것일까? 안 그래도 과거에 당한 악행의 짐 때문에 버거워하는 그들의 어깨 위에? 올바르게 기억하는 것은 만만치 않은 일이다. 거기에는 다짐과 훈련이 필요하다. 악행을 당한 사람들이 가해자를 위해서만이 아니라 자신을 위해서도 그들 안에 살아 계신 그리스도의 도움으로 올바르게 기억하는 일을 감당한다 해도, 죄 지은 자를 사랑하시는 하나님을 본받아 인간 안에 가장 선한 것을 가득 채워 살아가는 것은 어려운 일이다.

피해자가 자신이 당한 일을 올바르게 기억하여 이웃에게 "작은 그리스도"가 되는 것은 너무나 어려운 일이다. 그렇기 때문에 적절한 공동체에 속하는 것이 매우 중요하다. 적절한 공동체란 피해자가 출애굽과 그리스도 수난의 렌즈를 통해 자신이 당한 악행을 기억할 수 있게 고유한 의식과 실천법으로 도울 수 있는 공동체다. 나는 5장에서 모리스 알박스의 연구 결과를 근거로, 기억하는 것이 공동체적 활동이라고 말했다. 우리는 고립된 개인으로 기억하지 않는다. 물론 각자의 기억은 많은 부분 개인의 것이다. 개인의 기억보다 더 "개인적인 것"을 생각하기 어려운 것을 보면 그 사실을 알 수 있다. 하지만 우리는 공동체의 구성원으로서 기억한다. 평범한 기억(예컨대, 가족과 함께 보낸 여름휴가)도 그렇고 신성한 기억도 마찬가지다. 그렇다면 결론은 분명하다. 자신이 당한 악행을 출애굽과 그리스도의 수난이라는 신성한 기억의 렌즈를 통해 기억할 수 있으려면, 우리는 신성한 공동체의 구성원이어야 한다.

기독교회는 출애굽과 그리스도 수난의 기억을 살아 있게 만들어 생명을 존속하는, 보다 정확히 말하면 하나님께서 존속시켜 주시는 공동체다. 그들의 정체성은 예수 그리스도의 죽음과 부활에 대한 기억으로 감싸여 있고, 그 기억에는 출애굽 구속의 메아리가 울려 퍼진다. 그러므로 교회는 악행의 기억을 바라보는 렌즈로 출애굽과 그리스도 수난의 기억을 제시할 수 있는 공동체다.

교회는 신성한 기억의 렌즈를 제공할 수 **있다**고 나는 신중하게 쓴다. 물론, 교회가 그렇게 하지 못하는 경우가 많다. 교회는 성찬을 지키면서 그리스도의 죽음과 부활을 기억한다. 그것을 부인할 수는 없다. 그러나 교회는 악행에 대한 올바른 기억을 성찬식에 담아내지 못하는 경우가 많다. 설령 담아낸다 해도 그리스도 수난의 기억과는 깔끔하게 분리한다. 그 기억은 하나님이 가해자나 피해자를 위해서 하신 일이 될 뿐 우리가 악행을 어떻게 기억해야 하는지에 대해서는 침묵한다. 그처럼 아쉬운 상태에서 우리가 과거의 부당한 일을 기억하는 목적은, 오로지 고통 가운데 하나님의 위로를 받고 그 기억을 원하는 대로 써도 된다는 종교적 정당화를 얻기 위해서일 뿐이다. 우리가 신앙과 자기보호와 민족 보존과 삶의 방식을 유지하기 위해 벌이는 싸움을 종교적으로 포장하는 데 만족한다면—모두 하나님의 이름으로, 그리스도의 자기희생적 사랑을 기념하면서!—때로 그 자리에서 복수가 횡행하는 광경을 보게 되는 것도 당연하다. 그리스도의 수난을 이렇게 위험천만하고 편파적인 방식으로 기억하면, 우리가 당한 악행의 기억은 엘리 위젤의 표현대로 '혐오스러운 것'이 되어 버린다.

그러나 이와 다른 상황을 상상해 보라![17] 성찬을 통해 내가 공동체와 함께 기념하는 대상이 하나님의 어린양, 이제 거룩하신 분의 우편에 앉아 계시고 고통받는 모든 자들과 함께 고통을 받으셨고 가해자들의 죄책을 제하신 그리스도라는 인식이 있으면 어떤 일이 벌어질지 상상해 보라! 내가 그리스도의 임재를 축하하면서 교회 공동체 안에서 살아가고 내 삶을 이어 간다면 어떤 일이 벌어질까? 그런 전례적 상황에서 G 대위는 가해자로, 나는 피해자로 예배에 참여할 것이다(나는 직접, 그는 내 상상 속에서). 더 중요하게는, 공동체 전체가 그의 악행을 대하는 나의 기억이 변화된 것을 축하할 것이다. 그 변화된 기억에 힘입어 나는 G 대위가 한 일을 악행이라 부르면서도 그로 인해 정죄와 혐오감에만 사로잡히지는 않을 것이다. 그 기억을 통해 나는 그리스도의 몸과 피의 성례 가운데 그분을 받아들이며, 나 자신을 불경건한 자를 사랑하시는 하나님의 형상으로 만들어진 새로운 피조물이요 사람이 내게 저지를 수 있는 그 어떤 일에도 흔들리지 않는 정체성을 가진 존재로 인식하게 될 것이다. 그 기억은 내가 당한 악행의 영향력에서 나를 자유롭게 해 주고, 그리스도께서 이미 십자가에서 팔을 벌려 안고 받아 주신 G 대위에게 화해의 손길을 내밀게 할 것이다. 나는 최후의 화해를 바라면서 그 기억을 곰곰이 새겨 볼 것이다.

화해의 방식으로 기억하려면, 화해를 촉진하기 위해 만들어진 성찬식에 참여하는 것만으로는 충분치 않다. 공동체가 기념하는 내용이 일상 속

---

17 엄청난 부의 불균형이라는 상황에서 주의 만찬을 제대로 지킬 때 찾아올 변화의 가능성에 대해서는 Tammy R. Williams, "Proclaiming the Lord's Death Until He Comes: Toward a Theology of the Lord's Supper" (Ph. D. Dissertation, Fuller Theological Seminary, 2006)를 보라.

에서 실천적으로 드러나야 한다. 원한을 품고 복수를 꿈꾸는 공동체 또는 가해자에게 징벌을 가하려고 그의 잘못을 일일이 기록하는 공동체에서는 그리스도 수난의 렌즈를 통해 기억하는 일이 제대로 실천되지 않는다. 그런 시도 자체가 (설령 합당한 이유에 근거한 것이라 해도) 설득력이 없어 보이는지라, 사막에서 자라는 열대 식물처럼 사람들의 삶에 뿌리를 내리지 못한다. 크게만 다가오는 악행이 사람들의 갈망과 상상력을 압도하고, 거기에서 자라난 무정한 기억이 가해자를 범죄자로만 판단하게 하고 그들의 처벌을 정당화하며, 그들을 철천지원수의 진영으로 멀리 보내 버린다. 화해의 방식으로 기억하려면 그리스도 수난의 렌즈를 통해 기억하려 애쓰는 공동체의 몸부림을 봐야 하고, 그 몸부림이 실패하는 모습도 봐야 한다. 올바르게 기억하는 일을 기념하고 그 기억을 삶으로 실천하기 위해 몸부림치는 공동체에 참여할 때, 나의 노력은 지적으로 설득력 있고 실천 가능한 일이 될 것이다.

화해자인 그리스도와 사람 사이를 이어 주는 것, 그리고 화해에 기여하도록 기억하는 모습을 보여 주는 것은 신성한 기억의 공동체가 악행의 피해자와 가해자 모두에게 주는 이중의 선물이다. 가장 잘될 경우, 신성한 기억의 공동체는 올바르게 기억하는 법을 가르쳐 주는 학교가 될 수 있다. 올바르게 기억하기란 진실하고 정의롭게 기억하기이며, 다른 사람들을 해치지 않으면서 피해자들을 치유하는 기억하기이고, 과거의 일이 정의를 위한 정의로운 투쟁과 은혜가 가득한 화해의 사역을 진행할 동력이 되는 기억하기다.

3부

얼마나 오래 기억해야 하는가?

7장

기억의 강, 망각의 강

이 책을 시작하면서 나는 현대 서구 문화에서 "기억하라!"는 촉구는 어디서나 접할 수 있는 흔한 일이 되었다고 말했다. 우리에게 어떤 불행이 닥치고 개인이나 공동체로서 어떤 악행을 겪든, 늘 준비된 반응은 기억하겠다는 맹세다.

내가 이 책의 1부에서 다룬 문제는 이렇게 요약할 수 있다. "기억하란 말이지. 좋아. 하지만 **어떻게**?" 우리가 짬을 내어 이 질문을 생각하는 경우는 드물지만, 이는 중대한 질문이다. 악행의 기억은 도덕적으로 이중적이기 때문에, 즉 선의 근원인 만큼이나 악의 근원이기도 하기에, 기억하라는 명령을 받아들인다면 그 기억이 저주가 아니라 축복을 가져올 수 있도록 노력해야 할 의무가 주어진다. 이 일을 위해 나는 3장과 4장에서 우리가 진실하고 치료에 보탬이 되는 방식으로 기억해야 한다고 주장했다. 5장에서는 피해자들을 위해 정의롭게 싸우고 가해자와 화해하는 데 필요한 동기부여와 정보를, 기억을 활용해 얻어야 한다고 말했다. 6장에서는 출애굽과 그리스도의 수난이라는 신성한 기억의 렌즈를 통해 악행을 당한 기억을 바라볼 때 해를 끼치는 기억이 아니라 유익을 주는 기억이 가능하다고 말했다.

　이 책의 3부에서 다룰 내용은 다음 질문으로 요약할 수 있다. "기억하란 말이지, 좋아. 하지만 **얼마나 오래?**" 악행을 당한 일을 어떻게 기억해야 하는지 지금 생각해 두지 않으면, 언젠가 그 기억을 놓아 보내는 것이 유익할 수도 있다고는 상상조차 하지 못할 것이다. 누군가가 부당한 일을 당하면, 우리는 "**언제나**" 기억하겠다는 다짐으로 기억의 맹세를 굳게 하곤 한다. 나도 그렇게 했다. 유고슬라비아 군대에서 심문자들의 눈을 들여다보며 이 일을 "결코 잊지 않겠다"고 맹세하곤 했는데, 언제나 기억하겠다는 맹세를 부정문으로 표현한 셈이다. 그런 맹세는 강도가 중간쯤 되는 악행에 대한 거의 본능적인 반응이었다. 악행의 심각함이 커지면, 영원히 기억하겠다는 다짐 외의 다른 반응은 생각할 수조차 없는 것 같다. 그뿐 아니라, 내가 3장에서 말한 것처럼, 악행을 기억하라고 우리를 압박하는 문화적 세력들도 그 일을 절대 멈추지 말 것을 요구한다. 우리는 언제나 기억하겠다고 맹세함으로써 모든 것이 빠르게 지나가고 모든 것을 금세 망각하는 문화에 대응하고 고통받는 모든 이들을 존중하려 한다. 지난 세기의 거대한 사회적 재난들, 즉 양차 세계대전과 수많은 집단학살의 피해자들을 존중해야 한다고 믿게 된 까닭이다. 미래에 기억하기를 중단하는 것은 지금 기억하지 않는 것만큼이나 용납할 수 없는 일이고, 두 가지를 용납할 수 없는 이유는 대체로 같다.

용서하고 망각하라

그러나 악행을 당한 일을 영원히 기억해야 한다는 주장이 과연 옳을까?

상당한 시간이 지나고 특정한 조건이 갖추어지면 그런 기억들이 머리에서 빠져나가게 두는 것이 유익하지 않을까? 악행을 당한 일을 기억해야 할 때가 있지만, 기억이 제 역할을 감당한 후에는 그 기억을 놓아 보내야 하지 않을까? 어떤 상황에서는 좋은 기억이 바로 적절한 "망각"(forgetting)을 **지향**할 수 있지 않을까? 21세기에 사는 서구인들에게는 이런 의문을 품는 것 자체가 이상한 일이요 심지어는 위험한 일로 여겨진다. 자존감이 본인과 이웃에게 해로울 수 있다는 주장이나 서구식 민주주의가 모든 시대 모든 장소에 걸맞은 최고의 통치 형태가 아닐 수도 있다는 말처럼 말이다. 하지만 수 세기에 걸쳐 기독교 전통 안에서는 제대로 온전히 용서한다는 것의 의미가 잘못에 대한 기억을 기꺼이 놓아 보내는 것이라고 주장되어 왔다.

나는 기독교 전통에서 용서와 "망각"의 관계에 대해 어떤 말들이 있었는지, 대표적인 주요 사상가들이 이 문제를 어떻게 생각했는지 살펴보려 한다. 그다음에는 위대한 중세의 정치가이자 시인인 단테 알리기에리가 『신곡』에서 죄의 기억에 대해 하는 말을 살펴봄으로써 이 문제를 좀더 깊이 파고들 것이다. 여러모로 『신곡』은 유서 깊은 기독교 전통의 중심에 놓여 있는 텍스트이기 때문이다.

4세기 동방교회의 교부인 니사의 그레고리오스는 『아가 주석』에서 "범죄의 용서" "악행의 망각" "죄 씻음"을 하나님의 선물로 꼽았다.[1] 여기에는 영혼이 뒤에 놓인 것을 잊고 무한하신 하나님의 신비로 더욱 깊이 들어간

---

[1] Gregory of Nyssa, *Commentary on the Song of Songs*, ed. N. M. Vaporis, trans. Casimir McCambley (Brookline, Mass.: Hellenic College Press, 1987), p. 47.

다는 그의 사상이 깔려 있다.² 이와 비슷하게, 5세기 서방교회의 교부인 아우구스티누스는 그의 저서 『신국론』 끝부분에서 "모든 악에서 벗어나 모든 선으로 가득하고, 영원한 기쁨의 즐거움을 어김없이 누리며, 모든 범죄를 잊고, 모든 처벌을 잊어버린" 천상의 도성을 상상했다.³ 그 천상의 도성에서 피해자들은 과거에 당한 악행을 기억하지도 않고 가해자를 처벌할 생각도 하지 않을 것이다. 16세기의 개신교 종교개혁자 장 칼뱅에 따르면, 지금 여기서 용서하는 것은 "분노와 미움, 복수심을 마음에서 기꺼이 몰아내는" 일일 뿐 아니라 "불의한 일에 대한 기억을 기꺼이 망각의 영역으로 추방하는 일"이기도 하다.⁴

용서받은 잘못에 대한 "망각"을 긍정적으로 보는 태도는 근대 이전 신학의 특징만이 아니다. 20세기의 주요 신학자 두 명도 비슷한 생각의 논리를 펼치는데, "망각"을 피해자들의 고통보다는 가해자들의 죄책과 명시적으로 연결 짓고 있다. 위대한 가톨릭 신학자 칼 라너는 기독교 구원의 근본적 특성을 설명하면서 이렇게 썼다.

> 우리는 자신의 죄책을 망각하도록 정말로 용납을 받는다. 하지만 그런 망각이 어떻게 가능한지, 우리의 죄책이 어떻게 우리 앞에서 영원히 사라지는지

---

2   Gregory of Nyssa, *On the Soul and Resurrection*, trans. Catharine P. Roth (Crestwood: St. Vladimir's Seminary Press, 1993), pp. 78-79; Gregory of Nyssa, *Song of Songs*, sermon 6, 888A.

3   Augustine, *City of God*, trans. Henry Bettenson (Harmondsworth: Penguin, 1976), XXII.30.

4   John Calvin, *Institutes of Christian Religion*, ed. John T. McNeill, trans. Ford Lewis Battles (Philadelphia: Westminster, 1977), p. 912. 『기독교강요』(CH북스).

우리는 이해하지 못한다. 도무지 이해할 수 없는 이 망각의 능력은 하나님의 용서하시는 사랑과 궁극적으로 같은 것이다.[5]

20세기 개신교에서 교부의 지위를 얻은 칼 바르트의 생각도 이와 유사하다. "우리는 [하나님이 힘을 주셔서 망각]할 수 있다. 그렇지 않다면 우리는 심각한 곤경에 처하게 될 것이다. 우리는 시간 속에 죽 펼쳐진 우리의 전 존재를 견딜 수 없을 것이다."[6] 9장에서 또 다루겠지만, 오늘날 우리는 악행을 망각하면 우리의 정체감을 잃어버리고 자신을 알아보지도 못하게 될까 봐 우려한다. 하지만 바르트는 다른 것을 우려했다. 우리가 자신의 악행을 기억하게 된다면, 특히 자기변호로 흐려진 우리의 시력을 통해서가 아니라 하나님의 또렷한 눈으로 바라본 상태 그대로를 기억하게 된다면 우리는 자신을 받아들이고 살 수 없을 것이라는 우려였다.

이 다섯 명의 대표적인 인물들이 증언하는 대로, 용서와 "망각"의 긴밀한 연관성은 수 세기에 걸쳐 이어진 기독교 전통의 일부였다. 하지만 이것은 기독교의 발명품은 아니다. 그리스도인들은 둘의 연관성을 신약성경보다는 히브리어 성경, 즉 구약성경에서 배웠다. 예레미야 선지자의 책에서 하나님은 새로운 언약을 선언하시고 이런 약속을 하신다. "내가 그들의 악행을 사하고 다시는 그 죄를 기억하지 아니하리라"(렘 31:34). 그 약속이 가져다준 소망은 참회자의 참회로 표현될 수 있다. 죄의 무게에 짓눌린 시편

---

5   Karl Rahner, *Theological Investigations*, trans. Lionel Swain (New York: Crossroad, 1982), vol. XV, p. 78.

6   Karl Barth, *Church Dogmatics*, III/2 (Edinburgh: T. & T. Clark, 1960), p. 540. 『교회교의학 3/2』(대한기독교서회).

기자는 하나님께 자신의 죄를 씻어서 깨끗하게 만들어 달라고 구하는 동시에 이렇게도 기도한다. "내 모든 죄악을 지워 주소서"(시 51:9). 아비샤이 마갈릿이 지적한 대로, 온전히 구약성경적인 이런 의미에서의 용서는 "용서받아야 할 행위의 모든 흔적과 상처를 극복"한다.[7] 용서는 가해자가 용서받은 악행을 저지르기 이전 상태로 돌아가게 해 준다.

초기 유대교 전통의 완전한 용서는 "망각"을 포함한다. 기독교 전통에서도 내가 아는 한, 고전 저술가들, 전문 신학자들, 대중 설교자들, 일반 신도들 모두 최근까지는 그렇게 생각했다. 나는 단테를 안내자로 삼아 하나님의 용서가 우리 삶의 한복판이 아니라 내세의 문턱에서 학대의 기억과 어떤 관련이 있는지 살펴봄으로써 이 생각을 설명해 보고자 한다. 물론 그런 궁극적 모델을 지금 여기에서 인간의 용서에 적용하려면 중요한 부분에서 조정이 필요할 것이다. 하나님의 용서에 대한 단테의 생각을 살펴보고 나면, 이 책의 마지막 몇 장에 걸쳐서 다룰 핵심 주제인 악행을 당한 기억과 관련하여 내세에서 인간의 망각을 다룰 준비가 될 것이다. 이제 단테의 『신곡』의 세계로 잠시 들어가 보자. 이 걸작의 두 핵심 장면인 「연옥편」의 끝부분과 「천국편」의 끝부분을 살펴보겠다.

두 개의 강

저자 단테는 『신곡』 안에서 "우주의 가장 깊은 구덩이부터 가장 높은" 열

---

[7] Avishai Margalit, *Ethics of Memory* (Cambridge, Mass.: Harvard University Press, 2002), p. 206. 하지만 마갈릿 본인은 이러한 용서의 개념을 거부한다.

째 하늘에 이르기까지 내세의 여러 영역을 누비는 순례자이기도 하다.[8] 단테는 고대의 시인 베르길리우스의 안내를 따라 지옥과 연옥을 통과해서 즐거운 지상 정원에 이른다. 아담과 하와가 죄를 짓지 않았다면 그들은 최초의 순수함이 있는 그곳에서 바로 천상 낙원으로 옮겨 갔을 것이다. 단테는 끝없는 봄과 완전한 아름다움이 펼쳐지는 공간과 뒤에 놓인 연옥 사이에서 잠시 안내자 없이 혼자 남겨진다. 그는 "자유롭고 바르고 온전하게" 된 자기 뜻에 따르면 되었다.[9] 정원으로 들어간 그는 두 개의 강물을 만난다. 건너편의 한 여인—지혜 여인(Lady Wisdom)일 가능성이 높다—이 당황한 단테에게 그 중요성을 설명했다.

> 그대가 보는 물은 불었다 줄었다 하는 강처럼
> 추위로 인한 수증기로 채워지는
> 수맥에서 나온 것이 아니라오.
> 이 물은 영원히 솟아나는 깨끗한 샘에서 흐르니
> 하나님의 뜻에 따라 두 가닥 물줄기로 나뉘어
> 쏟아지는 만큼 다시 채워진다오.
> 이쪽 물줄기는 사람에게서 죄악의 기억을
> 거두는 힘과 함께 흐르고,
> 저쪽 물줄기는 온갖 선행의 기억을 새롭게 한다오.
> 이쪽은 레테, 저쪽은 에우노에라고 하는데

---

[8] Dante Alighieri, *Paradiso*, Canto XXXIII, in *The Divine Comedy*, trans. and ed. Allen Mandelbaum (New York: Alfred A. Knopf, 1986), pp. 22-23. 『신곡』(서해문집).

[9] Dante, *Purgatorio*, Canto XXVII, line 140.

이쪽과 저쪽을 다 맛보기 전에는

효험이 일지 않는다오.

그 맛은 그 어떤 달콤함보다 뛰어나다오.[10]

설명의 끝부분에서 여인은 "시로 황금시대를 표현했던 고대인들"이 그 강들의 비할 바 없는 "넥타르"(nectar)를 노래했음을 상기시킨다.[11] 그러므로 죄가 잊히고 선행이 기억되는 이 지상 낙원은 기독교의 약속의 실현일 뿐 아니라 고대 이교도들의 갈망의 실현이기도 하다.

단테가 말하는 죽은 이의 영혼의 기억에 더 분명하게 초점을 맞추기 위해, 플라톤이 『국가』 끝부분에서 들려준 내세에 관한 고전적 이야기와 비교해 보자. 플라톤은 인간의 영혼이 몸을 떠나면 우선 죽은 자들의 재판장들을 만나 선고를 받는다고 보았다. 그들은 극심한 "형벌과 환난"[12] ─ 그들이 다른 누군가에게 저지른 악행에 대해 열 배의 고통을 받는다 ─ 이나 "그만큼 큰 축복"을 받는다.[13] 축복이나 형벌을 받은 후에는 "생명과 죽음의 새로운 주기"가 시작된다.[14] 영혼들은 스스로 생명을 선택해야 한다. 플라톤은 "책임은 선택하는 자의 몫이다"라고 쓰고 이렇게 덧붙였다. "신은 정당하다."[15]

---

10 같은 책, Canto XXVIII, lines 121-133.
11 같은 책, Canto XXVIII, lines 142-144.
12 Plato, *The Republic*, Book X, in *The Dialogues of Plato*, trans. B. Jowett (Oxford: Clarendon, 1990), p. 616. 『국가』(도서출판 숲).
13 같은 책, p. 615.
14 같은 책, p. 617.
15 같은 책.

하지만 죽은 이들의 영혼이 새로운 주기에 들어가려면 먼저 이전의 삶을 잊어야 한다. 영혼들은 각자 선택한 미래의 삶을 앞에 두고 "맹렬한 열기를 뚫고 망각의 평원으로 걸어갔다."[16] 그러나 그곳은 단테의 지상 낙원과는 딴판으로 "나무도 신록도 없는 황량한 황무지"였다.[17] 각 영혼은 "망각(Unmindfulness)의 강"의 물을 마시고 "모든 것을 잊어버렸다." 플라톤은 새 생명의 재탄생을 묘사하며 이렇게 썼다. "그들이 쉬러 간 후에, 한밤중에 뇌우와 지진이 일어났다. 그다음, 그들은 별똥별이 나타나듯 갑자기 온갖 방식으로 위로 들려 올라가 태어났다."[18]

씁쓸한 맛, 달콤한 물

단테 이야기와 플라톤 이야기 사이의 대체적인 유사성과 두 가지 중요한 차이점을 보자. 플라톤에 따르면, 영혼들은 심판을 통과한 **다음에야** 망각의 강에서 물을 마신다. 단테의 경우에도, 사람의 "슬픈 기억들"이 "지워"지려면[19] 먼저 죄로 인한 빚을 해결하고 정화되어야 한다. 죄의 기억이 끝나려면 반드시 죄가 죄로 밝혀지고 정죄를 받고 죄인들이 변화되는 일이 **먼저** 있어야 한다. 단테는 이렇게 썼다.

눈물을 흘리며 참회해야 하는 자가

16　같은 책, p. 621.
17　같은 책.
18　같은 책.
19　Dante, *Purgatorio*, Canto XXXI, lines 11-12.

아무런 대가도 치르지 않고 거저 레테를 건너고
이러한 물을 맛본다는 것은
하나님의 깊은 뜻을 깨뜨리는 일이 될 것이다.[20]

단테의 지옥과 연옥에서는 영혼이 악을 기억하지만—지옥에서는 자신이 고통받는 이유를 알기 위해서, 연옥에서는 정화되기 위해서—죄책을 벗어 버린 후에는 악의 기억을 날려 보낼 수 있다. 단테는 죄의 기억이 지워지기에 앞서 죄를 기억하는 것의 중요성을 강조하기 위해, 레테의 강물을 마시기 전에 강물에 비친 자신의 그림자를 보고 그 수치스러운 모습을 도저히 견딜 수가 없어 하나님께 도움을 구하며 부르짖었다고 적고 있다. 단테가 그 강—물이 자연적으로 공급되는 것이 아니라 하나님에게서 직접 나오는 "초자연적인" 강—으로 뛰어들었을 때, 그는 시편 51:7의 노래를 들었다. "우슬초로 나를 정결하게 하소서, 내가 정하리이다. 나의 죄를 씻어 주소서, 내가 눈보다 희리이다."[21] 망각의 강은 죄를 폭로한 다음 기억에서 사라지게 만드는 두 가지 단계로 일을 한다. 단테는 죄를 망각하기 위해서는 먼저 깨끗이 인정해야 하고 진정한 회개와 심오한 변화가 따라와야 한다고 보았다.

플라톤과 단테의 이야기는 기억의 상실이 최후의 **심판** 다음에 이루어진다는 점에서 유사하다. 그러나 두 이야기의 유사성은 거기까지다. 심판에 대한 이해가 많이 다르기 때문이다. 플라톤의 심판은 행위에 따른 것

---

20 같은 책, Canto XXX, lines 142-145.
21 같은 책, Canto XXXI, lines 97-98.

이고 악행과 선행에 대해 각각 열 배의 보응이 있다. 그에 반해, 단테의 심판에서는 은혜가 핵심 요소다. 단테는 자신의 눈물이 죄의 빚을 갚는다고 표현했지만, 그는 죄 때문에 벌을 받지 않는다. 죄를 용서받을 뿐이다.

망각의 결과에 이르면 차이는 더 커진다. 플라톤이 볼 때, 망각의 강은 이전의 삶과는 본질적으로 아무 관련이 없는 새로운 지상의 삶을 가능하게 한다. 죽음 이후에 삶과 죽음의 새로운 주기가 시작된다. 따라서 영혼들은 모든 기억을 벗어 버려야 한다. 그러나 단테의 경우, 레테는 모든 기억을 지우는 것이 아니라 계속 남아 있을 경우 영혼에 지워지지 않는 얼룩으로 남을 만한 기억만 씻어 낸다. "회개한 죄과가 씻기는" 것으로는 충분하지 않다. 용서받은 후에도 영혼들은 여전히 "자기를 씻을" 필요가 있다는 것이 단테의 주장이다.[22] 망각의 강은 신적 정화의 물이요 영혼이 죄의 영향력에서 가장 확실히 풀려날 수 있는 수단인 것이다.

플라톤의 이야기에는 레테 이외의 다른 강, 모든 선행을 기억하게 해 주는 강이 나오지 않는다. 이것이 플라톤과 단테의 두 번째로 중요한 차이점이다. 플라톤에 따르면, 영혼의 한 가지 이야기는 죽음과 더불어 끝나고 그 이후에 완전히 새로운 이야기가 시작되기 때문에 모든 기억은 지워져야 한다. 단테에 따르면, 영혼의 단일한 인생사가 죽음 이후에도 이어지기에 일부 기억은 보존되어야 한다. 플라톤은 망각의 강 레테만 알지만, 단테는 선행의 기억을 새롭게 해 주는 강 에우노에를 추가한다.

우리의 예상과는 달리, 단테가 경험한 레테는 대단히 불쾌하다. 죄인의 입장에서는 자신의 죄에 대한 무기억의 선물을 받는 것이 바람직하지 않

---

22 같은 책, *Inferno*, Canto XIV, lines 136-138.

을까? 그러나 사정은 그렇지 못하다. 죄를 잊기 전에 먼저 그 죄를 참상 그대로 기억해야 하기 때문이다. 단테는 그 강의 "엄격한 자비"는 "씁쓸한… 맛"이 난다고 불평한다. 그로 인해 사람은 죄를 잊기에 앞서 자신의 죄과를 떠올리고 "부끄러움에 눌리는" 경험을 한다.[23] "회한"과 "죄의식"에 사로잡혀 몸을 가누지 못하고 쓰러진 그는 물속에 빠져야 했고 머리가 푹 잠긴 채 "물을 마실 수밖에 없었다."[24] 구속받은 자들이 자신의 죄를 잊기 위해서는 **먼저** 죄의 실체를 꾸밈없이 직시해야 한다. 그에 반해, 에우노에강에 몸을 담그고 그 물을 마시는 일에는 불쾌한 요소가 전혀 없다. 그 "달콤한 물"은 "마시고 마셔도 성에 차지 않았다."[25]

두 강에 대한 단테의 이야기는 순례자가 마침내 목적지에 도착하고 천상 낙원에 들어갈 준비가 된 모습을 보여 주는 것으로 마무리된다.

> 내가 더없이 거룩한 물결에서 베아트리체에게 돌아오니
> 새로 돋아난 잎사귀로 새로워진 새 나무인 양
> 나는 다시금 살아나
> 별에라도 솟구쳐 올라갈 수 있을 만큼 맑아졌다.[26]

사랑의 세계인 천상 낙원이 시작되려면 먼저 기억에서 죄가 사라지고 그가 접하고 실천했던 선이 기억 속에서 모두 회복되어야 했다.

---

23 같은 책, *Purgatorio*, Canto XXX, lines 78-81.
24 같은 책, Canto XXXI, lines 88-96.
25 같은 책, Canto XXXIII, line 138.
26 같은 책, Canto XXXIII, lines 142-145.

모여 있는 선

기억의 주제는 죄의 세계에서 사랑의 세계로 넘어가는「연옥편」끝부분을 지배한다. 이 주제는 단테가 마침내 하나님을 "영원한 빛"으로 보게 되는「천국편」마지막에 다시 등장한다. 천상의 낙원에서도 복된 자들의 기억에는 기억하기와 망각하기가 다 있다.

단테는 하나님의 빛의 저항할 수 없는 인력(引力)을 먼저 제시하고, 천상 낙원에서의 기억하기와 망각하기 둘 다 하나님의 빛이 복된 자들을 끌어당기는 데서 나오는 직접적 결과라고 말한다.

내 마음이 그랬다.
완전히 몰입하여 열중했다.
붙들린 듯 꼼짝하지 않고 바라보았다.
그렇게 보면서 나의 시선은 점점 더 뜨거워졌다.[27]

그런데 복된 자들은 영원한 빛에 어째서 그렇게 꼼짝없이 끌려갈까? 어째서 "그 빛을 보는 사람은 다른 것을 보기 위해 잠시 눈을 돌리는 것조차 불가능하게" 될까?[28] 어째서 그 빛은 그것을 제외한 모든 것을 망각하게 만들까? 단테의 설명은 이렇다.

---

27 같은 책, Canto XXXIII, lines 97-99.
28 같은 책, Canto XXXIII, lines 100-102.

의지의 대상인 선(善)이

그 빛 안에 다 모여 있기 때문에,

그 안에서 완전한 것이 그 밖에서는 결함투성이가 된다.²⁹

복받은 자들은 하나님의 빛을 보는데, 그때 그들이 보고 기억하고 싶은 **모든 것을 동시에** 보고 기억한다. 그들은 선한 것을 붙들고 싶어 하는데, 하나님 안에 모든 선이 있다.

구체적인 모든 기억이—선의 기억뿐 아니라 악의 기억도—사라졌으니 복된 자들은 하나님 외에는 아무것도 보지 못하고 아무것도 모르는 것일까? 그렇다면 「연옥편」 끝부분에 나오는, 모든 선행을 기억하게 하는 에우노에강은 불필요하지 않을까? 하지만 어떻게 그럴 수 있을까? 단테는 그 "맛이 다른 어떤 달콤함보다 뛰어나"고 아무리 마시고 또 마셔도 "성에 차지 않았다"고 말하지 않았는가?³⁰ "선"(善)이 "그 빛 안에 다 모여 있다"는 생각은 「연옥편」의 결말과 「천국편」이 어떻게 들어맞는지 알려 주는 단서가 된다. 하나님 안에는 세상에서 벌어진 모든 선이 "사랑으로 모이고 묶여 한 권의 책을 이루고 있다."³¹ 복된 자들은 하나님의 모습을 몰입하여 바라보고, 그렇게 해서 모든 선—"온갖 선행"—을 기억한다.³² **복된 자는 하나님 이외의 모든 것을 잊게 만드시는 무한히 선하신 하나님을 봄으로써, 지상의 모든 선을 기억하고—어떤 의미에서는 되찾고—모든 죄를 잊는다.**

---

29 같은 책, Canto XXXIII, lines 103-104.
30 같은 책, Canto XXVIII, line 133; Canto XXXIII, line 138.
31 같은 책, *Paradiso*, Canto XXXIII, lines 85-86.
32 같은 책, *Purgatorio*, Canto XXVIII, line 129.

「연옥편」과 「천국편」에서 망각하기와 기억하기는 영혼이 사랑의 하나님께로 나아가는 여정에서 거치는 단계에 해당한다. 영혼은 사랑의 세계로 들어가기 위해 레테강과 에우노에강의 물을 마신다. 한번 사랑의 세계에 들어간 영혼은 하나님을 향한 사랑에 푹 빠져, 무한한 선이신 그분 외에 다른 것을 보고 싶은 마음도 그럴 "능력도 없어진다." 망각하기는 결함이 있는 것 또는 견딜 수 없는 것을 피해 달아나는 것이 아니다. 그것은 완전한 선에 대한 애착의 부산물, 보다 정확히 말하면 그 선의 영향력으로 영혼이 거기에 이끌리게 된 상태의 부산물이다. 악을 망각하는 것은 선을 기억하는 데 도움이 되고, 선을 기억하는 것은 "모든 소망의 목적지"[33]이신 하나님께 몰두한 결과다.

무죄의 선물

정리하면 단테의 생각은 다음과 같다. 완전한 사랑의 세계에 들어간 영혼은 죄를 기억하지 못할 것이다. 하나님께 몰입할 것이기 때문이다. 하나님은 오직 선이시며 그분 안에서 지나간 모든 지상의 선이 보존되고 실현될 것이다. 나는 이번 장과 이어지는 8-10장에 걸쳐서 악행의 기억에 대한 기독교 사상의 유구한 전통에 의거해 단테의 비전을 나름대로 발전시키고 옹호할 생각이다. 다가올 세상의 시민들에게는 악행을 당한 일—죄에 대한 특정한 기억—이 생각나지 않을 것이다. 그들은 사랑이신 하나님과 하나님이 그들 사이에 창조하실 사랑에 푹 빠져 버릴 것이기 때문이다. 악

---

33 같은 책, *Paradiso*, Canto XXXIII, line 47.

행에 대한 무(無)기억은 하나님이 악행을 당한 사람들에게 주실 선물이다. 그것은 그들이 가해자들과 기꺼이 나눌 선물이기도 하다.[34]

우선, 이 이상한 선물의 네 가지 중요한 특성을 살펴보자. 첫째, 가해자들은 그것을 받을 자격이 없다! 그들은 처벌을 받아 마땅하다! 학대를 당한 대부분의 사람들이 그렇게 생각할 것이다. G 대위가 20년 전에 나를 학대했던 일에 대해 내게 무기억의 선물을 요구한다면 나는 어떻게 반응할까? 화가 머리끝까지 치밀어 오를 것이다. 그가 내게 저지른 일을 많이 기억하면 할수록, 그의 학대를 흔쾌히 잊어버릴 마음은 그만큼 줄어들 것이다. 우리를 부당하게 대우한 사람에게 **무엇이 되었건** 선물을 주는 일은 쉽지 않다. 그런데 그들의 악행을 기억하지 않음으로써 무죄의 선물을 선사한다니, 거기에 대한 내면의 저항은 압도적일 수 있다.

둘째, 무기억의 선물은 "어쩔 수 없어서" 내미는 것이 아니다. 악행에도 불구하고 사람을 사랑하시는 하나님을 본받아 그렇게 하는 것이다. 하나님은 악행자인 우리를 용서하셨고 우리는 나름대로 그것을 본받는다. 우

---

[34] 이 책의 마지막 3부에서 내가 진행하는 작업은 어떤 시각에서는 "사고실험"이라고 부를 수 있을 것이다. 어떤 입장을 지지하는 분명한 논증이 아니라, 기독교 전통이 현재와 미래 모두의 구속에 대해 내세우는 주장과 일치하는 **가능성**을 이리저리 따져 보는 탐구인 셈이다. "사고실험"은 흔히 자연과학에서 쓰이는데, 자연과학의 주요 목표는 현상을 설명하는 것이기에 실험 결과가 어떻게 나와도 개의치 않는다. 그러나 신학은 다르다. 신학은 설명으로 그치지 않는다. 신학은 삶의 방식을 제안하고, 그 방식은 우리의 기대를 거스르기도 한다. 따라서 나의 신학적 사고실험은 기독교적 삶의 방식의 한 측면을 상상해 보려는 시도라고 할 수 있다. 이론적 관점에서 나는 하나님을 완전히 즐거워하고 하나님 안에서 서로를 완전히 즐거워하는 사람들에게는 악행의 기억이 생각나지 않을 것이라고 본다. 그리고 실용적 관점에서 이렇게 묻는다. 가해자에게 궁극적 선물, 무죄의 선물을 준다는 것은 어떤 의미가 있을까?

리 안에서 "하나님이…활동하셔서…하나님을 기쁘게 해 드릴 것을 염원하게 하시고 실천"(빌 2:13, 새번역)할 힘을 주시기 때문이다. 그래서 나는 G 대위에 대해서만이 아니라 나에 대해서도 종종 이렇게 기도하게 된다. "오 자비하신 하나님, 주의 뜻에 저를 맞추고 싶다고 말하면서도 내켜 하지 않는 이 완악한 마음을 용서하소서! 금이 가고 조율 안 된 악기와 같은 저를 고치셔서 주의 사랑을 크게 울리게 하소서!"

셋째, 악행의 무기억은 분명 선물이지만, 피해자가 용서했다는 사실과 가해자가 회개하고 용서를 받아들이고 행실을 바로잡았다는 사실을 전제한다. 따라서 나는 아직 G 대위에게 무기억을 선물해서는 안 된다. 나는 그를 용서했지만 그는 아직 용서를 받아들이지 않았기 때문이다. 적어도 내가 아는 한 그렇다.

넷째, 그 선물은 하나님의 신세계에서만 최종적으로 받을 수 있다. 그곳에서 피해자들은 안전하고, 가해자들은 변화되고, 양측이 굳게 화해한다. 지금 여기서는 우리가 망각의 선물을 준다 해도, 그것은 잠정적이고 임시적이며, 종종 큰 고통을 감내하거나 머뭇거리면서 줄 뿐이다. 이 책에 실린 G 대위의 심문 기록에서 드러나듯, 나는 아직 그에게 무기억의 선물을 주지 않았고, 그의 학대를 기록하는 이 책이 출간되면서 그가 나에게 무기억의 선물을 받으려면 세상이 끝날 때까지 기다려야 할 가능성이 높아졌!

나는 악행에 대한 무기억이 멋지고 좋은 선물인 것처럼 쓰고 있지만, 현대인들은 악행의 기억을 잊는 것과 용서를 연결시키는 것이 부도덕하고 불건전하고 위험할 뿐 아니라 더 나아가 불가능하다고 생각한다. 그것이 부도덕해 보이는 이유는 악행의 기억을 잊는 것이 피해자들의 믿음을 저버리는 일이요 가해자들의 잘못을 덮어 주는 일이기 때문이다. 불건전해 보이는 이유는 악행을 겪거나 저지른 기억이 우리 정체성의 핵심에 자리 잡는다고 여겨지기에, 그 기억이 사라지는 것은 고통스럽게 남아 있는 쪽보다 정신에 더 큰 해를 끼칠 것이라고 생각하기 때문이다. 위험해 보이는 이유는 악행의 기억이 없으면 미래의 가해자들을 억제하는 효과가 사라지고 잠재적 피해자들이 경계를 소홀히 하게 될 우려가 있기 때문이다. 마지막으로, 불가능해 보이는 이유는 우리 생애의 주요 사건들은 기억 속에 단단히 새겨져 있기에 의식적 기억에서 사라진다 해도 무의식적 기억에서는 여전히 작동할 것이기 때문이다.[35] 나는 적당한 시점에서 이런 우려들을 다룰 것인데, 이 우려들이 지금 이곳에서는 전적으로 타당하지만 이 책 3부에 등장하는 완전한 사랑의 세계에서는 적용되지 않는다는 점을 제시할 것이다.[36]

---

35 프로이트에 따르면, "우리에게 친숙한 망각이 기억의 흔적이 파괴된 것, 즉 소멸을 뜻한다"고 생각하는 것은 오류다[Sigmund Freud, *Civilization and Its Discontents* (New York: Norton, 1962), p. 16]. 하지만 프로이트는 이런 단서를 붙인다. "어쩌면 우리는 지나간 일은 정신 안에 보존될 수 있고 **반드시** 파괴되는 것은 아닐 **수도** 있다고 주장하는 선에서 만족해야 할지 모른다"(p. 18). 『문명 속의 불만』(열린책들).

36 나의 대답이 설득력 있는 것으로 드러난다 해도(나는 그렇다고 믿지만), 의심하는 사람들을 완전히 설득하지 못할 수도 있다. 그들을 설득하려면, 완전한 용서를 위해서는 "망각"이 중요함을 옹호하는 동시에 "망각"이라는 말만 꺼내면 무조건 의혹의 눈길로 바라보게 만드는 문화적 감수성의 변화가 어떻게 생겨났는지에 대한 발생학적 설명이 필요할 것이다. 여기서 그런 설명을 제시할 수는 없지만 추측은 해 볼 수 있다. 우리의 개인주의적 문화에서는 계약 관계가 판을 칠수록 개인 간의 상호작용은 더욱 응보의 논리를 따르고(즉, 응분의 대가를 받고), 악에 대한 무기억을 옹호하는 주장은 더욱 **의심받을** 것이다. 반대로, 처음부터 서로 관계가 있다고 여겨지는 사람들 사이에서는 계약 관계가 우세할수록 그들의 상호작용은 더욱 은혜의 논리(즉, 응분의 대가와 상관없는 관대함)를 따르고, 악에 대한 무기억을 옹호하는 주장은 더욱 **설득력을 얻을** 것이다.

"망각"이 의심받는 이유에 대한 이런 추측은 옳을 수도 있고 아닐 수도 있는데, 옳다 해 그러나 다음 몇 장에서 내 논증의 핵심으로 파고들어 대답을 내놓기 전에, 이번 장 나머지 부분에서 몇 가지 설명을 제시하려 한다. 그 설명들은 내가 이 주제로 강연을 할 때마다 어김없이 받는 다음 세 가지 질문에 대한 답이기도 하다. 1. 내가 말하는 "망각"은 실제로 어떤 의미인가? 2. 나는 "망각"이 필요하다고 주장함으로써 "기억하기"의 가치를 깎아내리는 것은 아닌가? 3. 우리는 지금 전혀 다른 세상에서 살고 있는데 다가올 세상에서의 기억에 대해 말하는 것이 무슨 소용이 있는가?

도 현대의 문화적 감수성에 나타난 변화를 설명하기에는 충분하지 않을 것이다. 두드러진 역할을 한 다른 중요한 요인들이 분명히 있을 것이다. 프로이트의 정신분석(혹은 사회 전반에서 그것을 피상적으로 수용한 입장)도 치유의 전제 조건으로 기억을 강조하면서 그런 변화에 어느 정도 힘을 보탰다. 엘리 위젤처럼 중요하고 힘 있는 문화적 예언자의 영향 아래, 1960년대부터 홀로코스트가 다양한 방식으로 광범위한 기억의 대상이 된 것 역시 중요한 역할을 했다. 정체성을 서사의 형태로 이해하는 경향이 커진 것도 중요한 역할을 했다. 물론, 이것들은 문화적 감수성의 변화를 설명하기 위한 시도일 뿐이지만, (엄격한 응보의 논리가 지배하는 상황이 아닌 한) 이 모두는 전통적인 의미의 "용서하고 망각하라"는 주장과 양립이 어려울지는 몰라도, 내가 여기서 옹호하는 훨씬 정교한 형태의 망각을 지지하는 주장과는 궁극적으로 양립할 수 있다.

이런 변화가 생겨난 원인에 대한 완전한 설명이 없는 상태에서 나는 두 가지 현상에 주목하고 싶다. 첫째, "망각"에서 멀어지는 흐름이 생겨나서 한때는 문제없이 받아들여졌던 것이 심각한 의혹을 받게 되었다는 점이다. 둘째, 그런 흐름을 기억과 그 기능에 대한 "객관적" 지식의 증가만으로는 도저히 설명할 수 없다는 점이다. "망각(더 정확한 용어로는 "생각나지 않음"이나 "무기억," 이 표현들은 뒤에서 그 의미를 설명한 후에 번갈아 가며 쓸 것이다)을 둘러싼 논쟁의 관건은 악행과 반목의 상황에서 우리가 자신 및 이웃과 어떻게 관계해야 하느냐에 대한 비전의 차이이자 정의와 사랑에 대한 관심이 그 비전에 어떻게 반영되는가 하는 문제다.

'생각나지 않음'에 대하여

읽다 보면 금세 알아채겠지만, 나는 이 책의 나머지 부분에서는 내가 대화 상대로 삼은 사상가들이 "망각"이라는 단어를 쓸 때만 그 단어를 사용할 것이다. 그 외의 경우에는 "무기억"(non-remembrance) 또는 더 정확히 말해 "생각나지 않음"(not-coming-to-mind)이라는 용어를 쓸 것이다. 사랑의 세계 시민들에게 악의 기억이 **생각나지 않을** 것이라는 말은 어떤 의미일까? 말 그대로다. 다만 어떤 기억들이 뇌의 "하드 드라이브"에서 삭제되어 일체의 검색이 불가능해진다는 의미는 **아니다**.[37] 완전 삭제는 지금 우리가 기억하고 망각하는 방식과 맞지 않을 것이다. 중요한 기억들이 완벽하게 희미해질 수는 있지만, 진짜로 삭제되는 경우는 없다. 나는 악행의 기억이 삭제된다기보다는 의식의 표면 위로 떠오르지 않는다고, 즉 **생각나지 않는** 것이라고 말하고 싶다. 내가 그 세상의 한구석으로 물러나서 과거에 당한 악행을 기억하기로 마음먹으면 아마도 기억할 수 있을 것이다. 그러나 그곳에서는 그럴 필요가 없을 테고 그럴 마음도 들지 않을 것이다.

그러므로 "생각나지 않음"을 **망각**으로 묘사하는 것이 최선은 **아닐** 것이다. 굳이 써야 한다면 주의 깊게 정의된 의미로 한정하여 써야 한다. 지난

---

37 물론, 그와 같은 일이 벌어질 **수도** 있다. 내세에서는 이상한 일들이 생길 수도 있다. 하지만 성경의 여러 기록과 성경의 종말론 전통 대표자들이 주장하는 대로 그 세계가 이 세계의 완성이 되려면 어느 정도의 연속성이 있으리라 기대하는 것이 합리적이다. John Polkinghorne, "Eschatology: Some Questions and Some Insights from Science", in *The End of the World and the Ends of God*, ed. John Polkinghorne and Michael Welker (Harrisburg, Pa.: Trinity International, 2000), pp. 38-41를 보라. 『종말론에 관한 과학과 신학의 대화』(대한기독교서회).

몇 세기에 걸쳐 철학자들과 신학자들은 "망각"을 여러 다양한 의미로 사용했다. 무의식적으로 어떤 것을 "알아채지 못함"부터 한때 알았던 것을 의도적으로 완전히 지워 버리는 것까지 아울렀고, 이것으로 부정적인 의미와 긍정적인 어감을 모두 표현했다. 하지만 통상적인 어법에서 우리는 망각을 흔히 우리가 상기할 필요가 있거나 상기하고 싶은 내용을 뜻대로 상기할 수 없는 상태("하려던 말을 잊어버렸어!")로 이해한다. 이것은 내가 말하는 "생각나지 않음"의 의미가 **아니다**.

억압(repression)도 "생각나지 않음"과 같은 의미가 아니다. 프로이트의 용어인 억압은 대단히 "의도적인 망각"이며 그 동기는 본질적으로 부정적 경험이기 때문이다.[38] 우리는 기억하는 일을 감당하지 못하기에 과거의 경험을 의식적 기억에서 몰아내어 무의식적 기억으로 밀어 넣는다.

프로이트가 말하는 기억의 **말소**(effacement) 또는 **희석**(fading)으로 인해 기억이 더 이상 "별다른 감정을 불러일으키지 못하는" 상태가 "무기억" 또는 "생각나지 않음"의 개념을 가장 근접하게 잡아낸다.[39] 그러나 **말소**도 핵심적인 요점 하나를 놓친다. 악행에 대한 종말론적 "무기억"은 "정서적 엔트로피"의 결과가 아닐 것이다. 단테와 나는 그런 무기억이 세상이 궁극적으로 바로잡힌 결과이자 사람들이 하나님과 서로를 즐거워하는 일에 몰입한 결과라고 본다. 선지자 이사야는 그 표현을 정확히 그런 문맥에서 사용했다. 이

---

38 Sigmund Freud, *The Psychopathology of Everyday Life*, in *The Standard Editions of the Complete Works of Sigmund Freud*, vol. 6 (London: Hogarth, 1960), p. 147. 『일상생활의 정신병리학』(열린책들).

39 Sigmund Freud, *Studies on Hysteria*, in *The Standard Edition of the Complete Works of Sigmund Freud*, vol. 2 (Longdon: Hogarth, 1955), p. 9.

사야의 하나님은 새롭고 영광스러운 창조를 두고 이렇게 말씀하신다.

> 보라, 내가 새 하늘과 새 땅을 창조하나니 이전 것은 기억되거나 마음에 생각나지 아니할 것이라. 너희는 내가 창조하는 것으로 말미암아 영원히 기뻐하며 즐거워할지니라. 보라, 내가 예루살렘을 즐거운 성으로 창조하며 그 백성을 기쁨으로 삼고. (사 65:17-18)

악행을 당한 기억이 생각나지 않음은 하나님이 주신 선물이다. 직접적인 선물이 아니라 사랑의 세계의 창조에서 나온 간접적인 선물이다. 결과적으로 우리는 악행을 겪은 사람들에게 "잊고" 전진하라고 **요구해서는** 안 된다. 그것은 **불가능한** 조언이자 **잘못된** 조언이다. 악행의 "망각"은 새 "세계"라는 선물이 주어진 결과로 나타나야 한다. 변화된 사회적 환경에서 이루어진 가해자와 피해자 사이의 화해에서 자라난 망각 이외의 것은 절대 믿지 말아야 한다. "생각나지 않음"이라는 용어는 주체의 수동성을 강조한다. 이것은 "망각"이, 구속된 세계에서 화해를 누리는 변화된 자아에게 하나님이 주시는 선물의 결과라는 내 주장과도 잘 들어맞는다.

기억의 중요성에 대하여

오해의 여지가 없도록 말하자면, 이 책 1부의 경우처럼 여기서 나의 주제는 기억 일반이 아니다. 「연옥편」과 「천국편」의 끝부분에서 단테가 한 말을 참고한 데서 잘 드러나듯, 나는 기억에 반대하고 기억상실에 찬성하는 것이 아니다. 기억은 우리의 인간 됨에 있어서 너무나 근본적인 요소이기에 기억 없이는 우리가 제 기능을 다할 수 없을 것이다. 기억이 없다면 나는 쓰지 못할 것이고, 내가 쓴 것을 읽지도 못할 것이다. 읽은 것을 이해하지도 못할 것이다. 프리드리히 니체는 역사의 공과(功過)를 다룬 사색(나중에 살펴보겠지만 "망각"을 강력히 변호하는 내용을 담고 있다)에서 인간의 기억(종종 후회가 따르는)과 동물의 망각(평화로운 행복으로 보이는)을 대비시킨다. 그는 인간이 이렇게 묻는 장면을 상상한다. "너의 행복에 대해 말해 주지 않고 왜 그렇게 나를 쳐다보니?" 동물은 그 말에 "'나는 내가 말하고 싶었던 것을 늘 금세 잊어버리기 때문이야'라고 대답하고 싶었지만 이미 그 말을 잊어버렸기에 아무 말도 하지 않았다."[40] 화자가 된다는 것, 다시 말해 인간이 된다는 것은 기억하는 존재가 되는 것이다.

보다 넓게 말하면, 기억은 인간의 기능만이 아니라 우리의 정체감에 있어서도 근본적인 것이다. 기억이 없다면 당신은 당신일 수 없고 나는 나일 수 없을 것이다. 기억 없이는 우리 자신이나 서로를 시간의 축을 따라 움직이는 연속성 있는 존재로 파악할 수 없기 때문이다. 인간이 된다는 것은 기억할 수 있음을 의미한다. 아주 간단한 문제다. 기억 없이는 인간으로서의 정체성도 없다.

사랑의 세계에서는 우리가 당한 악행의 기억이 생각나지 않을 것이라고 주장한다고 해서, 내가 일반적으로 기억을 탐탁잖게 여긴다는 뜻은 전혀 아니다. 나는 기억하는 것을 찬성할 뿐 아니라 기억함과 기억하지 않음에 똑같은 중요성을 부과하는 데에 **반대**한다. 둘은 그 사이에서 행복한 균

---

40 Friedrich Nietzsche, *Unfashionable Observations*, in *The Complete Works of Friedrich Nietzsche*, vol. 2, ed. Ernst Behler (Stanford: Stanford University Press, 1995), p. 87.

형을 유지하려고 힘써야 하는 동등한 대상이 아니기 때문이다. 이에 대해 폴 리쾨르는 『기억, 역사, 망각』에서, 다소 다른 맥락에서 기억은 하나의 사건이지만 망각은 사건이 아니라 사건의 부재라고 말했다.[41] 따라서 망각은 그 중요성에 있어서 기억을 결코 따라잡을 수 없다. 기억하기는 망각하기보다 훨씬 많은 역할을 한다.

독자는 이 모든 견해에 공감하면서도, 내가 과거의 중요한 사건들에 대해 대체로는 "기억하는" 것보다 "망각하는" 것이 낫다고 생각하리라 우려할지도 모르겠다. 그러나 나는 그렇게 생각하지 않는다.[42] 사실 나는 그런 우려가 애초에 방향을 잘못 잡은 것이라고 본다. 기억이 인간의 정체성에서 얼마나 중요한 역할을 하는지 생각하면, 우리가 과거를 기억해야 하는지 망각해야 하는지는 물어볼 것도 없다. 우리가 물어야 할 질문은 따로 있다. 우리는 **무엇**을 기억해야 하는가? **어떻게** 기억해야 하는가? 우리가 당한 악행을 **영원히** 기억해야 하는가? 내 말은 기억은 나쁘고 기억상실은 좋다는 것이 아니다. 망각하는 사람들이 기억하는 사람들보다 상대적으로 이점이 있다는 것도 아니다. 단지 **어떤 상황에서는 악행을 당한 기억의 부재가 바람직할 수 있다**는 것뿐이다.

---

41 Paul Ricœur, *Memory, History, Forgetting*, trans. Kathleen Blamey and David Pellauer (Chicago: University of Chicago Press, 2004), p. 502.

42 데이비드 그로스(David Gross)는 *Lost Time: On Remembering and Forgetting in Late Modern Culture* (Amherst, Mass.: University of Massachusetts Press, 2000), p. 139에서 이 질문에 대한 대답을 시도한다. 그의 관심사는 기억에 대해 "어떻게"와 "무엇"을 묻는 것이지만, 나와는 달리 "일반적으로 개인이 과거를 기억하는 것이 나은지 망각하는 것이 나은지 여부를" 결정하기 위해 진지하게 연구할 가치가 있다고 믿는다.

내세에서의 기억

마지막으로, 나의 주요 관심사는 단테와 마찬가지로 낙원의 문턱을 넘어 완전한 사랑의 세계로 들어선 후에 악행을 당한 기억이 어떻게 되는가 하는 것이다. 물론 우리는 지금 그 낙원에서 살고 있지 않다. 우리가 사는 세계에서 사랑은 불완전하며, 가장 가까운 관계조차 해체와 폭력의 위협을 받는다. 어디서나 볼 수 있는 가정불화에서 잘 드러나는 사실이다. 우리의 세계는 질투심에 사로잡힌 가인이 동생 아벨을 죽이는 곳이다. 우리는 정의가 이루어지게 하고 미래의 폭력에서 우리 자신을 보호하기 위해 악행을 기억한다. 그러나 그 정의상, 내세에서는 정의의 문제들이 해결될 테고 위험이 도사리고 있는 어두운 구석은 없을 것이다. 그렇다면 우리가 그때 그곳에서 기억하게 될 방식과 지금 여기서 기억해야 하는 방식은 관련이 있을까?

그렇다. 그러나 둘의 관계는 단순하지 않다. 둘은 이어져 있지만 서로 다르다. 우리는 이렇게 주장해서는 **안 된다**. "어차피 내세에서는 악의 기억이 생각나지 않을 테니, 지금 그 기억을 잊어도 문제가 없다." 사소한 잘못에는 그럴 수 있을지 몰라도 끔찍한 악행에 대해서는 절대로 그렇지 않다. 무엇보다, 도덕적으로 불완전한 현세에서는 정의의 문제가 미해결 상태이고 비슷한 악행이 자행될 위험도 여전하기 때문이다. 그렇다고 다음과 같이 주장해서도 안 된다. "우리는 지금 기억해야 하므로, 앞으로도 영원히 기억해야 한다." 설령 이 논증의 결론이 옳다고 믿는다 해도, 즉 악행을 영원히 기억해야 한다고 믿는다 해도 논증 자체는 결함이 있다. 현세와 내세의 근본적인 차이를 무시하고 있기 때문이다.

그러면 악행을 당한 일에 대한 미래의 무기억이 지금 여기서 우리가 살아가는 방식에 어떤 영향을 줄까? 미래의 무기억은 화해가 어떻게 완성에 이르는지 보여 줌으로써 우리의 삶에 영향을 끼친다. 악행은 정죄와 용서의 과정을 거치고, 악행자의 죄책은 지워진다. 악행자는 무기억의 선물을 통해 악행으로 더럽혀지지 않은 상태로 옮겨지고, 사랑의 유대로 묶인 피해자와 가해자는 둘 다 서로의 관계가 새로워진 것을 기뻐한다. 지금 이 세상에서는 이런 일이 잘 생기지도 않고, 대체로는 생겨서도 안 된다. 악으로 훼손된 세상에서는 정의의 도구이자 불의에 맞설 방패로서 악행의 기억이 필요하다. 하지만 이 세상에서 일어나는 모든 화해의 행동은 불완전하기는 해도 다가올 사랑의 세계에서의 완성을 향해 손을 뻗는다. 이와 비슷하게, 지금 악행을 기억함은 그때 가서 그 기억이 불필요해질 것이라는 소망 가운데 이루어진다. 악행의 기억을 궁극적으로 잊어버릴 마음이 있는 사람들만 지금 당장 악행을 기억할 수 있을 것이다. 화해에 보탬이 되게 기억하는 것이 악행을 올바르게 기억하는 방식이기 때문이다.[43]

그러나 지금 올바르게 기억하기 위한 몸부림(이 책의 2부)과 그때는 기억

---

43 내세에는 악행의 기억이 없을 것이라는 내 주장은 내세의 삶에 대한 준실재론적(quasi-realistic) 입장을 전제한다. '실재론'이라는 말이 붙는 것은 의식이 있는 인간이 사랑의 세계에서 하나님을 즐거워하고 하나님 안에서 서로를 즐거워할 것이라고 내가 생각하기 때문이다. 그러면서도 굳이 '준'실재론적이라고 한 것은, 지금의 삶과 내세에서의 삶은 상당히 다른 부분도 있을 것이라고 생각하기 때문이다. 모두가 나의 생각에 동의하지는 않을 것이나, 동의하지 않는 이들에게도 내가 여기서 제기하는 질문이 조정을 거쳐 유의미하게 다가가기를 바란다.

근래에 기독교 신학자들 사이에서 내가 옹호하는 영생 개념과는 다른 생각들이 제시되었는데, 그 핵심은 지나간 삶이 살아난다는 발상이다. 이 견해에 따르면, (아마도 하나님의 기억 속에) 영원히 보존되는 것은 '자의식이 있는 존재로 불멸성을 얻는 인간'이 아니라 그

이 없을 것이라는 약속(이 책의 3부) 사이에는 긴장이, 심지어 모순이 존재하는 것은 아닐까? 이 세계와 다가올 세계의 차이를 이해하지 못하고 이곳에서 그리로 **여행**을 떠나야 한다는 사실을 무시할 경우에는 그럴 것이다. 먼저 **차이**에 대해 말해 보자. 지금 이곳에서는 정의가 이루어지는 일이 거의 없고 위협이 사라지지 않으므로 우리는 악행을 당한 일을 기억한다. 그러나 내세에서는 정의가 이루어질 테고 위협이 더 이상 존재하지 않을 것이므로 악행을 당한 기억을 놓아 보낼 수 있을 것이다.

현세에서 내세로 가는 **여행**에 대해 말해 보자. 여행의 경로는 다음과 같다. 우선 진실하게 기억하는 일에서 출발하여 악행을 정죄하고 내적 상

가 살았던 삶의 이야기다[예를 들어, Eberhard Jüngel, *Death: The Riddle and Mystery*, trans. Ian and Ute Nicol (Philadelphia: Westminster, 1974); Jürgen Moltmann, *The Coming of God: Christian Eschatology*, trans. Margaret Kohl (Minneapolis: Fortress, 1996), p. 71 이하. 『오시는 하나님』(대한기독교서회); Wolfhart Pannenberg, *Systematic Theology*, vol. 3, trans. Geoffrey W. Bromiley (Grand Rapids: Eerdmans, 1998), p. 555 이하를 보라. 죽음 이후의 삶에 대한 이런 생각과 관련한 이들 세 사상가 모두의 입장이 알고 싶다면 Miroslav Volf, "Enter into Joy! Sin, Death, and the Life of the World to Come", in *The End of the World and the Ends of God: Science and Theology on Eschatology*, ed. John Polkinghorne and Michael Welker (Harrisburg, Pa.: Trinity International, 2000), pp. 256-278를 보라]. 그러나 여기서도 무엇이 보존 또는 기억될 것인가 하는 질문은 남는다. 오히려 내세에서의 "삶"에 대한 이 "이야기" 견해에 따르면, 이 질문은 더욱 중요한 것이 된다.

내세에서의 악의 기억에 대한 나의 생각은 죽음 이후의 삶을 전혀 믿지 않는 사람들에게도 어느 정도 의미가 있을 수 있다. 나는 내세를 완전한 사랑의 세계로 그리기에, 준실재론적 종말론의 용어로 이루어진 나의 사색을 지상의 유토피아적 용어로 바꾸어 이해하는 것이 가능하다. 그렇게 되면 "하늘"에 대한 이야기가 지금 이곳에서 어떤 의미가 있을지가 아니라, 이상적인 인간의 미래를 상상하고 그것이 지금 우리 삶에 어떤 의미가 있을지 묻게 될 것이다. 나의 주장을 이런 식으로 활용하게 되면 잃어버리는 것이 많겠지만, 내가 제안하는 내용과 양립 가능한 입장인 것은 분명하다.

처를 치유한다. 그러고 나서 악행자를 처벌과 죄과로부터 풀어 준다. 악행자는 회개와 변화를 보여 주고 피해자와 가해자의 화해가 이루어지며 악행의 기억을 놓아 보내는 것으로 여행이 마무리된다. 우리는 이 세상에서 용서하고 화해하는 순간에 부분적이고 잠정적으로 이 여행을 떠나게 되며, 드물게는 악행을 당한 기억을 놓아 보내기도 한다. 그리고 다가올 세상의 문턱에서 마지막으로 다시 한번 결정적인 여행에 나선다.

이어지는 세 장(8-10장)에 걸쳐 나는 이 주장을 차곡차곡 쌓아 올리려 한다. 나의 첫 번째 임무는 기초를 놓고 건물을 올리는 데 쓸 자재들을 건축 현장에 가져다 놓는 것이다. 그 일을 위해 "망각"을 옹호하는 대표적 세 사상가 쇠렌 키르케고르, 프리드리히 니체, 지크문트 프로이트의 사상을 파헤칠 것이다.

8장

망각의 옹호자들

기독교 역사 내내 많은 위대한 지성인들은 악행에 대한 적절한 조처가 이루어진 다음에는 악행을 기억하지 않는 것이 좋을 수 있다는 생각을 흔쾌히 받아들였다. 단테가 대표적인 인물인데, 우리는 지난 장에서 이 문제에 대한 그의 생각을 살펴보았다. 그런데 앞 장에서도 지적한 것처럼, (특정 부류의) "망각"의 장점을 높이 산 사람들은 전통적인 그리스도인들만이 아니다. 따지고 보면, 그리스도인들의 그런 생각은 히브리어 성경, 즉 구약성경에서 물려받은 것이며, 거기서 히브리 예언자들은 자기 백성의 죄를 용서하시고 더 이상 기억하지 않으시는 하나님에 대해 거듭거듭 말한다.

근대에는 "망각"을 옹호하는 영향력 있는 위대한 사상가가 셋이나 된다. 쇠렌 키르케고르, 프리드리히 니체, 지크문트 프로이트다. 세 사람 모두에게 그렇지만, 그중에서도 특히 니체와 키르케고르에게 "망각"은 그들이 왠지 모르게 마음이 끌렸던 이상한 테마가 아니었다. 망각은 인간 됨과 "건강"과 "구속"(구제)이라는 더 큰 그림의 핵심적인 부분이었다. 이 세 사람 중에서 내 경우처럼 망각을 "생각나지 않음"이라는 의미로 일관성 있게 쓴 경우는 없고, 내세에 망각이 있을 것이라고 상정하지도 않지만(키르케고르는 **완전한** 사랑이 죄를 덮는다고 분명히 말하기는 했다), 그래도 그들의 생각은 내 주장을 전개할 장을 마련해 준다. 나는 프로이트에서 출발하여, 시간을 거슬러 니체와 키르케고르까지 살펴볼 것이다. 이 가운데 "그리스도인"이라고 할 수 있는 사람은 키르케고르뿐이다.

병리적 기억을 처리함

"망각"의 옹호자 명단에 프로이트의 이름이 들어 있다는 사실에 놀랄 사람이 많을 수도 있겠다. 그는 무의식적 기억을 의식의 영역으로 불러내는 심리치료를 옹호한 대표적 인물이 아닌가? 또한 "억압" 개념을 창안한 사람으로서, "망각"을 개인적·사회적으로 해로운 것으로 여기는 태도가 현대 문화에 생겨나는 데 일조하지 않았던가? 하지만 이 문제에 대한 그의 입장, 특히 초기 저작에 나타난 입장은 분명하다. 프로이트는 20세기의 가장 유명한 정신과 의사로서 "망각"이 정신 건강에 반드시 해로운 영향을 끼치는 것은 아니라는 명제를 지지한 강력한 증인이다. 그의 정신분석 이론에서는 악행을 당한 일에 대한 **억압되지 않은** 기억이 잊히도록 내버려 두지 말고 존속시켜야 한다는 요구를 찾아볼 수 **없다**. 적어도 나는 그렇게 본다.

심리치료 과정은 어떻게 병을 낫게 하는가? 이것은 프로이트와 요제프 브로이어(Joseph Breuer, 프로이트는 정신분석의 탄생을 이 사람의 공으로 돌린다)가 공저 『히스테리 연구』에서 제기한 주요 질문이다.[1] 그들은 그 대답을 정

---

1   Sigmund Freud, *Five Lectures on Psycho-Analysis*, vol. 11 of *The Standard Edition of*

확하지만 필요 이상으로 복잡한 말로 요약했다.

이 치료법은 말을 통해 억눌린 감정을 발산하게 함으로써, 처음에 소산(消散)되지 못한 심상이 작용하는 힘을 제거한다. 또한 그런 심상을 (가벼운 최면 상태에서) 정상 의식으로 끌어들이거나 의사의 암시를 통해 제거(기억상실이 따르는 몽유병을 치료하는 경우처럼)함으로써 연상적 정정(associative correction)이 이루어지게 한다.²

좀더 쉬운 말로 풀어 보면, 트라우마를 만들어 낸 경험들이 말이나 행동을 통해 소산되지 않았다면(즉, 그 경험들이 낳은 긴장이 해소되지 않으면) 그에 대한 기억들은 의식적 기억에서 억제된다. 그러면 그 경험은 무의식적 기억에 갇혀 "몸속에 들어온 지 오랜 후에도 여전히 작용하는 이물질처럼" 사람을 계속 괴롭힌다.³ 이 경우, 해당 사건을 회상하여 "억눌린 감정"이 의식으로 배출되도록 돕는 방식으로 치료가 이루어진다. 일단 그 기억이 의식으로 떠오르면, "흥분 상태가 정상적으로 해소될" 기회가 생기게 된다.⁴

기억을 "정상 의식으로" 불러오는 심리치료는 프로이트에게 기대할 만한 내용이다. 그러나 브로이어와 프로이트는 다른 치료법, 즉 기억을 제거하는 방식의 치료법도 제안했다. 이것을 브로이어만의 견해로 보고 프로

---

the Complete *Works of Sigmund Freud* (London: Hogarth, 1957), p. 9.
2   Sigmund Freud, *Studies on Hysteria*, vol. 2 of *The Standard Edition of the Complete Works of Sigmund Freud* (London: Hogarth, 1955), p. 17.
3   같은 책, p. 6.
4   Freud, *Five Lectures*, p. 19.

이트는 여기에 동의하지 않았다거나 프로이트의 접근법과 긴장 관계에 있었다고 생각하면 곤란하다. 프로이트는 환자의 기억을 **제거하는** 자신의 치료법을 길게 설명했다. 그는 에미 폰 N의 사례를 논하면서 "떠올릴 수 있는 그녀의 병리적 기억들이 소진된 듯"[5] 보일 때까지 괴로운 기억들을 "지우고"[6] "없애고"[7] "제거하고"[8] "처리했다"[9]고 거듭해서 말했다. 그는 그 과정을 이렇게 묘사했다.

…나는 그녀가 이런 우울한 기억들을 하나도 알 수 없게 만들었다. 여러 가지 형태로 나타난 그 기억들을 일소했을 뿐 아니라 그런 기억 자체가 아예 머릿속에 존재하지 않았던 것처럼 그것을 통째로 제거한 것이다.[10]

물론 프로이트는 환자가 그런 기억을 표현한 다음에야 제거할 수 있었다. 그런데 기억의 표현은 치료자가 그 기억에 접근할 수 있게 해 주는 역할에 그치지 않았다. 그것은 "억눌린 감정"을 배출하는 데 도움이 되었고, 이것이 치료의 핵심이다. 프로이트는 환자가 **표현한** 기억을 제거한 후에 환자의 전반적인 상태가 호전되었고 구체적인 증상(말더듬증 같은)도 사라졌다고 보고했다.

---

5   Freud, *Studies on Hysteria*, p. 59.
6   같은 책, p. 79.
7   같은 책, p. 65.
8   같은 책, p. 80.
9   같은 책, p. 90.
10 같은 책, p. 61.

기억의 희석

프로이트의 기억 제거는 최면 요법과 연결되어 있었다. 환자들은 정상 의식 상태에서 떠올리지 못했던 경험들을 최면 상태에서 기억할 수 있었고, 치료사가 암시를 사용해 이 기억들을 제거하는 것도 최면 상태에서 이루어졌다. 나중에 프로이트는 최면 요법을 버리고 정신분석 요법을 택했는데,[11] 무의식의 기억을 최면 상태가 아니라 깨어난 의식으로 불러내는 것이 정신분석의 핵심이다. 정신분석이라는 새로운 과정에서 병리적 기억의 제거가 설 자리가 있을까? 병리적 기억의 제거가 **치료의 요소**일 수는 없다. 정신분석 요법은 정상 의식의 층위에서 이루어지는데, 치료사가 정상 의식의 상태에 있는 환자의 기억을 지울 수는 없기 때문이다. 더욱이, 환자는 본인의 기억을 없앨 수 없다. 인간이란 본래 무엇이건 뜻대로 망각할 수 있는 존재가 아니다. 그 정의상, 어떤 시도를 하려면 시도된 과제에 집중해야 하는데, 특정한 기억에 집중함으로써 그 기억을 잊어버리게 된다는 것은 있을 수 없는 일이다. 그러므로 정신분석 치료는 기억의 제거 말고 다른 수단으로 이루어져야 한다. 그런데 기억의 제거가 과연 성공한 치료 또는 부분적으로 성공한 치료의 **바람직한 결과**로 나타날 수 있을까? 이 문제는 온전한 치료가 **가능한지** 물었던 프로이트의 질문과는 별도로 중요하다.

프로이트는 "동기적 망각"(motivated forgetting)과 "기억의 희석"(fading of

---

11   이 과정이 알고 싶다면 Sigmund Freud, *A General Introduction to Psychoanalysis*, trans. Joan Riviere (New York: Washington Square, 1960), p. 456 이하에 실린 28번째 강의 도입부를 보라. 『정신분석 입문』(선영사).

memories)을 나누는데, 이것은 중요한 구분이다. 그는 『일상생활의 정신병리학』에서 "불쾌한 감정을 불러일으킬 수 있는 생각들을 몰아내려는…초보적 시도"에 대해 말한다. "그 시도는 고통스러운 자극 앞에서 나타나는 도주 반사에 비길 수 있을 것이다."[12] 여기서 망각의 동기는 정서적으로 괴로운 자극을 제거하려는 방어 욕구다. 환자가 그 경험을 의식적인 것으로 만들지 못하여 망각하는 경우, 프로이트는 그것을 "억압"이라 부른다. 의식적 기억에서 지워진 사건들은 무의식적 기억으로 옮겨져 파괴적인 지하생활을 하면서 정신을 손상시킨다.

그러나 프로이트는 억압과 아무 관련이 없는 다른 유형의 망각도 알고 있다. 기억의 희석에 의해 더 이상 별다른 감정을 불러일으키지 못하는 생각들이 희미해지는, "우리가 '망각'이라 부르는 전반적 인상 손실"이 있다.[13] 부정적인 정서반응―"불쾌한 감정"―에 떠밀려 기억이 무의식으로 들어갈 수 있다(물론, 프로이트는 부정적인 정서반응 때문에 기억이 생생하게 남을 수 있다고도 말한다).[14] 정서반응이 없으면 어느새 기억은 의식에서 **빠져나간다**. 정서에 미치는 힘이 되살아나지 않으면 기억은 "정상적인 마모 과정"을 겪는다.[15] 가끔 프로이트의 말은, 그가 기억은 상실되지 않으며 그 흔적은 파괴될 수 없다고 믿는다는 인상을 줄 수 있다. 그러나 그가 보다 깊이 생각하고 밝힌 견해는 사회적 통념에 더 가깝다. 우리는 "지나간 일이 정신에서

---

12   Freud, *The Psychopathology of Everyday Life*, in *The Standard Edition of the Complete Works of Sigmund Freud*, vol. 6 (London: Hogarth, 1960), p. 147.
13   Freud, *Studies on Hysteria*, p. 9.
14   Freud, *A General Introduction to Psychoanalysis*, p. 80에 실린 네 번째 강의를 보라.
15   Freud, *Studies on Hysteria*, p. 11.

보존될 수 있으며 어쩌면 파괴되지 않을 수도 있다고 주장하는 선에서 만족해야 할 것이다."[16] 그러나 파괴되지 않고 남아 있다 해도, 정서적 양분이 공급되지 않으면 기억은 힘을 잃고 잠에 빠져든다.

동기적 망각과 기억의 희석 사이의 구분을 전제한 뒤, 정신분석 치료 과정의 핵심으로 제시되는 것이 바로 억눌린 감정을 배출하고 기억이 가진 정서적 힘을 제거하는 것이라는 데 주목하자. 동기적 망각의 이유들이 제거되면 비로소 기억의 희석이 시작될 수 있다. 프로이트는 치료를 위해서 반드시 병리적 기억이 희미해져야 하는 것은 아니지만 사람들이 더 이상 "그 기억에 정서적으로 집착"하지 않아야 한다고 보았다.[17] 건강한 사람은 "엘레오노르 왕비의 장례를 기리는 기념비 앞에서 더없이 우울해하며 있을 뿐…왕비의 젊은 시절 모습을 머리에 떠올리며 기뻐할 줄 모르는 런던 사람"처럼 행동하지 않을 것이다.[18]

즉 정신적으로 치료가 되고도 상처를 기억할 수 있다는 말이다. 그러나 기억을 **해야만** 정신적으로 건강할 수 있을까? "병적 트라우마에 고착된 상태"에서 벗어난 사람이 그 트라우마의 기억을 잃어버리면 건강을 유지할 수 없다고 말할 근거는 없다. 프로이트의 정신분석 요법에는 트라우마 기억의 보존을 요구하는 내용이 없는 반면, 그런 기억을 적절히 다루다 보면 결국 희미해질 것이고 정신 건강에 해롭지도 않게 될 것이라는 명제를 지지하는 내용은 많다.

하지만 트라우마의 기억을 지켜야 할 이유로는 사람들의 정신 건강 외

---

16   Freud, *Civilization and Its Discontents* (New York: Norton, 1962), p. 18.
17   Freud, *Five Lectures on Psycho-Analysis*, p. 17.
18   같은 책, pp. 16-17.

에도 정체감이나 정의의 요구 조건, 미래의 상처들을 예방할 필요성 등이 있을 수 있다. 나는 이런 문제들을 이 책 9장에서 다룰 것인데, 프로이트는 이 문제들을 다루지 않는다. 치료가 기억을 놓아 보내는 결과로 이어지려면 프로이트가 말하는 것보다 "치료"에 더 많은 요소가 필요할 수 있다는 점도 역시 중요한 의미가 있다. 프로이트의 기억 연구의 주요 한계는 개인들만이 아니라 **사람들 사이의 관계**와 **넓은 사회적 관계**까지 치료되어야 한다는 명확한 인식이 없다는 점이다. 프로이트의 이론에서는 트라우마를 초래한 사람이 환자의 치료에서 중요한 역할을 하지 않는다. 치료는 트라우마를 겪은 사람의 "증상으로 표현되는 억압된 사건과의 화해"를 통해 주로 이루어지기 때문이다.[19] 프로이트의 글 및 근래에 나온 많은 트라우마 관련 문헌은 개인이 사회에서 정상적인 기능을 할 수 있도록 그를 괴롭히는 증상에서 벗어나게 하는 일에 집중한다. 그것은 중요한 목표이기는 하지만 한계가 분명하다. 트라우마적 경험의 사회적·도덕적 차원을 건드리지 않기 때문이다.

내가 기억 **인출**(retrieval)의 대표적 옹호자인 프로이트를 다룬 주된 목적은 트라우마적 기억의 치유에 대한 그의 접근법에서 적극적으로 도움을 받기 위해서가 아니었다(이 측면에서 그로부터 많은 것을 배울 수 있기는 하지만). 나는 악행의 기억이 "생각나지 않는 것"이 불가능하다거나 심리적으로 건강하지 않다는 잠재적 반론에 맞서 내 "사고실험"을 보호하고 싶었다. 초기의 프로이트는 최면을 이용하여 병리적 기억을 제거했고 그것을 치료

---

[19] Sigmund Freud, "Remembering, Repeating, and Working Through", in vol. 12 of *The Standard Edition of the Complete Works of Sigmund Freud* (London: Hogarth, 1958), p. 152.

의 핵심 요소로 보았다. 후기의 프로이트는 트라우마로 생겨난 상처가 정신분석 요법을 통해 치료된 후에 병리적 기억이 소실될 수 있는 문을 활짝 열어 놓았다.

인간이 되는 것과…망각

19세기 철학계의 '무서운 아이'(enfant terrible)였고 현대 포스트모더니즘의 선구자인 프리드리히 니체는 "망각"의 옹호자 중 가장 유명한 인물일 것이다. 그는 망각이라는 용어를 적어도 네 가지 상호 관련된 의미로 사용하는데, 그 모두가 "기억해 내지 못함"이라는 보다 일상적인 의미보다는 내가 말하는 "무(無)기억"에 더 가깝다. 그가 말하는 망각의 전형적 사례는 "한 여인이나 위대한 이념에 대한 맹렬한 열정에 사로잡혀 넋을 잃은 사람"이다.[20] 그는 에너지와 관심이 과거에서 벗어나 현재의 한 대상에 집중되어 있기 때문에 "망각"한다.

하지만 니체가 말하는 네 가지 망각 모두는 프로이트의 용어를 쓰자면 동기적 측면이 강하다. 하나님이 선물로 주시는 신세계가 도래한 후에 등장하는 "생각나지 않음"과는 다르다. 니체의 망각은 긍정적인 것에 대한 애착의 결실이 아니라 부정적인 것으로부터의 도피다. 프로이트는 니체가 정서적 요인들이 기억에 미치는 영향력과 "불쾌함을 막기 위한 시도로 이루어지는 망각의 역할"을 적절히 짚어 냈다고 찬사를 보냈다.[21] 그는 앞에서

---

20 Friedrich Nietzsche, *Unfashionable Observations*, in *The Complete Works of Friedrich Nietzsche*, vol. 2, ed. Ernst Behler (Stanford: Stanford University Press, 1995), p. 91.
21 Freud, *The Psychopathology of Everyday Life*, pp. 146-147, n. 2.

인용했던 『선악의 저편』에 나오는 니체의 유명한 아포리즘에 특히 깊은 인상을 받았다. "'내가 그 일을 했다'고 내 기억이 말한다. '내가 그런 일을 했을 리가 없어'라고 내 자존심이 말하고 그 주장을 굽히지 않는다. 마침내 기억이 굴복한다."[22]

나는 니체의 유명한 『반시대적 고찰』 중 하나인 '삶에 대한 역사의 공과'에 초점을 맞추어 망각의 네 가지 의미를 설명하고자 한다.[23] "공"(功, utility)과 "과"(過, liability), 일반적인 표현을 쓰자면 "사용"(use)이 핵심 단어다. 니체 주장의 요지는 역사 연구가 사실 정보의 수집을 위해서만 이루어져서는 안 되고 삶에 **봉사**해야 한다는 것이다. 역사가라면 이 주장에 반대하여 역사의 임무란 레오폴트 폰 랑케(Leopold von Ranke)의 유명한 문구처럼 "본래 있었던 상황 그대로"(wie es eigentlich gewesen ist)를 찾아내는 것이라고 말할 수도 있을 것이다. 그리고 앞서 3장과 4장에서 말한 대로 **진실한** 것과 기억을 **사용하는** 것 사이의 대립은 잘못된 것이기에, 역사적 진실을 발견하는 것 자체가 이미 역사를 사용하는 한 가지 방식이다. 그렇지만 우리가 과거의 기억을 가지고 무엇인가를 **한다**는 것만 봐도 니체의 접근법이 부분적으로는 옳다는 것을 알 수 있다. 니체는 이전의 누구보다도 기억과 망각의 **사용**을 많이 강조했다.

니체는 망각의 첫 번째 의미―나는 **역사적** 의미라 부르겠다―를 역사의 사용과 관련된 광범위한 맥락에서 전개한다. 인간이 역사에 관심을 갖

---

[22] Friedrich Nietzsche, *Beyond Good and Evil: Prelude to a Philosophy of Future*, in *Basic Writings of Nietzsche*, trans. and ed. Walter Kaufmann (New York: Modern Library, 1968), #68.

[23] *Unfashionable Observations*, pp. 85-167.

는 것은 세상에서 행동하기 때문이고, 존경할 대상을 바라기 때문이며, 고통을 받고 해방을 갈망하기 때문이다.[24] 이런 식으로 역사는 삶에 **봉사한**다. 그러나 이런 관심사들을 만족시키는 일은 "지식만 있으면 만족할 수 있고 지식의 증가 그 자체를 목적으로 여기는, 지식에 굶주린 개인"들에게 기대할 수 없다.[25] 과거에 대한 지식이 삶에 봉사하려면, "절대적 진실성"을 목표로 삼지 않을 것이다. 대신, "역사가"는 현재의 관점에서 과거를 바라보고 적절해 보이는 것에 집중할 것이고, 현대의 가치 기준에 비추어 과거를 평가하여 과거와 현재의 분명히 다른 사건들 사이에서 인위적으로 유사성을 만들어 낼 것이다. 그 결과, "역사가 삶에 봉사하고 삶의 충동들에 지배를 받는 한, 과거 자체는 몸살을 앓는다."[26] 삶을 위해서 역사를 추구하려면 "**망각**하는 능력과 제한된 **지평** 안에 자신을 가두는 능력"이 있어야 한다.[27]

여기서 나타나는 니체의 접근 방식은 진실함과 기억 사용―건설적 목적을 위해 삶에 봉사하는 용도로 기억을 사용함―사이의 잘못된 대립을 (그릇되게) 인정하는 것처럼 보인다. 그러나 그가 신중하게 내세우는 주장은 경청할 만하다. 유한한 존재들이 어떤 식으로든 기억을 사용하려면, 아니 무엇이든 기억하려면 망각이 필요하다. 과거를 정의롭게 대하겠다는 대단히 양심적인 소망으로 기억한다 해도 다르지 않다. 우리는 자신의 관심사라는 빛을 들고 과거의 어둠에 다가가 각자에게 필요한 것을 찾고, 유용하

---

24 같은 책, p. 96.
25 같은 책, p. 108.
26 같은 책, p. 104.
27 같은 책, p. 163.

다 싶은 것을 받아들인다(그것이 알고 보니 우리가 찾고 있던 바로 그것이 아닐지라도). 그렇게 받아들여서는 각자의 목적에 맞게 변형하고 나머지는 내버려 둔다. "망각"은 이 과정의 마지막 단계뿐 아니라 각 단계마다 이루어진다.

모든 유용한 기억에 들어 있는 "역사적 망각"은 인간의 삶 일반의 피할 수 없는 특성에 해당하는 더 근본적인 망각의 특수 사례다. 나는 이 두 번째 종류의 망각을 **인류학적** 망각이라 부를 것이다. 니체는 이렇게 썼다. "동물들을 보면 알 수 있듯, 거의 기억 없이 사는 것은 가능하다. 그것도 행복하게 살 수 있다."[28] "그러나 망각 없이는 사는 것 자체가 불가능하다."[29] 이 말은 그가 인간이 동물들과 달리 기억하지 않을 수 없는 존재라고 말한 다음 대목에 등장한다. "아직 부인할 과거가 없어서 과거의 울타리와 미래의 울타리 사이의 환희의 맹목 속에서 노는" 아이는 "마치 잃어버린 낙원의 비전을 보는 것처럼" 우리에게 감동을 줄 수 있다. 하지만 니체는 "아이의 놀이가 방해를 받아야 한다"고 말을 잇는다.[30] 모든 아이는 기억하기의 세계로 들어가야 한다.

하지만 **인간 고유의** 능력인 기억을 사용하려면 망각이 필요하다. 살아가고 (그 정의상, 과거의 일을) 기억하려면 (과거의 일과 당면한 현재의 일 모두를) 망각해야 한다. 이런 의미에서 니체에게 망각하기는 기억하기보다 삶에 더 근본적이다(그러나 기억하지 않고도 인간이 될 수 있다는 의미는 아니다).

---

28   니체가 생각한 기억은 **의식적** 기억이다. 그렇지 않았다면 그는 이처럼 선명하게 인간과 동물을 대비시킬 수 없었을 것이다. 니체 이전에 나온 철학 문헌 중 "짐승에게 기억이 있다"고 주장하는 논증으로는 John Locke, *An Essay Concerning Human Understanding*, ed. P. H. Nidditch (Oxford: Clarendon, 1975), II.10.10을 보라.『인간지성론』(한길사).
29   Nietzsche, *Unfashionable Observations*, p. 89.
30   같은 책, p. 88.

가장 극단적 사례를 상상해 보라. 망각의 능력이 없는 인간, 어디서나 생성을 보는 저주를 받은 사람…은 모든 것이 입자로 흩어져 요동치는 것을 보게 될 것이고, 그 생성의 흐름 가운데 넋을 잃을 것이다.[31]

사람이 전혀 기억을 못 하면 자신이 될 수 없는 것처럼, 전혀 망각을 못 해도 자신이 될 수 없다. 기억하지 못하고는 의도적인 행동을 할 수 없는 것처럼, 망각 없이도 의도적인 행동을 할 수 없다. 부분적으로 잊히지 않으면, 과거는 "현재의 무덤을 파는 무덤지기"가 된다.[32] 니체는 그것이 인류에게 주어진 기정사실이라고 보았다. 그리고 그 생각은 크게 빗나가지 않았다.

행복과 망각의 능력

니체가 사용한 망각의 세 번째 의미가 있다. 나는 그것을 **행복을 주는**(eudaemonic) 망각이라 부르겠다. 여기서 망각은 행복의 조건인데, 행복을 느끼는 능력의 조건이자 다른 사람들을 행복하게 만드는 능력의 조건이기도 하다. 니체는 이렇게 썼다.

> 그러나 가장 작은 행복과 가장 큰 행복의 경우, 행복을 행복으로 만드는 것은 늘 하나다. 망각의 능력, 보다 학구적으로 말하자면 행복이 지속되는 내내 그것을 비역사적으로 느낄 수 있는 역량이다. 과거를 완전히 망각하고 순

---

31 같은 책, p. 89.
32 같은 책.

간의 문턱에 퍼질러 앉을 수 없는 사람, 승리의 여신처럼 한 지점에 어지럼증이나 두려움 없이 서 있을 수 없는 사람은 행복이 무엇인지 결코 알지 못할 것이다. 더 나쁘게는, 그는 결코 다른 사람들을 행복하게 할 수 없을 것이다.[33]

니체는 행복을 경험하려면 현재에 몰두해야 하는데, 불행한 사람들은 회고하느라 과거에 머물거나 소망하느라 미래에 머무는 경향이 있다는 잘 알려진 심리학적 사실을 그저 되풀이하고 있지 않다.[34] 행복한 사람들은 현재를 포로로 잡아 두고 싶어 한다.

이런 심리적 관찰 너머, 행복을 주는 망각은 두 가지 근본적인 인류학적 신념에 근거한다. 첫째, 모든 활동, 특히 타인의 행복을 지향하는 활동은 망각을 요구한다는 신념이다. 누군가를 행복하게 만드는 일에 열중하면 적어도 한동안은 그 활동을 추구하는 데 필요한 시야 너머의 많은 것을 잊어야 한다. 자신의 과거를 곱씹고 있으면 다른 사람들의 필요를 살필 수 없을 것이다.

두 번째 신념은 기억에는 언제나 돌이킬 수 없는 "**지난 일**"(it was)의 고통이 따라온다는 것이다. 과거와 미래의 울타리 사이에서 행복하게 노는, 니체가 이야기한 아이를 떠올려 보라. 그 아이가 망각의 땅을 떠나 기억의 땅에 들어설 때, 피할 수 없는 슬픔의 공간으로 들어가게 된다. 기억과 함

---

33 같은 책, pp. 88-89.
34 다음 글에서 키르케고르가 행복과 관련해서 시간적 방식을 논한 것을 보라. *Either/Or*, ed. and trans. Howard V. Hong and Edna H. Hong (Princeton: Princeton University Press, 1987), 1:222-225; *Repetition: An Essay in Experimental Psychology*, trans. Walter Lowrie (New York: Harper & Row, 1964), p. 132. 『반복』(치우).

께 시간의 비가역성에 대한 깨달음이 찾아오기 때문이다. "지난 일"은 "인간에게 싸움, 고통, 지루함을 가져다주어 자신이 근본적으로 결코 완전해지지 않는 불완전한 존재임을 떠올리게 한다."[35] 과거의 불완전함에 대한 슬픔에서 벗어나는 길은 현재에서만 찾을 수 있다. 행복하려면 망각이 필요하다. 과거와의 즉각적 관계를 유예하고 현재에 몰두해야 한다.

망각 대 용서

니체의 『도덕의 계보』에 나오는 귀족의 도덕과 노예의 도덕이란 구분에 근거하여 마지막 의미의 망각을 **귀족적**(aristocratic) 망각이라 부르기로 하자. 니체는 귀족적 망각을 "삶의 가장 야만적이고 파괴적인 재난"과 사람들의 "악의적인 행동",[36] 다시 말해 내가 이 책에서 관심을 갖는 악행을 당한 사건과 분명하게 연결시켰다. 니체는 강한 본성이 "자기 고유의 것과 이질적인 것까지 아울러 지나간 모든 일을 자기 것으로 삼고, 통합해 내고, 그것을 이를테면 자기 피가 되게 바꿔 놓을" 수 있다고 주장했다. "그런 본성은 자신이 제압하지 못한 것을 망각할 줄 안다. 그런 것들은 존재하지 않게 된다."[37] 니체는 『도덕의 계보』에서 이 귀족적 망각의 사례로 프랑스 혁명기의 유명한 정치가이자 저술가 미라보 백작(Comte de Mirabeau)을 꼽는

---

35 Nietzsche, *Unfashionable Observations*, p. 88.
36 Friedrich Nietzsche, *On the Genealogy of Morals*, I,10, in *Basic Writings of Nietzsche*, trans. and ed. Walter Kaufmann (New York: Modern Library, 1968), p. 90. 『도덕의 계보』(책세상).
37 같은 책.

다. 미라보는 "자신이 당한 모욕과 비열한 처사를 전혀 기억하지 않았다. 그는 망각했기에 용서할 수 없는 사람이었다. 그런 사람은 다른 사람의 경우라면 피부를 뚫고 들어갈 벌레라도 손쉽게 떨쳐 낸다. 이런 사람에 대해서만 '원수 사랑'을 말하는 것이 가능하다."[38]

귀족적 망각은 기독교적 망각에 대한 니체의 대안이다. 귀족적 망각은 도덕적 냉담함과 정의의 요구에 대한 철저한 무관심이 표현된 것으로 해석할 수 있다. 적당히 가려서 받아들이기만 한다면 이 해석은 기본적으로 옳다. 의심의 여지 없는 니체의 도덕적 냉담함은 그와 정반대 입장인 보기 드문 도덕적 감수성과 정의의 요구에 대한 가장 엄중한 해석에서 따라 나온 결과다. 그렇지 않다면 그가 어떻게 거의 독보적인 도덕적 감수성을 보여 준 독일인 마르틴 루터를 연상시키는 이런 주장을 했겠는가?[39] "불의한 삶과 불의한 존재는 하나요 같은 것이다."[40] 니체는 삶이 필연적으로 불의에 찌들어 있는지라, 정의를 추구해 봐야 모두 실패할 수밖에 없다고 보았다. 이 통찰은 용서에 영향을 미친다. 나는 내게 잘못한 사람만 용서할 수 있으니, 용서는 정의에 대한 상당히 명쾌한 상황 파악이 이루어진 다음에야 가능하다. 불의를 찾아내 그 범위를 파악하고 적당량의 책임을 가해자에게 배정할 수 있어야 비로소 제대로 된 용서를 할 수 있다. 그러나 니체는 정의에 대한 명쾌한 상황 파악이 불가능하다고 주장했다. 그러므로 그에게는 용서도 불가능한 것이다.

---

38 같은 책.
39 루터의 비범한 도덕적 감수성을 인정한다고 해서 그의 명백하게 어두운 측면들을 부정하는 것은 **아니다**.
40 Nietzsche, *Unfashionable Observations*, p. 107.

무엇이 올바른지 알아내고 정의를 실현하기란 불가능하다는 것에 대한 니체의 대처 방식은 과격하지만 일관성이 있다. 그는 가해자와 피해자의 관계를 정의 추구의 영역 바깥에 두라고 말한다. 이것이 귀족적 망각의 기능이다. 상처를 최대한 흡수하고 나머지는 잊는 것이다. 정의를 무시하는 것은 어떤 면에서 사람의 행동을 정의의 요구 조건 아래로 끌어내리자는 것이 아니라 정의보다 높은 수준으로 끌어올리자는 것이다. 참으로 "원수를 사랑"하기 위해서는 "흡수"와 "망각"이 필요하다고 니체는 주장한다. 『안티 크리스트』에 따르면, 사람은 귀족적 망각을 실천함으로써 그리스도인이 마땅히 해야 할 일을 한다. "그는 자신에게 악을 행하는 사람에게 말로도 마음으로도 저항하지 않는다."[41] 이런 태도는 그가 말하는 "구제의 심리학"의 일부이거나, "'천국에 있는' 것처럼 느끼기 위해" 따라야 할 삶의 한 방식이다.[42]

하지만 니체의 귀족적 망각에는 또 다른 훨씬 가혹한 측면이 있다. 『차라투스트라는 이렇게 말했다』에서 니체는 낙타(순종하는 존재)가 사자(스스로 자유를 만들어 내는 존재)로, 사자가 아이로 바뀌는 상황을 상상한다. "맹수인 사자가 왜 아이가 되어야 하는가?" 니체는 이렇게 묻고 설명을 제시한다.

아이는 순수이자 망각, 새로운 시작이자 놀이, 스스로 굴러가는 바퀴, 제1동인, 신성한 "예"(Yes)다. 형제들이여, 창조의 놀이를 위해서는 신성한 "예"가 필

---

41 Friedrich Nietzsche, *The Anti-Christ*, trans. R. J. Hollingdale (London: Penguin, 1990), #33. 『안티 크리스트』(아카넷).
42 같은 책.

요하다. 그 정신이 이제 제 뜻을 주장한다. 세상에 패했던 그가 이제 자신의 세상을 정복한다.[43]

"아이" "순수" "놀이" "신성한 '예.'" 모두가 상당히 유쾌하게 들린다. 그렇다면 가혹함은 어디 있단 말인가? 가혹함은 새로운 가치 세계의 창조와 제 뜻대로 하기 바라는 순수함에 있다. 정의가 불가능한 상황에서 알아볼 수 있는 올바름은 자기 행동의 올바름뿐이다. 참으로, 이 순수함은 모욕에 개의치 않고 남을 모욕할 때도 거침이 없다. 니체의 '아이'는 모욕을 **당한** 일도 남을 모욕**한** 일도 다 잘 망각한다.[44]

망각에 대한 니체의 사색은 모종의 천국을 지향한다. 사람이 살 수 있는 천국이 아니라 사람이 **느낄** 수 있는 어떤 경지로서의 천국이다. 이 천국은 사람들 사이의 사랑이 다스리는 곳이 아니라 개인이 고통과 모욕을 당해도 영향을 받지 않고 자신의 행동의 결과에도 개의치 않는 상태를 말한다. 니체의 천국은 창조력을 부여받은 뛰어난 개인들의 심리 상태로 존재한다. 니체는 프로이트와 마찬가지로, 그러나 훨씬 더 "진지"하게 개인에게 관심을 갖는다. 개인들이 역사를 삶에 봉사하는 방식으로 사용할 수

---

43 Friedrich Nietzsche, *Thus Spoke Zarathustra*, in *The Portable Nietzsche*, trans. Gordon Kaufmann (New York: Penguin, 1976), p. 139.
44 말과 관련한 유명한 사건을 보면 니체도 귀족적 망각의 가혹한 측면을 실천할 준비가 되어 있지 않았던 것 같다. 그가 왕성하게 활동하던 시기의 막바지, 광기로 인해 정상적인 생활을 하지 못하게 되기 직전, 니체는 마부가 말을 때리는 광경을 보고 마음이 크게 불편했다. 그는 말에게 다가가 그 목을 껴안았고 돌이킬 수 없이 미쳐 버렸다. Ronald Hayman, *Nietzsche: A Critical Life* (London: Weidenfeld and Nicolson, 1980), pp. 334-335를 보라. 『니체』(궁리). 나는 이것이 니체의 극도로 예민한 도덕적 감수성을 증언하는 또 하나의 사건이라고 본다.

있게, 승리의 여신처럼 행동하며 행복을 느끼고 자기 뜻대로 창조의 놀이를 즐길 수 있게 하려고 그들의 망각에 관심을 갖는 것이다.

'치료'(프로이트)에든 '구제'(니체)에든 망각이 **개인**에게 도움이 된다고 할 때, 우리가 당한 악행을 의미 있게 망각하려면 우리 자신에게만 관심을 가져야 할까? 적어도 쇠렌 키르케고르는 구약성경 선지자들의 시대까지 거슬러 올라가는 전통을 대변하며 큰 소리로 "그렇지 않다"고 대답할 것이다. 악행을 당한 기억을 놓아 보내야 할 이유를 제시할 수 있는 것은 자신에 대한 관심이 아니라 타인에 대한 사랑이다.

사랑은 허다한 죄를 덮는다

쇠렌 키르케고르는 적어도 어느 한 단계에서는 기억과 망각에 대한 일반 이론 같은 것을 내놓았다. 그는 『이것이냐 저것이냐』에서 모든 인간의 삶은 "이 두 가지 흐름으로 움직인다"고 주장했다.[45] 그러고도 그는 "망각의 기술"과 "기억의 기술"을 모두 배워야 한다고 믿었다.[46] 그는 이렇게 썼다. "삶의 어떤 부분도 원하는 순간에 당장 잊히지 않을 만큼 지나치게 의미심장해져서는 안 된다. 그러나 삶의 모든 부분은 언제라도 기억해 낼 수 있을 만큼 의미 있는 것이어야 한다."[47] 그뿐 아니라, 그는 유쾌한 경험에도 불쾌한 경험 못지않게 망각의 기술을 적용해야 한다는, 직관적으로 이

---

45 Kierkegaard, *Either/Or*, 1:292. 잘 알려져 있다시피, 키르케고르는 가명을 널리 썼고, 저서에서 자신이 옹호하는 입장을 밝히지 않을 때도 있었다.
46 같은 책, p. 294.
47 같은 책, p. 293.

상하게 들리는 조언도 했다.[48]

안타깝지만, 여기서 키르케고르가 어떤 의미로 "기억"과 "망각"을 썼는지는 분명하지 않다. 그가 생각을 표현하기 위해 구사한 여러 은유는 여전히 모호하다.[49] 그러나 『이것이냐 저것이냐』에서 망각을 감쌌던 안개는 적어도 특정한 한 가지 유형의 망각에 대해서는 걷힌다. 바로 사랑하는 사람에게 당한 모욕의 용서와 망각이다. 그는 『사랑의 역사』[50](이 책은 『열여덟 편의 교훈적 강론』[51]과 더불어 내 논의에서 가장 중요한 텍스트다)에서 "덮어 줌"의 은유를 사용한다. 그는 베드로전서 4:8("무엇보다도 뜨겁게 서로 사랑할지니 사랑은 허다한 죄를 덮느니라")에서 영감을 얻은 '사랑은 허다한 죄를 덮느니라'는 장에서 사랑이 죄를 어떻게 하는지 논한다.

---

48 같은 책, p. 294.
49 그는 『이것이냐 저것이냐』(p. 294)에서 이렇게 썼다. "망각은 쓸 수 없는 것을 잘라 내는 가위다. 하지만 망각이 확고하게 기억의 통제 아래 있다는 점에 주목하자." 또 『결혼에 관한 약간의 성찰』에서 이렇게 말했다. "망각은 무대 앞에 드리운 비단 커튼이다. 기억은 커튼 뒤로 물러나는 베스타의 여사제다"[Søren Kierkegaard, *Stages on Life's Way: Studies by Various Persons*, ed. and trans. Howard V. Hong and Edna H. Hong (Princeton: Princeton University Press, 1988), p. 27. 『결혼에 관한 약간의 성찰』(지식을만드는지식)]. 망각된 것은 지워짐과 동시에 어떤 식으로든 보존되고, 기억이 그 과정을 통제한다. 그러나 정확히 지워진 것은 무엇이고 보존된 것은 무엇이며, 지워진 것이 어떻게 보존될까? 또, 기억이 어떻게 망각을 통제할까? 키르케고르는 말해 주지 않는다.
50 Søren Kierkegaard, *Works of Love: Some Christian Reflections in the Form of Discourses*, trans. Howard and Edna Hong (New York: Harper & Row, 1964).
51 Søren Kierkegaard, *Eighteen Upbuilding Discourses*, ed. and trans. Howard V. Hong and Edna H. Hong (Princeton: Princeton University Press, 1990). 키르케고르를 연구하는 학자들은 『열여덟 편의 교훈적 강론』과 『사랑의 역사』가 서로 이어져 있지만 구분되는 두 단계인 종교성 A와 종교성 B에 각각 속하는 것으로 여긴다. 그러나 동일한 학자들에 따르면 종교성 A가 종교성 B에 들어 있는 것이므로, 나는 이 책의 논의에서는 둘의 구분을 무시할 수 있다고 본다.

사랑은 세 가지 기본적인 방식으로 죄를 덮는다. 첫째, 사랑은 죄를 보지 않는다. 어떤 의미에서 죄에 "눈이 머는" 것이다. 사랑의 눈은 너그럽고, 죄가 있는 곳에서도 죄 보기를 주저한다. 둘째, 사랑은 죄가 보이면 관대하게 해석하거나 용서의 도움을 받아 침묵으로 덮어 준다. 셋째, 사랑은 죄가 생겨나는 것을 방해하여 죄를 덮는다. 키르케고르는 두 번째 방식에 대해 논평하면서 이렇게 썼다.

> 침묵을 지키는 것은 일반적으로 알려진 많은 죄 중 어떤 것도 없애지 않는다. 관대한 해석은 이것저것이 죄가 아님을 보여 줌으로써 허다한 죄 중에서 일부를 줄인다. 용서는 명백한 죄를 제거한다. 사랑은 허다한 죄를 덮어 주기 위해 이 세 가지 방법을 모두 동원한다. 그러나 용서야말로 가장 주목할 만한 방법이다.[52]

죄를 망각함

도대체 왜 용서가 가장 주목할 만한 방법일까? **죄를 없애 주기 때문이다.** 키르케고르는 용서가 중심 개념이 되는 과정을 좀더 길게 묘사했는데, 여기에 그 텍스트를 소개한다.

> 죄는 지워지고 용서받고 잊힌다. 성경이 하나님의 용서에 대해 말하는 바대로 죄는 등 뒤로 숨겨진다. 그러나 물론 사람은 잊어버린 것을 모르지 않는

---

52 Kierkegaard, *Works of Love*, p. 294.

다. 사람은 알지 못하고 안 적이 없는 것만 모르기 때문이다. 사람이 잊어버리는 것은 그가 알고 있던 것이다. 따라서 최고의 의미에서 망각의 반대는 기억이 아니라 소망이다. 소망하는 것은 생각 속에서 존재를 부여하는 것이며, 망각하는 것은 생각 속에서 존재를 제거하고 지우는 것이다.…망각, 곧 하나님이 죄를 잊으시는 것은 창조와 정반대되는 개념이다. 창조는 사물을 무(無)로부터 불러내는 것이고, 망각은 무(無)로 되돌리는 것이기 때문이다. 내 눈에 감추어진 것은 이제껏 내가 보지 못한 것이다. 내 등 뒤에 감추어진 것은 내가 이미 본 것이다. 사랑하는 사람은 바로 이런 식으로 용서한다. 그는 죄를 용서하고 망각하고 지우고, 사랑 안에서 용서하는 상대 쪽으로 돌아선다. 그러나 그가 그렇게 돌아설 때, 자신의 등 뒤에 놓인 것은 당연히 볼 수 없다. 등 뒤에 놓인 것을 볼 수 없다는 사실은 쉽게 이해할 수 있고 이 은유가 사랑이 만들어 낸 괜찮은 비유라는 점도 이해하기 쉽다. 그러나 용서의 도움을 받아 다른 사람의 죄과를 자기 등 뒤로 보내는 사랑하는 사람이 되기는 대단히 어려운 일이다. 흔히 사람들은 다른 사람의 양심에 죄과를 쉽게 떠넘긴다. 심지어 살인죄에 대해서도 그렇게 한다. 용서한답시고 다른 사람의 죄과를 등 뒤로 옮기는 일은 아주 어렵다. 그러나 사랑하는 사람에게는 어렵지가 않다. 사랑하는 사람은 허다한 죄를 덮기 때문이다.[53]

키르케고르가 말하는 죄의 "망각"은 무엇을 뜻하는가? "사람은 자기가 잊어버린 것을 모르지 않는다"는 주장을 열쇠로 받아들인다면, 망각은 가해자에게 악행에 대한 책임을 묻지 않겠다는 뜻일 수 있다. 엄격히 말하

---

53 같은 책, pp. 295-296.

면, 악행을 기억하지만 가해자에게 그것을 따지지 않겠다는 것이다. 또한 루터가 베드로전서 4:8을 주해하면서 말한 것처럼, "그것을 보지 않는 척" 한다는 의미일 수도 있다.[54] 그렇다면 키르케고르가 "덮어 줌"의 은유로 전하고자 하는 것은 악행자를 악행자가 아닌 것처럼 대한다는 의미일 것이다. 그런데 그는 그 이상의 말을 하려는 것 같다.

키르케고르는 "망각…은 창조와 정반대되는 개념이다"라고 썼다. 악행을 망각하면 악행을 "무(無)로 되돌리는" 결과가 따라온다. 여기서 망각은 취소와 비슷하다. 그러나 우리는 시간을 돌이킬 수 없기에 어떤 행위도 취소될 수는 없다. 그러면 망각하는 사람이 어떻게 죄의 "존재를 제거"할 수 있을까? 키르케고르는 "생각 속에서" 그렇게 한다고 말한다. 용서하는 사람은 악행을 알고 있지만—용서는 악행을 악행으로 아는 지식을 전제한다. 그렇지 않다면 용서할 내용이 없을 것이다—그것이 더 이상 생각나지 않는다. 그러므로 실용적인 의미에서 악행은 더 이상 존재하지 않는다. 키르케고르가 묘사하는 대상은 망각 이상, 취소 이하의 어떤 것이다. 그는 "등 뒤에" 놓인 것, 또는 내가 "생각나지 않음"이라 부른 것에 대한 의식의 부재를 묘사한다.

『사랑의 역사』와 『열여덟 편의 교훈적 강론』(이 책에는 "사랑은 허다한 죄를 덮느니라"라는 제목의 두 강론이 들어 있다)을 비교해 보면 이 해석이 옳음을 알 수 있다. 키르케고르가 용서에 대한 세 복음서의 이야기를 어떻게 다루는지 보라. 그는 탕자의 아버지(눅 15:11-32)가 "두 팔을 벌리고 서서 못된

---

54 Martin Luther, *Luther's Works*, ed. Jaroslav Pelikan, vol. 30 (St. Louis: Concordia, 1986), p. 123.

아들을 기다린다. 모든 것을 잊어버렸고, 못된 아들도 아버지의 환대에 모든 것을 잊게 된다"고 썼다.[55] 간음하다 붙잡힌 여인의 이야기(요 7:53-8:11)에서 예수님이 땅바닥에 뭔가를 쓰신 것에 대해 키르케고르는 이렇게 평했다. "그[즉, 사랑의 화신]는 아시던 바를 지우시기 위해 손가락으로 쓰셨다."[56] 마지막으로, 눈물로 예수님의 발을 씻은 죄 많은 여인(눅 7:36-50)에 대해서는 이렇게 말한다. "울다 보니 그녀는 마침내 자신이 애초에 왜 울었는지를 잊었다. 회개의 눈물이 흠모의 눈물이 되었다."[57]

사랑과 망각

키르케고르가 용서를 악행의 망각과 연결시킨 이유는 성경에서 하나님이 우리의 죄를 지우시고 안개처럼 흩으시고 기억하지 않으신다는 대목 때문이기도 하다. 앞에서 인용한 세 복음서 이야기에서 그는 하나님의 용서를 인간의 용서를 위한 직접적인 본보기로 제시한다. 구약성경은 하나님이 백성의 죄를 덮으신다고 가르치고, 신약성경은 그리스도인들에게 그와 똑같이 하라고 권한다. 그러나 키르케고르는 하나님의 용서하심에 대한 이런 말씀들을 은유로 받아들일 수도 있었을 것이다. 따라서 그의 성경 해석은 용서와 망각의 관계에 대한 그의 이론을 온전히 설명하기에 충분하지 않다.

키르케고르가 용서를 망각과 연결시킨 것은 무엇보다 '하나님은 사랑이시다'라는 사랑에 대한 큰 명제에 이끌렸기 때문이다. 그는 『사랑의 역

---

55 Kierkegaard, *Eighteen Upbuilding Discourses*, p. 63.
56 같은 책, p. 67.
57 같은 책, pp. 75-76.

사』에서 망각을 논한 장 바로 앞에서, 사랑은 자기 유익을 추구하지 않고 내어 주되 "받는 사람이 자기 물건을 받는 것처럼 보이도록 준다"고 주장했다.[58] 용서받은 죄를 기억한다는 것은 용서받는 사람을 '받는 쪽'으로, 용서하는 사람을 '주는 쪽'으로 규정하는 것이다. 그러나 참사랑은 도움을 주고도 그것이 눈에 띄지 않게 한다. 그렇게 참사랑이 죄와 용서 행위를 둘 다 잊어버리면 용서에 함축된 의존 관계도 해체된다.

이와 비슷하게, 참사랑은 용서를 받을 때 생기는 "굴욕감"을 해체한다.[59] 키르케고르의 설명에 따르면, 사랑은 용서를 통해 죄를 극복하는 동시에 죄인의 마음을 얻으려 한다. 사랑이 왜 죄인의 마음을 얻어야 할까? 악행자가 자신의 악행을 깊이 느끼고 "자신의 패배를 깊이 느낄수록, 사랑으로 자비로운 한 방을 날리는 사람에게 더 큰 부담감을 느끼게 될 것이다."[60] 그러면 어떻게 해야 사랑이 죄인의 마음을 얻는 어려운 임무를 완수할 수 있을까? 여기서도 망각이 사랑을 도울 수 있다.[61] 악행과 용서가 망각되기 때문에 용서의 굴욕도 사라진다.

잊어버리는 일이 사랑의 행위일 수 있다면, 그 과정은 어떻게 이루어질까? "잊으려고 노력해!"라는 조언은 "공허한 조롱에 불과"하다고 키르케고르는 썼다.[62] 누군가 불쾌한 기억을 떨쳐 내려고 시도하면, "그런 시도의 효

---

58 Kierkegaard, *Works of Love*, p. 274.
59 같은 책, p. 338.
60 같은 책.
61 키르케고르는 이 맥락에서 용서를 언급하지 않지만, 용서받은 사람을 이긴 것은 용서한 사람이 아니라 "제3자"인 사랑이라고 말함으로써 용서받는 데서 오는 굴욕감을 제거하려 한다. 그뿐 아니라, 가해자와 피해자의 차이에도 불구하고 "하나님의 임재는 그 둘을 본질적으로 동등하게 만든다"(같은 책, p. 342).

과를 곧 알게 된다. 방심한 순간, 그 기억이 전력을 다해 그를 기습한다."[63] 대신 그는 『그리스도교의 훈련』에서 다른 접근법을 추천한다. "망각하고 싶은 것이 있다면, 다른 생각할 거리를 찾아내라. 그러면 분명히 성공할 것이다."[64] 악행을 당한 일을 잊어버리려면 매일 모든 일에서 그리스도를 기억하면 된다. 그리스도에게 집중하면 "망각해야 할 모든 것"을 "건망증이 심한 사람"처럼 잊어버리게 된다.[65] 왜 그럴까? 우리가 우리 자신에게서 끌려 나와 그리스도 안에 다시 자리를 잡기 때문이다.

그런데 그리스도는 망각의 본이자 망각할 수 있게 해 주시는 분이면서 그 이상의 존재이기도 하다. 키르케고르는 그런 망각이 그리스도를 하나님으로 섬기는 맥락 안에서만 타당성을 갖는다고 말한다. 사랑은 죄를 덮은 다음에 잊어버린다. 그러나 모든 망각이 사랑의 역사는 아니며, 사랑이 작용할 때도 그것이 올바른 사랑은 아닐 수도 있다. 키르케고르가 『이것이냐 저것이냐』에서 소개한 버림받은 세 여인, 마리 보마르셰(괴테의 희곡 〈클라비고〉에 등장하는 비운의 여인. 무도회에서 만난 주인공 클라비고와 사랑에 빠지지만 곧 버림을 받고 실의에 빠져 세상을 떠난다 — 옮긴이), 도나 엘비라(모차르트의 오페라 〈돈 조반니〉의 여주인공. 바람둥이 돈 조반니에게 모든 것을 바치고 결혼까지 하지만 하루아침에 버림받은 후, 사랑을 되찾을 일념으로 그를 찾으러 다닌다 — 옮긴이), 마가레테(파우스트의 연인 — 옮긴이)를 생각해 보자.[66] 그들은 키르케고

---

62 Søren Kierkegaard, *Practice in Christianity*, ed. and trans. Howard V. Hong and Edna H. Hong (Princeton: Princeton University Press, 1991), p. 152. 『그리스도교의 훈련』(다산글방).
63 Kierkegaard, *Either/Or*, 1:294.
64 Kierkegaard, *Practice in Christianity*, p. 152.
65 같은 책, p. 153.

르가 『사랑의 역사』에서 설명한 대로, 사랑이 하는 일을 고스란히 하고 있는 것처럼 보인다. 잘못에 눈을 감고, 관대한 해석 뒤로 잘못을 감추고, 연인이 돌아올 마음만 있다면 기꺼이 용서할 의향도 있다.

그러나 뭔가 빠져 있다. 그들은 그렇게 하고도 안식을 얻지 못했고 구속받지도 못했다. 키르케고르가 그들에 대해 상상할 수 있는 유일한 위안은 어두운 밤의 자궁 속으로 들어가 "낮과 시간과 삶과 성가신 기억"까지 포함한 모든 것을 단축시키는 "영원한" 망각에 빠지는 것이다.[67] 왜일까? 이 여인들이 자신을 사랑하지 않았거나 다른 사람을 사랑하지 않았기 때문이 아니다. 이유는 다른 데 있다. 도나 엘비라는 돈 조반니를 "자기 영혼의 구원보다 더" 사랑했고 마가레테는 파우스트를 "내 모든 것, 나의 신(神)"으로 대했기 때문이다.[68] 사랑하는 자와 사랑받는 자의 유대가 "하나님을 배제하는 자기애의 동맹"을 이룬다.[69] 이런 이기적인 우상숭배에 빠진 결과, 세 여인의 자아는 무방비 상태가 되어 변덕쟁이 연인에게 휘둘리게 되었다.

사랑하는 자아는 사랑이 "돌아올" 때만, 우리가 준 것을 받을 때만 보호받을 수 있다. 그러나 이 세상의 변덕스러운 대상에게 사랑을 쏟을 때는 사랑이 돌아올 것이라고 믿을 수가 없다. 우리는 그 무엇보다 사랑 그 **자체이시며** '사랑을 주는 자'에게 사랑을 돌려주시는 분을 사랑해야 한다.

---

66 『사랑의 역사』의 한 장인 '사랑은 허다한 죄를 덮는다'와 『이것이냐 저것이냐』의 '실루엣'을 나란히 놓고 살피게 된 것은 에이미 로라 홀(Amy Laura Hall)과의 대화에서 얻은 착상 덕분이다. Amy Laura Hall, "Treacherous Intimacy: Fallen and Faithful Engagements in Kierkegaard's Works of Love and Other Writings" (Ph.D. diss., Yale University)를 보라.
67 Kierkegaard, Either/Or, 1:168.
68 같은 책, 1:196; 1:213.
69 Kierkegaard, Works of Love, p. 439의 초기 원고들을 보라.

아니다. 사랑에 빠진 사람은 남을 생각하느라 자신을 망각하고 자신의 고통을 망각하는데…참으로 그런 사람은 잊히지 않는다. 그를 생각해 주는 존재가 따로 있으니, 곧 하늘에 계신 하나님, 사랑의 하나님이시다. 하나님은 사랑이시니, 사랑하느라 자신을 망각하는 사람을 그분이 어떻게 잊으시겠는가![70]

하나님의 사랑으로 보호받는 사람은 다른 사람의 잘못을 잊어버림으로써 자신의 일부를 잊어버릴 수 있다.

자아의 상처는 사회적 교환의 결과일 수 있는데도 불구하고 프로이트와 니체는 망각을 "자아와 그 자체의 나르시시즘적 관계"로 본다.[71] 자아는 망각함으로 자신을 치료하기 위해서(프로이트) 혹은 "자기 세상을 정복하기" 위해서(니체) 자기 자신과 관계를 맺는다.[72] 하지만 키르케고르는 망각을 자아가 다른 사람, 정확히 말해서 가해자와 맺는 사랑의 관계라고 본다. 그런데 그 관계에는 신중한 한계선이 그어져 있다. 피해자만이 용서할 수 있듯, 피해자만이 상처를 잊을 수 있고 가해자가 자신의 죄과를 잊도록 허락할 수 있다. 망각은 명령으로 이루어질 수 없다. 피해자 본인은 물론이고 타인, 특히 가해자가 피해자에게 망각을 명령할 수 없다. 제3자가 대신 잊어 줄 수도 없다. 키르케고르는 인간이 제대로 용서하고 망각할 수 있으려면 그가 자아를 잃지 않도록 하나님이 보호해 주시고, 그가 죄를 덮으시는 하나님을 본받아 행해야 한다고 말한다.

---

70 Kierkegaard, *Works of Love*, p. 281.
71 Paul Ricœur, "Memory, Forgetfulness, and History", *The Jerusalem Philosophical Quarterly* 45 (1996): p. 23도 프로이트와 니체와 관련된 내용은 아니지만 비슷한 입장이다.
72 Nietzsche, *Thus Spoke Zarathustra*, p. 139.

망각은 불의한가

그러면 정의는 어떻게 되는 것일까? 키르케고르는 인간적 정의의 필요성은 무시하는 듯 보인다. 물론 하나님은 세상을 심판하시지만, 그리스도인들은 그런 것을 생략해야 한다는 것이 그의 주장이다. 지금 이곳에서의 심판은 세상의 재판장들에게 맡겨야 한다. "국가가 임명한 재판장, 정의의 종이 죄책과 범죄를 찾아내도록 맡기라. 나머지 우리는 재판장으로도, 정의의 종으로도 부름받지 않았다. 오히려 정반대. 우리는 사랑하도록, 즉…허다한 죄를 덮어 주도록 부름받았다."[73] 그러면 정의에 봉사하는 것과 사랑에 봉사하는 것은 어떤 관계가 있을까? 죄를 덮어야 한다면, 그것이 죄라는 것을 알아야 하니 적어도 그 정도만큼은 정의에 봉사할 필요가 있는 것 아닐까?

키르케고르는 사랑을 논하면서 정의를 배제했고 거기에서 용서와 회개의 거북한 분리가 생겨났다. 『청결한 마음은 한 가지를 원하는 것이다』에서 그는 악행자가 해야 할 일을 숙고한다. 그리고 그가 "죄책을 벗어 버리고" 싶어 하거나 "그에 대한 모든 기억을 떨쳐 버리려" 해서는 안 된다고 경고한다.[74] 이것 역시 어느 정도 타당하다. 악행자가 무기억의 선물을 받을 만한 어떤 일도 하지 않고 회개나 변화도 없이 그 선물을 받아서는 안 된다. 그러나 앞의 인용문에서는 정의가 완전히 우세를 점한 것처럼 보인다. 키르케고르는 죄인에게 영원한 죄책이 남아야 하고 그가 "어떤 존재였

73　Kierkegaard, *Works of Love*, p. 293.
74　Søren Kierkegaard, *Purity of Heart Is to Will One Thing: Spiritual Preparation for the Office of Confession*, trans. Douglas Steere (New York: Harper, 1948), p. 44.

는지" 기억하는 방식으로 영원한 회개가 있어야 한다고 말한다. 왜 영원한 죄책인가? 죄책은 시간이 흐른다고 해서 달라지지 않기 때문이다.[75] 하지만 키르케고르는 여기서 기억과 죄책의 관계를 잘못 파악했다.

물론 한 가지 점에서는 그가 옳았다. 그의 말대로, 시간이 간다고 죄책이 사라지는 것은 아니다. 그러나 그렇다고 해서 죄책이 남아 있어야 하는 것도 아니다. 키르케고르도 말했다시피 용서는 죄책에 영향을 미친다. 만약 용서로 죄책이 지워질 수 있다면, 가해자가—피해자도!—지워진 죄책을 **기억하지 않는** 것이 합당하지 않을까? 사실, 키르케고르는 『열여덟 편의 교훈적 강론』에서 이런 생각을 그대로 드러내며 용서가 탕자에게 미친 영향을 언급했다. 아버지의 포용에 힘입어 "못된 아들은 모든 것을 잊어버리게" 된다.[76] 더욱이, 『사랑의 역사』에서 "영원"은 죄책을 보존하는 것이 아니라 제거한다. 키르케고르는 이렇게 조언한다. "과거를 없애라. 사랑 안에 거하여 과거를 영원한 망각에 빠뜨려라."[77]

그러면 영원은 죄에 어떤 영향을 끼칠까? 죄책을 보존할까? 집어삼킬까? 아니면 둘 모두일까? 키르케고르의 생각은 분명하지 않다. 그의 방식대로 사랑에서 정의에 대한 관심을 빼 버리면, 용서와 화해는 계속 상충할 것이다. 용서는 사랑의 명령에 따라 죄책이 기억에서 빠져나가게 해 주고, 회개는 정의의 요구에 따라 죄책을 붙잡는다.

하지만 키르케고르는 사랑과 정의의 관계를 잘못 파악했다. 사랑은 정의에 대한 관심을 아우르지 정의와 반대되지 않는다. 사랑과 정의는 용서

---

75 같은 책, p. 45.
76 Kierkegaard, *Eighteen Upbuilding Discourses*, p. 63.
77 Kierkegaard, *Works of Love*, p. 307.

안에서 합쳐진다. 용서는 정의의 요구가 타당하다(잘못한 것이 있어야 용서할 것도 있다)는 것을 전제하기 때문에, 회개는 가해자가 용서의 선물을 받고 죄인으로 기억되지 않게 되기에 적절한 방식이 된다.

사랑이 정의를 배제한다는 생각에는 또 하나의 문제점이 있다. 사랑하라는 하나님의 명령에 주의하는 제3자의 위치다. 키르케고르는 남이 자기에게 저지른 죄를 덮어 주는 사랑의 사람에게 "그를 사랑하는 아내가 있었다"고 상상해 보라고 한다.

> 보라, 그녀는 그를 사랑하기 때문에 그가 허다한 방식으로 부당한 일을 당했음을 발견할 것이다. 그녀는 상처 입고 비통한 마음으로 모든 조롱의 시선을 바라볼 것이고, 깨어진 마음으로 비웃는 소리를 듣게 될 것이다. 하지만 사랑을 실천하는 남편은 아무것도 발견하지 못한다.[78]

이제 이것을 망각—죄에 대해 눈먼 상태와 더불어 죄를 덮어 주는 또 한 가지 방식—에 적용하고 모든 인간관계로 확대해 보자. 연인은 사랑하는 사람이 누군가에게 상처를 입었을 때 어떻게 해야 할까? 그녀는 사랑하기에 정의를 추구할 것이다. 그러나 그녀는 키르케고르가 제안한 어떤 방식으로도 죄를 덮을 수 없을 것이다. 그보다 앞서 죄들이 폭로되고 어떤 식으로든 먼저 처리되어야 할 것이다. 이번에도 사랑과 정의는 양립할 수 없는 것처럼 보인다. 사랑은 맹목과 덮어 줌을, 정의는 인정과 폭로를 요구한다.

---

[78] 같은 책, p. 288.

그러면 이제 어떻게 해야 하는가

마지막으로 이번 장의 내용을 되짚어 보자. 우리는 "망각"을 옹호한 세 명의 근대 사상가를 살펴보았다. 가장 뜻밖의 협력자였던 프로이트는 무기억이 억압적인 것으로 보일 필요가 없으며 오히려 심리치료가 성공한 결과일 수 있음을 보이는 데 도움을 주었다. 모호한 도우미였던 니체는 무기억이 우리의 삶과 인간으로서 존재하는 일, 그리고 과거를 사용하는 여러 방식과 스스로 행복해지고 남을 행복하게 해 주는 능력에서 기본이 된다는 것을 강조했다. 그의 사상은 무기억이 잠재적으로 어떻게 오용될 수 있는지를 생생하게 구현해 주는데, 하나는 나르시시즘적 자기몰두이고, 또 하나는 다른 사람들을 철저히 무시한 채 자기만의 가치 세계를 "장난으로" 창조하는 것이다. 세 사람 중에서 가장 도움이 된 키르케고르는 악행을 당한 일에 대한 무기억이 어떻게 사랑하는 사람이 사랑하는 대상에게 주는 선물이 되며 사랑의 본질과 심오한 조화를 이루는지를 보여 준다.

키르케고르가 확립한 악행에 대한 무기억과 사랑 사이의 강력한 유대에 이끌려 나는 7장의 단테에게로 되돌아가게 되었다. 단테는 죄에 대한 "망각"뿐 아니라 선한 것에 대한 기억도 사랑에 근거한다고 말했다. 사람은 사랑에 이끌려 자신으로부터 빠져나와 죄와 악으로 오염되지 않은 사랑의 순수한 선 안에 놓인다는 것이다. 그러나 단테의 환상에서 필수적인 요소가 키르케고르의 사상에는 빠져 있으니 곧 정의에 대한 관심이다. 단테의 영혼들은 "그들의 죄과가 씻기는 날" 레테(망각의 강)에서 몸을 씻고 그 물을 마심으로 "자신을 깨끗하게" 할 수 있다.[79] 그래서 에우노에(선행을 기억하게 하는 강)와 나란히 흐르는 레테는 연옥과 낙원의 경계, 현세에서 내세로 넘어가는 곳에 자리 잡고 있다. 다음 장에서는 프로이트, 니체, 특히 키르케고르, 그리고 그 외 덜 유명한 많은 사상가들의 도움에 힘입어, 다가올 세상에서 악행의 기억에 무슨 일이 벌어질지에 대하여 단테의 환상과 유사한 나의 입장을 전개해 볼 것이다.

---

79 Dante, *Inferno*, in *The Divine Comedy*, trans. and ed. Allen Mandelbaum (New York: Alfred A. Knopf, 1986), Canto XIV, lines 136-138.

9장

구속: 조화 이루기와 몰아내기

이 책 3부의 주장은 간단하다. '악행을 당한 기억은 내세의 시민들에게 생각나지 않을 것인데, 그것은 내세에 그들이 하나님과 하나님 안에서 서로를 완전하게 향유할 것이기 때문이다.' 나는 "자연적" 악이라 부를 만한 것, 즉 끔찍한 질병, 무시무시한 지진 등에 대한 기억은 다루지 않을 것이다. 여기서 내가 다룰 주제는 구체적으로 동료 인간들이 당한 악행의 기억이 맞이하게 될 궁극적인 운명이다. 엄청난 파급력이 있는 제한된 주제다.

나의 주장은 많은 이들의 민감한 부분을 건드릴 것이다. 심지어 내게도 그렇다! 악행을 당한 기억을 놓아 보내면, 우리가 피해자로서 버티고 서 있던 땅이 꺼져 버리는 것처럼 느껴진다! 악행에서 악행자가 분리된다! 우리의 의분(義憤)에 양분을 공급하던 음식이 식탁에서 치워진다! 가해자를 지목하여 다른 사람들에게 그가 한 일과 우리가 당한 일을 알려 주던 비난의 손가락이 표적을 잃는다! 가해자를 멀리해 오던 명분도 더 이상 설 자리가 없다! 참으로 범죄자는 더 이상 범죄자가 아니게 된다. 키르케고르가 말한 것처럼 무기억으로 인해 범죄의 존재 자체가 사라졌기 때문이다.[1] 피해자는 소리 높여 항의한다. "한번 벌어진 일은 취소될 수 없어요. 가해자는 하나님과 인류의 심판과 본인의 양심 앞에서 죄인이고, 그 죄는 영원해요. 우리의 기억으로 그의 이마에 지워지지 않게 새겨진 '가해자!' 라는 문신은 그가 받아야 할 최소한의 형벌이라고요!"

하지만… 우리 인간들은 피해자나 가해자 할 것 없이 유한하고 오류투성이인 데다 약한 존재다. 너무나 쉽게 악의 덫에 빠진다. 우리가 영원한 기억의 무게를 감당할 수 있을까? 어떤 사람들은 하나의 죄만으로도 지옥에서 영원히 고통받는 벌을 받아 마땅하다고 믿지만, 하나의 끔찍한 행위가 우리를 영원히 규정하는 것이 옳을까? 그것이 정당하다 해도, 사랑이 과연 그렇게 하려 할까? 원수에게까지 선을 베풀고 그가 잘되기를 바라는 사랑이? 우리가 겪는 고통에는 악행을 당해 생겨난 것과 우리의 잘못으로 자초한 것이 있는데, 우리 자신과 우리가 사랑하는 이들에게 피해가 가는 일이 아니라면 고통의 기억을 놓아 보냄으로써 고통에서 놓여나고 싶지 않을까?

"아, G 대위, **몹쓸** G 대위, 당신은 잊지 못할 많은 나날 동안 밤낮으로 내게 두려움의 대상이었고 나를 두려움에 떨게 했어! 내가 섬기는 더없이 아름답고 선하신, 그러나 이상하신 하나님이 당신에게 선물을 주고 싶어 하시는군. 그것도 나를 통해서! 그래, 빗나간 인류를 사랑하시는 하나님이 먼저 내게 선물을 주고 싶어 하셨지. 신세계에서의 새로운 자아는 내가 당한 학대의 기억을 놓아 보내는 데 도움이 될 거야. 지금도 나는 가끔 내

---

1 Søren Kierkegaard, *Works of Love: Some Christian Reflections in the Form of Discourses*, trans. Howard and Edna Hong (New York: Harper & Row, 1964), pp. 295-296.

영혼의 구원이 거기 달린 것처럼 과거의 기억들에 집착하곤 하지만, 그래도 그 기억을 놓아 보내는 건 쉬운 부분이야. 정말 어려운 일은 그 선물을 당신에게도 전해 주는 거야! 그래, 내가 받아들인 믿음이 옳다면, 당신도 신세계에서 새로운 자아를 받게 될 거야. 적어도 나는 그렇게 바라고 있어(정말 바라는 게 맞는지 확신은 없지만). 그래도 악행은 악행인지라 나로서는 내키는 일이 아냐. 그래서 당신 같은 작자들이 미래에 무죄하게 될 것이라는 가능성을 받아들이고 내가 당한 (그리고 가한) 악행으로부터 완전한 자유를 얻게 될 전망을 품는 데 내가 도움을 받기 위해, 하나님의 사랑이 심어 준 소망의 씨앗에 물을 주기 위해 나는 이 책을 쓰고 있어. 그중에서도 이 마지막 몇 장이 압권이지…."

    그래서 나는 이번 장에서 현세로부터 완전한 사랑의 세계로 넘어가는 이행을 살펴보고, 악행의 기억이 다가올 세상의 시민들에게 생각나지 않을 것이라는 견해가 구속에 대한 기독교의 설득력 있는 입장과 어떻게 조화를 이루는지 검토할 것이다. 이 작업은 10장에서도 이어져, 그곳에서는 세 가지 핵심 문제를 다룰 것이다. 인간의 정체성, 피해자에 대한 도덕적 의무, 그리고 마지막 완성이다.

최종적 화해를 통한 이행

기독교 전통에서는 현세에서 내세로의 이행(移行)을 말할 때 크게 두 가지를 거론한다. 바로 죽은 자들의 부활과 최후의 심판이다. 둘은 긴밀히 이어져 있으면서도 구분된다. 대체로 죽은 자들의 부활은 내세로의 이행의 물리적 측면(몸과 신체의 운명)을 다루고, 최후의 심판은 문화적 측면이라

할 수 있는 것(개인적·사회적 관계의 운명)을 다룬다.[2] 부활의 문제는 여기서 다루지 않겠다. 물론 악행의 기억이 피해자의 몸에 새겨진 정도만큼, 옛 몸의 폐허로 이루어지는 새 몸의 재창조는 무기억을 가능하게 해 준다는 점에서 내 주제에 분명히 적절하다. 그러나 우리가 부활에 적극적으로 개입하는 바는 없다. 하나님이 우리를 새 생명으로 일으켜 주신다. 그런데 하나님이 우리의 구원을 주로 이루어 가시지만, 종말론적 이행의 문화적 측면에는 우리도 적극적으로 개입한다. 그래서 나는 문화적 측면에 집중하되, 전통적인 설명 방식에서 어느 정도 벗어나 **최종적 화해** 범주를 도입하여 그 측면을 다룰 생각이다. 여러 세기에 걸쳐 많은 기독교 사상가들이 몰두했던 최후의 심판은 내 설명에서 최종적 화해의 핵심으로 등장하고, 이전에 서로 불화했던 이들의 **상호 포용**이 최종적 화해의 또 다른 측면이 된다.[3]

그러면 최후의 심판에서 시작해 보자. 최후의 심판은 악행과 무거운 짐으로 심각하게 망가진 세계에서 완전한 사랑의 세계로 넘어가는 통로이며 세 가지 주요 특징이 있다. 첫째, 최후의 심판은 은혜의 심판이다. 세상을 구원하기 위해 죽으신 그리스도께서 실행하시는 심판이기 때문이다. 심판에서 은혜가 실현되려면 두 가지 요소가 꼭 필요하다. 사람들이 하나님과 이웃에게 저지른 죄가 있는 그대로 밝혀져야 하고, 죄인들이 죄책을 벗

---

2   Miroslav Volf, "Enter into Joy! Sin, Death, and the Life of the World to Come", in *The End of the World and the Ends of God*, ed. John Polkinghorne and Michael Welker (Harrisburg, Pa.: Trinity International, 2000), p. 25 이하를 보라.
3   최후의 심판과 최종적 화해에 대해서는 Miroslav Volf, "The Final Reconciliation: Reflections on a Social Dimension of the Eschatological Transition", *Modern Theology* 16, no. 1 (2000): pp. 102-105를 보라.

고 변화되어야 한다. 신학계에서는 하나님의 은혜의 심판을 받는 자가 누구인지를 놓고 열띤 논쟁을 벌이고 있다. 모든 사람이 은혜의 심판을 받을까, 아니면 일부만 받고 나머지는 영원한 저주를 받을까? 이 자리에서는 질문의 답을 열어 두고[4] 하나님의 심판은 죄를 폭로하고 죄인을 변화시키는 심판이라는 점만 지적하기로 하겠다.

둘째, 최후의 심판은 **사회적** 사건이다. 개인에게만 벌어지는 일이 아니라 사람들 사이에서도 벌어진다. 사람들은 시공간적으로 가깝거나 먼 이웃들과 많은 인연으로 이어져 있다. 우리는 서로에게 잘못을 저지르고, 서로에 대해 능히 억울해할 만한 사건들을 경험한다. 최후의 심판 때 하나님은 이 모든 "사건들"을 해결해 주실 것이다. 우리가 잘못한 일들은 모두 하나님께 저지른 범행이기도 한데, 이웃에 대한 악행은 곧 하나님에 대한 범행이기 때문이다. 하나님이 궁극적으로 모든 잘못을 바로잡으실 것이다.

마지막으로, 사회적 사건으로 여겨진 최후의 심판이 사랑의 세계로 넘어가는 이행의 사건이 되기 위해서는 각 사람이 심판의 결과를 즐겁게 **자기 것으로 삼아야** 한다. 최후의 심판이 그 목표를 이루려면, 내세의 문턱에 서 있는 모든 피해자들은 정당하게 신원(伸寃)을 받고, 가해자들은 잘못된 자기정당화 대신 자기 잘못을 인정하여 악의 영향력에서 벗어나야 한다. 그리스도 앞에 서는 날, 피해자와 가해자는 자신과 서로를 긍휼이 풍성하신 정의로운 재판장, 곧 그리스도의 눈으로 바라보게 될 것이다. 참으로 그들은 서로와 자신을 그리스도의 **눈으로** 바라볼 텐데, 현세에서 시

---

[4] 이 문제를 탁월하게 다룬 자료로는 Hans von Balthasar, *Dare We Hope "That All Men Be Saved?": With a Short Discourse on Hell* (San Francisco: Ignatius Press 1988)을 보라. 『발타사르의 구원 이야기』(바오로딸).

작된 그리스도와의 연합이 내세의 문턱에서 완성될 것이다.

앞에서 밝힌 대로, 은혜의 심판은 현세에서 완전한 사랑의 세계로 넘어가는 이행적 사건인 최종적 화해에서 핵심이 되는 요소다. 최종적 화해의 또 다른 요소를 나는 **최종적 상호 포용**이라 부르겠다. 가해자와 피해자가 똑같이 인정하는 은혜의 심판, 유효한 용서는 우리를 범행의 세계에서 벗어나게 해 준다. 그러나 이것이 우리를 완전한 상호 사랑의 세계로 데려가 주지는 못한다. 용서받은 사람은 용서받았다는 사실 때문에 주눅이 들고 용서한 사람에게 굴욕감을 느낄 수도 있다. 용서하는 사람은 용서했기 때문에 우쭐해지고 용서받은 사람을 무시할 수 있다.[5] 용서로만 그친다면, 한쪽은 모욕감과 함께 주눅이 들고 다른 한쪽은 오만과 함께 상대에 대한 경멸을 드러내어 각기 자기만의 길을 갈 수 있다.

그래서 은혜의 심판을 받아 "옳고 그름"의 문제가 해결된 후에도, 상호 포용이라는 문을 통해 완전한 사랑의 세계로 들어가는 과정이 여전히 필요하다. 내세의 거주자들은 그들 안에 거하시는 그리스도, 십자가에서 두 팔을 벌려 모든 악행자들을 포용하신 그리스도에 힘입어 그 문을 통과할 것이다. 과거에 원수 되었던 자들이 삼위일체 하나님의 사귐 안에서 서로를 동일한 사랑의 공동체의 구성원으로 받아들일 때, 비로소 그들은 모두가 서로를 즐거워하고 모두가 사랑의 춤에 동참하는 세계로 발을 들여놓게 될 것이다.

G 대위와 내가 내세의 앞마당에서 내세로 들어갈 준비를 하는 서로를

---

5   이 개념에 대해서는 Kierkegaard, *Works of Love*, pp. 331-344의 "화해 정신의 승리"라는 장을 참고하라.

발견한다고 상상해 보자. 그 세계가 우리에게 완전한 사랑의 세계가 되려면, 상대방이 그 자리에 없는 척 시선을 피하거나 우리 사이에 아무 일도 없었던 것처럼 시치미를 뗄 수는 없다. 그렇게 되면 우리는 서로를 사랑하지 않는 것일 테니까. 우리는 화해해야 한다. 우리는 저질러진 악행을 밝혀야 하고, 그 본질에 대해 동의해야 하고, 용서하고 용서받아야 하고, 그 자리에 함께 있는 것이 좋음을 인정해야 한다. 그렇지 않으면 우리 둘 다 완전한 사랑의 세계로 들어가지 못할 것이다. 그런 일이 이루어지고 그리스도께서 우리를 통해 종말론적 이행을 완성하신 후에야 그와 나는 악행의 기억을 망각으로 흘려보낼 수 있을 것이다. 나의 수호자요 정의의 종이었던 기억의 도움이 더 이상 필요하지 않을 것이다.

내가 생각하는 하나님의 신세계는 그런 것이다. 우리는 삼위일체 하나님과 얼싸안고 사랑의 춤을 추며, 그 안에서 결코 다함이 없는 사랑을 아낌없이 주고받을 것이다. 이 신세계가 이루어지려면, 죽은 자들이 다시 살아나야 할 뿐 아니라 최후의 심판이 죄를 폭로하고 사람들을 구속해야 하며, 구속받은 사람들은 최종적 상호 포용 가운데 사랑으로 서로를 받아들여야 한다. 그리고 바라건대, **이런 식으로** 이루어진 사랑의 세계에서는 악행을 당한 기억이 생각 속에 떠오르지 않을 것이다.

파괴 불능의 세계

내세는 악행의 기억이 없는 곳이라는 생각에 설득력을 더하기 위해 내세의 또 다른 특성을 언급해야겠다. 바로 그 세계의 영구성이다. 완전한 사랑의 세계에 들어갔는데 갑자기 이런 생각이 든다고 해 보자. '이곳은 그리 오래가지 않을 것 같아. 조만간 누군가 잔치를 망쳐 놓을 거야. 조심하지 않으면 싸움판이 벌어질 거야. 누가 누구에게 어떤 일을 왜 했는지 기억해 두는 게 낫겠다. 안 그러면 후회할 일이 생길 수도 있어!'

기독교 전통에서도 종말론적 사랑의 세계가 파멸할 수 있다고, 그럴 가능성이 높다고 생각한 이들도 있었다. 3세기의 중요한 신학자 오리게네스(Origen)가 대표적인 경우였다. 그러나 그 세계의 **영구성**을 인정하고 다양한 방식으로 그것을 옹호하는 것이 기독교 전통의 대세였다. 그곳은 무(無)시간적 세계일 것이라 생각되었고, 사랑의 대상이신 분을 뵈면 그분에 대한 갈망이 생겨날 것이라 생각되었으며(단테의 경우), 영혼은 지나간 것, 심지어 하나님의 사랑이 주는 지나간 기쁨까지 망각하여 그 사랑이 채워지지 않아 신적 무한을 향해 정진하게 될 것이라고 생각되었다(니사의 그레고리오스의 경우).[6] 어떤 식으로든 사랑의 세계의 영구성은 보장되고, 영원히 파괴되지 않을 것이다. 마르크스가 꿈꿨던 공산주의 사회[7]와 비슷하게, 종말론적 사랑의 세계는 **과거지사**일 수가 없다. 그 세계의 존재가 사라진다면(또는 성격이 바뀌기라도 한다면), 이미 지나간 것이 되어 버렸다는 사실만으로도 그것이 진짜라는 주장이 거짓임이 극명하게 드러날 것이다. 그러므로 종말론적 잔치가 망쳐지지 않을까 하는 우려는, 적어도 기독교의 설명에 따르면 잘못된 것이다. 그곳에서는 누구도 남에게 해를 끼치고 싶은 유혹을 느끼지 않을 것이며 오직 사랑만 할 것이다.

---

6   Gregory of Nyssa, *On the Soul and the Resurrection*, trans. Catharine P. Roth (Crestwood: St. Vladimir's Seminary Press, 1993), pp. 77-81.
7   Karl Marx, *Economic and Philosophical Manuscripts of 1844*, ed. Dirk J. Struik, trans. Martin Milligan (New York: International, 1964). 『경제학 철학 수고』(이론과실천).

그리스도께서 구원의 역사(役事)를 완성하시고 종말론적 이행이 이루어진 **후**, 가해자들과 피해자들이 파괴될 수 없는 세상에 들어간 **후**, 최후의 심판 **이후**, 사람들이 저지르고 겪은 악행이 하나님의 은혜의 심판 아래 공개적으로 드러난 **후**, 가해자들의 죄가 지적받고 피해자들의 억울함이 풀어진 **후**, 그들이 서로를 받아들이고 서로가 하나의 완전한 사랑의 공동체의 구성원임을 알아본 **후, 이 모든 일이 벌어진 후에는** 악행을 당한 기억을 잊게 될 것이다. 그 기억이 생각나서 각 사람이 다른 사람들 앞에서 맛보게 될 기쁨, 하나님의 임재 앞에서 모두가 누리게 될 기쁨이 줄어드는 일은 없을 것이다. 인간의 범죄를 지우시고 인류를 기쁨으로 받아들이시는 하나님의 임재 앞에서 완전한 사랑 가운데 온전한 행복을 누리는 세계가 바로 내세라고 믿는**다면**, 우리는 악행의 기억에 대해 앞과 같이 믿어야 할 것 같다.

하지만 과연 그럴 수 **있을까**? 이런 믿음이 가능하려면 먼저 몇 가지 중요한 질문에 대한 답이 주어져야 한다. 첫 번째 질문은 구원의 본질에 관한 것으로, 구체적으로는 과거와 관련된 구속의 문제다.

의미 부여

내세에는 악행을 당한 일이 생각나지 않는다면 구원은 어떤 요소를 포함할까? 먼저 반대로 한번 생각해 보자. 모든 악행의 기억이 영원히 보존된다면 구원을 이루는 요소에는 어떤 것이 들어 있을까? 여러 요소—예를 들면 피해자와 가해자를 아우르는 개인의 변화나 앞에서 그려 본 세계의 변화—를 생각해 볼 수 있겠지만, 기억된 악행을 모종의 방식으로 **의미 있**

게 만드는 일이 반드시 들어가야 할 것이다. 우리가 악행을 구속에 보탬이 되는 방식으로, 즉 내세에서도 우리가 기억하게 될 방식으로 기억한다면, 그 기억은 우리 삶에서 잘못된 부분을 알리는 정신의 기념물 정도로 생존을 이어 갈 수는 없을 것이다. 그 기억은 이야기 안에 통합되어야 할 것이며, 헤이든 화이트의 표현대로 "도덕적 드라마의 요소로서 의미"[8]를 인정받게 될 것이다.

그렇다면 의미가 우리에게 왜 그렇게 중요한 것일까? 서구 전통사회가 근대사회로 이행하면서 의미의 문제가 전면에 등장했다. 찰스 테일러가 『자아의 원천들』에서 주장한 대로, 우리 근대인들은 막강한 틀이 부과하는 고압적인 요구를 이행하려고 노력(마르틴 루터는 그런 노력으로 유명한 인물이다)하기보다는 우리 삶을 이해하려고 한다. 우리 삶을 이해하기 위한 기본 조건은 일관성 있는 이야기 안에서 삶을 파악하는 것이다. 그는 이렇게 썼다.

> 우리는 삶이 의미나 비중, 중요성을 갖거나 어떤 온전한 모습으로 자라 가기를 바란다.…그러나 이것은 우리의 삶 **전체**를 의미한다. 필요하다면, 우리는 미래가 과거를 "구속"하고 과거를 의미나 목적이 있는 인생사의 일부로 만들고 의미 있는 통일체에 포함시키기를 원한다.[9]

---

8   Hayden White, "Narrativity in the Representation of Reality", in his *The Content of the Form: Narrative Discourse and Historical Representation* (Baltimore: Johns Hopkins University Press, 1987), p. 21.
9   Charles Taylor, *Sources of the Self: The Making of Modern Identity* (Cambridge, Mass.: Harvard University Press, 1989), pp. 50-51. 『자아의 원천들』(새물결).

"아직 살아 보지 못한 삶과의 통일성을 회복한" 경험만이 의미가 있다. 그렇게 되면 각 사건은 앞으로 다가올 일의 준비 과정이 되고 전체에 적절한 기여를 하게 된다.

과거 전체를 의미 있는 통일체에 통합시키고 싶어 하는 인간의 열망에 주목한 이들은 역사가들만이 아니었다. 상당히 많은 트라우마 문헌에서도 같은 생각을 확인할 수 있다. 베셀 반 데어 콜크와 알렉산더 맥팔레인도 『외상 스트레스』에서 비슷한 주장을 한다. 그들은 환자들이 과거를 바꿀 수는 없기에, 트라우마의 기억에 "적절한 맥락"을 부여하고 "개인적으로 의미 있는 방식으로" 재구성해야 한다고 말했다. 다시 말해, "의미 부여가 치료의 핵심 목표"다.[10] 이런 입장에서 보면, 중요한 경험을 담고 있는 삶의 조각들이 기억에서 사라져 삶 전체로 통합되지 못하는 것은 의미에 죄를 짓는 일이며 부서진 것을 치유하는 데 실패하는 일이다.

불가능한 조화

그러나 이것이 사실일까? 우리의 과거 **전체**가 의미 있게 되어야 구속받을 수 있는 것일까? 의미 있는 전체에 통합되기를 완강하게 거부하는 경험들이 있지 않을까? 찬사를 받은 로렌스 랭어의 책 『홀로코스트의 증언』을 생각해 보라. 이 책은 홀로코스트 생존자들의 녹화 증언을 토대로 만들어졌다. 랭어에 따르면, 생존자들이 글로 남긴 나치 집단수용소 생활에 대한

10　Bessel A. Van der Kolk, Alexander C. McFarlane, and Lars Weisaeth, eds., *Traumatic Stress: The Effects of Overwhelming Experience on Mind, Body, and Society* (New York: Guilford, 1996), p. 19.

기록들은 홀로코스트의 경험을 더 큰 의미구조 안에 통합하려 시도한다. 그렇게 되면 홀로코스트는 "불굴의 인간 정신"의 증거, 고통을 통해 성장한 사례, 극도의 압박하에서도 고결한 도덕성을 지키는 일이 가능하다는 증거, 인간으로서 우리 자신에 대한 보다 정확한 인식의 근원 등이 된다. 이에 반해, **구전** 증언들은 생존자들의 생생한 기억에서 홀로코스트의 경험이 의미를 부여받고 길들여지지 않는다는 것을 보여 준다. 대체로 그 경험은 의미 있는 삶에 대한 더 큰 이야기로 통합하기가 불가능해 보인다.

아브라함 P의 딜레마를 생각해 보자. 그와 그의 가족은 헝가리에서 출발해 아우슈비츠에 도착했다. 그의 부모는 왼쪽으로 보내졌는데, 그쪽은 죽음의 줄이었다. 아브라함과 그의 두 형, 남동생은 오른쪽 줄로 보내졌다. 아브라함 P는 이렇게 회상한다.

> 나는 동생에게 이렇게 말했습니다. "솔리, 아빠엄마한테 가." 동생은 어린아이처럼 내 말을 따랐습니다. 부모님 쪽 줄로 갔어요. 내가 동생을 화장장으로 보냈다는 걸 그때는 몰랐습니다…내가 동생을 죽인 것 같아요. 뉴욕에 사는 형은…만날 때마다 동생 이야기를 해요. 형은 이렇게 말해요. "나도 다르지 않아. 내가 너에게도 같은 말을 했거든. 그것 때문에 계속 마음이 쓰여." 동생이 부모님을 만났을지 계속 생각했는데, 그랬을 것이라는 생각이 들었어요. 아마 동생은 부모님께 이렇게 말했겠죠. "아브라함 형이 엄마랑 아빠랑 함께 있으라고 했어요." 모두가 함께…다 같이 화장장(즉, 가스실)으로 들어갔을 때, 부모님은 무슨 생각을 하셨을까요? 그 생각이 머리에서 떠나지 않아요. 그 생각을 하면 마음이 아프고 괴로워요. 어떻게 해야 할지 모르겠어요.[11]

이런 경험에 의미를 부여할 수 있을까? 삶의 "훼손된 음악"[12]에 귀를 기울일 때, 우리는 불협화음이 풀어져서 조화로운 소리를 이루어, 중간중간 끔찍한 소음을 듣는 대신 삶 전체를 음악으로 들을 수 있기를 **바란다**. 그러나 불협화음은 그 이전과 이후의 어떤 것에도 통합될 수 없다. 랭어는 이것과 비슷한 많은 이야기를 두고 "조화와 통합은 불가능할 뿐 아니라 바람직하지도 않다"고 합당하게 주장한다.[13]

그렇다면 아브라함 P와 같은 사람들에게 구속이 가능할까? 랭어는 모종의 위로를 제시하려 한다. "자아가 목숨이 위태로운 상황을 통과했을" 때 우리에게 남는 것은 "판단이나 평가가 불가능한 일련의 개인사"다.[14] 그는 피해자들이 느끼는 수치심과 죄책감의 짐을 덜어 줄 요량으로 행간을 통해 이렇게 말한다. "극도로 어렵고 속수무책인 상황에서 자신이 다르게 행동할 수 있었을 것이라고 생각해서는 안 된다." 이 조언은 구속을 가져다주는 척 가장하지 않지만 적어도 위안이 되는 설명이기는 하다.

하지만 이 설명 자체는 비인간화의 경험을 확증해 줄 뿐이다. 목숨이 위태로운 상황에서 두려움과 혼란에 사로잡혀 통상적인 상황에서는 하지 않았을 방식으로 행동한 사람들이 느끼는 주체할 수 없는 수치심과 죄책감은 그런 비인간화를 그냥 받아들일 수 없어서 드러내는 일종의 반항이다. 달리 어쩔 수 없었던 그들의 상황을 인정한다 해도, 그런 피해자들은

---

11 Lawrence Langer, *Holocaust Testimonies: The Ruins of Memory* (New Haven: Yale University Press, 1991), pp. 185-186.
12 넬리 작스(Nelly Sachs)의 표현이다.
13 Langer, *Holocaust Testimonies*, p. 83.
14 같은 책, p. 183.

인간성을 포기할 수 없기에 자신의 행동에 대한 설명을 본능적으로 거부하고 구속을 모색한다. 그들이 겪은 극심한 상처나 죄책감을 불러일으키는 경험들에 의미를 부여하여 그 상처와 경험을 안고 살게 도와주려는 모든 시도는 궁극적으로 만족스럽지 못하다.

몰아내기

그러면 의미 부여가 안 되는 일을 경험한 사람들은 도대체 어떻게 구속받을 수 있을까? 우리처럼 의미에 집착하는 이들로서는, 누군가의 구속을 생각할 때 그의 지난 경험을 전부 구속하는 것 외에 다른 방식은 상상할 수 없다. 그러나 근대 이전의 선조들이나 우리와 동시대를 사는 비서구인들처럼 의미에 관심을 좀 덜 갖는다면, 대안을 생각해 볼 수 있을 것이다. 여러 기독교 전통에서는 구속의 대상을 **사람**으로 이해하지, 그들의 모든 경험이 구속의 대상이 되어야 한다고 우기지는 않는다. 구속에 대한 생각에는 여러 다양한 방식이 있는데, 그중에는 의미 부여와 별 상관이 없는 것도 많다.

치유와 축귀를 생각해 보라. 이 둘은 예수님 사역의 두 가지 핵심 측면이다. 복음서를 보면 예수님이 질병에 의미를 부여하신다는 암시는 찾아볼 수 없다. 질병이 죄의 형벌이라는 식의 부정적 의미 부여는 특히나 찾아볼 수 없다(눅 13:2-5을 보라). 질병은 삶 전체에 통합되지 않는다. 질병은 치유되고 제거된다. 질병은 하나님의 영광이 드러날 기회를 제공할 뿐(요 9:1-3을 보라), 부정적 경험에도 불구하고 인생이 의미가 있다는 식의 이론적 교훈을 제시하지 않는다.

영혼의 종말론적 움직임에 대한 니사의 그레고리오스의 환상은 어떤

가? 빌립보서 3장에서 사도 바울이 말한 것처럼, 영혼은 뒤에 있는 것은 잊어버리고 하나님이라는 무한한 바다를 향해 들어가고자 몸을 뻗는다. 니사의 그레고리오스가 『영혼과 부활에 대하여』에서 쓴 바에 따르면, 그런 영혼은 "더 이상 자기 안에 소망이나 기억을 위한 자리를 내어 주지 않는다. 소망하던 것을 얻었기 때문이고, 선한 것들을 향유하는 데 몰두하느라 마음에서 기억을 몰아냈기 때문이다."[15]

마르틴 루터가 『그리스도인의 자유』에서 신랑이신 그리스도와 신부인 그리스도인 사이의 "즐거운 교환"으로 구속을 설명했던 것도 생각해 보라. 루터는 그리스도께서 "믿음의 결혼반지로" 신부의 것인 죄, 죽음, 지옥의 고통을 자기 것으로 삼으신다고 썼다.

> 그분이 수난받고 죽으시고 지옥에 내려가신 것은 그 모두를 이기기 위함이었다. 그런 분이 이 모든 일을 하셨다. 죽음과 지옥은 그분을 삼킬 수 없었기에, 그리스도는 강력한 결투 끝에 죽음과 지옥을 멸하셨다. 그분의 의로움은 모든 인간의 죄보다 크고, 그분의 생명은 죽음보다 강하며, 그분의 구원은 지옥보다 강력하기 때문이다. 따라서 신앙을 고백하고 믿는 사람은 신랑이신 그리스도 안에서 자유롭다. 모든 죄에서 자유를 얻고, 죽음과 지옥에서 안전해지고, 신랑이신 그리스도의 영원한 의로움, 생명, 구원을 얻는다.[16]

더 큰 의미의 틀로 서사적 통합을 이룬다? 그런 것은 없다! 루터의 설

---

15 Gregory of Nyssa, *On the Soul and the Resurrection*, p. 79.
16 Martin Luther, *The Freedom of a Christian*, in vol. 31 of *Luther's Works*, p. 352.

명에 따르면, 죄는 죽음 및 지옥과 더불어 의미 있는 통일체 안으로 받아들여지는 것이 아니라 그리스도에 의해 멸함을 받을 것이다. 니사의 그레고리오스가 생각한 구원에서는, 과거의 기억이 의미를 부여받는 것이 아니라 기억에서 쫓겨난다. 그리고 사복음서의 질병은 의미를 부여받는 것이 아니라 치료된다. 깊은 상처를 입은 죄 많은 사람들이 구속을 찾게 된다면, 이런 식의 구원을 경험해야 할 것이다. "몰아내기"와 "극복하기"가 최소한 "통합하기"와 "조화시키기" 정도의 역할은 하는 구원 말이다. 니사의 그레고리오스의 경우를 제외하면, 앞에서 언급한 구원 개념들은 무기억을 지지하는 적극적인 논증을 펼치지 않는다. 악행의 기억을 영원히 간직하지 않고도 설득력 있게 구원을 설명하는 여러 방법이 있음을 보여 줄 따름이다.

내가 유고슬라비아 군대에서 받은 심문은 지옥의 고통에 비기기에는 어림도 없지만, 그래도 나는 무서웠다. 내가 그 경험을 의미 있는 것으로 만들 수 있을까? 굳이 의미를 부여하자면 할 수는 있다. 그 일에서 생겨난 몇 가지 선(善)을 발견할 수는 있을 테니까. 하지만 솔직히 말하면 그 경험들이 의미가 있는지 의심스럽다(사람들이 흔히 겪는 무의미한 악행을 헤아릴 수 있게 해 주는 역설적인 의미가 아니라면). 내가 그 일에서 얻은 것 중에 다른 방편으로는 얻을 수 없었을 만한 것은 없고, 내가 얻은 것은 그것을 위해 지불한 값에 미치지 못하는 듯하다. 내가 겪은 부정적 경험에 대한 기억은 이제는 망각으로 넘길 좋은 후보인 듯하다(물론, G 대위와 화해한 **후에**). 내 삶의 끝에서 인생을 돌아보면 그런 경험들이 의미 있는 것으로 드러날 수도 있을 것이고, 그렇다면 기쁠 것이다. 그러나 그렇지 않다 해도, 나는 그 경험이 기억의 문을 통해 현재로 쳐들어올 위험에서 벗어남으로써 온전히 구속받을 수 있을 것이라고 믿는다.

불완전한 구원?

하지만 그런 구원 개념을 품는 대가가 너무 비싸지 않은가? 그것은 현실 부정이자 역사로부터의 도피가 아닐까? 존재의 역사성—우리가 본질적으로 더 큰 이야기의 일부이고, 심오한 의미에서 우리의 이야기가 곧 우리라는 사실—에 대한 근대의 관념 때문에 우리는 그 발걸음을 내딛기를 주저하게 된다. 니사의 그레고리오스가 상상한 영혼, 즉 뒤에 있는 것은 모두 잊어버리고 신적인 것에 몸을 담그는 영혼은 역사와 무관하게 사는 것처럼 보인다. 니사의 그레고리오스는 기억과 망각의 근본적 변증법을 축으로 하는 위대한 플라톤 전통에 서 있다. 플라톤이 『파이드로스』에서 말한 것처럼, "회상 가운데 신이 거처가 되는 것들을 붙들고 신이 어떤 분이신지 봄으로써" 영혼은 "참으로 완전해진다." 영혼이 "망각과 악덕"으로 인해 "진리의 모습"에서 그 눈을 돌이키면 완전함이 줄어들고 땅으로 떨어진다. 그러므로 영혼이 "하나님을 따르면서 보았던" 것들을 올바르게 기억한다면 "지상의 관심사들을 망각"하고 "하나님에게 몰입하게" 될 것이다.[17] 지상의 것들은 신적인 것들에 주목하게 만드는 연상 장치로서만 의미가 있다. 지혜로운 영혼이 "지상의 아름다움을 볼 때, [그는] 참된 아름다움의 기억에 휩쓸린다. 그는 멀리 날아가려 하지만 그럴 수가 없다. 그는 날개를 퍼덕이며 하늘을 바라보고 아래 세상에는 관심이 없는 새와 같다."[18]

그러나 구속을 지나간 삶 전체에 대한 의미 부여와 지나치게 밀착시켜

---

17 Plato, *Phaedrus*, in *The Dialogues of Plato*, 2nd ed., trans. J. Harward (Chicago: Encyclopedia Britannica, Inc., 1990), p. 249. 『파이드로스』(이제이북스).
18 같은 책, p. 249.

이해하기를 거부하는 이들에게 남아 있는 선택지가 그런 식의 과격한 비역사성뿐인 것은 아니다. 독자도 기억하겠지만, 단테는 이 노선을 택하지 않는다. 그는 지상에 있는 동안 선했던 것은 기억될 것이라고 주장한다. 선이 영원한 빛이신 하나님 안에서 "사랑으로 모이고 묶여 한 권의 책을 이루고 있다."[19] 그리고 먼저 망각의 강에 빠져 그 물을 마시고 그다음 기억의 강물을 마신 후에 찾아오는 기억의 모음은 지나간 삶 **전부**를 의미의 틀에 통합하는 것이 아니라, 데이비드 트레이시의 표현대로 "조각들의 모음"[20]이다.

과거의 모든 사건을 구속된 미래에 통합시키는 것을 거부하는 데 대한 중요한 반론이 또 있다. 이 반론은 그리스도의 죽음과 관련이 있다. 진실로 무죄한 유일한 피해자에 대한 참혹한 공격은 의미가 없었는가? 아니다, 분명히 의미가 있었다! **사람이 당한 모든 악행이 무의미한 것은 아니다.** 무엇보다 우리가 다른 이들을 위해 감당하는 고난은 무의미하지 않다. 그 정의상, 그러한 고난에는 긍정적인 의미가 실려 있다(요 15:13을 보라. "사람이 친구를 위하여 자기 목숨을 버리면 이보다 더 큰 사랑이 없나니"). 그러나 그 의미는 의미 있게 여길 수 **없는** 다른 이들의 고통과 죄과를 덜어 주는 데 있다. 우리가 얼마나 위대한 구속 행위에 힘입어 악행에서 구속받았는지

---

19 Dante, *Paradiso*, in *The Divine Comedy*, trans. and ed. Allen Mandelbaum (New York: Alfred A. Knopf, 1986), Canto XXXIII, lines 85-86.

20 David Tracy, "Fragments and Forms: Universality and Particularity Today", in *The Church in Fragments: Towards What Kind of Unity?* ed. Giuseppe Ruggieri and Miklos Tomka (London: SCM, 1997), pp. 122-129; "Fragments: The Spiritual Situation of Our Times", in *God, the Gift, and Postmodernism*, ed. John D. Caputo and Michael J. Scanlon (Bloomington: Indiana University Press, 1999), pp. 181-184를 보라.

지적하는 방식으로 그 악행에 의미를 부여하려는 시도—**오, 복된 죄여!**(*O, felix culpa!*)—는 방향을 잘못 잡은 것 같다.

모든 경험을 더 큰 의미의 틀에 통합하기를 거부하는 입장과 종말론적 무기억을 연결시키면(나는 여기서 우리가 그렇게 하고 있다고 말하는데), 그리스도의 죽음과 관련한 또 다른 우려가 생겨날 수 있다. 완전한 사랑의 세계에서 악행을 당한 일이 생각나지 않는다면, 그것은 그리스도의 죽음도 생각나지 않을 것이라는 뜻일까? 그런 무기억은 "그리스도의 십자가를 부정하는" 것은 아닐까? 오늘날 많은 이들이 십자가가 하나님 안에서 영원한 사건이라고 주장한다. 나는 그렇게 생각하지 않는다. 그리스도께서 "창세 이후로 죽임을 당한 어린양"(계 13:8, "죽임을 당한 어린양의 생명책에 창세 이후로 이름이 기록되지 못하고" 등의 한글 번역본만 보면 이 논의를 이해할 수 없다. 모두 "창세 이후로"가 "죽임을 당한"이 아니라 어린양의 "생명책에 기록되지 못한"에 걸리는 것으로 읽고 있기 때문이다—옮긴이)이라는 신약성경의 주장은 그분이 영원 전부터 십자가에 못 박히셨다는 뜻이 아니라, 시간 속에서 십자가에 못 박히기로 영원 전부터 **정해졌다**는 뜻이다. 그리스도께서 창세전에 십자가에 못 박힌 분이 아니라면, 구속이 완성되고 내세에서 견고하게 보장이 된 후에도 "십자가에 못 박힌 분"으로 계속 남아 계셔야 할 이유가 무엇이란 말인가? 부활하신 분이 십자가의 상흔을 지니고 있기 때문에? 하지만 많은 위대한 신학자들은 승천 이후(마르틴 루터, 장 칼뱅), 또는 재림 이후[알렉산드리아의 키릴로스(Cyril of Alexandria)]에 그리스도의 몸에는 더 이상 상처 자국이 없을 것이라고 보았다.[21]

21　Peter Widdicombe, "The Wounds and the Ascended Body: The Marks of Crucifix-

또한 우리가 십자가에 못 박힌 분**으로** 그리스도와 관계를 맺지 않는다면, 그분과 아무 관계가 아니거나 다른 그리스도와 관계를 맺는 것일까? 나로서는 아무 관계가 없다고 생각해야 할 이유를 모르겠다. 물론 죄를 담당하는 것이 그리스도 정체성의 전부라면 이야기가 다를 것이다. 그리스도는 우리의 죄와 고통을 영원히 지시는가? 그리스도는 단번에 죽으셨고, 그럼으로써 우리의 죄와 고통을 영원히 제하지 않으셨던가? 우리는 **새로운** 피조물로서, 다시 말해 **과거에** 고통받던 죄인으로서 영원 가운데 그분과 관계를 맺지 않을까? 물론, 우리가 영원 속에서 새로운 피조물이 되는 것은 부분적으로 그리스도의 죽음을 통해 이루어질 것이다. 그러나 그렇다고 해서 새 피조물로서의 삶이 생명을 성취한 그리스도의 죽음에 근거해 이루어진다는 결론이 필연적으로 따라오지는 않는다. 우리가 구속받는 것은 십자가에 못 박히신 그리스도와 관련이 있다. 일단 우리가 돌이킬 수 없이 구속**받고 나면**, 성삼위일체의 제2위이신 그분의 신적 생명이 우리 죄와 더불어 그분의 죽음까지 삼켜 버릴 수 있다.

우주의 광대함과 그보다 더 큰 하나님의 광대하심을 생각해 보라! 그리스도께서 골고다에서 돌아가셨기 때문에 영원히 십자가에 못 박힌 분이라고 믿는 것은 티끌만큼 작은 행성에 사는 우리 자신을 너무 의미심장하게 여기는 일일 뿐 아니라, 무엇보다 인류의 죄와 악과 그것들이 하나님께 미치는 영향을 지나치게 과대평가하는 일일 것이다! 그리스도의 십

---

ion in the Glorified Christ from Justin Martyr to John Calvin", *Laval theologique et philosophique* 59 (February 2003): pp. 137-154를 보라[하지만 위디콤브 본인은 비드(Bede)와 아퀴나스 같은 신학자들과 더불어 그리스도의 상처가 영원히 남아 있을 것이며 중요한 의미가 있다는 입장을 옹호한다].

자가는 부활과 승귀, 마침내 "해방"에 이르는 길에서 거쳐야 할 한 단계다. 이 "해방"은 하나님이 인간의 고집불통이 초래한 고통에서 벗어나심을 가리키는데, 하나님이 인류를 완전하고 돌이킬 수 없이 구속하시는 때 일어날 것이다.[22] 비록 그 효력은 영원하다 해도 그리스도의 십자가 또한 하나의 단계이니만큼 지나간 과거의 일이 될 수 있다.[23] 그때 하나님의 영광에 참여하는 우리는 그분을 사랑하되, 죄인이자 고통받는 자들인 우리를 위해 그분이 하신 일 때문이 아니라 단지 그분이 하나님이시기 때문에 사랑할 것이다.

---

22 Jürgen Moltmann, *The Coming of God: Christian Eschatology*, trans. Margaret Kohl (Minneapolis: Fortress, 1996), pp. 336-339.
23 나는 그리스도의 수난이 제기하는 문제에 대해 다른 책에서 대안적인 생각을 내놓았다 [*Exclusion and Embrace: Theological Reflections of Identity, Otherness, and Reconciliation* (Nashville: Abingdon, 1996), pp. 139-140]. 그 생각은 지금 이 생각과 달리 십자가가 영원히 기억될 것이라고 추정하는 내용이다. 나는 지금 이 책에서 제시하는 생각이 더 설득력이 있다고 믿게 되었다.

10장

선에 몰입하여

나는 9장에서, 최종적이고 참으로 구속받기 위해서는 우리의 지난 모든 삶을 모아서 의미를 부여할 수 있어야만 하는 것은 아니라고 주장했다. 시간적으로 구분되는 우리의 모든 경험을 한 권의 책으로 묶어 내어, 각 경험이 전체**로부터** 의미를 끌어내는 동시에 전체의 의미에 기여할 필요는 없다고 말했다. 어떤 경험은 그냥 내버려 두고(내가 초등학교 2학년 때 매일 걸어서 등교하던 일 따위), 어떤 경험은 치유의 손으로 돌본 후에 무기억의 어둠에 넘기고(G 대위에게 받은 심문 같은 경우), 나머지 경험은 모아서 재구성하는 것으로(이 책을 쓰는 기쁨과 수고 같은 일) 충분하다.

우리가 구속받는 방식은 인간으로서의 구성 방식과 맞아야 하고 우리가 짊어지는 도덕적 의무와도 맞아야 한다. 그렇지 않다면 우리의 구속은 (적어도 부분적으로는) 인간인 우리의 정체성을 망쳐 놓을 것이다. 도덕적으로 책임감 있게 행동하는 구속받은 사람으로서 하는 일이, 우리의 인간성과 행복을 해치는 결과를 가져올 것이라는 말이다. 그러므로 구속, 인간성, 도덕적 의무에 대한 우리의 생각들은 서로 조화를 이루어야 한다. 그러나 완전한 사랑의 세계에서의 기억에 대해 탐구한 내용과 그 생각들이 실제로 조화를 이룰까? 악행을 당한 일에 대한 무기억을 최종 구속 경험의 일부로 받아들인다면, 우리의 정체감이나 도덕적 의무, 혹은 둘 다를 위반하는 것은 아닐까? 이번 장에서 나는 이 문제를 다루고, 악을 영원히 기억하는 것이 즐거운 서로 사랑을 특징으로 하는 영원의 세계와 어울리지 않는다는 결론을 내릴 것이다.

자기동일성과 무기억

내가 다름 아닌 나라는 것은 어떤 의미가 있으며, 내가 당한 악행에 대한 기억은 나라는 존재에 어떤 역할을 할까? 앞에서 나는 우리가 지난 삶의 모든 측면을 조화시켜 의미 있는 통일체로 만들어 내지 못하더라도 치료될 수 있다고 주장했다. 이제는 치료에서 인격동일성으로 시선을 돌려, 우리가 지난 삶 전체를 **기억하지** 않고도 우리 자신이 될 수 있는지 살펴볼 것이다. 지금 내가 무엇을 묻지 않는지에 주목하기를 바란다. 나는 우리에게 벌어진 구체적인 악행을 배제할 때 우리가 지금의 우리와 **객관적으로** 동일한 사람일 수 있는지 묻는 것이 **아니다**. 우리는 분명 동일하지 않을 것이다. 어떤 일을 겪고 나면, 특히 고통스러운 일을 겪고 나면 자국이 남고 우리는 달라질 수밖에 없다. 내가 탐구하는 것은, 우리에게 벌어진 모든 일을 기억하지 않을 경우에도 우리가 **주관적으로** 바로 우리일 수 있는지, 우리 존재의 중심부에 뚫린 구멍을 느끼는 대신 여전히 우리라는 느낌을 받을 수 있는지에 관해서다. 악행을 당한 일이 생각나지 않더라도 과연 우리의 중요한 일부를 잃어버렸다는 느낌을 피할 수 있을까? 피할 수 없다면, 무기억은 우리를 왜곡하고 협소하게 만들 것이다. 그러나 우리는 그 느낌을 피할 수 있다. 적어도 나는 그렇게 주장할 것이다.

개인적 경험의 기억이 우리의 자기동일성과 어떤 관계가 있는지 먼저 생각해 보자. 나는 우리에게 벌어진 모든 일을 다 기억하지 못해도 우리가 자신일 수 있으며, 사실은 우리에게 벌어진 일을 다 기억하지 못하기 **때문에** 우리가 우리일 수 있다고 주장하는 바다. 8장에서 살펴본 대로, 니체는 우리가 세상을 지각하는 방식에 이미 망각이 들어 있다고 설득력 있게 주장했다. 다른 많은 속성들 중에서도 망각은 인간과 하나님 사이의 특징적인 차이점이다. 하나님은 보시며, 망각하시지 않는다. 물론 은유적 의미에서 하나님이 우리의 죄를 "잊으신다"고 말하기는 한다(하나님이 영원 가운데 거하신다면, 엄격히 말해서 하나님은 기억하시지도 않는다). 그러나 우리가 망각하지 않는다면, 무엇인가 지각하는 데도 어려움이 생길 것이다. 내 책상에 놓인 시계를 지각하기 위해서는 시계를 바라보는 동안 내 시야에 들어오는 대부분의 것들을 차단해야 한다. 오케스트라 연주가 진행되는 동안 특정한 악기 소리를 들으려면 그 악기를 제외한 다른 많은 악기의 소리를 무시해야 한다. 우리는 지각 대상을 둘러싼 다른 소리들을 부분적으로 "망각"함으로써 지각하는 것이다. 물론 기억도 인간 지각의 일부이지만, 여기서 관건은 그게 아니다. 망각이 우리 세계의 대상들을 지각하는 데 있어서 핵심적인 부분이라면, 분명 우리가 느끼는 자기동일성 감각의 일부도 될 것이다. 자기동일성 감각은 우리가 자신의 내부에서 지각하는 바와 다른 사람에게 당한 일을 포함해 우리를 둘러싼 세상에서 지각하는 바를 통해 부분적으로 형성되기 때문이다.

그런데 망각은 지각의 조건이기에 자기동일성의 조건도 된다. 우리는 분명하게 지각한 것도 상당 부분 불가피하게 망각하지 않는가. 하지만 그런 망각에도 불구하고 우리의 자기동일성은 손상되지 않는다. 데이비드 흄은 『오성에 관하여』에서 수사적인 질문을 던진다.

> 우리가 과거에 한 일 중에서 조금이라도 기억하는 것이 얼마나 되는가? 예를 들어, 1715년 1월 1일, 1719년 3월 11일, 1733년 8월 3일에 자기가 어떤 생각을 하고 어떤 행동을 했는지 말할 수 있는 사람이 있을까? 그러면 우리는 그 3일 동안 있었던 사건들을 완전히 잊어버렸기 때문에 현재의 자기는 당시의 자기와는 같은 사람이 아님을 인정하고, 잘 확립되어 있는 인격의 동일성 개념을 뒤집어 버릴까?[1]

개인사를 모두 기억해야만 인격동일성을 확보할 수 있다고 우기면, 통일된 인격동일성이 아니라 그 조각들만 얻게 될 것이다. 인간의 기억은 불완전하기 그지없고, 망각된 사건들의 바다에 떠 있는 기억된 사건의 섬들을 연결할 도리가 없기 때문이다. 우리가 실제로 느끼는 인격동일성은 기억과 망각 모두의 결과다. 기존의 모든 증거를 무시하고, 우리가 삶의 모든 것을 기억할 수 **있다**고 가정해 보자. 그렇게 된다면 우리는 우리가 느끼는 자신과는 전혀 다른 모습의 자신을 경험하게 될 것이다. 아니, 자신을 알아보기도 어려울 것이다.

우리가 **서사적** 정체성에 대한 **강한** 인식, 즉 심오한 의미에서 '우리의

---

[1] David Hume, *A Treatise of Human Nature* 1.4.6 (Glasgow: Collins, 1962), p. 311. 『오성에 관하여』(서광사).

이야기가 바로 우리'라는 믿음을 갖고 살아간다 해도, 망각이 인격동일성과 분리할 수 없는 것임을 보여 주는 일은 가능하다. 뒤에서 서사적 정체성 개념에 의문을 제기하겠지만, 일단 지금은 정체성을 형성하는 망각의 역할에 대한 나의 주장을 시험해 볼 시금석으로 남겨 두자. 폴 리쾨르가 주장한 대로, 어떤 이야기든 하다 보면 기억 활동에 망각이 새겨진다. 우리는 여러 가지 구체적인 관심사를 가진 유한한 존재이기에, 어떤 이야기를 하려면 서술자의 관점에서 볼 때 중요하지 않은 사건들과 일화들을 배제해야 한다. 하나의 이야기를 여러 방식으로 들려줄 수 있는 근거가 바로 이 선별성에 있는데, 선별성 때문에 적극적 망각이 기억하기의 일부가 된다.[2] 우리 삶의 이야기들도 마찬가지다. 서사적 정체성은 언제나 사후적으로, 즉 사건이 벌어진 다음에 특정한 관점에서 부여되는 것이기에, 망각은 정체성을 형성하는 회상 작업에서 필수적이다.[3]

---

[2] 여기서 나는 "망각"을 "생각나지 않음"이라는 전문적 의미로 사용한다. 우리가 같은 이야기를 여러 가지로 다르게 들려줄 수 있는 것은 자기 이야기를 구성할 때 썼던 기억들과 다른 기억들에도 접근할 수 있기에 가능한 일이다. 알라이다 아스만(Aleida Assmann)은 **기능적** 기억과 **저장된** 기억을 정확하게 구분했는데, 기능적 기억이 정체성을 형성하는 반면, 기능적 기억을 둘러싼 저장된 기억은 사용되거나 합쳐지지 않고 형체가 없는 기억들의 덩어리다. 새롭게 구성된 기능적 기억은 저장된 기억에서 자료들을 선별적으로 사용한다. 기능적 기억의 융통성을 보장하기 위해서는 저장된 기억의 삭제를 막는 것이 필수적이다[*Erinnerungsraeume: Formen und Wandlungen des kulturellen Gedaechnises* (Munich: C. H. Beck, 1999), pp. 130-142. 『기억의 공간』(그린비)]. 저장된 기억에 그런 역할을 할당한다 해도 나의 논지는 달라지지 않는다. 기능적 기억은 정체성을 형성하고, 기능적 기억은 선별성에 근거한다는 점에서 "망각"에 근거한다고 할 수 있다.

[3] Paul Ricœur, *Das Raetsel der Vergangenheit: Erinnern—Vergessen—Verziehen*, trans. Andris Breitling and Henrik Richard Lesaar (Essen: Wallstein, 1998), pp. 111, 141-142.

자기동일성과 고통의 기억

하지만 나의 목적상, 모든 기억하기와 모든 자기정체성 구성에서 망각이 한 부분을 차지한다는 사실을 보여 주는 것만으로는 충분하지 않다. '우리가 과거에 일어난 임의의 사건들을 기억하지 못해도 우리 자신일 수 있는가?'하는 것이 문제가 아니라, '우리가 당한 악행을 구체적으로 기억하지 못해도 우리 자신일 수 있는가?' 하는 것이 문제이기 때문이다. 당한 악행이 지독할수록 그 악행은 우리의 정체성에 깊숙이 자리를 잡기 때문에, 그 일과 자신을 떼어 놓고 생각할 수 없을 정도가 된다.

여기에서 관건은 우리의 정서적·육체적 능력이나 무능력이 아니라는 데 주목하라. 다들 자신이 겪은 악행을 생각하지 않고는 자신에 대해 생각할 수 없는 상황을 겪어 봤을 것이다. 그래서 많은 사람들이 잊고 싶은 마음이 간절하지만 잊을 수가 없는 심란한 사연이 있다. 여기서 관건은, 내세에서는 우리가 그런 경험을 기억하지 않을 능력을 갖게 **된다**는 전제하에, 악행의 경험을 기억하지 못해도 우리는 여전히 우리 자신이 **되고** 그렇게 **느끼는** 것이 가능한가 하는 것이다.

우리가 당한 악행을 기억하지 못해도 여전히 우리 자신일 수 있을까? 어떤 상실감도 없이 우리가 다름 아닌 우리라고 느낄 수 있을까? 분명 그럴 수 있고, 사실 지금도 그렇게 하고 있다. 지금도 우리는 자신이 당한 악행 중 일부를 기억하지 못한다. 예를 들어, 두 살 때 순전히 악의로 걸핏하면 우리의 앙증맞은 손에서 좋아하는 장난감을 뺏어 가고, 머리채를 잡아당기고, 걸핏하면 깨물던 놀이 친구를 기억하는 사람이 있는가? 우리는 어른이 된 후에 겪은 그 어떤 단일 사건보다 우리에게 많은 영향을 끼쳤을 유아기의 사건들을 하나도 기억하지 못하지만, 그래도 우리는 분명히 우리 자신이다. 억압 개념을 옹호하는 심리학자들에 따르면, 우리는 심각한 트라우마적 경험—여기서 트라우마는 '도저히 견딜 수 없는 것이라서 억압되어야 **하는** 경험'이라는 전문적 의미로 정의된다—을 기억하지 못하고도 분명히 우리 자신일 수 있다. 물론, 트라우마적 경험들 때문에 사람들이 이유도 모른 채 심각한 무기력 상태에 빠지기도 하지만, 그것은 기억과 치료의 문제이지 기억과 자기동일성의 문제는 아니다.

더욱이, 여러 실험과 "되살아난" 유년기 기억의 일부 사례로 입증된 것처럼, 우리는 심각한 트라우마에 대한 **거짓** 기억을 가질 수 있고 **거짓** 경험담을 만들어 내면서도 자기정체감을 유지할 수 있다.[4] 참으로, 그런 거짓 기억을 가진 사람들은 그런 기억이 없을 때보다 **있을 때** 더 자기 자신답게 느끼는 것이 분명하다. 그렇지 않다면 기억을 만들어 낼 리가 없다! 마찬가지로, 우리는 유쾌한 경험들—위업을 달성한 경험("허풍"!)이나 **즐거운** 경험—을 지어내고 그에 따라 우리의 자서전을 고쳐 쓰고도 여전히 우리 자신일 수 있다. 우리가 내키는 대로 기억을 만들어 자신의 모습을 처음부터 다시 만들어야 한다는 말이 아니다. 우리의 기억에는 거짓되게 기억하지 못하게 막는 **도덕적** 제약이 있다. 나는 이 책의 앞부분에서 진실성의 의무 같은 제약을 몇 가지 제시했는데, 이 문제는 곧 다시 다룰 생각이다. 하지만 거짓 기억의 현상을 보면, 우리의 정체감—자신을 자신**으로** 생각하고 느끼는 능력—이 우리를 형성하는 중요한 경험들과 관련된 상당한

---

4   Jean-Pierre Changeux and Paul Ricœur, *What Makes Us Think? A Neuroscientist and a Philosopher Argue about Ethics, Human Nature, and the Brain*, trans. M. B. DeBevoise (Princeton: Princeton University Press, 2000), p. 148.

무기억을 받아 낼 수 있고 실제로도 받아 낸다는 점을 잘 알 수 있다.

우리가 삶의 특정 사건들을 기억하지 않고도 자기동일성을 보존할 수 있음을 보여 주는 사례를 하나 더 들어 보자. 우리는 마음만 먹으면 기억을 떠올릴 수 있지만 어쩌다가 한 번씩만 **생각하는** 경험이 있다. 군대에서 내가 했던 경험을 다시 이야기하자면, 나는 며칠이고 몇 달이고 G 대위 생각을 안 하고 지낼 수 있다. 그러면 그동안에 나는 과거의 진정한 자아로부터 소외되고 있는 것일까? 그렇지 않다. 그렇다면 내가 G 대위와 그의 악행을 **다시는** 생각하지 **않는다** 한들, 무엇이 내가 나 자신이 되지 못하게 막겠는가? 그 경험이 내게 중요했으며, 좋은 쪽이건 나쁜 쪽이건 영향을 끼쳤다고 해서, 그 일을 기억하지 않고는 온전히 나 자신이 될 수 없는 것은 아니다.

그러니까 우리는 제멋대로인 기억으로도 정체감을 유지할 수 있다. 어떤 중요한 사건들은 간직하고 다른 중요한 사건들은 넘겨 버리는 기억, 어떤 일을 한동안 기억할 뿐 영구히 기억하지는 않는 기억, 우리를 속여 기억할 것이 없는 상황을 "기억"하고 기억할 것이 있는 상황은 기억하지 않는 기억, 실제 경험으로 이루어진 광범위한 동네는 건너뛰고 몇몇 작은 골목에서 한사코 춤을 추며 진실, 절반의 진실, 거짓, 삭제, 추가, 윤색의 거미줄을 짜는 기억. 자신의 기억에다 서사적 일관성을 부여하려는 시도 없이도 많은 이들이 잘만 살아간다. 우리가 삶을 하나의 이야기로 들려주려 할 때도 그 이야기는 결국 "조각 모음" 비슷한 것이 되고 만다. 그것은 과거의 토막들이 해석되는 과정이요 끊임없이 변하는 시점에서 기억 조각들이 모아지는 과정이다.

우리의 자아는 포스트모던 사상가들이 묘사하는 모습과 다르지 않다.

온갖 중심성에 분산되어 있고, 온갖 연속성 가운데 불연속적이고, 일관성을 부여하려는 온갖 시도에도 불구하고 끊어져 있고, 늘 변하면서도 언제나 자아동일성을 유지한다. 그리고 본질적 자아의 이 모든 맥동하는 긴장의 핵심에는 기억이 놓여 있다.

하나님 안에 감추어진 생명

우리의 자기동일성이 조각들의 모음으로 만들어지고 다시 만들어진다면, 악행을 당한 일에 대한 무기억이 자기동일성의 감각을 훼손하지는 않을 것이다. 인격동일성에 대한 이 설명에다 신학적 의미가 더해진 자아 개념을 덧붙이면, 무기억이 들어설 문이 활짝 열린다. 마르틴 루터는 유명한 소논문 『그리스도인의 자유』의 절정부에서 이런 결론을 내린다.

> 그리스도인은 자기 안에서 사는 것이 아니라 그리스도 안에서, 이웃 안에서 산다. 그렇지 않으면 그리스도인이 아니다. 그는 믿음을 통해 그리스도 안에서 살고, 사랑을 통해 이웃 안에서 산다. 믿음으로 들려 자신을 벗어나 하나님 안으로 들어간다. 사랑으로 그는 자기 아래로 내려가 이웃에게로 들어간다. 하지만 그는 언제나 하나님 안에, 사랑 안에 머문다.[5]

그리스도인이 된다는 것은 어떤 의미에서는 이주를 뜻한다. 그리스도인은 자기 안이 아니라 자기 바깥에서 산다. 하나님 안에서 살고, 이웃 안에

---

5 Martin Luther, *The Freedom of a Christian*, in vol. 31 of *Luther's Works*, p. 371.

서 산다. 일차적이고 더 근본적인 이주, 즉 믿음으로 "하나님 안에서" 사는 것, 또는 "들려 벗어나" "하나님 안으로" 들어가는 것에 대해 잠시 생각해 보자. 이것은 루터에게 두 가지로 의미심장하다. 우선, 이것은 자기가 하는 일로 하나님의 호의를 얻어야 한다는 부담에서 벗어나게 해 준다. 이 생각은 구원에 대한 루터의 설명의 핵심이다. 그의 요지는 사람이 하는 일이 중요하지 않다는 것이 아니다. 그것은 하나님께도, 이웃에게도, 본인에게도 대단히 중요하다. 하지만 사람이 무슨 일을 한다 해도, 하나님이 그를 사랑하시며, 그가 하나님을 믿으면 죄책을 벗고 타인을 사랑할 수 있는 새로운 피조물로 만들어 주시리라는 사실은 달라지지 않을 것이다.

우리 자신에게서 "들려 벗어나" "하나님 안으로" 들어가는 것은 또 다른 방식으로 루터에게 의미심장하다. 인류를 구원하시는 하나님의 방식에 대한 루터의 설명 배후에는 인간이 누구인가에 대한 그의 인식이 놓여 있다. 우리가 하는 일이나 다른 사람들이 우리에게 하는 일은 우리를 만들지도 파괴하지도 못한다. 우리 정체성의 핵심은 우리 손이 아니라 하나님의 손에 달려 있다. 우리가 더할 나위 없이 우리인 것은 하나님이 우리 안에 계시고 우리가 하나님 안에 있기 때문이다. 물론, 우리나 타인들이 우리 영혼과 몸에 새긴 것은 흔적을 남기고 우리다움을 형성하는 데 도움이 되지만, 그것이 우리를 규정하지는 못한다. 우리를 향한 하나님의 사랑, 우리 안에 거하시는 하나님의 임재와 우리가 자신에게서 "들려 벗어나" "하나님 안으로" 들어가는 것이야말로 인간으로서, 개인으로서 우리를 규정하는 가장 근본적인 힘이다.

이제 우리 안에 거하시는 하나님의 임재가 우리의 지난 삶의 한 시점이 아니라 지난 삶 전체를 규정한다고 생각해 보자. 그렇게 되면 우리의 정체성에 대해 이런 결론이 따라온다. **우리는 근본적으로 과거 경험의 총합이 아니다**(과거 경험에다 현재의 경험과 미래의 소망까지 더한다 해도, 근본적으로 우리를 다 설명하지는 못한다). 우리의 기억, 경험, 소망은 여전히 중요하지만, 그것들은 우리 존재를 규정하기보다는 꾸며 준다고 해야 할 것이다. 만약 이것이 사실이라면, 우리 정체성을 사로잡는 과거의 지배력이 깨어졌다는 의미다.

쪼그라든 자아?

나는 과거의 "지배력"이라고 썼다. 그러나 오늘날에는 정체성을 그렇게 생각하지 않는다. 자아는 대부분 과거에 의해 형성되기 때문에, 과거의 일부를 상실하면 자아가 쪼그라든 것처럼 느낀다. 루터의 관점과 우리 시대의 관점 사이의 이 차이는 근대 이전과 근대의 인간관이 크게 달라진 부분이기도 하다. 이 변화는 17세기 철학자 존 로크의 생각에서 이미 나타난다. 로크는 하나님이나 특정 집단이나 안정된 사회적 역할과 관련한 사람의 위치가 아니라 의식, 자기반성, 기억에 의거하여 정체성을 이해한다.[6] 그는 이렇게 썼다.

> 의식은 확장될 수 있는 최대한도로, 시간상 아주 멀리 떨어진 과거의 모습과 행동까지 동일한 사람 안에 통합시킨다. 아주 오래전의 모습과 행동이라 해도 바로 직전에 있었던 모습과 행동의 경우와 똑같이 통합시키는 것이다. 따라서 누가 되었건 현재 및 과거의 행동을 의식하는 존재가 현재와 과거 행

---

6   Assmann, *Erninnerungsraeume*, pp. 95-98를 보라.

동을 모두 아우르는 동일한 사람이다.[7]

다시 말해, 우리가 우리일 수 있는 것은 기억의 도움을 받아 우리의 과거와 현재를 연결하기 때문이라는 것이다.

동일성에 대한 이런 로크의 견해는 우리 시대 많은 이들의 경험과 일치한다. 옛날에는 인생의 이행기에 천직을 택하거나 결혼을 하거나 부모가 되면 그것이 곧 그를 규정하는 정체성이 되었다. 그러나 (전통이 만들어 준 문화가 아니라) 독창성에 집착하는 우리 문화에서는 그렇게 그냥 받아들이면 되는 미리 만들어진 정체성 같은 것은 없다. 후기 근대를 살아가는 우리가 "당신은 누구인가?"라는 질문에 답하려면 개인의 과거에서 상당한 경험을 끌어와야 한다. 무슨 뜻인지 알기 어려운 앤서니 기든스의 사회학적 표현 방식에 따르면, 이와 같이 기억에 호소하여 "성찰적으로 동원된 자기정체성"은 "심리 구조화와 관련된 근대적 사회 활동의 일반적 특징"이다.[8] 단순하고 거칠게 표현해 보면, 이 말은 이런 뜻이다. '나는 내가 경험

---

7   John Locke, *An Essay Concerning Human Understanding*, ed. P. H. Nidditch (Oxford: Clarendon, 1975), II.27.16.『인간지성론』(한길사). 물론, 동일성과 기억을 이런 식으로 긴밀하게 연결시키면 심각한 문제가 생긴다. 앞에서 인용한 데이비드 흄의 글은 로크의 동일성 이론에 대한 비판으로 나온 것이었다. 찰스 테일러는 로크에 대해 논하면서 제대로 된 반론을 내놓았다. "나는 고등학교를 졸업한 10대와 같은 사람일 것이다. 내가 졸업한 일을 여전히 기억하기 때문이다. 그 10대는 생일잔치를 했던 다섯 살배기와 같은 사람일 것이다. 생일잔치를 기억했기 때문이다. 그러나 나는 그 다섯 살배기와 같은 사람이 아닐 것이다. 10대 이후 세월이 흘러 생일잔치를 잊어버렸기 때문이다[Taylor, *Sources of the Self: Making of the Modern Identity* (Cambridge, Mass.: Harvard University Press, 1989), 543n.17].

8   Anthony Giddens, *Modernity and Self-Identity: Self and Society in Late Modern Age* (Stanford: Stanford University Press, 1991), p. 33.『현대성과 자아정체성』(새물결).

한 것으로 내가 기억하는 모습이다.' 내게 더 많은 일이 벌어지고 내가 그 일을 더 많이 기억할수록 나의 정체성은 더욱 풍성해진다는 것이다. 뒤집어 말하면, 내게 벌어지는 일이 적고 그중에서 내가 기억하는 부분이 적을수록 나의 정체성은 빈약해진다. 이런 관점에서 보면, 내게 벌어진 어떤 일을 기억하지 못하는 것은 나 자신의 한 덩어리를 상실하는 것이다.

하지만 루터의 관점에서 보면 상황은 정반대다. 주로 자신의 과거와 관련해서 자신을 규정하는 자아는 거의 알아볼 수 없을 만큼 쪼그라든 것이다. 우주의 창조주께서 거하시던 장소이자 하나님의 생명이라는 무한한 신비 속에 머무는 존재였던 자아가 자신의 과거 경험을 담은 그릇 정도로 오그라든 것이다. 더욱이 그런 자아는 늘 자기 안에 갇힌 채로 좋았던 때든 나빴던 때든 과거의 짐을 의무감으로 짊어지거나, 과거에서 골라낸 부분들을 재조합하여 내키는 대로 처음부터 자기를 다시 만들어 낸다. 루터의 관점에서 볼 때 그 자아는 가장 근본적인 것이 결핍되어 있다. 다시 말해, 그 자아는 믿음으로 하나님 안에 푹 잠기는 데서 정체성을 얻지 못하는 것이다.

하나님의 생명 안에서 채움을 얻고 보호받고 기쁨을 누리는 자아는 자기 자신과, 불의를 당한 기억과, 그로 인해 생겨난 죄책감을 놓아 보낼 수 있다. 하지만 그 자아는 하나님 안에만 마냥 머물지 않는다. 진정 믿음으로 하나님 안에 있는 자아라면 사랑으로 이웃 안에 있기도 할 것이라는 게 루터의 주장이다. 하나님은 사랑이시기 때문이다. 그런 자아는 이웃을 대할 때 "그리스도"처럼 행동한다. 허물을 용서하고 사랑으로 포용한다.

자아가 하나님과 이웃 안에 있기 때문에 과거에 밀착되지 않는다고 해서 뭔가 잃어버리는 것이 있을까? 소모품에 불과하다고 여길 만한 것만

잃을 것이다. 사도 바울이 빌립보서에서 쓴 용어를 빌리면, 기꺼이 "해"(害, loss)로 여길 만한 것만 잃을 것이다. 자아가 그냥 자신의 과거를 폐기하고 "하나님 안에 있음"을 택한다면 많은 것을 잃을 것이다. 그럴 경우, 우리의 지난 삶은 중요하지 않을 것이다. 그러나 하나님 안에 있는 것과 시간 속에서 살아가는 것은 양자택일해야 할 관계가 아니다. 오히려 하나님 안에 있음으로 인해, 우리 삶은 불변하는 과거가 시간의 비가역성이라는 철권을 휘둘러 행사하는 독재에서 자유로워진다. 하나님은 우리의 과거를 가져가시지 않으며, 모아진 조각들, 재구성한 이야기들, 참으로 구속된 자아들, 영원히 화해한 사람들로 바꾸어 우리에게 되돌려 주신다.

마가레테의 울음

이런 기독교적 정체성 개념은 자신이 당한 악행에 대한 궁극적 무기억의 가능성이나 불가능성에 대해 무엇을 말해 줄까? 키르케고르가 『이것이냐 저것이냐』에서 다룬 괴테의 『파우스트』 속 마가레테 이야기는 내가 제시할 답변의 좋은 예가 된다. 파우스트의 유혹에 넘어간 마가레테는 인간에 불과한 그를 "하늘의 하나님"보다 더 사랑했다. 아닌 게 아니라, 그녀는 그를 너무나 사랑한 나머지 "파우스트 안에서 완전히 사라져" 버렸다.⁹ 그러나 파우스트는 그녀를 버렸고 그녀는 엄청난 충격을 받았다. 그녀에게 남은 것은 벌어진 상처와 견딜 수 없는 모순으로 다가온 정체성의 혼란이었

---

9   Kierkegaard, *Either/Or*, ed. and trans. Howard V. Hong and Edna H. Hong (Princeton: Princeton University Press, 1987), 1:210, 213.

다. "내가 그이를 잊을 수 있을까?" 그녀는 수사적으로 묻지만 그녀 안의 모든 것이 그 가능성에 저항한다.

> 시냇물이 아무리 오랫동안 흐른다 한들 그 샘을 잊고, 수원을 잊고, 그로부터 끊어질 수 있을까? 그럴 수 있다면 시냇물은 흐르기를 멈추어야 하겠지! 화살이 아무리 빨리 날아간다 한들 활시위를 잊을 수 있을까? 그럴 수 있다면 화살의 비행이 끝나야 하겠지!…내가 그이를 잊을 수 있을까? 그러면 나는 존재하기를 그쳐야 하겠지![10]

마가레테의 곤경은 이해할 만하다. 그녀는 사랑 가운데 자신의 전 자아를 파우스트에게 바쳤고, 이제 자기를 버린 파우스트를 붙들어야만 자신을 붙들 수 있다. 그러나 그녀의 어려움은 심각한 범죄에서 나온 것이다. 파우스트가 그녀에게 저지른 부인할 수 없는 범죄뿐 아니라, 더욱 근본적으로는 마가레테가 유혹에 넘어가 본인에게 저지른 범죄다. 그녀는 파우스트가 하나님을 대신하여 자신을 차지하도록 허용했고, 이제는 그와 관계된 역사로부터 자신의 정체성을 분리할 수 없게 되었다.

파우스트는 소모품이다. 파우스트는 왕좌에서 밀려나야 한다. 마가레테가 마가레테인 것은 그녀와 파우스트의 관계 때문이 아니라 그녀를 향한 하나님의 끊을 수 없는 헌신과 그녀 안에 계신 하나님의 존재 때문이다. 하나님을 우리 존재와 정체성의 근원으로 믿으면 그 어떤 사람이나 세속의 선이나 사건에 대해서도 과도한 애착을 갖지 않게 된다. 믿음으로 하

---

10 같은 책, 1:212.

하나님 안에 자리를 잡으면, 과거의 어떤 사건을 잊어도 "존재하기를 그치는" 일은 없게 된다. 왜 그럴까? 우리 시냇물의 샘과 우리 화살의 활시위는 과거의 어떤 것이 아니라 영원하신 하나님이기 때문이다. '믿음으로 우리가 하나님의 손에서 우리 자신을 받는다'는 사실에 우리의 정체성이 있다. 앞서 나는 이런 생각을 우리 영혼에 거하셔서 우리를 규정하시는 하나님의 임재와 우리가 "하나님 안에" 있음으로 표현한 바 있다. 우리에 대한 하나님의 지식이 우리를 규정한다고 표현하는 것도 가능하다. 에버하르트 융엘이 최후의 심판과 관련해서 말한 대로, 우리가 하나님께 알려질 때 "그것이 바로 우리의 진짜 모습일 것이다."[11] 어느 쪽이든, 우리의 정체성은 근본적으로 하나님의 손안에 있지, 우리나 우리를 학대한 사람들에게 달려 있지 않다. 그래서 우리는 악행을 당한 기억을 놓아 보내면서도 그 어떤 의미에서도 "존재하기를 그치지" 않는다.

기억해야 할 의무

나는 우리가 악행을 당한 기억을 놓아 보낼 수 있다고 주장했다. 우리의 구원도 정체성도 그 기억에 달려 있지 않다. 하지만 그것을 놓아 보내야 마땅할까? 무기억에 반대하는 도덕적 이유들이 있지 않을까? 그런 이유들이 있기는 하지만, 내가 주장하는 무기억에 그 이유들이 얼마나 적용되는지 주의 깊게 검토해 봐야 한다. 여기서 무기억이란 정의가 실현된 **후**, 완

---

11 Eberhard Jüngel, *Death: The Riddle and the Mystery*, trans. Ian and Ute Nicol (Philadelphia: Westminster, 1974), p. 121.

전한 사랑의 안전한 세계로 들어간 **후에** 악행이 생각나지 않음을 말한다.

어떤 사건의 기억을 먼저 생각해 보자. 우리가 과거 전반을 기억해야 한다는 말은 이상할 것이다. 내가 가족과 몇 년 전에 다녀온 여행—많은 여행 중 하나—의 어떤 세부 내용을 잊는다 해도 가족이나 나 자신에게 그리 못할 짓을 한 게 아니다. 가족들이나 나 자신이 내 기억의 부실함과 그렇게 잊을 만큼 그 일이 내게 큰 의미가 없었다는 사실에 실망할 수는 있다. 하지만 이런 무기억은 아들을 데리고 소풍을 가기로 한 약속을 잊는 일보다는 모리타니아이슬람공화국(Mauritania)의 수도가 어디인지 잊는 일과 더 비슷할 것이다. 기억하지 못한다고 해서 어떤 의무를 이행하지 않는 것은 아니다. 물론 그 여행의 세부 내용이 가족들이 특별히 시간과 노력을 들여 나를 위해 준비한 것이었다면 이야기가 달라질 것이다.

그런데 내가 그 여행을 기억한다고 주장한다면, 그때는 그 일을 진실하게 기억해야 할 의무가 생긴다. 내 기억은 언제나 특정한 관점에서의 사건 구성을 포함하기에 "망각"이 따르기 마련이지만, 그래도 이 의무는 유효하다. 내가 3장에서 주장한 대로, 진실하게 기억하지 않으면 나는 과거와 과거의 행위자들을 제대로 인정하지 않는 것이다. 그러나 여기서 우리의 관심사는 불특정한 사건에 대한 기억이 아니라 악행을 당한 기억이다. 이 경우에도 동일한 논리가 적용된다. 악행을 당한 일을 기억한다면, 우리는 그 일을 진실하게 기억해야 할 의무가 있다. 우리가 악행을 당한 일을 진실하게 기억하지 못하면, 다른 사람들은 물론이고 아마 우리 자신에게도 부당한 일을 하는 셈이 될 것이다.

내 주장이 옳다면, 문제는 애초에 우리에게 기억해야 할 의무가 있는가 하는 것이 된다. 아브라함 트로이의 사례를 생각해 보자. 리투아니아계 유대인인 그는 일기장에다 3년간의 살벌한 나치 통치를 꼼꼼히 기록했다. 그는 공책을 다 쓰면 상자에 넣었고 상자가 채워지면 땅에 묻었다. 그리고 상자마다 이런 쪽지를 넣었다. "이 상자 안에 내가 전율과 불안을 안고 적고 관찰하고 수집한 내용을 숨겨 놓았다. 심판의 날이 올 때 그들의 범죄를 밝히는 물적 증거 — '범죄의 증거'(*corpus delicti*) — 로 쓰기 위함이다."[12]

타인에 대한 범죄를 기억해야 할 의무는 저질러진 악행에 주의해야 할 의무의 연장선상에 있다. 때로는 피해자에게 줄 수 있는 것이 "가장 초보적인 보상", 즉 "그들에게 거부되었던 목소리를 내게 해 주는 것"뿐인 경우도 있다.[13] 피해자의 억울함을 신원하고 가해자를 규탄하는 것이 가능할 경우도 있을 것이다. 그 경우에 기억하기는 피해자를 위한 정의 추구의 일부가 된다. 악행자들이 악행자로 머물고 궁극적 재판장 앞에 서지 않은 동안에는, 그들이 저지른 악행은 기억되어야 할 것이다. 최후의 심판을 포함해 보다 공적인 심판이 부재한 상황에서는 기억이 바로 심판**이다**. 이 의무를 다하기 위해, 기독교 신앙을 진지하게 받아들이는 그리스도인들은 용서와 화해를 추구할 것이다. 우리가 기억하는 것은 용서와 화해를 위함이고, 용서하고 화해해야 할 의무가 있기에 기억해야 할 의무가 있는 것이다. 그러나 앞에서 나는 용서와 화해가 기억을 놓아 보내는 일과도 연결되어 있다고 주장한 바 있다. 그렇다면 어느 쪽일까? 용서하고 화해하기 위해 기억하는 것일까, 아니면 기억을 놓아 보내기 위해 용서하고 화해하는 것

---

12 *The New York Times*, March 18, 2002, A23.
13 Paul Ricœur, "The Memory of Suffering", in his *Figuring the Sacred: Religion, Narrative, and Imagination*, trans. David Pellauer, ed. Mark I. Wallace (Minneapolis: Fortress, 1995), p. 290.

일까? 둘 모두 맞지만, 여기에는 정해진 순서가 있다. 어렵지만 우리가 의도적으로 밟아 나가야 할 각 단계는 기억하고, 용서하고 화해하고, 기억을 놓아 보내는 순이다. 그런데 '기억을 놓아 보냄'은 피해자들이 혼자서 하는 일방적 행위가 아니다. 용서조차 일방적 행위가 아니다. 용서는 무조건적으로 주어지는 것이지만, 주는 쪽에서 건네고 받는 쪽에서 받아들여야만 하는 선물이다. 용서를 받아들여야만 용서받을 수 있다.[14] 그리고 기억을 놓아 보냄—악행에 대한 무기억—은 용서보다 상호적인 성격이 더 강하다. 기억을 놓아 보냄은 피해자가 구속받고 가해자가 변화된 후에, 그들의 관계가 화해를 통해 재정의된 후에야 설 자리가 생긴다. 화해가 이루어지지 않은 한, 악행을 기억해야 할 의무는 유효하다. 기억은 정의에 봉사하고, 기억과 정의는 화해에 봉사하기 때문이다.

어려운 의무

하지만 악행을 기억하는 것은 이행하기가 쉽지 않은 의무다. 내가 3장과 4장에서 지적한 대로, 진실하게 기억하는 데도 여러 어려움이 있고 우리에게는 악행의 기억을 이용하여 다른 사람들을 해치는 것을 정당화하는 성향도 있거니와, 당한 악행을 기억해야 하는 의무를 진지하게 받아들인다면 그 의무의 범위가 너무 넓어서 도저히 감당하기 어려워지기 때문이다. 그래서 우리는 반인륜적 범죄 같은 극악한 범죄만 기억해야 한다고 생

14　용서에 대한 이런 설명으로는 Miroslav Volf, *Free of Charge: Giving and Forgiving in a Culture Stripped of Grace* (Grand Rapids: Zondervan, 2005), pp. 181-183를 보라.

각하게 된다.[15] 충분히 이해할 만한 입장이다. 그런 범죄를 기억하는 것은 공동체 전체와 심지어 인류 전체의 안위에도 중요한 의미가 있기 때문이다. 그러나 이런 입장은 우리의 기억 능력의 한계에서 생겨난 선입견에 근거하고 있고 불의하기까지 하다.

내 관점과 같은 비(非)공리주의적 윤리 관점에 따르면, 우리에게 기억해야 할 도덕적 의무가 있다면 그 의무는 크건 작건 모든 범죄로 확장되어야 한다. 큰 범죄는 기억하고 작은 범죄는 기억하지 않는 것은 불공평한 일이다. 작은 범죄를 그냥 넘어가는 것은 암묵적으로 큰 범죄들을 실제보다 더 나쁘게 묘사하는 결과를 낳기 때문이다. 범죄자들은 도덕적 어둠에 사로잡혀 있고 나머지 우리는 찬란한 도덕적 빛 가운데 거하는 것으로 보이게 만드는 일이다. 이것은 물론 실제와는 다른 모습이다. 하지만 니체가 지적했고 기독교 전통이 한결같이 인정하는 것처럼, 사는 것이 곧 불의를 저지르는 일이고 그것이 어느 정도 피할 수 없는 일이라면, 어떻게 모든 범죄를 다 기억할 수 있겠는가?

하지만 기억이 불의한 삶과 불가피하게 얽혀 있다고 해서 기억의 의무를 저버릴 구실이 될 수는 없다. 우리는 힘닿는 한 잘해야 하며 온전한 진실과 정의는 심판의 날에 드러날 것이라고 믿어야 한다. 기독교적 인생관에 따라 지금 우리는 그날을 소망하며 기억한다. 그러므로 기억해야 할 의무는 여전하지만, 모든 기억은 부분적일 수밖에 없다는 의미에서 부분적으로는 부당한 기억이라는 예리한 인식으로 그 의무를 다해야 한다.

15　Avishai Margalit, *Ethics of Memory* (Cambridge, Mass.: Harvard University Press, 2002), pp. 78-83를 보라.

우리에게 악행을 당한 일을 기억해야 할 의무가 있다면, 최종적 화해 **이후** 악행을 당한 일이 기억에서 사라질 것이라는 주장은 어떻게 되는 것일까? 그 종말론적 사건 이후, 우리는 아마도 바르게 기억할 수 있을 텐데 말이다. 우리가 바르게 기억할 수 있게 된 바로 그 시점에 악행의 기억을 놓아 보내는 것이 **도덕적으로 정당화될 수 있을까**? 내세에서 악행의 기억이 '생각나지 않음'은 불가피하게 부도덕한 일, 또는 적어도 도덕적 결함이 있는 일이 아닐까?

영원히 기억해야 할 의무?

인간의 이야기가 죽음으로 끝난다고 믿는 사람들, 최후의 심판이나 최종적 화해를 소망하지 않는 사람들이 영원히 또는 인류가 존속하는 시간까지는 기억해야 한다고 생각하는 이유는 충분히 이해할 만하다. 엘리 위젤이 바비 재판(Barbie trial, 1987)에서 증언하며 표현한 감정은 그런 입장을 지지하기에 충분하다. "기억 없는 정의는 불완전한 정의로서 거짓되고 불의합니다. 망각은 아우슈비츠가 절대적 범죄였던 것과 똑같이 절대적으로 불의한 일일 것입니다. 망각하는 것은 곧 적들의 최종 승리일 것입니다."[16] 위젤은 온전한 정의가 이루어질 수 있다 해도, 그것으로는 충분하지 않으리라고 말한다. 정의가 억울함을 신원한다 해도 죽은 자들을 다시 살려 낼 수는 없기 때문이다. 어떤 의미에서는 기억이 그 일을 한다. 기억하는 것은 죽은 자들에게 생명을 돌려주는 일이다. 산 자들의 땅에서 떨어

---

16 같은 책, p. 187.

져 나간 사람들이 영영 사라지도록 허용하지 않기 때문이다. 기억하는 것은 가해자에게 궁극적 승리를 허용하지 않는 일이다. 따라서 우리에게는 "언제까지나" 기억해야 할 의무가 있다.

내가 내세를 소망하지 않는다면, 당한 악행을 "영원히" 기억해야 한다는 입장을 받아들일 것이다. 그러나 나는 내세에 대한 소망을 품고 있다. 나는 내세에서 우리가 죽은 자들과 함께 살되, 망자로서 그들의 과거를 기억하는 것이 아니라 산 자로서 그들의 눈을 들여다보며 그들과 함께 살 것이라고 믿는다. 이 확신을 염두에 둔다면, 악행을 당한 일을 영원히 기억해야 할 어떤 도덕적 의무가 있을까? 온전한 정의가 실현되고 최종적 화해가 이루어진 후, 죽은 자들이 다시 살아난 후에 피해자들을 "살아 있게" 만들고 그들이 당한 악행을 잊지 않게 해 줄 기억이 필요할까? 그들이 바로 고통스러운 기억의 주인들이 아닐까? 그들이 최종적 화해 이후에 이루어진 **완전한 사랑의 영구한 세계에서** 더 이상 기억하지 않는다면, 본인과 다른 이들에게 못할 일을 하는 것일까? 나는 그렇게 생각하지 않는다.

이 점을 좀더 파고들어 보자. 그 세계의 사람들이 자신이 저지르거나 당한 악행에 대한 기억을 부여잡고 싶어 한다면(그 기억들을 **놓아 보낼 수 없는** 사람들이 아니라 그 기억을 **부여잡고 싶어 하는** 사람들이라는 데 주목하자), 그 이유를 묻는 것이 옳지 않을까? 완전한 사랑의 안전한 나라에서 그 기억들은 어떤 기능을 수행할까? 그 기억을 남겨 두고 싶어 하는 이들이 가해자들이라면, 자신이 저지른 일에 대해 스스로를 용서할 수가 없어서 계속 자책하기 위해 생생한 기억이 필요한 것이라고 보면 틀린 생각일까? 그들이 피해자일 경우, 가해자들에 대한 원한을 품고 있거나 적어도 남겨 두고 싶어 하기 때문에 그 기억을 부여잡는다는 것은 가능성 없는 생각일까?

우리가 과거에 당한 악행을 완전한 사랑의 안전한 세계에서 기억한다면, 그 기억은 복수심의 명령을 따르는 것이 아닐까? 복수의 대상이 자신이건 타인이건 간에 말이다. 역으로, 그 세계에서는 니체처럼 망각을 고상한 일로 여기는 것이 옳지 않을까?

그러나 이렇게 항변할 사람들도 있을 것이다. **정의**는 우리가 영원히 기억할 것을 요구하고, 그것만으로도 기억해야 할 충분한 이유가 된다고 말이다. "과거를 잊어. 그러면 아무 일도 없었던 것처럼 될 거야." 악마 메피스토펠레스는 파우스트가 종종 그레트헨이라 부르던 마가레테를 버린 후에 그렇게 조언한다. 그레트헨과 파우스트가 화해하고 사랑의 세계에서 산다 해도, 파우스트가 그녀를 버렸던 일을 "없었던 일로" 만드는 무기억은 두 사람 모두에게 심각한 불의가 아닐까? 가해자 파우스트는 죄가 없는 사람처럼 여겨질 것이고, 피해자 그레트헨은 해를 입은 적이 없는 것처럼 여겨질 테니 말이다. 악행은 가해자와 완전히 분리될 것이고, 피해는 피해자와 완전히 분리될 것이다. 이것은 그들의 관계를 왜곡하지 않을까? 이 왜곡은 불의한 것이 아닐까? 파우스트에게는 편리하게 불의하고, 그레트헨에게는 고통스럽게 불의한 것이 아닐까? 심판받고 회개하고 변화된 가해자라 해도 우리가 무슨 권리로 그에게서 악행을 떼어 낸단 말인가?

그러나 그것이 바로 용서가 하는 일이다! 바로 여기에 기독교적 용서의 본질이 있다. 그리스도는 그분의 신성으로 인해 인간 죄의 결과를 짊어질 수 있었고 실제로 짊어지셨다. 그래서 악행의 형벌이 악행자들에게서 분리될 수 있었다. 그리고 그리스도는 그분의 인성으로 인해 죄인들을 대신하여 죽으실 수 있었고 실제로 죽으셨다. 그분이 죽으셨을 때 악행자들도 실제로 죽었기에 그들에게서 죄책이 분리될 수 있다. 우리가 우리에게 잘못한 사람들을 용서할 때, 하나님이 보여 주신 용서의 기적을 우리 것으로 만들게 된다. 하나님의 측량할 수 없는 은혜를 본받아, 우리는 행위를 행위자에게서, 악행을 악행자에게서 분리한다. 우리는 그 악행을 지워 그것이 더 이상 악행자를 상하지 못하게 한다. 그렇기 때문에 자신이 당한 악행에 대한 무기억이 용서를 적절히 완성한다고 말할 수 있다.

은혜 충만한 용서와 악행에 대한 무기억은 걸림돌이다. 용서와 무기억이 건네지는 대상이 지독한 악행자일 때는 도저히 받아들이기 어려운 걸림돌이 된다. 어머니가 보는 앞에서 아이들을 하나하나 죽이면서도 어머니는 죽이지 않고 "살아 있으되 죽음이 깃든" 상태로 두고자 했던 군인들을 생각해 보라.[17] 많은 사람들이 용서와 무기억을 거부하고 싶은 충동을 강하게 느낀다는 점은 충분히 이해할 수 있다. 불경건한 자들을 의롭다 하시며 마침내 세상을 구속하시고 화해시키시는 무한한 사랑의 하나님에 대한 믿음이 아니고는, 엄격한 응보적 정의를 굳게 유지하고 사람들이 당한 악행에 대해 파괴할 수 없는 기념물을 세우자고 주장하는 이들을 설득할 논리를 내놓을 수 없다. 그러나 경건하지 않은 자들에게 화해를 주기 원하신 하나님의 '자기를 내어 줌'이 우리 신앙의 중심에 자리 잡는다면, 고유의 고통과 기쁨이 있는 은혜를 선택하는 일, 자신이 당한 악행을 용서하고 그 기억을 떠나보내는 일을 그 무엇도 막을 수 없다.

악행을 당한 기억을 놓아 보내는 과정을 올바로 파악하는 것이 중요하다. 그 일은 은혜의 행위이므로 은혜의 **논리**에 따라 이루어져야 한다. 가

---

17 Elie Wiesel, *From the Kingdom of Memory: Reminiscences* (New York: Summit, 1990), p. 186.

해자 파우스트는 자력으로 무기억의 낙원에 들어갈 수 없었다. 그레트헨의 기억이 그 입구에서 화염검을 휘두르는 천사이기 때문이다. 그는 그레트헨에게 그냥 지나가게 해 달라고 요구할 수도 없었다. 그는 들어갈 권리가 전혀 없었다. 그의 악행은 두고두고 기억되어야 **마땅했기** 때문이다. 오로지 그는 기억의 고통이 제거된 낙원으로 들어가게 해 달라고 간청할 수밖에 없었다. 그레트헨의 처분에 자신을 완전히 내맡길 수밖에 없었다.

그레트헨은 파우스트가 낙원에 들어가게 하고, 그로 인해 범죄로 얼룩진 세계에서 그와 자신을 끌어내어 사랑과 지복의 세계로 나아갈 수 있었다. 두 사람이 그 사랑의 세계 앞마당에서 만난다면 그녀가 파우스트에게 이 선물을 주었으면 하는 것이 나의 바람이다. 그곳에서 누군가가 그녀에게 기억하지 말라고 강요할까? 아니다. 누구도 그녀에게 그런 요구를 하지 않을 것이다. 그녀가 그 선물을 준다면, 모든 좋은 선물이 주어지는 자발적인 방식으로 기쁘게 그 선물을 내어 줄 것이다. 하나님은 죄를 짊어지시는 그분이 거하시기에 완전한 거처로 만들어진 새 자아를 그녀에게 선물로 주실 것이다. 그녀는 바로 그 하나님의 능력을 통해 파우스트에게 용서와 무기억이라는 하나님의 선물을 기쁨으로 전달할 것이다. 사랑**이신** 하나님 안에서 합당한 자아를 발견했으니, 그녀는 하나님의 사랑이 자신을 통해 행하시는 일을 함으로써 번성할 것이다. 용서하고, 화해하고, 지난 상처를 더 이상 생각하지 않을 것이다.

총체적 노출?

나는 내세에서는 악행을 당한 일이 생각나지 않을 것이라고 주장하며 이

제껏 크게 두 가지 주제를 다루었다. 첫째, 기독교 전통의 큰 흐름이 하나님의 용서와 우리의 용서에 대해 말하는 내용을 간략히 검토했다. 그리고 그 전통에서 용서받은 죄에 대한 무기억이 두드러진다는 점을 지적했다. 둘째, 무기억이라는 개념이 현대인에게는 이상하게 보이지만, 그 개념을 받아들이는 것을 가로막는 요소가 없음을 보여 주는 여러 고려사항을 제시했다. 나는 무기억 개념이 인간의 구원, 인간의 정체성, 도덕적 책임에 대한 설득력 있는 설명과 양립할 수 있다고 주장했다. 이제 기독교 전통이 온전한 용서와 악행에 대한 무기억을 왜 그렇게 한결같이 짝지어 생각했는지 그 **이유**를 몇 가지라도 지적해야 할 때가 되었다. 나는 다시 한번 내세의 특성에 초점을 맞추고, 자신이 겪은 악에 대한 영원한 기억이 완전한 사랑과 진한 기쁨의 세계로 최종 완성되는 내세관과 어느 정도 양립하는지, 과연 양립하기는 하는지 따져 볼 것이다.

잠시 상상해 보자. 내세에는 히로시마 추모비가 있을까? 난징 대학살과 마오쩌둥이 자행한 잔혹행위의 추모비는? 스탈린의 숙청과 크메르루주 학살 추모비는? 유럽인들이 식민지에서 벌인 토착민 대량학살 추모비는? 피해자들과 가해자들이 이 추모비들 주위에 함께 모여 피비린내 나는 역사를 기억하고 거기에서 그들을 구원하신 하나님께 감사할까? 그럴지도 모른다. 하지만 만약 그렇다면, 내세가 완전한 사랑과 진한 기쁨의 세계라고 할 수 있을까?

앞에서도 주장한 대로, 우리가 악행을 기억**해야 한다**면 **모든** 악행을 다 기억해야 한다. 모든 사람의 모든 잘못을 다 기억해야 한다. 악명 높은 잔혹행위와 공적 범죄만이 아니라 칠흑 같은 어둠의 비호 아래 저질러지고 침묵의 베일 뒤에 숨겨진 사적인 비행들도 기억해야 한다. 극악한 사적 범죄들만이 아니라 사람들의 상호작용 곳곳에 퍼져 있는 사소하고 짜증을 부르는 비열함—뒷담화, 절반의 진실, 모욕 등—도 기억해야 한다. 인간의 상호작용이란 그 수명이 좀더 길다는 점만 제외하면 대체로 "짐승 같은" 것이니! 유명한 공적 범죄자들의 악행만 기억하고 나머지 사람들의 악행은 기억하지 않는다면 위선적이고 불공평한 일일 것이다. 그러므로 내세에서 우리가 악행을 기억**한다면**, 그 정의상 모든 것이 공평할 그곳에서 우리는 최후의 심판 때 기록되고 밝혀지고 정죄받고 용서받은 모든 악행과 모든 악한 생각을 기억할 것이다!

그것이 "황금길"과 "보석 박힌 성벽"의 도성에서 어떤 공포를 불러일으킬지 거침없이 상상의 나래를 펴 보자. 내가 친구와 함께 천국의 도로를 걷다가 반대쪽에서 지나가는 사람을 본다고 하자. 다른 사람에 대해 안 좋게 말하고 싶지 않아서 나는 친구에게 아무 말도 하지 않는다. 그러나 우리 둘 다 안다. 그 사람이 겉으로는 점잖아 보이지만 매주 연약한 딸이나 겁에 질린 복사(服事)를 건드렸던 비열한 아동 성추행범이라는 사실을. 이제는 구속받았지만 그때는…. 그의 진실을 떠올리는 친구와 나 역시 우리의 온갖 크고 작은 잘못들이 다른 모든 사람의 시선에 고스란히 노출되어 있음을 안다!

큰 죄인, 작은 죄인 할 것 없이 내세의 모든 거주민의 전체 역사가 "모든 이의 가시 범위 안에" 영구적으로 들어 있다면, 우리는 우리의 악행에 대한 우리 자신과 다른 이들의 기억이 가져다줄 견딜 수 없는 부담감에서 벗어날 수 있는 모종의 그늘과 피신처를 원하지 않을까? 우리는 이렇게 외치지 않을까? "완전한 사랑과 지복의 세계가 용서받은 모든 죄들이 끊임없이 폭로되는 끔찍한 공간이라면, 나는 차라리 지금 이 세상에서 적당히 살고 끝내고 싶다. 여기엔 온갖 심각한 문제들이 있지만 그래도 내 모든 죄가 모든 이에게 알려지거나 끊임없이 폭로되지는 않는다. 이것은 얼마나 큰 복인가!" 아닌 게 아니라, 이런 내세를 상상하면, 질 들뢰즈―천국을 그런 곳으로 생각하고 기독교를 맹렬히 비판한 사상가―가 황금길을 거닐기보다 유황 호수에서 타오르는 편이 낫겠다고 한 이유를 알 수 있다![18]

우리는 결점까지 포함하여 있는 모습 그대로 용납받고 싶어 하지 않느냐고 항변할 사람도 있겠다. 완전한 사랑의 세계가, 우리가 온갖 결함에도 불구하고 사랑받는 세계일 수는 없을까? 우리에게는 무조건적으로 용납받고 싶은 갈망이 분명히 있다. 다른 사람들이 우리의 결점은 넘어가고 아름다운 부분에만 집중해 줬으면 하는 마음도 있다. 나는 이 두 갈망이 다 채워지기를 바란다. 현세에서 내세로 넘어가는 **이행기**에 우리의 모든 결함이 알려질 것이나, 그럼에도 불구하고 우리는 사랑받을 것이다. 그러므로 용서받고, 화해하고, 변할 것이다. 그때 그 완전한 사랑의 세계에서 우리는 모든 결점이 완전히 치료된 채 아름다움을 한껏 뽐내며 빛날 것이다.

천국의 실재와 악의 기억

악행을 당한 기억과 내세의 사랑의 특성이 전혀 어울리지 않는다고 느끼게 만드는 두 가지 문제가 더 있다. 첫째, 우리가 악행을 당한 기억이 영원해야 한다고 주장할 때 전제하고 있는 **사회적 비전**이다. 모든 악행을 항상 기억하는 세계가 완전한 응보적 정의와 양립하는 것은 분명하다. 물론 그

---

18 Gilles Deleuze, *Kleine Schriften*, trans. K. D. Schacht (Berlin: Minerva, 1980), p. 114.

런 정의는 영원한 구속을 닮았다기보다는 영원한 저주에 가까울 것이다. 그러나 영원한 기억의 세계를 사랑의 세계로 상상할 수 있을까? 그곳을 분투하고 고통에 몸부림치는 사랑의 세계로 상상해 볼 수는 있겠다. 그곳에서 모든 복된 자들은 인간의 옹졸하고 비열한 범행들과 서로에게 지은 큰 범죄들과 하나님께 지은 죄를 다 알면서도 사랑하시는, 비범한 하나님의 사랑에 참여할 것이다. 그러나 그런 세계를 지복의 세계라고 상상할 수 있을까? 사랑의 세계는 **기쁨**의 세계라고 하지만, 과연 그런 곳을 기쁨의 세계로, 더구나 **서로를** 기뻐하는 세계로 상상할 수 있을까? 불가능한 일이라고 주장하지는 않겠지만, 가능성이 높은 것 같지는 않다.

여기 엘리 위젤이 기쁨과 참혹한 악행의 기억에 대해 말한 내용이 있다. 홀로코스트 50년 후, 그는 홀로코스트 희생자들을 대신해 하나님께 바치는 기도를 썼다.

> 오, 그들[생존자들]은 살인자들과 공모자들을 용서하지 않고 용서해서도 안 됩니다. 우주의 주인이시여, 당신께서도 그러시면 안 됩니다. 그러나 그들은 더 이상 모든 행인을 의혹의 눈길로 바라보지 않습니다. 모든 손에서 단검을 보지도 않습니다. 그것은 그들 영혼의 상처가 치료되었다는 뜻입니까? 그 상처는 결코 낫지 않을 것입니다. 아우슈비츠와 트레블링카의 불길이 그들의 기억 속에서 빛나는 한, 내 기쁨은 그만큼 불완전할 것입니다.[19]

그리스도인 독자들은 이 기도문의 첫 몇 행이 거슬려서 마지막 행의 중

19　Elie Wiesel, "A Prayer for the Days of Awe", *New York Times*, October 2, 1997, A19.

요성을 놓쳐서는 안 될 것이다. 우주의 주인께 살인자들과 그 공모자들을 용서하지 마시기를 구하는 위젤의 요청은 "악인과 속이는 자들"의 죄악이 "항상 여호와 앞에 있게"(시 109:15) 해 달라는 시편 기자의 요청을 되풀이한 것이기 때문이다. 위젤은 현대판 시편 기자이지, 한없는 용서를 베푸시는 그리스도를 따르는 사람이 아니다. 그러나 이 기도문의 마지막 행은 그리스도를 따르는 사람들이 동의할 수 있는 주장을 하고 있다. 참혹한 악을 기억하는 것과 기쁨, 특히 서로에 대해 누리는 기쁨을 경험하는 것은 양립할 수 없다. 참혹한 악과 내가 겪은 모든 악행의 기억을 존속시키는 내세는 벅찬 행복에 얼굴이 환해지는 장소가 아니라 수치심에 고개를 들지 못하는 곳일 것이며, 서로를 기뻐하는 곳이 아니라 심오한 슬픔의 안개가 깔린 곳일 것이다. 위젤의 경우, 아우슈비츠의 불길이라는 용서할 수 없고 결코 잊을 수 없는 기억이 순수한 지복의 경험을 가로막는다. 역사의 악행을 진실하게 기억하고 마음이 딱딱하게 굳어 버리지 않은 사람이라면 다 비슷한 상황일 것이다.

둘째, 악행을 당한 일에 대한 영원한 기억은 하나님의 신세계 한복판에 존재하는 **악의 영원성**을 함축한다. 악행을 당한 일이 내세의 시민들의 마음과 정체성에 영구히 새겨진다면, 그것은 악의 완전한 패배가 아니라 악의 기묘한 승리를 뜻하지 않을까?

악에 대한 기억은 많은 악행자들이 원하는 것임에 주목하자. 그들은 기억되고 싶어서 악을 저지른다. 영화 〈아마데우스〉에서 살리에리는 모차르트를 죽인 후 사제 앞에서 모든 악행자들을 대변해 이렇게 말한다.

그들이 사랑을 담아 모차르트를 말할 때마다, 증오를 담아 살리에리를 말할 거요. 그것이 나의 불멸이지. 마침내! 우리의 이름은 영원히 함께할 거요. 그의 이름은 명성으로, 내 이름은 악명으로. 그래도 당신의 자비로운 하나님이 날 위해 마련해 둔 철저한 망각보다는 낫소.[20]

살리에리는 기억되기 **위해** 살인을 저질렀다. 악행자들의 행위가 기억된다면 그들이 패배했을 때조차도 승리한 것이다. 그렇기 때문에 행악자들을 용서하지 말라고 간청하는 바로 그 시편 기자가 그들에 대한 기억이 땅에서 지워지게 해 달라고 기도하는 것이다(시 109:15).

우리가 당한 악행을 내세에서 기억한다면, 악행자들의 소망이 이루어지는 일이 될 뿐 아니라 악 자체를 지나치게 존중하는 일이 될 것이다. 누군가에게 악을 행하는 일이 피해자와 하나님께 영원한 영향을 행사하게 된다면, 악이 얼마나 엄청난 힘을 갖게 될 것인가! 악행을 당한 일에 대한 영원한 기억에는, 패배한 것처럼 보이지만 기묘하게 승리한 자들이 지하에서 터뜨리는 기분 나쁜 웃음소리가 울려 퍼지지 않을까? 내세에 영원히 어두운 그림자를 드리우는 데 성공한다면 그것이 곧 승리 아니겠는가? 악행을 온전히 극복하려면 악행을 그에 걸맞은 자리인 무(無)로 넘겨야 한다. 키르케고르는 무기억이 바로 그것이라고 말한 바 있다. "망각하는 것은 무로 돌아가는 것이다."[21] 칼 바르트의 생각도 비슷했다. 그는 하나님의 말씀이 무(無, das Nichtige), 즉 더없이 파괴적인 그 "무엇"이자 참으로 아무것

---

20 *Amadeus*, directed by Milos Forman, screenplay by Peter Shaffer (Republic Pictures, 1984).
21 Søren Kierkegaard, *Works of Love: Some Christian Reflections in the Form of Discourses*, trans. Howard and Edna Hong (New York: Harper & Row, 1964), p. 294.

도 아닌 그 무엇을 "과거와 **망각**으로" 넘긴다고 본다.²²

내가 제안하는 악행에 대한 무기억은 감당할 수 없는 기억에서 벗어나 망각의 지복으로 달아나는 도피일까? 그러나 여기에 도피는 없다. 사람이 당한 각 악행은 그 참혹함이 온전히 폭로될 것이고, 악행을 저지른 사람들은 정죄받고 회개한다면 변화될 것이고, 피해자들은 존중받고 치료될 것이다. 그 후에, 악이 정죄받고 극복된 후에야 우리는 악행을 당한 기억을 놓아 보내고 그 기억이 잊히도록 둘 수 있을 것이다. 그것은 하나님과 서로를 온전하고 영구적으로 기뻐하기 **위한** 과정일까? 아니다. 그것은 악행의 기억이 생각나지 않음에 대한 올바른 판단이 아니다. 우리는 기쁨을 누리기 위해 "망각"하지 않을 것이다. 우리는 기뻐할 것이고 **그렇기에** 악행의 기억들이 잊히도록 내버려 둘 것이다! 악행의 무기억은 그 이유와 원인이 같다. 우리 마음은 하나님의 선하심과 그분의 신세계의 선함에 몰입할 것이고, 악행의 기억은 물을 주지 않은 식물처럼 시들어 버릴 것이다.

---

22   Karl Barth, *Church Dogmatics* III/3 (Edinburgh: T&T Clark, 1977), p. 352. 『교회 교의학 3/3』(대한기독교서회). 강조는 추가된 것.

후기

가상의 화해

종종 궁금했다. 1984년 가을, 내가 G 대위의 심문을 받는 "보살핌"에서 벗어난 이후 G 대위는 어떻게 되었을까? 1990년대 초, 모스타르(그가 사람들의 삶을 캐고 다니는 직업을 즐겁게 감당했던 도시)가 세르비아인, 크로아티아인, 무슬림 사이의 3자 전쟁의 소용돌이에 말려들었을 때 그는 어디에 있었을까? 유고슬라비아 여러 민족의 "형제애와 일치"를 옹호하던 공산주의자는 세르비아의 대의명분을 위해 싸우는 민족주의자로 바뀌었을까? 그는 대학살에서 살아남았을까? 영웅이 되었을까? 사성장군이 되었을까? 아니면 사회주의 정권을 위해 그토록 많은 사람들을 염탐했음에도 그 정권이 그렇게 쉽게 허물어지는 데 실망하고 군대를 떠났을까? 전쟁이 끝난 후, 불안하고 쓰라린 평화가 이어진 몇 년 동안 그는 무엇을 했을까? 상처를 안고 산악지대인 고향 몬테네그로로 돌아가 몬테네그로산(産) 브랜디를 마시며 모든 기억을 잊었을까? 아니면, 물려받은 집에 편안히 자리를 잡고 앉아 그가 신성한 명분을 위협하는 온갖 비밀 음모를 저지하는 데 얼마나 큰 공을 세웠는지 손주들에게 자랑스럽게 늘어놓으며, 그들 중 누가 자신의 발자취를 따를 만한 재목인지 따져 보고 있을까?

그의 행적을 추적해 보지 않은 것은 아니다. 내가 섬기는 거북하면서도 저항할 수 없이 매력적인 하나님은 모든 사람과 모든 것을 화해시키기 원하시기에, 원수를 찾아내어 화해의 과정을 시작하라고 나를 자꾸만 재촉하셨다. 나는 인터넷 검색을 했다. 유고슬라비아 군대에 인맥이 있는 몇몇 친구들에게 알아봐 달라고 부탁했다. 결국 아무 성과가 없었는데…안도감이 들었다. 그러나 내 양심 깊숙한 곳에 좌정하신 자비로운 우주의 주인께서는 만족하지 않으시는 듯했다. 그렇다고 하나님의 분노를 느낀 것은 아니었다. 순종하지 않는다고 하나님이 내게 화를 내시는 것 같지는 않았다. 하나님이 짜증을 내신다는 느낌도 아니었다. "더 힘껏 시도해 보라고 내가 몇 번이나 말해야 하느냐?"라고 채근하시는 것 같지도 않았다. 실망도 아니었다. '예수 그리스도가 너를 나와 화해시키기 위해 죽었는데, 너는 동료 인간 하나와도 화해하지 못하느냐. 그리스도는 그를 위해서도 죽지 않았느냐?'라고 하나님이 지적하시는 것 같지는 않았다. 그런데 소외와 반목이 최종 발언권을 갖게 내버려 두지 않으시겠다는 그분의 의지가 느껴졌다. "넌 더 잘할 수 있을 거야." 내 마음 깊은 곳에서 참을성 있고 은근한 음성이 들려왔다. 그것은 내 목소리이면서도 다른 분의 목소리이기도 했다. "지금이 아니라면, 어쩌면 다음에…." 압박은 벗었지만 책임은 내려놓지 않은 상태로 나는 G 대위와 화해할 길을 모색했다.

그러다 분명한 사실이 떠올랐다. G 대위가 어디에 살건—아마도 구유고슬라비아 영토 내의 어딘가에 있을 것이다—그는 내 기억과 상상 속에 자주 나타났던 것이다. 거기서 나는 대체로 그를 쌀쌀맞게 대했다. 초기에는 그를 내쫓았고, 나중에는 그의 존재가 사소하게 느껴져 그냥 무시했다. 그런데 어쩌면 상상 속에서라도 그와 화해를 시도해야 하는 것 아닌가 하는 생각이 들었다. 나 혼자 그를 용서해 보려는 시도는 많이 했다. 너무 많이 했다. 어쩌면 이제는 그 과정에 그를 포함시켜야 할 때인지도 몰랐다. 물론 내가 머릿속 스크린상에서 G 대위와 화해하는 데 성공한다 해도, 상상 속의 화해가 살아 있고 숨 쉬는 사람과의 대면을 영구히 대체하지는 못할 것이다. 그래도 상상 속의 화해는 뭐라도 하는 것이고, 뭐라도 하는 것이 아무것도 하지 않는 것보다는 대체로 낫다. 변명의 여지가 없었다. 시작해야 했다.

진실화해위원회

첫 번째 시도로 나는 G 대위와 내가 진실화해위원회 비슷한 자리에 서 있는 모습을 상상했다. 그중에서도 최고라 할 남아프리카공화국 진실화해위원회를 생각하면 되겠다. 남아프리카공화국 진실화해위원회는 아파르트헤이트가 무너진 후, 정치적 동기로 벌어진 "심각한 인권 침해"를 다루기 위해 설치되었다. 내 경우는 그런 침해에는 미치지 못한다. 남아프리카공화국 진실화해위원회가 정의하는 심각한 인권 침해란 살인, 살인미수, 납치, 고문, 극심한 학대를 뜻했다. 남아프리카공화국 진실화해위원회에서 그보다 덜 심각한 사례들을 무시할 수밖에 없었던 것은 순전히 시간과 자원의 한계 때문이었다. 그러나 나의 상상력에는 그런 제한이 없었다. 나는 남아프리카공화국 진실화해위원회를 관장하고 1984년에 노벨평화상을 수상한 지혜롭고 재치 있는 데즈먼드 투투(Desmond Tutu) 대주교에게 내 머릿속 청문회 사회를 맡겼다.

대주교: 그러면 G 대위, 볼프 씨의 사건에 대해….

G 대위: 그를 조사한 목적은 저의 직업적 의무를 다하는 것이었습니다. 제가 하는 일은 인민들이 서구 민주주의 사상의 유혹과 개별 민족에 대한 충성심에 넘어가 국가가 이리저리 쪼개지지 않도록 막는 것이었습니다. 종교는 언제나 의혹의 대상이었고, 서방 국가들은 결코 믿어서는 안 되었습니다. 볼프 씨는 신학자이자 목사의 아들이었으며, 신학자의 딸인 미국인 신학자와 결혼했습니다. 저는 그가 어디에 충성을 다하는지, 그의 목표는 무엇인지 알아내야 했습니다. 제가 그에게 압박을 가한 것은 분명하지만 과하게 하지는 않았습니다. 입을 열게 할 만큼만 압력을 가했습니다.

대주교: 당신은 볼프 씨를 심문하는 데 필요한 구인장도 없었어요.

G 대위: 볼프 씨는 군대에 있었습니다. 구인장은 필요 없었습니다! 게다가 우리는 "대화"를 나누었습니다. 고문을 한 것이 아닙니다. 물론, 심리적 부담은 좀 됐을 겁니다.

대주교: 본 위원회의 목적은 양심의 가책을 끌어내는 것이 아니라 사실을 있는 그대로 밝히는 데 있습니다. 그렇다고 해도 이 사건을 너무 담담하게 이야기하는군요. 본인이 한 일이 옳았다고 믿는 것 같아요.

G 대위: 볼프 씨가 고통을 당한 것은 안타깝게 생각합니다. 그는 죄가 없었습니다. 제가 그 사실을 미리 알았다면, 그를 심문하지 않았을 것입니다. 그

러나 안보 업무에는 추측이 포함되고 때로는 거친 도구를 쓰는 것도 불가피합니다. 서방 민주주의의 "모델"이라는 미국의 보안장교들에게 물어보세요. 똑같이 말할 겁니다.

가상의 대화를 듣고 있으니 점점 더 속이 상했다. 긍정적인 면이 없지는 않았다. G 대위는 그가 내게 저지른 행동을 학대라고 말하지는 않았지만, 그렇다고 자신의 행동을 부인하지도 않았다. 그것만 해도 큰 성과였다. 가해자가 자신의 악행을 부인할 때, 피해자를 다시 한번 학대하는 격이 된다. 아닌 게 아니라, 대부분의 가해자들은 정말로 그렇게 한다. 확고한 사실의 벽에 부딪혀 더 이상 물러날 수 없을 때까지 말이다. 어떤 이들은 그럴 때조차도 부인하기를 멈추지 않는다. 적절한 예로, 스릅스카공화국의 전 대통령 라도반 카라지치를 살펴보자. 그는 1995년 7월 스레브레니차에서 3만 명의 여자와 어린이를 추방하고 7천 명의 무슬림 남자들을 학살하는 데 개입했다. 헤이그에서 열린 재판에서 그는 자신이 살인 명령을 내렸다는 사실을 부인했다. 한 대령에게 살인 명령을 내리는 육성("놈들을 다 없애 버려!")이 담긴 테이프가 법정에서 공개되자 그는 날조된 것이라고 주장했다. 자신은 잘못한 것이 없다고 했다. 카라지치는 범죄 사실을 인정할 경우 많은 것을 잃어버릴 상황이었다. 재판을 받고 있었기 때문이다. 반면, 내가 가상의 진실화해위원회 앞에 세워 놓은 G 대위는 자백하는 쪽이 이득이었다. 진실화해위원회는 진실과 사면을 맞바꾸기 위해 설치된 것이었기 때문이다. 하지만 자신의 이익에 충실한 반응이라 해도, G 대위가 자신의 행동을 인정한 것은 내게 의미가 있었다.

그런데 역설적이게도, 그의 인정을 듣자 아예 인정하지 않던 때보다 더 기분이 안 좋았다. G 대위는 사면을 얻기에 충분할 만큼만 인정했을 뿐, 가해자로서의 모습을 의미 있게 드러내거나 (내게 더 중요한 것으로) 남이 학대받는 것을 보고 좋아했다는 것을 드러내지는 않았다. 그의 주장에 따르면, 학대는 그와 같은 위치에 있는 사람이 피할 수 없는 일련의 불행한 실수 중 하나일 뿐이었다. 나는 그가 악행을 공적으로 인정했다는 사실이 그리 달갑지 않았다. 반드시 공적으로 인정되어야 할 악행이 있고, 피해자들이 그것을 요구할 때도 있다. 그러나 나는 그런 것이 필요하지 않았다. 공적 인정이라는 것이 자기정당화에 불과할 때는 더욱 그랬다. 그는 자기가 할 일을 했을 뿐이고, 그러다 보면 표적을 잘못 겨냥하는 일도 있는 법이라고 했다. 그의 말대로라면 그는 옳은 일을 한 것이었다. 잘못 걸려든 사람만 억울할 뿐이었다.

부분적인 진실, 즉 거짓된 진실과 인정이 자기정당화와 어우러지면 공식 사면과 국가 통합에는 충분할지 모른다. 그러나 용서와 사회적 화해에는 이 칵테일이 오히려 독이 된다. 나는 용서를 베풀고자 가상 청문회를 열었다. 내가 믿는 신앙이 내게 그것을 요구했고, 심지어 가해자가 회개하기도 전에 주도적으로 나서서 용서하라고 요구했다. 청문회에서 G 대위는 내가 내민 용서의 선물을 받아들이지 않았을 뿐 아니라 그것을 내 면전에 도로 집어 던졌다. "자네의 선물은 모욕이야. 나는 자네에게 잘못한 게 없거든. 자네는 나를 용서한다면서 내가 하지도 않은 일을 했다고 주장하고 있잖아." 그는 그렇게 말한 셈이었다. 그래서 화해가 불가능해졌다.

화해는 진실이나 완전한 폭로만으로는 부족하다. 화해를 위해서는 도덕적 심판이 있어야 하고, 그와 더불어 가해자도 도덕적 책임을 받아들여야 한다. 물론 피해자는 가해자를 진정한 도덕적 채무 상태에서 벗어나게 해 주려는 마음을 갖고 있어야 한다. 가상의 진실화해위원회에서 G 대위는 사면을 얻는 데 필요한 만큼의 진실만 말하고 딱 그만큼의 책임만 인정했다. 투투 대주교가 실제로 진행했던 진실화해위원회 청문회에서 많은 가해자들이 보인 모습과 똑같았다. 그런 가해자들에 대해, 진실화해위원회는 그들의 변화나 피해자와의 화해를 추구한 것이 아니라 그들의 악행에 따른 법적 결과에서 벗어나게 해 주었다.[1] G 대위와의 화해의 여정에서 진전이 있으려면, 나는 그와는 다른 장면을 상상해야 했다. 그것은 우리 두 사람 모두가 당시 벌어진 일을 더 밝혀내고 각자의 행동과 동기의 도덕적 차원을 검토하게 해 줄 것이다.

선술집에서

화해를 위한 두 번째 가상 시도로, 조명이 어둡고 사람이 거의 없는 선술집 구석에서 만남이 이루어졌다. 그곳이라면 위원회의 격식과 한계에서 벗어나 인간 대 인간으로 대화할 수 있을 것 같았다. 보다 사적인 자리에서 만난 그는 완전히 딴사람 같았다. 그럼에도, 25년이나 지났지만 그의 날카로운 검은 눈은 다소 부드러워지기는 했어도 여전했다.

"안녕하신가, 미로슬라브." 그가 희미한 미소를 띠고 인사를 건넸다.

---

[1] 남아프리카공화국 진실화해위원회가 제시한 사면 신청자들의 조건에 대해서는 Desmond Tutu, *No Future Without Forgiveness* (New York: Doubleday, 1999), p. 49 이하를 보라. 『용서 없이 미래 없다』(홍성사). 남아프리카공화국 진실화해위원회 청문회 도중에 가해자와 피해자의 관계가 진실로 회복된 경우는—적어도 부분적으로 그런 회복이 이루어진 경우가 종종 있는데—양측 모두가 위원회가 세운 진실 말하기의 조건을 넘어섰기 때문이었다.

"안녕하십니까, G 대위님." 나는 차갑고 딱딱하게 인사했다. 그의 친숙한 인사가 신경에 거슬렸다. 그의 어조가 화해를 바라는 소망의 진실한 표현인지, 아니면 심문 기간에 내 이름을 부르며 친근한 체했던 일을 떠올리게 하려는 수작인지 분간이 되지 않았다. 그래서 나는 이렇게 말했다. "조금 더 격식을 갖춰서 불러 주시면 좋겠습니다. 우린 학대를 주고받았을 뿐 친밀한 사이는 아니니까요."

"그래, 알겠네. 1984년 겨울은 자네에게 유쾌하지 않았을 거야. 내가 자네를 좀 심하게 대했지. 하지만 개인적인 악감정이 있었던 것은 아닐세."

"그건 악한 일이었습니다." 나는 그의 말을 바로잡아 내가 무슨 말을 듣고 싶은지 암시했다.

첫 대화부터 우리의 화해가 쉽지 않을 것임을 말해 주었다. 내가 먼저 청해서 이루어진 만남이었고, 내가 용서의 선물을 건넨 터였고, 혹시 용서하려던 마음이 틀어진다 해도 다시 그를 용서하리라 다짐한 터였다. 하지만 막상 그와 마주 앉고 보니 화가 났다.

"내 이야기를 조금만 하겠네." 그가 말을 이었다.

"됐어요. **당신** 이야기는 사양하겠습니다." 이런 말이 목구멍까지 올라왔다. 그가 다시 주도권을 쥐고 자신을 만남의 주인공으로 삼는 것이 기분 나빴다.

"유고슬라비아 군대에 들어갔을 때 난 그냥 애송이였네. 열다섯 살이었지. 가난과 학대를 못 견뎌 집을 나왔고 사회주의 혁명이라는 모호한 이상에 이끌려 군대에 들어갔어. 솔직히 말해 내게 잘 맞았다네. 내가 사관학교를 졸업하고 보안장교가 된 것은 대단한 일이었지. 내 임무는 인민의 적을 찾아내는 것이었네. 자네는 적합한 후보자처럼 보였어. 종교를 믿고 서

구화되었고, 미국인과 결혼한 데다 마르크스를 비판적으로 연구했어. 게다가 결정적으로 평화주의자야. 나는 자네가 위험인물인지 아닌지 알아내야 했어. 그것이 내 일이었어."

"사람들을 괴롭혀야 잘할 수 있는 일이라면 그것 참 몹쓸 일이군요." 나는 단호하게 말했다.

"어쨌건 그것이 내 일이었네. 가족을 부양해야 했고 직업을 잃을 수는 없었지만, 그것 때문만은 아니었어. 나는 체제의 일부였지. 체제는 구성원의 행동에 대해 보상과 처벌, 정당화 논리를 갖고 있었어. 나는 체제 바깥에 설 자리가 없었어."

"그게 변명이 된다고 생각합니까! 그런 상황이 인간답게 행동해야 할 책임을 면하게 해 준다고 생각합니까?"

"내 말은 그런 뜻이 아니었네."

"그러면 당신이 아이히만의 입장이었다면 아이히만처럼 행동했겠군요? 그렇고말고요! 첫째, 당신은 체제 바깥에서 설 자리를 찾을 수 있었을 겁니다. 둘째, 당신의 양심은 어떻게 된 겁니까? 같은 인간을 그렇게 학대하면 안 된다고 양심이 말해 주지 않던가요? 셋째, 당신이 체제의 일부였다고 해도 굴욕감에 사로잡히고 두려움에 떨던 나를 지켜보며 당신 눈에서 반짝이던 즐거움은 어떻게 설명할 겁니까?"

"그래, 그래." 그는 다소 부드러운 목소리로 이렇게 덧붙였다. "악이 나를 제압했어."

"그래요, 그러면 안 되는 거였습니다." 이제 분노가 나를 사로잡아 판단력이 흐려졌다. "저항을 했어야지요. 그래야 인간이라고 할 수 있지 않습니까? 악의 도구가 되지 않도록 저항하고 옳은 일을 하려고 노력했어야지요."

"성자라도 되는 것처럼 굴지 말게." 그가 갑자기 내 말을 끊었다. 인내심을 잃어 얼핏 스쳤던 부드러운 모습도 사라진 그는 내 저주받은 기억 속 G 대위로 돌아와 있었다. "나는 자네에 대해 남들이 모르는 것들을 알아."

"아이고 무서워라. 당신이 진짜 그런 것들을 안다면, 내 사생활을 침해한 자신을 부끄럽게 여겨야지요! 나더러 성자 행세하지 말라고요? 다른 사람도 아니고 당신이 어떻게 그런 말을 합니까? 내가 성자가 아닌 것이 당신이 나를 학대한 일과 무슨 상관이 있습니까? 내가 성자가 아니면 당신은 악마가 되어도 된다는 겁니까? 무릎을 꿇고 용서를 빌어도 모자랄 판에, 피치 못할 상황이니 악의 힘이니 하는 소리가 전부군요. 가엾은 피해자인 당신이 나를 그렇게 대우할 수밖에 없었던 이유들이죠. **내가 당신**을 불쌍히 여기기라도 해야 합니까?"

"자네 사정은 더 안 좋을 수도 있었어. 내가 만약… 에잇, 이게 무슨 소용이야? 역시 오는 게 아니었어. 시간 낭비야."

"당신이 정말 좋은 사람이고, 어쩌다 체제의 희생자가 되었을 뿐이라고 말해 줄 줄 알았습니까? 그렇다면 시간 낭비 맞네요. 당신의 어머니라면 상황을 참작해 당신의 행동을 이해해 줄 테고, 정신없고 따분한 스탈린주의자 친구들 중에도 그런 사람들이 있을 겁니다. 하지만 **책임은 당신에게** 있었어요. 피치 못할 '사정' 이야기는 궁색한 핑계일 뿐입니다." 나는 화가 나서 씩씩대다가 자리에서 일어났고 음료 값으로 테이블에 돈을 올려놓은 뒤 나와 버렸다. 1984년에 그가 내게 한 일을 곰곰이 기억해 볼수록, 내 상상 속이지만 그가 자신의 행동을 어떻게 보았는지 생각할수록 더 화가 났다.

하지만 화해의 과정이 제대로 진행이 안 된 데는 내 잘못도 있었다. 그것을 깨닫는 데는 오래 걸리지 않았다. 그는 대화의 물꼬를 터 보려고 하다가 첫 단추를 잘못 끼운 것일 수도 있는데, 나는 나름대로 노력하는 그에게 전혀 기회를 주지 않았다. 이대로 가다가는 목표를 이룰 수 없을 것이라는 생각이 들었지만, 내가 올라가야 할 대화의 비탈길은 너무 미끄러웠다. 올라가려고 시도하면 할수록 나는 점점 더 속수무책으로 미끄러져 내려갈 따름이었다. 나는 문제의 핵심에 집중한 반면, 그는 내게 더 큰 맥락을 보여 주려 했다. 책임을 묻고 싶은 내 입장과 자기 행동을 해명하고 싶은 그의 입장이 충돌했다. 나는 그의 해명이 정당화라고 생각했고, 그것은 가능한 생각이었다. 그는 내가 따지는 내용이 비방이라고 생각했고, 그것 역시 가능한 생각이었다. 그래서 내가 화해를 다짐했는데도 그 과정은 궤도에서 벗어났다.

나는 우리 힘만으로는 화해할 수 없겠다는 생각이 들었다. 우리에게는 중재자가 필요했다. 두 사람 모두를 이해할 수 있고 상대를 해석해 줄 수 있는 존재, 우리가 계속 정직할 수 있게 해 주는 존재, 우리의 회피와 조작을 꿰뚫어 보는 존재, 최악의 두려움을 달래 주고 최고의 소망에 불을 붙여 줄 누군가가 필요했다. 좋은 치료사라면 이 가운데 몇 가지를 감당할 수 있을 터였다. 인간 정신의 미묘함을 알고 우리가 자신과 과거를 넘어서도록 능숙하게 도울 수 있는 사람, 우리의 개인사를 더 큰 의미의 틀에다 집어넣을 수 있는 사람 말이다. 그러나 이 치료사는 우리의 개별적 치료만이 아니라 우리의 화해에도 관심을 가져야 할 터였다. 아니, G 대위와 내가 서로 화해할 때만 개인으로서 온전히 치료될 것이라는 믿음을 가진 치료사여야 할 것이었다.

그런데 치료만으로는 우리의 화해를 이루어 낼 수 없었다. 나를 꼼짝

못 하게 사로잡는 과거의 힘에서 자유를 얻기 위해서는 하나님이 주시는 새로운 정체성과 새로운 가능성을 계속 상기시켜 줄 누군가가 필요했다. 적어도 나는 그랬다. 나에게는 치료사뿐 아니라, 그리스도인은 화해에 있어서 다른 선택지가 없다는 사실을 때로는 부드럽게, 때로는 강하게 지적해 줄 영적 지도자도 절실히 필요했다. 그리스도께서 사람과 하나님, 사람과 사람이 화해하게 하려고 돌아가셨는데도, 서로 화해하지 못하는 것은 우리를 위해 행하신 하나님의 역사(役事)를 거부하는 일이기 때문이다.

그러나 도대체 어떤 치료사/영적 지도자가 G 대위와 나 사이에 실제로 벌어진 일의 진상을 알고, 우리 각자의 삶에서 그 사건들이 어떤 맥락을 차지하는지 이해하여 완전한 화해가 이루어지도록 도울 수 있을까? 사건의 당사자인 G 대위와 내가 이 제3자에게 줄 수 있는 것은 과거의 조각들뿐이다. 우리의 인간적 한계와 편협한 관심사로 인해 부분적으로 맥락에서 벗어나고 각자의 관점에서 진술된 진실의 파편일 뿐이다. 대단히 숙련된 치료사/지도자라도 제대로 활용하기에는 턱없이 부족한 자료다. G 대위와의 화해 과정이 순조롭게 진행되어 목적지에 이르게 하려면 과연 누구를 찾아야 할까? 내가 생각할 수 있는 분은 **하나님**뿐이었다.

보이지 않는 손님

나는 G 대위에게 다시 전화를 했다.

"지난번에 자리를 박차고 나가서 미안합니다. 우리의 만남에 대해 생각을 좀 해 봤습니다. 한 번만 더 시도해 봤으면 합니다." 전화선 반대쪽의 못 미더워하는 목소리를 향해 나는 다소 머뭇거리며 말했다.

"지난번처럼 끝나지 말라는 법이 어디 있나? 대화를 시작하기 전보다 마치고 난 뒤의 상황이 더 안 좋을 수도 있지 않나?" 합리적인 질문이었다.

"그래서 손님을 한 분 모실 생각입니다. 보이지 않는 손님이지만 실재하는 분입니다."

"그렇게 어설프게 돌려 말하지 말게. 자네도 알다시피 나는 신을 믿지 않아."

"그건 당신의 권리입니다. 하지만 나는 지금 신의 존재 여부나 신을 믿는 것이 좋은지 여부를 놓고 토론하자는 게 아닙니다. 당신이 종교를 좋게 생각하지 않는다는 것은 나도 잘 압니다. 그러나 당신이 신을 믿지 않더라도, 나는 신을 믿습니다. 적어도 나는, 신이 그 자리에 계신다는 느낌이 있으면 우리 만남이 달라질 수 있다고 생각합니다. 베푸시고 용서하시는 하나님, 진리와 정의의 하나님은 나 못지않게 당신도 사랑하시니까요."

"자네의 보이지 않는 손님은 내게는 없는 존재나 마찬가지야. 하지만 그런 가상의 버팀목이 도움이 된다면, 난 상관없네."

"버팀목이라고요? 그렇게 말하자면 내가 숨 쉬는 공기도 '버팀목'이라 부를 수 있겠지요. 하지만 논쟁을 벌이지는 않겠습니다. 당신은 마르크스주의 종교 비판을 배우고 자랐으니까요. 그러니 그 손님을 내가 몇 가지를 투사한 스크린으로 생각해도 무방합니다. 진실이 당신과 나 어느 쪽에 유리하건 그것을 존중하겠다는 다짐, 우리 사이의 인간적 유대를 보수하고 회복하고 싶은 마음, 정의를 무시하지 않으면서도 용서하겠다는 각오, 허약함과 결점에도 불구하고 인간이 선해질 가능성에 대한 믿음, 미래의 온전함과 화해에 대한 소망 같은 것 말입니다."

그가 못 미덥다는 듯 툴툴거렸다. "'스크린에 뜬 손님'이 감당하기엔 벅찬 일 같군. 자네에게는 진짜 신이 필요할 것 같네. 그 모두를 다 이루어 내려면 아무래도 기독교의 하나님이어야겠어."

"그 말이 맞습니다. 다른 이유도 많지만, 그것이 내가 기독교를 믿는 이유이기도 하지요. 한 번 더 만나는 데 동의하십니까?"

그는 동의했다. 며칠 뒤 그와의 만남을 기다리면서 나는 최선의 시나리오를 상상했다. 그러나 실제 만남의 결과는 그와 다르게, 전혀 다르게 나올 것임을 잘 알고 있었다. 나뿐 아니라 G 대위의 손님도 되신다고 믿는 분이 함께 계시는 자리에서 벌어졌으면 하는 시나리오가 여기 있다.

다시 한번 선술집에서

"당신 말이 맞습니다." 마지못해 의례적 인사를 주고받은 후에 내가 말했다. "나는 흠 있는 사람입니다. 다른 척해서는 안 되는 거였어요. 나는 늘 사람들을 부당하게 대우합니다. 대체로는 악의가 있어서가 아니라 변명의 여지 없는 게으름 때문입니다. 게으름 때문에 선한 일을 행할 에너지가 다 빠져나가 버려요. 당신은 골짜기의 악마로, 나는 하늘에 있는 천사로 그릴 마음은 없었습니다."

그가 말했다. "미안하네. 그때 자네를 심문하면 안 되는 거였어. 정보를 뽑아내기 위해 심리적 고통을 주는 것도 안 되는 일이었고. 체제가 허용하고 부추겼다고는 하지만 나에게는 그럴 권리가 없었어. 자네에게 못할 짓을 한 것을 후회하네."

"나는 당신을 용서했습니다…. 그리고 용서했던 횟수만큼이나 용서를 철회하기도 했습니다. 제가 보잘것없는 사람이라는 증거지요."

"일전에 내가 했던 말들 있잖나. 군사 체제 바깥에 내가 설 자리가 없었다. 부양가족이 있었다. 악이 나를 사로잡았다고 말한 것은 내가 한 일을 **정당화**하려는 뜻이 아니었네. 그저 자네가 내 행동이 이루어진 상황을 이해했으면 했어. 자네가 내 잘못을 사악한 비열함으로만 생각하지 말고, 판단 착오로, 자네가 스스로에 대해 말한 것처럼 '변명의 여지 없는 게으름'으로, 나약함으로, 내 명분의 올바름에 대한 잘못된 믿음으로 이해해 주길 바랐어."

"그 부분에서 당신과 나는 차이점보다 유사점이 더 많군요."

"내가 자네에게 위협을 늘어놓을 때 내 눈에 기쁨이 반짝였다고 말했지? 자네 말이 옳아. 그것이 내가 가장 부끄럽게 여기는 부분이야. 최근 우리 지역의 누군가가 말한 내용을 책에서 읽었는데, 어느 전범이 '사람들을 죽이는 것이 즐겁다'고 말했다는 거야. 이제는 나도 그런 말을 들으면 몸서리를 친다네. 하지만 다른 사람들에게 굴욕을 주고 고통을 가하면서 내가 기쁨을 느꼈던 것을 부인하지 않겠네. 내가 느낀 그 사악한 기쁨을 자네가 알아챘다니 더더욱 부끄럽군. 나도 무슨 일이 있었던 건지 모르겠네. 내가 내놓을 수 있는 최선의 설명은 앞에서 했던 말을 되풀이하는 거야. 악이 나를 이겼다고. 그 일을 하면서 만족감을 느끼는 순간에도, 마음 깊은 곳에서는 내가 하는 일이 옳지 않다는 것을 알고 있었어. 어쩌면 내가 속했던 체제가 이런 사악함에 기여했는지도 몰라. 체제는 내가 하는 일이 옳고 필요한 일이라고 말해 줬거든. 체제는 잘못된 일을 옳은 일처럼 보이게 만들었고, 악행을 하는 데서 오는 기괴한 만족감과 체제로부터 얻는 혜택에 젖어 나는 그런 일을 계속했어. 부디 날 용서해 주게."

"용서합니다. 하지만 더 중요한 것은, 하나님이 당신을 용서하신다는 겁니다. 당신은 하나님께도 용서를 구해야 합니다. 아니, 하나님이 건네시는 용서를 받아들여야 합니다."

"신의 용서에는 관심 없네. 내 관심은 자네의 용서에 있지. 잊지 말게. 난 신을 믿지 않아."

내가 그의 말을 끊었다. "하지만 말입니다. 나 혼자는 당신을 용서할 힘도 권리도 없습니다. 당신은 내가 만든 임의의 규칙을 어긴 것이 아니거든요. 나를 부당하게 대우함으로써 당신은 **하나님**이 사랑하시는 피조물인 인간을 번성케 하고자 제정하신 도덕법을 어긴 겁니다. 그래서 당신은 하나님께도 잘못을 한 겁니다. 궁극적으로는 하나님만이 당신을 용서할 능력과 권리를 갖고 계십니다. 하나님의 용서만이 당신의 잘못을 씻어 줄 수 있습니다. 내가 당신을 용서하는 것은 당신의 죄를 용서하신 하나님을 따라 하는 행위일 뿐입니다."

"난 그런 식으로 생각하지 않는다고 말해도 자네는 놀라지 않겠지. 나는 신학자가 아니니까. 그러나 끝이 좋으면 다 좋은 법 아닌가. 내게 중요한 것은 자네가 나를 용서했고 내 과거의 짐을 치워 주었다는 걸세."

"내가 당신의 짐을 치웠다고 생각해도 좋습니다만, 당신이 믿든 아니든, 당신의 과거 짐을 짊어지신 분은 하나님입니다. 내게 당신을 용서할 의무가 있고 내가 당신을 용서할 수 있는 이유이기도 하지요."

"다시 말하지. 나에게는 **자네가** 그렇게 했다는 사실만이 중요하다네."

"이해합니다. 하지만 내가 한 일은 오로지 하나님 때문에 가능했다는 것을 아셔야 합니다. 하나님이 마술을 부려 용서하는 마음이 갑자기 생기게 하셨다는 뜻은 아닙니다. 솔직히 말해, 나는 당신을 용서하시는 하나님께 가끔 화가 납니다. 그럴 때면 이렇게 묻습니다. 내게 죄를 지은 사람을 전능자께서 무슨 권리로 용서하십니까? 어찌하여 나는 내가 당한 악행이 하나님이 용서하신 악행이라는 것을 기억해야 합니까? 가장 심란한 부분은 따로 있습니다. 내가 믿는 바에 따르면, 하나님이 그리스도 안에서 가해자와 나를 이미 화해시키셨기 때문에, 어떤 의미에서는 우리가 이미 화해했다고 생각해야 한다는 겁니다. 그건 말도 안 되는 것 같아요! 그러나 나는 당신이 내게 악행을 저질렀을 때 내게만이 아니라 하나님께도 극악한 죄를 지었고, 하나님께서 내 죄를 용서하신 것처럼 당신의 죄도 용서하셨다는 사실을 계속 기억합니다. 당신의 악행을 하나님이 이미 용서하셨다는 사실을 기억하면 나도 그 악행을 용서하는 데 도움이 됩니다. 그리고 그리스도 안에서 하나님이 우리를 화해시키셨음을 기억하는 것이 당신과 대면하고 화해하는 데도 도움이 됩니다."

"자네에게는 기독교 신앙이 도움이 되는 것 같네. 이번에는 우리가 좀 진전을 이루었군." 그가 말했다.

G 대위와 기분 좋게 헤어졌지만, 나는 혼자 있으면서 의문을 품게 될 것이다. 이 화해가 얼마나 진정성 있고 얼마나 깊이가 있는지 돌이켜 볼 것이다. 그러나 당분간은 만남의 결과에 만족할 것이다. 최상의 시나리오는 나의 머릿속에서 그렇게 펼쳐졌다.

당혹스러움

나는 G 대위와 나의 가상의 만남과 화해를 위한 노력을 친구에게 이야기했다. 그녀는 이해하지 못했다.

"그런 화해는 값싼 화해 아닌가요?"

"왜 값싸다는 거죠?" 그녀가 무슨 생각을 하는지 알 것도 같았지만 직접 들어 보고 싶어서 물었다.

"그 사람을 그냥 봐주는 거잖아요! 그런 작자들은 법의 심판을 받아야 해요. G 대위는 처벌을 받아야 한다고요. 남에게 해를 끼쳤으면 대가를 치러야지요. 당연한 일이잖아요. 그렇지 않으면 악당들이 잡초처럼 자라나게 된다고요."

"처벌로는 너무 약하죠. 그리 도움이 되지도 않고요. 내가 원하는 건 그 정도가 아니에요. 난 G 대위가 **죽었으면** 좋겠어요."

"뭐라구요? 그건 또 무슨 소리예요? 형벌을 원하지 않는 게 아니라 극형을 원한다는 건가요? 화해가 당신의 그림과 어떻게 조화를 이루는지 모르겠네요. 어느 쪽이에요? 죽음인가요, 무조건적 용서인가요? 두 극단 사이에 절충안이라도 있는 거예요?"

"아니요, 그런 건 없어요. 적어도 좋은 절충안은 없어요. 두 극단은 양립할 수 없을 것 같지만, 그렇지 않아요. 내가 말하는 '죽음'은 사도 바울이 인간의 변화에 대해 말할 때 사용했던 바로 그 단어예요. 바울은 그것을 그리스도와 함께 죽고 부활하는 것으로 묘사하지요. 나는 G 대위가 새사람이 되었으면 해요. 그가 옛 자아에 대해 죽고 새 자아에 대해 살아났으면 한다고요. 나는 그리스도께서 십자가에서 죽으신 순간에 우리가 받아 마땅한 형벌을 친히 다 받으셨다고 믿어요. G 대위에게 남은 유일한 '형벌'은 그의 옛 자아에 대한 '죽음'뿐이에요."

"그 사람이 죽고 싶어 하지 않으면 어떻게 해요?"

"그러면 그가 다른 사람들에게 위험한 존재가 되지 않도록 조치를 취해야겠지요. 내가 반대하는 것은 보복이에요. 보복은 용서나 화해와 양립할 수 없어요. 변화에는 찬성해요. 필요하다면 격리와 처벌도 좋다고 생각해요. 투옥도 반대하지 않아요. 이것이 값싸다고 생각해요?"

"그자는 자신의 행동에 대가를 지불하지 않았어요. 그것이 값싼 것 아닌가요?"

"아뇨, 정반대예요. 더할 수 없이 비싼 대가를 치러야 하거든요. 그리스도 안에서 **하나님**이 그를 대신하여 심판받으셨어요!"

"정말 당신에게는 하나님이 편리하군요. 온갖 중요한 일은 하나님이 다 하네요."

"존재하는 모든 것의 근원이신 분이며 인생길을 걸어가는 모든 사람의 자비로우신 안내자께서 천국 한구석에 앉아 전능하신 엄지손가락만 만지작거리고 계실 것이라고 생각했어요? 하나님은 존재하시고 만물의 중심에 계시며 모든 것에 영향을 끼치시거나, 아니면 존재하지 않으시는 거예요. 아무 일도 안 하는 신을 믿는 것은 어리석은 일이에요. 아무것도 안 하는 신은 거짓 신이라고요."

"거짓 신에도 질이 더 나쁜 쪽이 있어요."

"그건 동의해요. 하지만 세상 죄를 짊어지는 것을 거짓 신의 모습에 넣지는 않겠어요. 그것은 분명 싸구려 형태의 화해가 아니에요."

최후의 심판 이후

G 대위와의 가상 만남을 몇 번 더 가진 후, 나는 상상 속에서 역사의 끝으로 빨리 감기를 했다. 역사의 끝? 그렇다. 하나님에 대한 믿음을 진지하게 받아들이는 사람들은, 시간을 역사가 끝난다는 궁극적 틀의 관점에서

생각하기 때문이다. 향후 몇 년과 은퇴, 마지막 호흡과 심장박동마저 역사의 끝으로 가는 길에 늘어선 정거장에 불과하다. 더구나 그 시간의 틀은 역사를 넘어 영생으로 뻗어 가는데, 영생은 내 소망의 궁극적 지평이신 하나님의 영원에 감싸여 있다. 그러면 역사의 끝이 G 대위와 무슨 상관이 있을까?

상상 속의 만남에서 우리는 새로운 관점으로 옛 "일"을 돌아보고 일보 전진과 반보 후퇴를 거듭하며 화해를 시도했지만 획기적인 성과를 내지는 못했다. 진전을 이룰 때도, 실질적인 진전이라기보다는 형식적인 것에 그쳤다. 왜 그랬을까? 우리는 한정된 지식을 가진 유한한 존재이고, 남을 희생시켜서라도 자신의 편협한 이익을 추구할 때가 많기 때문이다. 우리의 생각과 감정이 온전히 일치하지 않기 때문에 과거의 "사실들"에 대한 외견상의 의견 일치도 결국에는 의견 차이로 드러난다. 그래서 가장 좋은 상태에서도 우리의 평화는 불완전하고 결점투성이에다 취약하기 짝이 없다.

그러나 나는 처음부터 그런 식의 너덜거리는 화해 이상을 바랐다. 화해의 과정에 나서면서, 나는 하나님께서 사이가 틀어진 인간들을 십자가에서 서로 화해시키셨다는 확신이 뒤에서 나를 든든하게 받쳐 주고 있음을 느꼈다. 또한 최종적 화해의 날, 심판과 포용의 날, 구세계의 마지막 날이자 신세계의 첫날이 될 그날에 하나님의 화해가 완전하고 논란의 여지 없는 현실이 되리라는 소망이 앞에서 나를 끌어 주었다. 지금까지의 부분적이고 취약하던 화해는 그날 완전히 난공불락이 될 것이다.

어느 날 내가 G 대위에게 말했다. "우리 두 사람이 하나님의 법정 앞에 선다고 상상해 보십시오. 사람은 누구든 그곳을 통과해야만 하나님의 신세계에 들어갈 수 있는데, 기독교 전통에 따르면 하나님의 신세계는 사랑의 세계입니다. 법정에 섰을 때 무슨 일이 벌어질 것 같습니까?"

"무신론자인 내 상상력으로는 아무래도 무리네. 그뿐 아니라, 신은 무신론자를 원하지 않을 거야."

"당신이 그곳에 서게 된다면 무신론자가 아닐 겁니다. 당신의 무신론적 상상력에 대해서라면, 그리스도인이 아니고 신을 믿지 않는다 해도 사랑의 세계는 얼마든지 상상할 수 있어요."

"무슨 일이 벌어질지 자네가 말해 보게." 그는 내가 제시하는 길로 나서는 것이 내키지 않는 듯 보였다.

"좋습니다. 프란츠 카프카의 작품에서 빌려온 표현으로 내 질문에 직접 대답해 보겠습니다."

"난 그 사람 잘 모르는데." 그가 말했다.

"유대인 작가입니다. 그의 책 『소송』은 당신도 흥미롭게 읽을 수 있을 겁니다. 자기가 무슨 죄를 지었는지 알지도 못한 채 죄인 취급을 받은 사람 이야기입니다. 그 책의 한 부분에서 카프카는 '진정한 무죄 선고'와 '외형상의 무죄 선고'를 구분합니다. '외형상의 무죄 선고'에서 법정은 피고인에게 무죄를 선고하지만, 사건 자료를 하나도 폐기하지 않고 다 기억하고 있기에 소송은 언제든 재개될 수 있습니다. 하지만 진정한 무죄 선고는 다릅니다. 카프카는 이렇게 썼습니다. '진정한 무죄 선고에서 사건과 관련된 모든 자료는 완전히 폐기된다. 공소 자료뿐 아니라 재판과 무죄 선고 관련 자료까지 다 파기된다.'"[2]

---

2   Franz Kafka, *The Trial*, trans. Breon Mitchell (New York: Schocken Books, 1998), p. 158.

G 대위가 말했다. "그러니까 내가 영원히 복받은 사람들 중에 포함된다면, 최후의 심판에서 '진정한 무죄 선고'를 받게 되겠군."

"그래요. 나도 그럴 겁니다. 다가올 사랑의 세계에 들어가는 사람은 누구나 그럴 겁니다. 악행과 관련된 모든 것이 파괴될 뿐 아니라 악행을 가능하게 만들었던 **조건들**도 그 시점부터 무효가 되어 버릴 겁니다."

"더없이 비범한 환상이군. 과거의 모든 악행이 제거되고 미래의 모든 악행이 불가능해진 상태라니, 상상은 돼. 그다음엔 뭔가?"

"솔직히 말하면, 나도 잘 모릅니다. 우리 모두 상상력의 고삐를 죄어야 할 지점이지요. 나는 그냥 깜짝 놀랄 마음의 준비를 해 둘 생각입니다. 하지만 그곳에서의 삶은 매력적이고 아름다운 음악에 빠져드는 것과 비슷할 것이라고 생각합니다. 내 전 존재를 사로잡아 예측할 수 없는 곳으로 데려가는 음악. 그 사랑의 세계가 그곳의 거주민들에게 그런 역할을 할 겁니다. 그 세계에서는 상처 입은 과거, 악행과 고통으로 훼손된 과거가 현재로 들어올 수 없고, 거주민들이 그 세계의 진리와 선함, 아름다움을 혼자서 또 모두 함께 자유롭게 탐험할 겁니다."

믿기지 않는 마음과 믿고 싶은 마음이 뒤섞인 어조로 그가 말했다. "자네 생각이 옳았으면 좋겠네."

피해자와 가해자의 기억에 관하여 *

이번 장에서는 이 책 논지의 주요 흐름들을 요약하고 보완하려 한다. 이 책의 주된 관심사는 피해자의 기억이지만, 여기서 나는 가해자의 기억도 간략하게 다루고, 피해자의 기억과 가해자의 기억을 연관 지을 것이다. 그러나 피해자와 가해자의 기억을 살펴보기에 앞서, 기억함의 주체와 목표에 관해 두 가지 총평을 제시할 필요가 있다.

주체와 목표

악행을 올바르게 기억함을 간략히 요약한 이 글에서 **기억의**(그리고 주체의

---

* 이 원고의 처음 버전은 원래 "Remembering Wrongs Rightly: On Memories of Victims and Perpetrators"라는 제목으로 다음 책에 실렸다. *Das Geheimnis der Vergangenheit: Errinnern-Vergessen-Entschuldigen-Vergeben-Loslassen-Anfangen*, ed. Jürgen Moltmann (Neukirchen-Vluyn: Neuchirchener Verlag, 2012), pp. 29-47. 이 텍스트는 몰트만의 85세 생일을 기념한 컨퍼런스에서 발표된 것이다. 그것을 쓰는 동안 연구를 도와준 라이언 매커널리린츠(Ryan McAnnally-Linz)에게 감사한다.

행위가 기억하지 않는 것일 때는 무기억의) 가장 중요한 **주체**는 개인이다. 이것은 이 책 전체에서도 마찬가지다. 하지만 기억이 사적이고 개인적인 현상에 그친다는 의미는 아니다. 내가 보기에, 개인은 사회적으로 빚어진다. 엄밀히 말하면, 인간 개인은 존재하지 않는다. 실제로 존재하는 것은 다중적이고 다형적이며 다층적이고 일시적으로 확장된 관계 속의 사람들뿐이고, 이들은 문화적 모체와 제도적 환경 안에 자리 잡고 있다. 기억함이라는 행위가 실제로는 한 사람의 뇌 안에서 뉴런들이 발화되며 이루어진다고 해도, 그 기억은 언제나 사회적으로 "구성된" 것이다.

모리스 알박스는 각 사람이 홀로 기억하는 것이 아니라 집단의 일원으로서 기억한다는 점을 이전의 그 누구보다 크게 강조했다. 나는 개인이 사적 경험에 대한 자기만의 기억을 보유할 수 없다는 알박스의 강한 주장은 받아들이지 않지만, 기억이 사회적 환경 안에서 시간을 두고 형성되고 보존된다는 생각은 인정한다.[2] 악행을 올바르게 기억함의 결과는 의미심장하다. 한 사람이 올바르게 기억하는 능력은 기억의 공동체와 이어져 있고, 올바르게 기억하기 위해서는 올바른 기억의 공동체 안에 자리 잡아야 한다. 내게 이런 공동체는 기독교회이고, 내가 이해하는 기독교회의 본질은 함께 성찬을 지키는 무리다. 그리스도의 죽음과 부활에 대한 공동의 기억 안에는 이스라엘 백성의 출애굽 기억이 담겨 있고, 내게 그것은 교회 공동체와 그 개별 구성원들이 악행을 올바르게 기억하는 방식을 규정하는 메타기억이다. 올바르게 기억함이 국가 차원에서 어떤 모습으로 나타날지는

---

1   Maurice Halbwachs, *The Collective Memory* (New York: Harper-Colophon Books, 1950)를 보라.

여기서 다루지 않을 것이다.

기억함의 목표가 중요한 이유는 기억함의 취지가 (단순히 인지적인 것과 달리) 매우 실용적이기 때문이다. 대체로 우리는 기억을 가지고 뭔가를 **하고**, 악행을 당했든 저질렀든 악행의 기억을 가지고 **언제나** 뭔가를 한다. 결과적으로, 기억함은 목표 지향적 활동이다. 악행을 올바르게 기억한다는 것은 무엇보다 그 적절한 목표에 의거하여 기억함을 가리킨다. 그럼 악행을 기억함의 적절한 목표는 무엇일까?

기억을 다룬 광범위한 문헌에서 악행을 기억하는 참된 목표로 삼을 만한 유력한 후보를 살펴보면 다음과 같다. 피해자는 스스로를 치유하고 보호하기 위해 기억하고, 가해자는 자신의 삶을 회개하고 바로잡기 위해 기억하며, 관찰자는 피해자를 존중하고 다른 이들이 비슷한 운명에 처하지 않도록 돕기 위해 기억한다는 것이다. 각 경우마다 기억함의 왜곡된 목표를 쉽게 찾을 수 있다. 피해자는 원한을 키우고, 가해자에 대한 주도권을 놓치지 않고, 복수를 정당화하기 위해 (잘못) 기억할 때가 있다. 가해자는 종종 자신의 죄책감을 없애거나 다른 사람 탓으로 돌리거나 피해자와 제3자들을 적당히 주물러 책임을 회피하려고 (잘못) 기억한다. 관찰자는 자신이 오늘날 벌어지는 악행의 공범이라는 사실에서 오는 거북함을 좀 덜어 보려고 지난 악행을 (가끔씩) 기억하고 그 일을 결코 잊지 않겠다고 엄숙히 다짐한다. 악행을 제대로 기억하기 위해서는 기억함의 참된 목표를 찾아내고 견지해야 한다.

내가 볼 때, 저지른 악행이든 당한 악행이든 기독교 신앙에서 악행을 기억하는 궁극적 목표는 폭력, 불의, 기만으로 깨어진 사회적 유대가 회복될 수 있는 사랑의 공동체를 만드는 데 있다. 마틴 루터 킹의 유명한 문구

"사랑의 공동체"(beloved community)가 바로 이것이다.³ 이런 공동체는 틀림없이 남아공 진실화해위원회의 목표이기도 했을 것이다. 진실화해위원회는 여러 한계와 모호한 부분에도 불구하고 악행을 공적으로 기억한 가장 강력한 사례였다. 나는 앞에서 언급한 기억함의 다른 목표들을 반박하거나 폄하할 마음이 없다. 오히려 그런 목표들이 꼭 필요하다고 생각한다. 그러나 나는 그런 목표들을 악행을 기억하는 보다 포괄적 목표 아래 놓자고 제안하는 바다. 우리는 화해하기 위해 기억한다. 올바르게 기억할 때만 제대로 화해할 수 있고, 제대로 화해하려고 노력할 때만 올바르게 기억할 수 있다.

"화해"라거나 "사랑의 공동체"를 이루는 것이 유토피아적 목표로 보일 수도 있다. 그리스도인들에게 "유토피아적"이라는 말은 올바른 용어가 아닐 것이다. 최종적 화해는 전 역사가 나아가는 방향이기 때문이다. 더 정확히 말하면, 창조주이시고 구속주이시고 완성주이신 하나님이 최종적 화해라는 초역사적 "자리"로 역사를 이끌어 가시는 중이다.⁴ 내가 보기엔 역사의 이 초역사적 목표와 하나님이 그 목표를 이루시는 통로인 "역사적" 실재 곧 그리스도의 십자가와 부활이 악행을 올바르게 기억하는 일의 의미를 결정적으로 형성한다. 이를 달리 표현하면, 개인들의 내면을 들여다보기만 해서는 단 한 가지 악행—인류 역사에서 서로 이어져 있고 침투

---

3   Martin Luther King, Jr., *A Testament of Hope: Essential Writings and Speeches of Martin Luther King, Jr.*, ed. James M. Washington (New York: HarperCollins, 1986).
4   역사의 목표로서 최종적 화해에 관해서는 다음을 보라. Miroslav Volf, "The Final Reconciliation: Reflections on a Social Dimension of the Eschatological Transition", *Modern Theology* 16 (2000): pp. 91-113.

해 있는 만연한 악행의 흐름 속의 한 가지에 불과한 악행—도 올바르게 기억할 수 없다. 넓은 의미의 사회적 관계라는 맥락 속에서 개인의 삶에 주목하는 것만으로도 안 된다. 우리는 기억함을 인간의 삶과 인류 역사 모두의 궁극적 목표와 암묵적으로라도 연결시켜야 한다.

이제 그 궁극적 목표에서 벗어나 악행을 구속적으로 기억함과 파괴적으로 기억함이라는 우리의 당면 문제를 살피러 가 보자.

기억하라!

악행을 기억함에 대해 현대 서구에 만연한 태도는 화해의 목표를 달성하는 데 방해만 될 뿐 도움이 되지 않는다. 그 태도는 꼭 닮은 두 가지 명령으로 아주 간결하고 거칠게 요약할 수 있다. 의식을 치르듯 자주 반복되는 이 두 명령은 "기억하라!"와 "절대 잊지 말라!"다. 사람들이 이 두 명령을 사용하는 방식을 보면 이 명령들에 문제가 있는 이유가 드러난다. 첫 번째 명령을 먼저 다루고, 이번 장 끝부분에서 두 번째 명령을 간략하게 다루려 한다.

기억하라는 촉구는 대략 1960년대 중반부터 이후 수십 년간, 우리의 개인적·문화적 정신의 구조 안에 단단히 자리를 잡았다. 악행을 기억하는 일이 사회적으로 강화된 유사 종교적 의무라 할 만한 힘을 획득했다. 폭력이 가득한 세상에서, 우리는 악행을 기억함으로써 거의 현세적 구원을 기대한다. 이와 같은 맥락에서 엘리 위젤은 노벨상 수락연설 도중에 이렇게 말했다. "구원은 구속(救贖)과 마찬가지로 기억에서만 찾을 수 있습니다!"[4] 심각한 폭력에 대한 많은 반응 가운데 기억하겠다는 엄숙한 다짐은 결코 빠지지 않을 것이다. 기억하라는 명령은 모든 악행에 대한 우리 반응의 핵심 요소다.

악행을 기억해야 한다는 주장에 잘못된 점이 있을까? 분명히 그 주장에는 옳을 뿐 아니라 **없어서는 안 될** 요소가 있다. 피해자에게는 악행이 정신에 미친 파괴적 영향을 처리할 공간과 시간이 필요하고, 그 과정을 이루려면 기억할 필요가 있다. 더욱이, 가해자는 흔히 무기억의 암흑 속에서 처벌을 피할 길을 찾기 때문에, 악행을 기억하는 것은 피해자(또는 비슷한 상황의 다른 사람들)를 향후의 위해(危害)로부터 보호하는 방패로 기능할 수 있다. 하지만 기억으로 무장한 피해자는 위험해질 수 있다. 본인에게도 그렇고 다른 이들에게도 그렇다.

우리는 피해자가 무고하다고 생각하는 경향이 있다. 이해할 만한 일이다. 피해를 당하는 구체적 상황에서 피해자는 무고한 경우가 많다. 그는 그렇게 위해를 당할 이유가 결코 없다. 그러나 이 중요한 사실은 여전히 이야기의 한 부분일 뿐이다. 니체는 강자와 약자 사이 관계의 어두운 면을 언급했는데, 좀 과장된 주장을 펼치기는 하지만 문제를 제대로 이해한 발언이었다. 그에 따르면, 약자는 힘이 없기 때문에 그의 증오는 "대단히 지적이면서 유해한 수준까지 거대하고 으스스하게 부풀어 오른다."[6] 이 지적은

---

5   Elie Wiesel, *From the Kingdom of Memory: Reminiscences* (New York: Summit, 1990), p. 201.
6   Friedrich Nietzsche, *On the Genealogy of Morals*, ed. Keith Ansell-Pearson, trans. Carol Diethe (Cambridge: Cambridge University Press, 2006), 1:17. 그는 경멸과 원한이 초래하는 왜곡의 정도를 비교하면서 이렇게 썼다. "우리는 경멸감, 무시, 거만함이 만들어 내는 왜곡이 멸시당하는 사람의 이미지를 왜곡한다고 늘 생각하지만, 그보다 훨씬 심각한 왜곡은 약자가 확고한 증오와 복수심으로 원수—물론 그의 허수아비—를 공격할 때 사

약자이면서 피해자인 이들에게 적용된다. 진정한 성인(聖人)이 아닌 한, 위해를 당할 때 우리는 인간성에 걸맞은 훌륭한 방식으로 악행에 대응하지 못하게 된다. 그 대신 두려움과 분노에 사로잡힌 반응을 보인다. 게다가 악행에 대한 기억—더 정확히 말하면 악행을 기억하는 **방식**—이 제공하는 도덕적 자본은 우리가 다른 사람들에게 폭력을 가할 때 지게 되는 빚을 갚아 주는 것처럼 느껴진다. 여기서 다른 사람들이란 대부분 우리가 위해를 당한 기억을 미래로 투사함으로써 위협적 존재로 여겨지는 이들이다.

가해자들의 기억도 위험할 수 있다. 내가 말하려 하는 것은 단순히 자신의 악행을 망각의 밤으로 최대한 빨리 몰아내고 스스로에게 무죄 선고를 내리려는 가해자들의 성향이 아니다. 그것은 기억함의 위험이 아니라 부정과 무기억 전략의 위험이다. 가해자의 **기억함** 역시 위험할 수 있다. 가해자 자신에게 위험할 뿐 아니라(기억 때문에 죄책감의 불길이 타올라 옴짝달싹 못하게 되는 경우), 더 중요하게는 피해자에게도 위험할 수 있다(자신의 악행을 정당화하려고 피해자의 이미지를 바꿔 악행자로 둔갑시키는 경우).

악행을 기억함을 문화적으로 널리 받아들여진 도덕적 명령으로 만든 장본인은 아마도 엘리 위젤일 것이다. 그는 기억의 구속적 기능을 끈질기고 유창하게 선포한 예언자였지만, 1990년대의 보스니아 전쟁에서 기억이 어떤 역할을 했는지 숙고하면서는 "기억의 가중함"을 비판하지 않을 수 없었다. 기억의 동력은 흔히 사랑의 실천도 정의 추구도 아니며, 다름 아닌 증오다. 그리고 악행에 대한 기억들은 오히려 증오의 불을 지핀다. 형제간의 불화, 인종적 또는 종교적 공동체 사이의 무력 충돌, 나라들 간의 전쟁

용하는 왜곡이다. 이것을 꼭 기억해야 한다"(1:20).

에서 "증오의 기억"이라 부를 만한 것의 사례를 찾기는 어렵지 않다.

그저 기억하는 일만으로는 충분하지 않은 것이 분명하다. 리하르트 폰 바이츠제커(나치 독일의 책임과 반성을 촉구해 독일의 양심이라 불리던 독일의 전 대통령—옮긴이)는 1985년 5월 8일의 유명한 의회 연설에서 이렇게 말했다. "누구든 비인도적 행위를 기억하기를 거부하는 사람은 새로운 비인도적 행위에 감염될 위험이 높습니다."[7] 우리는 그의 이 올바른 논평에다 이렇게 덧붙여야 할 것이다. "누구든 비인도적 행위를 **올바르게** 기억하지 않는 사람은 자신의 감염 상태를 악화시킬 것이고 기억이라는 바로 그 행위로 다른 이들까지 감염시킬 것입니다." 전반적으로 볼 때, 악행을 **잘못되게** 기억함은 악행을 아예 기억하지 않는 것보다 못할 수도 있다! 개인적·공동체적·국가적 번영의 기반은 악행을 기억함이 아니라 악행을 **올바르게** 기억하는 것이다.

과거의 범죄들을 감추려 드는 심각한 극우적 주장이 있음에도 불구하고—오히려 그런 주장 때문에—오늘날의 핵심 도전은 악행의 기억을 망각에서 구해 내는 것이 **아니다**. 현대의 우리는 누군가가 저지른 일이든 당한 일이든 악행을 기억할 의무를 대체로 당연하게 여기기 때문이다. 더욱이 우리는 모든 것이 감시되는 판옵틱(panoptic) 시대에 살고 있고, 이 시대에는 거의 모든 것이 기록되기 때문에 사적 영역이 별로 없다. 중요한 일이든 아니든 관계없이 어떤 것도 시간과 함께 망각으로 사라지지 않는다. 기억함을 위한 싸움에선 이겼지만, "가짜 뉴스"와 "대안적 사실"의 시대에 기억

---

[7] Richard von Weizsäcker, "Speech in the Bundestag on 8 May 1985 during the Ceremony Commemorating the 40th Anniversary of the End of War in Europe and of National-Socialist Tyranny", MediaCulture Online, p. 5.

의 왜곡을 막기 위한 경계는 그 어느 때 못지않게 여전히 중요하다. 적을 식별하거나 적과 싸우는 법을 분명히 알 수 없는 더 어려운 싸움이 우리 앞에 놓여 있다. **악행을 올바르게 기억하려는 싸움이다.**

올바르게 기억하라!

앞의 내용으로 알 수 있듯, 악행에 대한 기억에는 인지적 차원과 실용적 차원이 있고, 이 둘은 구별되지만 서로 이어져 있다. 인지적 차원에서 악행을 올바르게 기억하는 것은 리하르트 폰 바이츠제커가 앞서 언급한 연설에서 말한 것처럼 "윤색이나 왜곡 없이, 진실을 똑바로" 들여다보며 기억하는 것이다.[8] 여기서 "진실"이 정확히 무엇을 의미하며 우리가 어느 정도나 진실하게 기억할 수 있는지는 논란의 여지가 있을 것이다. 그리고 상황을 진실하게 기억하는 것이 가능하다는 데 원칙적으로 동의한다 해도, 한 가지 악행에 대한 주어진 기억이 과연 진실한지 여부 또한 이론의 여지가 있을 것이다.[9] 그러나 저질러진 악행에 대한 진실하지 않은 모든 기억은 불

---

8   Weizsäcker, "Speech", p. 1.
9   예를 들면, 어빈 스타우브[Ervin Staub, *Overcoming Evil* (Oxford: Oxford University Press, 2011)]는 르완다에서의 기억의 진실에 이견이 있을 수밖에 없는 측면에 대해서 이렇게 썼다. "하지만 진실을 확립하고 그 진실을 모든 당사자가 받아들이게 하는 것은 어렵다. 극심한 폭력에서 생존한 이들은 자신의 고통에 집중한다. 그들은 흔히 자신이 무고하고 다른 집단이 악하며 그들에게 전적인 책임이 있다고 본다.…진실이 화해를 이끌어 내려면 양쪽이 상대에게 입은 여러 피해를 인식해야 한다. 르완다에서는 벨기에의 식민통치 아래 1959년 이전까지 투치족이 후투족을 가혹하게 다스렸다는 것이 진실의 한 부분이다. 진실의 또 다른 부분은 후투족이 1959년에 권력을 잡았을 때와 이후 1962년에 나라가 독립하여 그 권력이 공식적인 것이 되었을 때, 보다 평등한 사회를 건설하는 대신 투치족을 차별

의한 기억이고, 그것이 피해자나 가해자 중 어느 한쪽 또는 대체로는 양쪽 모두에 불의하다는 사실에는 이론의 여지가 없다. 진실하지 않게 기억하는 것이 잘못 기억하는 일인 주된 이유는 **악행을 진실하지 않게 기억하는 것이 곧 악행을 저지르는 일**이기 때문이다. 진실하지 않게 기억하는 것은 가해자, 피해자, 제3자 중 어느 위치에서 그렇게 하든 악행을 저지르는 일이다. 종종 그 역 또한 참이다. 우리가 진실하지 않게 기억하는 이유는 기억을 비도덕적 용도로 쓰려고 작정했기 때문인 것이다. 정당화할 수 없는 행위들을 정당화한다든지, 복수를 하려 한다든지, 가상의 위험에서 자신을 보호하기 위해 다른 이들에게 해를 가하는 일 등을 꼽을 수 있다.

그러나 진실함이 제대로 기억하는 일의 유일한 요구조건은 아니다. 나는 올바르게 기억함이라는 복잡한 실천의 모든 차원을 다룰 생각은 없고, 그리스도의 죽음과 부활이라는 메타기억의 인도를 따라 악행을 기억할 때 드러나는 몇 가지 중요한 실천의 차원에 초점을 맞추고자 한다. 우선 피해자들과 가해자들의 기억함을 간단히 살펴볼 것이다. 한 사람이 피해자인 동시에 가해자일 수 있는데, 피해자로서의 기억함과 가해자로서의 기억함은 작동 방식이 다르다. 내가 볼 때 기억함의 목표는 화해이기 때문에, 사건을 기억할 때 피해자와 가해자가 자기 자신 및 서로와 어떤 관계에 놓이는지에 초점을 맞출 것이다. 그들과 더 넓은 공동체와의 관계는 여

했고 그들에게 자주 폭력을 행사했으며 그것이 거듭거듭 대규모 살상의 수준에 이르렀다는 것이다. 진실의 큰 부분은 끔찍한 인종학살이다. 화해를 위한 진실은 내전 기간에 르완다애국전선(RPF)이 저지른 살인, 그 이후에 르완다애국군(RPA)이 저지른 살인, 1990년대 후반에 르완다 군대가 콩고에서 온 침입자들과 싸우면서 후투족 민간인들을 살해한 일, 콩고의 르완다 군대가 후투족 피난민들을 살해한 일들을 인정해야 한다. 종족 학살에 비길 만한 정도는 아니었지만 이 모든 살인은 대단히 중요하고 진실의 일부다"(pp. 442-443).

기서 고려하지 않을 것이다.

모든 인간의 삶은 하나님이 인류를 대하시는 이야기, 특히 악행을 겪는 이들 및 악행을 저지르는 이들과 연대하여 그리스도께서 죽고 부활하신 이야기 안에 이미 그리고 항상 위치한다. 피해자와 가해자를 모두 대신하는 그리스도의 죽음이 악행을 기억하는 데 어떤 의미가 있을까? 사도 바울은 그리스도의 죽음이 갖는 의미를 이렇게 요약한다. "한 사람이 모든 사람을 대신하여 죽었은즉 모든 사람이 죽은 것이라"(고후 5:14). 이 말에는 다음과 같은 무언의 암시가 담겨 있다. "죽었던 한 사람이 살아난 것처럼, 그와 함께 죽은 모든 사람이 살아났다." 이런 주장에 근거한 대속 이론을 포괄적 대속론(inclusive substitution)이라고 부른다.[10] 그리스도의 죽음과 부활을 그 안에서 온 인류의 죽음과 부활이 이루어지는 사건으로 보는 것이다. 포괄적 대속론은 악행을 올바르게 기억함에 대한 중요한 함의를 갖는다. 나는 이를 피해자 및 가해자와 관련해서 간략히 설명하고자 한다.

[악행을 올바르게 기억함에 대한] 나의 제안에 중심이 되는 개념은 "…**으로 기억함**"(remembering *as*)일 것이다. 앞에서 나는 우리가 악행을 저지른 기억이든 당한 기억이든, 그 기억으로 늘 뭔가를 하려 든다고 주장했다. 이것이 기억의 실용적 차원이다. 또한 우리는 저지른 악행이든 당한 악행이든 그것을 늘 그 무엇**으로**—중심적인 일 또는 주변적인 일, 일정한 패턴을 보여 주는 일 또는 평소 같지 않은 일, 우발적인 일 또는 악의적인 일, 복수나 용서를 촉구하는 일 등으로—기억한다. 이것이 기억의 해석적

---

10 Miroslav Volf, *Free of Charge: Giving and Forgiving in a Culture Stripped of Grace* (Grand Rapids: Zondervan, 2005), pp. 141-151를 보라.

차원이다.[11] 악행을 기억하는 모든 행위는 주어진 틀 안에서 악행을 읽는 일이다. 악행을 올바르게 기억하는 것은 상당한 정도로 그러한 …**으로** 기억함의 문제일 뿐이다. 그리고 그리스도의 죽음과 부활은 기억하는 데 필요한 규범적 해석의 틀을 제공한다.

피해자의 기억

악행을 당한 사람들, 즉 피해자의 기억을 생각해 보자. 악행의 피해자가 그 악행을 올바르게 기억한다는 것은 무엇을 의미할까?

첫째, 그리스도께서는 모든 사람을 대신하여 죽으셨고, 하나님은 모든 인간을 전적으로, 무조건적으로, 후회 없이 사랑하신다. 이 하나님의 사랑이 각 사람의 정체성, 그중에서도 특히 피해자의 정체성을 규정한다. 악행은 피해자의 자아 한가운데에 깊이 새겨진다. 그 기억은 과거에서 튀어나와 피해자의 미래까지 식민지로 삼으려 든다. 그러면 피해자는 스스로를 그 무엇보다 피해자**로** 인식하게 된다(그래서 피해자라는 것이 그의 정체성의 상

---

11 이것이, 악행을 기억하는 일이 단순한 사물을 지각하는 일(또는 기억함)과 다른 중요한 방식이다. 여기에 대한 루트비히 비트겐슈타인의 유명한 주장에 따르면, 단순한 사물을 어떤 것**으로** 본다는 말은 이치에 맞지 않다. 나이프와 포크에 대해 "나는 그것들을 나이프와 포크로 본다"고 말하는 것과 같다[Ludwig Wittgenstein, "Philosophy of Psychology—Fragment", in *Philosophical Investigations*, trans. G. E. M. Anscombe, P. M. S. Hacker, and Joachim Schulte, 4th ed. (Oxford: Wiley-Blackwell, 2009), p. 206를 보라. 『철학적 탐구』(아카넷)]. 우리가 무언가를 어떤 것**으로** 볼 때마다, "특정한 해석의 요소가 관여한다" [Joachim Schulte, *Experience and Expression: Wittgenstein's Philosophy of Psychology* (Oxford: Oxford University Press, 1995), p. 54]. 나는 악행을 저지르거나 당한 기억에는 **언제나** 강한 해석적 요소가 들어 있다고 생각한다.

당히 큰 부분을 **이룬다**). 그들은 다시 피해자가 되는 상황을 두려워한다. 그러나 우리의 창조자요 보존자이신 하나님이 십자가에 못 박힌 분을 통해 우리의 심연 속에서 우리와 함께하신다면, 그것이 아무리 끔찍한 일이라 해도 피해자인 우리는 다른 사람들에게 당한 일로 규정되지 않는다. 그 대신 하나님의 사랑이 우리를 규정하고, 우리는 하나님의 사랑을 받는 피조물이며 그런 존재로 남는다. 그뿐 아니라, 십자가에 못 박히신 분이 만물을 새롭게 하시는 하나님의 능력으로 부활하셨기 때문에, 우리는 과거의 압박에서 자유롭게 된 새로운 미래를 약속받는다. 피해자인 우리는 자신이 당한 악행을 우리의 핵심 정체성의 일부가 되어 미래를 결정하는 요소로서가 아니라, 분명히 영향력이 있었지만 우리를 규정하지는 않는 과거의 사건으로 기억할 수 있다.

둘째, "한 사람이 모든 사람을 대신하여 죽었은즉 모든 사람이 죽은 것이라"는 말은 그리스도께서 가해자의 죄를 대속하셨고 그러므로 그들이 우리에게 저지른 악행도 대속하셨다는 의미다. 피해자인 우리는 자신이 당한 악행을 악행으로만 보고 마는 경향이 있다. 그리고 한 가지 측면에서 그것은 분명한 사실이다. 하지만 모든 악행은 십자가 위에서 용서를 받았다. 그러므로 우리는 우리에게 저질러진 악행을 **용서받은 행위로** 기억해야 한다. 물론 많은 악행자들이 회개하지 않았고 용서를 구하지 않았다. 그들은 적어도 공적으로는 여전히 자신들의 악행과 동일시되는 것 같다. 결과적으로, 하나님은 용서하셨지만 그들은 용서를 받아들이지 않았을 수 있다. 그들의 경우에는 하나님의 용서가 아직 그 합당한 목표에 이르지 못한 것이다. (여기서 나는 용서가 그저 한 사람의 일방적 행위가 아니라 가해자와 피해자 간의 대인관계와 관련된 과정이라고 가정하고 있다.)[11] 하지만 그리스도께서는 세상 죄를 치워 없앤다(요 1:29)는 중요한 의미에서, 회개했든 안 했든 모든 악행자의 죄를 치워 없애셨다. 모든 악행이 십자가와 부활의 영향 아래 있다면, 우리는 우리가 당한 악행을 하나님이 이미 **용서하신** 일로 기억해야 한다. 또한 그 악행을 (이를테면 우리가 복수해야 할 일이 아니라) **용서해야 할** 사건으로 기억해야 한다.

셋째, 그리스도께서는 모든 사람을 대신하여 죽으셨으니 피해자들을 대신해서도 죽으신 것이다. 그리스도께서 피해자들의 고난과 고통과 연대하여 죽으셨기에 그들은 십자가에 못 박힌 분과 함께하면서 위로를 받을 수 있고, 그분의 부활이라는 실재를 통해 새로운 소망과 새 출발의 기회를 얻는다.[13] 그런데 그리스도께서는 **모든 사람**의 죄를 위한 포괄적 대속물로서도 죽으셨다.[14] 이때 모든 사람의 죄에는 **피해자의 죄도 포함된다**는 것이 중요하다. 피해자인 우리는 자신은 무고함의 은은한 빛에 잠겨 있고 악행자들은 죄책의 암흑에 덮여 있다고 보는 경향이 있다. 그러나 피해자인 우리도 죄인이고 관계의 많은 부분에서 악행자이며, 우리에게 악행을 가한

---

12 대인관계와 관련된 과정으로서의 용서에 대해서는 다음을 보라. Volf, *Free of Charge*, pp. 181-182.

13 Jürgen Moltmann, *The Crucified God*, trans. R. A. Wilson (New York: Harper & Row, 1974), pp. 276-278. 『십자가에 달리신 하나님』(대한기독교서회); *The Way of Jesus Christ: Christology in Messianic Dimensions*, trans. Margaret Kohl (New York: HarperCollins, 1990), pp. 160-181. 『예수 그리스도의 길』(대한기독교서회); *The Spirit of Life*, trans. Margaret Kohl (Minneapolis: Fortress, 2001), pp. 129-131. 『생명의 영』(대한기독교서회).

14 포괄적 대속관은 피해자들과의 연대의 의미를 지닌 그리스도의 죽음에 대한 이해를 보완한다. 이에 대해서는 Moltman, *The Spirit of Life*, pp. 132-138를 보라. 나는 그리스도의 사역의 이런 차원을 *Free of Charge*, pp. 127-156에서 나름의 방식으로 전개했다.

이들에 대해서도 종종 악행자다(우리에게 악을 행한 사람들의 죄가 우리가 그들에게 저지른 죄보다 비할 수 없이 크다고 해도). 피해자들도 가해자들처럼 용서가 필요하다. 그리스도와 함께 죽고 부활한 이들은 자신이 의로운 자인 것처럼 과거에 당한 악행을 기억하지 않는다. 그들은 스스로를 언제나 부분적으로는 **악행자**로 여긴다.

넷째, 그리스도께서 모든 사람을 위해 죽고 부활하신 것은 악행 때문에 서로 멀어진 사람들을 모아 단일한 사랑의 공동체, 그들을 향한 하나님의 사랑과 하나님과 서로를 향한 그들의 사랑으로 엮인 공동체를 만들기 위해서였다. 악행은 공동체를 해체하는 행위다. 피해자인 우리는 우리에게 굴욕을 안기고 학대하고 압제한 이들과 자신이 같은 공동체에 속한 존재라고 보는 것에 저항한다. 충분히 이해할 만한 일이다. 그들은 우리에게 악행을 가함으로써 우리의 공동체라고 상상할 수 있는 모든 조직에서 스스로 벗어난 사람들 아닌가. 하지만 한 가지 중요한 의미에서—완전히 그렇다는 말은 절대 아니지만—가해자와 피해자들은 그리스도의 죽음과 부활 안에서 서로 이미 화해했고 하나의 새로운 공동체의 일원이 되었다. 그리스도의 죽음과 부활의 빛 안에 있는 피해자는 악행자들이 하나님뿐 아니라 피해자인 그들과도 이미 **화해했다**고 생각한다. 이것은 그리스도의 이야기가 우리가 당한 악행에 대한 기억을 규정하도록 허용하는 일에 담긴 가장 어렵고, 어쩌면 괘씸하기까지 한 함의일 것이다.

가해자의 기억

이제 다른 이들에게 악행을 저지른 이들의 기억으로 넘어가 보자. 가해자로서 악행을 올바르게 기억한다는 것은 무엇을 의미할까?

첫째, 앞에서 밝힌 것처럼, 그리스도께서 모든 사람을 대신하여 죽으셨기에 하나님은 각 사람을 전적으로, 무조건적으로, 돌이킬 수 없이 사랑하신다. 이 하나님의 사랑이 피해자의 정체성 못지않게 가해자의 정체성도 규정한다. 악행의 정도가 극악할 때는 그것을 저지른 사람의 자아 전체를 삼켜 버릴 우려가 있다. 가해자는 자신이 악한 행위를 저지르기만 한 게 아니라 중요한 의미에서 바로 그 악 **자체**라는 느낌을 종종 받는다. 그리고 '악을 행한 자'가 되었다는 것이 그의 정체성의 일부가 된다. 그리스도께서는 그분의 죽음과 부활을 통해 행위자와 악행을 분리하셨다. 악행자는 죽었고 새사람으로 다시 태어났다. 우리가 당한 악행이 우리 정체성의 지울 수 없는 부분이 되지 않는 것처럼, 우리가 저지른 악행도 정체성의 일부가 아니다. 악행자여도 우리는 무엇보다 하나님의 사랑받는 피조물이고, 죄의 권세와 결과로부터 자유로워질 운명이다. 그러므로 우리는 악행을 **과거에 저지른 행위**로 기억하면 된다. 그것은 회복 불가능하게 우리를 왜곡시킨 사건이 아니다.[15]

둘째, 그리스도께서 모든 사람을 대신해 죽고 부활하셨을 때 모든 사람 또한 죽고 부활했다. 그래서 악행자의 나쁜 짓은 용서를 받는다. 우리는 다른 사람들에게 잘못을 저지르면 종종 수치심과 죄책감에 시달린다. 자신의 악행을 공개적으로 인정하기는커녕 스스로도 인정하려 하지 않는다. 그에 따른 부정적 결과가 두려워서 그럴 때도 있지만, 자신이 인정하지 않

15　Stanley Hauerwas, *The Peaceable Kingdom* (Notre Dame: University of Notre Dame Press, 1983), p. 89를 보라. 『평화의 나라』(비아토르).

은 악행은 어쨌든 진짜 악행이 아니라는 착각 때문이기도 하다.[16] 우리는 자신이 저지른 일에 관한 불쾌한 진실을 억누르고 자기를 정당화하는 정교한 서사를 구축하여 피해자들의 상황과 자신의 상황 모두를 악화시킨다. 그런 서사는 우리의 나쁜 짓에 스스로를 계속 묶어 놓고, 이미 피해를 입은 이들에게 또다시 위해를 가한다. 행악자인 우리는 그리스도 안에서 이미 용서받았고 새 생명으로 부활했기 때문에―우리가 우리의 악행과 분리되었기 때문에―왜곡이나 윤색 없이 자신의 악행을 이야기할 수 있고 악행 사실을 전폭적으로 인정할 수 있다. 그래서 진실하게 고백하고 진정으로 회개할 수 있다. 정죄로부터 자유로워졌기 때문에 성품의 변화를 위해 필요한 정도만큼 우리 악행의 진상이 기억에 남아 있는 것을 견딜 수 있다.[17] 우리는 십자가와 부활의 빛 속에서 악행을 **우리의 악행으로** 두려움 없이 기억할 수 있고 회피나 은폐 없이 그 악행을 인정할 수 있다.[18]

앞에서 나는 그리스도께서 그분의 죽음 안에서 피해자들과 자신을 동일시하시고 그들과 함께 죽으셨다고 밝혔다. 그리스도께서는 그들이 사망의 음침한 골짜기를 지날 때 동행하셨고 모욕적인 굴욕과 부당한 폭력을 함께 겪으셨다. 가해자인 우리가 충분히 강해지고 겸손해지면, 우리 악행

---

16 Aaron Lazare, *On Apology* (Oxford: Oxford University Press, 2004), p. 163를 보라. 『사과에 대하여』(바다출판사).

17 사과에 대한 보다 일반적인 설명을 원한다면 Miroslav Volf, *Flourishing: Why We Need Religion in a Globalized World* (New Haven: Yale University Press, 2015), pp. 179-180를 보라. 『인간의 번영』(IVP).

18 악행이나 공모에 대한 공적 고백이 종종 어떤 식으로 도덕적 법적 책임을 면하게 해 주는지 알고 싶다면 Linn Tonstad, "The Place, and Problems, of Truth", *Literature & Theology* (근간)를 보라.

의 피해자들에게 공감하고 우리가 그들에게 저지른 일을 애통해할 수 있다. 하지만 종종 우리는 우리의 악행으로 인해 삶이 부서진 사람들 때문이 아니라, 우리 자신 때문에, 우리 평판에 생긴 오점 때문에, 임박한 처벌의 고통 때문에 애석해한다. 가해자의 기억에 대한 나의 세 번째 논점은 마틴 호프만의 말처럼, 십자가의 발치에서 우리가 "곤경에 처한 누군가를 향한 공감과 자신이 그 곤경의 원인이라는 인식의 결합에서 나오는" 회한을 경험하는 법을 배울 수 있다는 것이다.[19] 우리는 공감에 이끌려 자신의 악행을 피해자의 몸과 영혼에 해를 끼친 행위로, 피해자의 자의식과 소속 능력을 훼손한 행위로, 시간이 가면서 자신의 삶을 의미 있는 전체로 통합해 낼 피해자의 능력을 방해하는 행위로 기억한다. 그리고 우리의 악행을 떠올릴 때 자신이 초래한 손상에 발목 잡혔다는 느낌에 분개하지 않고 그 악행 때문에 어려움과 괴로움을 겪는 이들에게 공감하게 된다. 이런 공감적 기억함은 우리의 범죄가 손상시킨 것을 어느 정도라도 회복시키기 위한 배상 활동으로 가는 첫걸음이다.[20]

끝으로, 그리스도께서는 죽음과 부활을 통해 모든 사람을 하나님 및 서로와 화해시키셨고 새로운 공동체, 사랑받는 공동체를 창조하셨다. 악행자들, 공동체의 유대를 파괴한 주범들에게 이것은 은총이다. 하지만 행악자인 우리는 종종 우리에게 용서의 은총을 베푸는 사람들을 보며 심각한 소외감을 느낀다. 『사랑의 역사』에서 쇠렌 키르케고르는 용서받은 사람이 "자기 악행들을 깊이 느끼고 그에 따라 자신의 패배를 더욱 깊이 느낄

19　Martin L. Hoffman, "Varieties of Empathy-Based Guilt", in *Guilt and Children*, ed. Jane Bybee (San Diego: Academic Press, 1998), p. 91.
20　배상에 대해서는 Volf, *Flourishing*, pp. 180-181를 보라.

수록, 사랑으로 자비를 베푸는 사람들로부터 더 멀리 밀려나는 느낌을 받는다"고 밝혔다.[21] 이 글에는 용서하는 사람의 과제가 암시되어 있는데, 이것이 키르케고르가 전하고자 한 요점이었다. 용서하는 사람은 우쭐한 도덕적 우월감을 내려놓고 "상대방이 용서를 받아들일 수 있는, 화해에 자신을 맡길 수 있는" 방식으로 "사랑 안에서" 행동해야 한다.[22] 키르케고르의 논평은 악행자들에게도 큰 도전이다. 악행자로서 우리는 공동체의 회복이 우리가 죄책을 인정하고 공감적 회한을 느낄 때만이 아니라, 용서를 우리의 무가치함과 의존성을 선명하게 드러내는 선물로 받아들일 때 찾아온다는 것을 겸손하게 인정해야 한다. 그리스도의 죽음과 부활을 통해 화해하게 된 우리는 쉽고 매력적으로 보이지만 실제로는 어렵고 굴욕적인 일을 거리낌 없이 할 수 있다. 우리의 악행을 핑계의 여지가 없는 행위로 여기고, **그것을 바로잡는 길은** 용서와 포용의 선물을 받아들이는 **것뿐임을** 기억하라.

결코 잊지 말라!?

이 장을 가능한 무기억이라는 금단의 영역에 잠깐 동안 과감하게 들어가 보는 짧은 여행으로 마무리할까 하는데, 나는 그 영역이 약속의 땅이라고 생각한다.

현대 서구 문화에서 "기억하라!"는 명령에는 흔히 "결코 잊지 않겠다"는

---

21   Søren Kierkegaard, *Works of Love*, ed. and trans. Howard V. Hong and Edna H. Hong (Princeton: Princeton University Press, 1995), p. 339.
22   Kierkegaard, *Works of Love*, p. 336.

다짐이 따른다. 우리가 기억함으로 달성하려는 목표는 거의 영원한 기억을 요구하는 듯 보인다. 악행의 기억은 피해자를 존중하고, 가해자를 피해자에게 빚진 상태로 묶어 두고, 미래의 잠재적 가해자들의 폭력을 막아 준다. 널리 퍼진 문화적 감수성은 이런 목표를 달성하려면 절대 잊어서는 안 된다고 우리에게 말한다.[23] 하지만 결코 잊지 않겠다는 다짐이 가증한 것이 되어 버린 기억에 덧붙을 때, 어떤 일이 벌어지는지 보라. 악행의 기억을 오용하는 우리의 성향에 대해 내가 앞에서 설명한 바가 옳다면 기억이 가증한 것이 되는 일은 자주 발생한다. 악행을 기억하겠다는 다짐이 영원히 지속되면, 그 기억이 폭력을 부추기고 합법화할 위험도 영구적이 된다.

의미심장하고 오늘날 많은 이들에게는 놀라운 사실이지만, "결코 잊지 않겠다!"는 다짐은 유대인들과 그리스도인들의 수 세기에 걸친 종교 전통과 완전히 반대된다. 그 전통에서는 올바르게 기억하는 일이 **무기억의 가능성을 염두에 두는 것**을 뜻했다. 무기억은 처벌적인 것이 될 수 있다. 하나님께 행악자에 대한 기억을 지워 달라고 청하는 시편 기자의 기도가 그 사례다(시 109:13-15을 보라). 무기억은 또한 화해적인 것이 될 수도 있다. 하나님이 백성의 죄를 용서하시고 더 이상 기억하지 않겠다고 약속하시는 대목이 그 사례다(렘 31:34; 히 8:12; 10:17을 보라). 장구한 기독교 전통은 완전한 용서와 온전한 화해를 무기억과 일관되게 연결시킨다. 예를 들면 노

---

23 이 책이 출간된 이후, 다양한 분야의 사상가들이 특정한 종류의 망각의 유익과 심지어 필요를 강조해 왔다. 가장 최근에 나온 다음 책을 보라. Lewis Hyde, *A Primer for Forgetting: Getting Past the Past* (New York: Farrar, Straus & Giroux, 2019). 이 책의 저자는 시간 속에서 몸을 가지고 사는 일에서뿐 아니라, 다양한 형태의 폭력을 겪고 난 공동체 안에서도 망각이 중요함을 강조한다.

리치의 줄리언은 이렇게 썼다. "하나님은 우리가 회개하는 순간에 우리 죄를 잊으시는 호의를 베푸시니, 우리도 그처럼 우리 죄와 모든 우울함과 모든 미심쩍은 두려움을 잊어버리기를 원하신다."[24] 이와 비슷하게, 장 칼뱅은 세례식이 죄에 대한 무기억을 가져온다고 보았다. 그에게 그 의식은 그리스도인의 전 생애를 규정하는 입회식인 세례식이었다. "우리는 [세례의] 표징을 통해 우리에게 말씀하시는 분이 죄를 정화하시고 씻어 내시고 죄의 기억을 지워 버리신다는 것을 확실하고 입증된 사실로 여겨야 한다."[25]

화해의 무기억이라는 이 확고한 전통은 "절대 잊지 않겠다"는 다짐에 결함이 있다고 말해 준다. 우리가 그리스도의 죽음과 부활과 그 일들이 가해자 및 피해자와 그들의 관계에 미치는 결과를 진지하게 받아들인다면, 특정한 지점과 신중하게 규정된 조건에서는—그리고 기억함이 개인적 치유와 용서의 과정에서 필수적 역할을 다하고 화해라는 적절한 목표를 달성한 **후에만!**—악행을 저지른 기억과 당한 기억을 다 놓아 보내는 것이 유익하다. 기억하는 일이 그 목표를 달성하고 나면, 우리는 악행의 기억을 놓아 보내고 우리의 작업 기억(operative memory)에서 희미해지게 하여 그것이 더 이상 우리 자신과의 관계나 서로와의 관계를 규정하지 못하게 할 수 있다. 그런 무기억은 성공적인 화해의 전제 조건이라기보다는 그 결과이고 그것을 확실히 하는 표시다. 이 책의 제목인 『기억의 종말』(*The End*

---

24 Julian of Norwich, "Long Text", in *Revelations of Divine Love*, trans. Edmund Colledge and James Walsh (Mahwah, NJ: Paulist, 1978), p. 323. 『하나님 사랑의 계시』 (은성).

25 John Calvin, *Institutes of the Christian Religion*, ed. John T. McNeill, trans. Ford Lewis Battles (Louisville: Westminster John Knox, 1960), p. 1314.

of Memory, end에는 '종말'이라는 뜻과 '목표, 목적'이라는 뜻이 있다—옮긴이)이 시사하는 대로, 적절한 목표(end)를 위해 기억할 때뿐 아니라, 올바르게 기억하기의 목표를 달성하여 그 기억들을 기꺼이 내려놓을 의향을 갖게 될 때, 우리는 비로소 악행을 올바르게 기억한다고 말할 수 있다.

여러 면에서, 특히 대규모로 가해진 끔찍한 악행과 관련해서는, 이런 무기억이 종말론적 소망으로 남을 것이다. 사람들이 저지르고 당한 악행에 대한 무기억의 모든 조건이 실현되는 일은 다가올 사랑의 세상, 역사의 참사에 대한 기억이 낱낱이 생생하게 살아 있는 지금으로서는 현실로 상상하기 어려운 세상에서만 가능할 것이다. 하지만 이 종말론적 소망은 지금 우리의 실천에 영향을 미칠 수 있다. 이런 무기억의 기적은 가족 안에서, 친구들 사이에서, 작은 공동체 안에서 우리 생각만큼 그렇게 드물지 않게 일어난다. 사랑의 세상의 여명으로부터 나오는 광선이 우리 삶을 비춘 순간들이다.

맺는말

이 책에 이런 경고문을 붙이고 싶은 유혹이 든다. "경고: **이 책의 내용은 당신이 소중하게 간직해 온 몇 가지 개념에 해로울 수 있습니다.**"

소중한 개념 1. "우리는 오로지 피해자들에 대한 관심에서 그들이 당한 악행을 기억해야 한다." 물론 이런 식으로 표현하는 사람은 없겠지만, 거의 반세기 동안 사회 전반에서 우리는 피해자들을 위해 기억하는 일의 지대한 중요성을 강조해 왔다. 우리가 그들의 불행을 기억하는 것은 그들을 존중하고, 보호하고, 정의를 행하고, 어떤 의미에서 그들이 "살아 있게" 만들고, 그 외에도 더 많은 것들을 위해서다. 정당한 일이다. 악행의 피해자들을 기억하지 못하는 것은 심각한 실수가 될 것이다. 하지만 이 책에서 나는 악행의 **가해자들**에게도 공정하고, 심지어 관대한 방식으로 기억해야 한다고 주장한다. 가해자들의 유익에 대한 관심이 이 책의 가장 당혹스럽고 어쩌면 가장 불쾌한 측면일 수 있다. 나는 가해자들에 대한 관대함을 정당화하는 여러 이유를 제시했다. 기독교 신학자로서 제시할 수 있는 최선의 이유들을 제시했다고 본다. 그러나 그런 이유들을 뒷받침하는 광범위한 논증을 제시하지는 않았다. 그런 논거로는 내가 이전에 쓴 두 책, 『배제와 포용』과 『베풂과 용서』를 읽어 보라고 권하고 싶다.

소중한 개념 2. "우리는 악행을 당한 일을 영원히 기억해야 한다." 지난 반세기에 걸쳐 우리는 어떤 시점에서건 악행을 당한 기억을 놓아 보내는 것은 피해자들을 배반하는 일이라고 믿게 되었다. 나는 널리 퍼져 있는 이 견해에 반대하면서, 신중하게 규정된 조건하에서는 악행의 기억들을 놓아 보내는 것이 유익할 수 있다고 주장했다. 이 주장은 이 책에 등장한 주장 중 가장 논쟁의 여지가 많으리라고 짐작된다. 하지만 나는 이 문제가 어느 정도 논쟁이 일어날 만한 주제라고 본다. 따지고 보면, 수천 년간 유대교 전통과 기독교 전통은 악행의 기억의 "종말"을 상상했고 고대하기까지 했다. 이런 입장의 근원은 유대교와 기독교의 경전에 있다. 유대교와 기독교의 경전에 뿌리를 두고 수천 년 동안 영향력을 행사하다가 최근에야 힘을 잃은 입장이라면, 그것이 인생에 대한 어떤 생각이든 진지하게 고려해 볼 만한 가치가 있다고 본다. 더욱이, 그 텍스트는 내가 믿는 기독교 신앙의 성경 아닌가. 히브리어 성경과 기독교 성경에 "생명을 파괴하는 횡설수설이 산더미처럼 들어 있다"고 생각하는 사람들은 물론 이의를 제기할 것이다.[1] 그러나 과학적 설명과 기술적 진보가 대단히 중요하기는 해도, 그것 때문에 진정 인간다운 삶을 사는 법에 대해 우리가 이전 세대보다 더 지혜롭다고 생각하는 것은 오해다.

이 책이 전통적 견해와 입장을 달리하는 두 부분은 모두 한 가지 확신

---

1 Sam Harris, *The End of Faith: Religion, Terror, and the Future of Reason* (New York: W. W. Norton & Company, 2004), p. 23. 『종교의 종말』(한언출판사).

에 근거하고 있다. 악행을 당한 일에 대한 기억의 합당하고 적절한 **목적**은 피해자와 가해자를 아우르는 모든 사람들 사이에서 사랑의 공동체를 형성하는 것이라는 확신이다. 이 책을 현수교라고 상상해 보라. 골짜기 양쪽에 앵커로 고정된 콘크리트 아치 위로 도로가 뻗어 있다. 도로는 기억을 나타낸다. 도로를 지탱하는 아치는 화해의 과정이다. 양쪽 끝에서 화해의 과정을 잡아 주는 앵커는 모두의 화해를 위한 한 분의 죽음과 내세가 사랑의 세계이리라는 소망이다. 기억의 목표는 완전한 사랑이다. 그 목표에 도달하면, 악행의 기억도 끝날 수 있다. 간단히 말해, 사랑은 기억의 "종말"이자 "목적"인 셈이다.

 이 책은 악행의 기억에 대한 최근의 일반적 통념에는 해로울 수 있지만, 나는 이 책이 우리의 문화적 건강과 개인적 번성에 보탬이 되기를 바란다. 이 책에 적절한 경고문은 생명을 위협하는 담뱃갑에 붙은 그것과는 다르다. 삶의 질을 높여 주는 약병에 붙어 있는, 치료 과정에 일시적인 불편함이 따라올 수 있음을 알리는 경고문과 비슷하다.

에필로그

15년 후*

I

"불로 지진 것만이 기억에 새겨진다. 계속해서 **아픈** 것만이 기억에 남는다." 프리드리히 니체는 『도덕의 계보』에서 이렇게 쓴 뒤 고통이 "기억술의 가장 강력한 조력자"라고 덧붙였다.[1] 고통당한 사람들은 기억한다. 늘 정확하게 기억하는 것은 아니지만 대체로 아주 생생하게 기억한다. 종종 그들은 자신의 고통에 관해 들려주고 어떤 이유로든 다르게 기억하는 사람들과 논쟁을 벌인다. 철학적 또는 신학적 경향을 가진 사람들은 인간이 왜 기억을 하는지, 기억함으로써 무엇을 지키려 하고 무슨 피해를 가하려 하는지 숙고한다. 때로 그들은 도덕적·인간적 온전함을 유지하며 잘 기억한

---

* 이 텍스트의 이전 원고에 대해 논평을 해 준 카린 프랜슨(Karin Fransen) 박사와 라이언 매커널리린츠 박사에게 감사를 전한다. 그들의 도움 덕분에 나는 실제보다 더 박식해 보이게 되었다.
1 Friedrich Nietzsche, *On the Genealogy of Morality*, ed. Keith Ansell-Pearson, trans. Carol Diethe (Cambridge: Cambridge University Press, 1994), p. 41.

다는 것의 의미에 대해서도 숙고한다. 20세기의 양차 대전 이후 기억에 관해 글을 쓴 많은 이들이 이와 같은 일을 했다. 그들은 고통을 받았고 기억했고, 고통과 그 기억을 숙고했다. 나도 마찬가지였는데, 처음에는 주로 우리 가족에게 남아 있던 제2차 세계대전의 후유증 때문이었고, 그다음에는 1990년대 남동유럽의 전쟁의 자취 탓이었으며, 2000년 이후에는 교황 요한 바오로 2세가 말한 "기억의 정화"의 필요성에 대한 인식이 커졌기 때문이었다. 바오로 2세가 말한 기억에는 무슬림과 그리스도인 사이에서 수세기 동안 이어진 갈등의 기억도 포함되었다.

제2차 세계대전이 끝났을 때, 당시 18세였던 내 아버지는 죽음의 행진에 나서야 했다. 구유고슬라비아의 새로운 사회주의 정권이 패배자들에게 강요한 많은 죽음의 행진 중 하나였다. 아버지는 굶주림, 갈증, 탈진과 호송병들의 잔인한 대우로 엉망이 된 채 200칼로리의 식사만으로 하루 50킬로미터 가까이 걸었다. 아버지가 내디딘 한 걸음 한 걸음이 작은 죽음이자 부활이었다. 그 고통이 더욱 비통했던 것은, 아버지에게 사회주의적 신념이 있었고 크로아티아 정규군에서 탈영하여 티토의 빨치산에 합류하려다 실패했음에도 그런 운명이 닥쳤기 때문이었다. 아버지는 저항군에 합류하기 위해 목숨을 걸었는데도, 승리한 저항군 지도자들은 개인들과 그들의 사연, 심지어 그들의 이름까지 무시하고 아버지를 비롯한 수천 명의 사람들을 붙잡아 여러 도시와 마을을 행진하게 했고 그 과정에서 숱한 이들을 죽음으로 내몰았다. 그럼으로써 그들은 자신들의 힘을 과시하려 했다. 제2차 세계대전 종전 후 벌어진 숙청의 희생자들을 동정한 크로아티아인들은 이 행진을 '비아 돌로로사'(십자가의 길)라고 불렀다.

아버지의 이 이야기를 처음 들었을 때 나는 열 살의 나이로 고난이라는 위험한 기억의 전수자가 되었다. 이후 이어진 아버지의 사연을 듣고서는 전혀 뜻밖의 구속이라는 희망찬 기억의 전수자도 되었다. 아버지의 죽음의 행진은 내게도 일찍부터 고통을 안겼다. 아버지가 겪은 잔혹한 고통에 비하면 무릎이 살짝 까진 정도에 불과하고 어쩌면 고통이라 부를 만한 것도 아닐지 모르지만, 그래도 내게는 고통이었다. 학교에서 나는 종종 목사의 아들이라고 조롱을 받았다. 학교 교직원들은 내 아버지가 이중으로 인민 혁명의 "원수"임을 알고 있었다. 아버지는 성직자였고 죽음의 행진에서 살아남았기 때문이다. 1980년대 초, 나는 해외에서 공부한 뒤 미국인과 결혼한 젊은 신학자였다. 징집되어 군대에 입대하자 내 아버지의 과거를 잘 아는 비밀국 장교가 내가 말할 의향이 있는 것보다 더 많이 캐물었고, 심문 과정에서는 내가 말**할 수 있는** 것보다 더 많이 알고 싶어 했다. 그때는 1983-1984년이었고, 이 책의 첫 장과 마지막 장에서 나는 내가 받은 심문과 그것을 기억하고 그에 반응하는 가운데 내 믿음과 삶의 온전함을 지키기 위해 몸부림쳤던 일을 설명한다. 그 무렵에 나는 밀란 쿤데라의 『웃음과 망각의 책』[The Book of Laughter and Forgetting(1979년 작, 영어 번역은 1980년)]을 읽었고 기억의 문제에 대한 생각을 시작한 터였다.

　쿤데라와 중동부 유럽 문학계 및 학계의 여러 사람들이 기억의 문제를 다룬 방식은 20세기 중반에 그들을 괴롭혔던 전체주의 정권인 나치즘, 공산주의와 긴밀하게 이어져 있었다. 대단한 독재자인 히틀러와 스탈린을 비롯하여 그 뒤를 이은 수많은 군소 독재자들은 무력으로, 신화 같은 이념의 주입으로, 기억의 억압으로 통치했다. 기억의 억압은 여기서 제시한 내 생각에 중요한 영향을 준 요소다. 이 정권들은 두 종류의 기억을 두려워했다. 하나는 자신들 이전의 국가적 과거에 대한 기억이다. 그 과거는 그들이 저지른 암흑 통치의 불법성을 드러낼 정도로 충분히 밝혔기 때문이다. 그래서 그들은 역사를 고쳐 썼고, 과거를 그들이 불러오는 과정에 있는 영광스러운 미래에 앞서는 부정적인 것으로 제시했다. 그들이 두려워한 또 다른 기억은 자신들이 저지른 잔혹행위에 대한 것이었다. 집단학살수용소와 강제수용소, 죽음의 행진과 강제노역장, 모의재판, 처형, 실종에 대한 기억 말이다. 밀란 쿤데라와 특히 엘리 위젤 같은 작가들에게 기억이 중요했던 이유는 그것이 독재, 불의, 살인에 맞서는 방패 역할을 했기 때문이다. 그들에게 기억에 대한 관심은 주로 잊지 않으려는 투쟁과 관련이 있었다.

    기억의 방패가 쉽게 칼로 변하고, 어제의 피해자들이 기억의 도움을 받아 자주 오늘의 가해자가 된다는 것이―적어도 내게는―곧 분명해졌다. 1989년에 유럽의 전체주의와 독재정권들이 붕괴하고, 이후 크로아티아와 보스니아에서 전쟁이 일어난 뒤 새로운 과제가 모습을 드러냈다. 우리는 독재자들의 통치의 불법성을 드러내고 그들의 불의를 폭로하는 데 더해, 권좌에서 밀려난 가해자들과 그들에게 피해를 입은 많은 사람들이 하나의 정치 공동체 안에서 함께 정의로운 평화를 이루며 살 길을 찾아야 했다. 기억에 관한 명령의 내용은 더 이상 망각을 몰아내고 기억하기를 요구하는 것만이 아니었다. 개인과 공동체를 보호하고 치유하는 동시에 사람들 사이를 가르는 골을 메우고 다리를 건설할 수 있게 기억하는(그러므로 **망각하지 않는**) 방법을 찾아내는 것―그것도 **진실하게** 기억하겠다는 헌신을 타협하지 않으면서 말이다―은 훨씬 더 복잡한 난제가 되었다. 나는 이 과제를 『배제와 포용』[2]에서 밝히고 모색하기 시작했으며 『기억의 종말』에서

---

2   Miroslav Volf, *Exclusion and Embrace: A Theological Exploration of Identity, Other-*

더 자세히 다루었다. 이 책의 원래 부제인 '폭력적인 세상에서 올바르게 기억하기'(Remembering Rightly in a Violent World)도 여기에서 나왔다. 나는 올바르게 기억하기라는 개념을 사용할 때―그냥 잘 기억하기가 아니다. 그냥 잘 기억하기는 망각을 거부하는 일에 불과할 수 있다―대체로 우리가 **기억을 가지고 뭔가를 하며**, 기억에는 인지적 측면만 아니라 실용적 측면도 있다고 가정한다.[3]

II

하지만 『기억의 종말』은 기억을 정치적 불의와 민족 분쟁의 맥락에서만 다루지 않는다. 20세기의 전체주의 정권과 민족 전쟁 이야기 때문에 그런 인상을 받았을 수 있다. 만일 앞부분에서 어린 학생 시절의 나와 심문을 당했던 나에게 집중한다면, 정치적 갈등 및 민족 분쟁과 관련된 기억에서도 아주 개인적인 측면이 보이기 시작할 것이다. 우리는 독재와 투쟁으로 찢어진 나라의 시민으로서만이 아니라 관계 안에 있는 인간으로서도 피해자나 가해자였던 경험이 있고, 동일한 하나의 관계 안에서 두 역할을 모두 경험하는 일도 흔하다. 세계 무대에서 멀리 떨어진 곳, 국가 간의 관계나 민족과 종교 공동체 간의 관계에 영향을 미치는 결정들과 멀리 떨어진 가정과 직장과 종교 공동체에서 우리는 부당한 일을 당하고 다른 사람들을 부당하게 대우한다. 그런 곳에서도 기억이 칼에서 방패로, 방패에서 다

---

 ness, and Reconciliation, revised and updated ed. (Nashville: Abingdon, 2019), pp. 132-142, 221-266를 보라.
[3] 에필로그의 이 첫 번째 꼭지 전체는 이 책의 크로아티아어 번역본과 중국어 번역본에 붙었던 서문을 일부 편집한 글이다.

시 칼로 변하는 일이 벌어진다. 이런 상황은 내가 앞서 언급한 상황과 비슷하고, 우리가 망각에 저항하는 데 그치지 않고 올바르게 기억하는 법을 배우기를 똑같이 절박하게 요구한다. 올바르게 기억하지 못하면 우리는 치유도 화해도 할 수 없을 테고, 합당한 조화 속에서 함께하는 삶은 닫혀 버릴 것이다. 이 책의 첫 장과 마지막 장에 등장하는 나의 심문 이야기는 기억의 두 차원, 즉 정치적 차원과 개인적 차원을 한데 묶어 낸다.

이 책의 중심 논지는 올바르게 기억하기 위한 결정적 자원, 아직 사용되지 않은 자원이 기독교 신앙의 핵심에 놓여 있다는 것이다. 그 내용을 아주 간단히, 거의 경건하게 표현하면, 우리는 십자가의 발치에서 기억할 때 올바르게 기억하게 된다. 보다 학술적으로 말하면, 나는 출애굽에 대한 기억과 연결하여 해석된(그리고 창조부터 새 창조까지 하나님과 함께한 세계 역사라는 맥락에 자리 잡은) 예수 그리스도의 십자가와 부활에 대한 정경적이고 예전적인 기억을 규제적 메타기억으로 다룬다. 이 메타기억은 우리가 일상에서 저지르고 당하는 악행을 어떻게 기억해야 하는지 이끌어 준다.

『기억의 종말』의 주제는 잘 기억하기지만, 주된 관심사는 화해다. 독립적인 책으로 쓰였지만, 일부 서평자들이 올바르게 지적한 대로 이 책은 나의 여러 저작이 모인 커다란 세트의 일부이며 그 저작들 모두가 화해의 여러 측면을 탐구하는 한 묶음의 주제들을 다룬다. 그중에서 으뜸은 『배제와 포용』, 『베풂과 용서』[4]다. 그런데 이 책들을 뒷받침하는 텍스트들은 삼위일체,[5] 교회,[6] 종말론[7]을 다루고 있다. 이 저작들은 대부분 특별한 계기

---

[4] Miroslav Volf, *Free of Charge: Giving and Forgiving in a Culture Stripped of Grace* (Grand Rapids: Zondervan, 2005).

[5] 다음을 보라. Miroslav Volf, "'The Trinity Is Our Social Program': The Doctrine of the

로 집필된 것이며, 내가 『배제와 포용』 개정판 에필로그[8]에서 간략하게 밝힌 신학적 비전의 영향을 받았다. 이 책들이 보여 주듯 나는 상황에 반응하여 신학을 펼치는 신학자이고 어떤 의미에서는 "체계적이지 않다." 그러나 내가 볼 때 나는, 데이비드 켈시의 권위 있는 책 『기이한 존재』[9]에 나오는 문구를 뒤집어 표현하면, "체계적이지 않은 **체계적**" 신학자다. 나의 모든 저작은 한 가지 중요한 신학적 비전을 공유하기 때문이다.

Trinity and the Shape of Social Engagement", *Modern Theology* 14, no. 3 (July 1988), pp. 403-423 (reprinted as "Trinity, Identity, and Self-Giving", in *Exclusion and Embrace*, pp. 343-367); "Being as God Is: Trinity and Generosity", in *God's Life in the Trinity*, ed. Miroslav Volf and Michael Welker (Minneapolis: Fortress, 2006), pp. 3-12; Volf, *Exclusion and Embrace*, pp. 319-329.

6   Miroslav Volf, *After Our Likeness: The Church as an Image of the Triune God* (Grand Rapids: Eerdmans, 1998). 『삼위일체와 교회』(새물결플러스); "Catholicity of 'Two or Three': A Free Church Reflection on the Catholicity of the Local Church", *Jurist* 52 (1992): pp. 525-546; "Trinity, Unity, Primacy: On the Trinitarian Nature of Unity and Its Implications for the Question of Primacy", in *Petrine Ministry and the Unity of the Church: Toward a Patient and Fraternal Dialogue*, ed. James F. Puglisi (Collegeville, MN: Liturgical Press, 1999), pp. 171-184.

7   다음을 보라. Miroslav Volf, "The Final Reconciliation: Reflections on a Social Dimension of the Eschatological Transition", *Modern Theology* 16 (2000): pp. 91-113; "Enter into Joy! Sin, Death, and the Life of the World to Come", in *The End of the World and the Ends of God: Science and Theology on Eschatology*, ed. John Polkinghorne and Michael Welker (Harrisburg, PA: Trinity Press International, 2000), pp. 256-278; "Time, Eternity, and the Prospects for Care: An Essay in Honor of Jurgen Moltmann's 90th Birthday", *Evangelische Theologie* 76, no. 5 (2016): pp. 345-354.

8   Volf, *Exclusion and Embrace*, pp. 307-309.

9   David Kelsey, *Eccentric Existence: A Theological Anthropology* (Louisville: Westminster John Knox, 2009), 1:44-45.

III

이제 이 책에 대한 비판을 살펴보자. 비판의 절대 다수는 이 책의 2부를 겨냥하고 있는데, 여기서 나는 내세에서의 기억에 관한 가상의(그러나 신학적 근거가 있는!) 제안을 했다. 내가 다른 곳에서 최후의 화해이기도 하다고 주장한[10] 최후의 심판이라는 문을 통해 그 사랑의 세상에 들어가고 나면, 끔찍한 악행을 저지른 기억과 당한 기억은 더 이상 떠오르지 않을 거라는 내용이다. 나는 이 생각을 『배제와 포용』에서 처음 제안했는데, 열 쪽에 걸쳐 상술한 그 대목이 그 책에서 가장 논쟁적인 부분인 것으로 드러났다. 제인 맥아더는 그 생각에 이의를 제기하는 300쪽 분량의 박사학위 논문을 썼다.[11] 이 열 쪽은 『기억의 종말』에서 100쪽 정도로 확대되었는데, 어느 정도는 비판자들에 대한 답변이었다. 『배제와 포용』의 개정판(2019) 에필로그에서 나는 이 주장의 원래 버전과 확장 버전 모두에 대해 일부 비판자들에게 답했다. 그 이후에 나는 두 비판자 조너선 트랜과 선더 존 부팔란의 저작을 접했다. 나에겐 그들과 『기억의 종말』의 개정판 독자들에게 답변해야 할 의무가 남았다. 부분적으로는 두 사람 각자가 현대 기독교 사상의 주요 흐름 안에서 내 책을 상세히 비판하고 있기 때문이다. 부팔란은 흑인 해방주의 전통, 트랜은 듀크 신학부의 영향을 받고 있다.

우선, "망각"(forgetting)이라는 용어에 대해 몇 마디 해야겠다. 이 용어는 트랜 및 부팔란의 주장과 관련이 있기 때문이다. 이 단어는 토론에 계속 등장하면서 토론자를 혼란스럽게 만든다. 지금 이 책에서 나는 이 용어를

10　Volf, "The Final Reconciliation"을 보라.
11　M. Jane McArthur, "Memory in the New Creation: A Critical Response to Miroslav Volf's Eschatological Forgetting" (PhD diss., University of St. Andrews, 2004).

쓰는 대신에 "생각나지 않음"이나 "무기억"이라는 표현을 일관되게 사용했다. 이 표현들은 내 제안의 기초가 되는 성경 텍스트에서 가져온 것이다. 해당 본문에 나타난 종말론적 비전에서, 선지자 이사야는 하나님이 "새 하늘과 새 땅"을 창조하신 후에는 "이전 것은 기억되거나 마음에 생각나지 아니할 것이라"(사 65:17)고 진술한다. 나의 주장의 핵심은 **새로운 것의 존재**, 순수한 선 안에 있는 기쁨의 존재 때문에 **왜곡된 과거의 기억이 생각나지 않는다**는 것이다. 트랜 말고 일부 비판자들은 내가 트라우마의 기억을 억압함으로써 얻는 치유와 화해를 옹호한다고 비판하지만, 내가 말하는 내용은 정신 작용의 맥락에서 그와 정반대의 것이다. 내가 제안한 내용은 망각이 기억함의 본질이고 회상 작용의 필수적인 부분이라는 정확한 관찰과 좀더 관련이 있지만, 이것이 핵심은 아니다. "생각나지 않음"이라는 문구가 가리키는 현상은 주로 회상이 아니다. 과거가 생각나지 않는 것은 자아가 경험한 '엑스타시스'(*ekstasis*)—자아를 벗어남으로써 참으로 자기에게 이른 새 창조에서의 자아—가 자아의 회상 활동에 미치는 결과다. 보다 정확히 말하면, 자신이 저지르고 당한 악행이 "생각나지 않음"은 하나님이 창조세계 전체와 더불어 자아에 내주하시고 그로 인해 자아와 온 창조세계를 온전하게 만드시는 일의 결과다.

우리가 저지르고 당한 악행 중 (적어도) 일부에 대한 기억은 다가올 기쁨과 사랑의 세상의 경험과 공존할 수 없다. 그러나 나는 악과 고통이 "생각나지 않음"은 그 사랑의 세계에 살기위한 "전제 조건"[12]이 아니라 그 결

---

12 Jonathan Tran, *The Vietnam War and Theologies of Memory: Time and Eternity in the Far Country* (Oxford: Wiley-Blackwell, 2010), p. 137. 이 텍스트의 앞부분에서 트랜은 '생각나지 않음'이 새 창조 안에서 사는 결과라는 내 책의 중심 대목을 인용한다. "우리

과라고 생각한다. 그래서 나는 "이전 것"이 "생각나지 않음"이 치료적 조언이나 도덕적 의무라도 되는 듯 "잊으라고 제안"[13]하거나 망각을 "충고"[14]하지 않는다. 나는 새로운 세상의 도래와 함께 오는 **은혜의 선물로 그것을 기다린다.** 만약 "생각나지 않음"이 자아가 스스로를 대상으로 하는 직접적 행동의 결과라면 **잘못**된 일일 것이다. 그것이 자아의 수용성의 결과이고, 하나님의 새로운 세상의 다가옴과 도래가 자아 안에서 일으키는 즐거운 메아리일 때만 옳은 일이 된다.

가 그것들[저지르거나 당한 악행들의 기억]을 놓아 버림**으로써** 하나님과 서로를 온전히 영구적으로 기뻐하게 **되는 것일까**? 아니다.…우리는 기쁨을 누리기 위해 '망각'하진 않을 것이다. 우리는 기뻐할 것이고 그래서 악행의 기억들이 잊히도록 내버려 둘 것이다"(p. 128). 정말 그렇다면, 내가 말하는 "망각"은 "주인의 기쁨"에 참여하기 위한 전제 조건이 아니라 그 결과일 뿐이다.

13 Sunder John Boopalan, *Memory, Grief, and Agency: A Political Theological Account of Wrongs and Rites* (New York: Palgrave Macmillan, 2017), loc. 3043.

14 Jonathan Tran, "Emplotting Forgiveness: Narrative, Forgetting, and Memory", *Literature and Theology* 23 (June 2, 2009): p. 221. 트랜은 내가 은혜의 선물로 생각하는 것을 도덕적 성취의 대상으로 만든다. 그러나 이런 경향이 그에게만 있는 것이 아니다. 기억에 대한 나의 책과 아우구스티누스의 책을 투박하게 비교한 것으로 보이는 저서―내가 지복의 상태에서의 기억에 관해 말하는 것과 아우구스티누스가 순례의 상태에서의 기억에 관해 말하는 내용을 비교한 책―의 서두에서 제인 바터 물레이슨(Jane Barter Moulaison)은 "특정한 조건에서는 우리가 악행을 당한 기억을 놓아 보내는 것을 목표로 삼아야 한다"는 것이 내가 주장하는 바라고 내세운다["He Who Brings Light to Dark Places": Christ and the Redemption of Memory", in *The Church Made Strange for Nations: Essays in Ecclesiology and Political Theology*, ed. Paul G. Doerksen and Karl Koop (Eugene, OR: Pickwick, 2011), p. 154]. 알렉산더 사이더는 내가 기독교적 형태의 자유주의적 자아를 전제하고 작업한다며, "생각나지 않음"을 자유주의적 자아의 (회개와 용서, 받아들여짐 이후의) 마지막 "주권적 행위"로 해석한다[J. Alexander Sider, *To See History Doxologically: History and Holiness in John Howard Yoder's Ecclesiology* (Grand Rapids: Eerdmans, 2011), p. 137].

나의 제안에 대한 부팔란의 핵심 반론은, 나의 제안이 "악행을 적극적으로 기억하기"를 반대하는 이유는 자신이 받은 피해를 기억함으로써 "피압제자가 압제자가 될 수 있다"는 우려 때문이라는 것이다. 그는 그러므로 내가 "피해자와 생존자의 기억에 반대한다"[15]고 말한다. 기억을 다룬 나의 책에 대한 부팔란의 해석 중에서 옳은 부분은 기억의 방패가 칼로 변하는 것을 내가 우려한다는 점이다. 나는 그런 일을 여러 번 보았다. 그런 일이 늘 벌어지는 것은 아니며, 부팔란은 적절하게도 총기를 난사하여 교인들을 살해한 딜런 루프에게 에마누엘아프리칸 감리교회가 보여 준 반응(그들은 아홉 명의 교인을 살해한 백인 우월주의자 딜런 루프를 용서한다고 했다 — 옮긴이)을 사례로 들었다. 그러나 폭력을 당한 기억이 폭력 행사를 정당화한 사례도 충분히 많다. 그런 경우 기억하는 일은 문제가 되며, 이 사실은 모든 기억하기가 똑같지 않음을 분명히 보여 준다. 나는 여기서 우리가 올바르게 기억하는 법을 배워야 한다는 결론을 끌어냈다. 이 책의 2부는 올바르게 기억하는 일의 의미를 탐구한다. 이 탐구에는 우리에게 올바르게 기억할 도덕적 의무가 있다는 가정이 들어 있다. 나는 기억함에 반대하지 않는다. 나는 잘못 기억함에 반대하고, 올바르게 기억함을 지지한다.

이 책에서 나는 엘리 위젤이 노벨상 수락연설에서 구원은 기억에 있다고 주장한 내용과 거리를 둔다. 부팔란은 이를 내가 구원이 "망각에 있다"고 주장한다는 뜻으로 받아들인다.[16] 그 말은 어떤 의미에서는 옳다. 온전한 구원의 경험에는 악행을 당하고 저지른 기억이 생각나지 않는 상태도

15　Boopalan, *Memory, Grief, and Agency*, loc. 2890.
16　Boopalan, *Memory, Grief, and Agency*, loc. 3174.

포함된다. 그러나 보다 중요한 의미에서는 구원의 경험이 '생각나지 않음'을 가능하게 만든다. 그렇기 때문에 "옛날"이 생각나지 않음이란 이 세상에서는 아마도 제한된 시간 동안만 가능할, 종말론적 현실인 것이다.[17] 그러나 여러 기억이 생각나지 않게 하는 그 구원은 기억함을 통해서**만** 성취될 수 있다. 올바르게 기억함 없이는 정의도 용서도 불가능하기 때문이다.

끝으로, 부팔란은 악행이 멈춘 후에도 그 영향이 이어지는 일부 악행을 내가 충분히 고려하지 않고 있다고 염려하는데, 그 대표적 사례가 노예제의 영향이다.[18] 그 악행의 기억은 사람들이 매일 경험하는 인종주의적 사고방식과 사회적으로 강화된 관행들에 새겨져 있다. 그러다 보니, 설령 보상과 화해가 포함된다 하더라도 용서를 통해 성취될 수 있는 결과도 제한적이다. 문화적으로 고착화된 삶의 방식에 변화가 필요한 것이다. 그렇기 때문에 새 창조에 이르기 전의 이 모든 기억하기는 우리가 올바르게 기억하려고 아무리 노력해도 부분적으로는 잘못된 기억함이고, 최후의 화해 이전의 모든 화해에는 부분적으로 결함이 있다. 그래서 악행을 저지르고 당한 기억이 '생각나지 않음'은 **하나님의 새로운 세상과 함께** 우리에게 **주어진다**. 그때가 되기 전에 그것을 실천하려고 시도하는 것은 역효과만 낳게 되고 도덕적으로 잘못된 일이 될 것이다.

IV

이제 조너선 트랜의 비판에 답할 차례다. 첫째, 그는 "생각나지 않음"에 대

---

17 Volf, *Free of Charge*, pp. 173-177.
18 Boopalan, *Memory, Grief, and Agency*, loc. 3041.

한 내 관심의 출처가 과거에 실제로 벌어진 일이 중요하며 그 일을 어느 정도 명확히 알 수 있다는 잘못된 믿음이라고 생각한다. 그와 나는 다음의 사실, 즉 인간이 언제나 하나의 주어진 관점에서 보고, 그때 인간은 불가피한 특정 이해관계에 늘 이끌리며, 그러므로 과거에 대한 진리 주장을 포함한 모든 진리 주장은 권력관계에 얽혀 있다는 데 동의한다. 우리는 프리드리히 니체와 미셸 푸코(Michel Foucault)가 "진리"에 대해 한 말이 부분적으로—그리고 부분적으로만—옳다는 데 동의한다. 그러나 트랜은 내가 서로 충돌할 수밖에 없는 인간의 서사와 역사에서 일어나는 일에 대한 하나님의 초월적이고 진실한 관점을 대비시키는 부분에 동의하지 않는다. 나와 달리, 트랜은 이것이 역사를 바라보는 충분히 기독교적이지 못한 사고방식이라고 생각한다. 그는 나의 역사관이 그리스도와 분리되었다고 본다. 실제로 벌어진 일을 하나님이 보심—누가 누구에게 무엇을 했는지 안 했는지 그 이유가 무엇인지에 대해 하나님이 설명하심—은 그리스도인들이 소망하는 심판과 상관이 없다는 것이 그의 생각이다. "그리스도는 하나님의 심판자가 되시고, 대단히 특정한 자리에서 완전히 편향된 시각으로 세상을 보신다. 그분은 유다의 사자라 불리는, 죽임을 당한 어린양이다."[19] 트랜은 무슨 일이 벌어졌는가가 아니라, 은혜의 심판자인 그리스도께서 벌어진 일을 어떻게 재서술하시는가가 중요하다고 본다.

그러나 이것이 어떻게 옳을 수 있을까!? 들판에 둘만 있을 때 가인은 동생 아벨을 죽인다. 그런데 벌어진 일의 진상은 중요하지 않다. 동생의 죽음을 초래한 자가 가인이었다는 사실, 그것이 사고가 아니라 모살이었다

---

19 Tran, *The Vietnam War*, p. 134.

는 사실, 가인이 시기와 분노에 못 이겨 동생을 죽였다는 사실, 자신의 형벌이 감당하기 너무 어려운 것이라고 가인이 제멋대로 인식했다는 사실은 중요하지 않다. 중요한 사실은 오직 하나, "하나님이 가인에게 표를 찍어 주셔서" 그를 보호하셨다, 기독교 용어로 표현하면, 은혜로운 심판자이신 그리스도께서 가인의 삶을 구속적으로 재서술하셨다는 것이다! 그러나 벌어진 일의 중요성을 고집하는 것은 그리스도를 버리자는 것이 아니라 우리가 실제 살아온 삶과 그리스도가 어떤 관계에 있는지 이해하는 작업을 가능하게 만들자는 것이다.

"최종적 화해"에 대한 나의 설명이 시사하듯, 나의 제안의 핵심에는 그리스도의 종말론적 은혜의 심판이 자리 잡고 있다.[20] 그러나 여기에 트랜과의 차이점이 있다. 나는 그리스도의 심판이 은혜의 심판일 수 있으려면, 그 심판이 의롭다고 선언하는 사람의 범행에 관한 **진실한 진술**이 반드시 있어야 한다고 믿는다. "정죄할 만하다!"는 진실한 평결이 없으면 "정죄하지 않는다"는 무죄 선고는 **은혜의 심판**으로 이해될 수 없다. 트랜처럼, "실제로 벌어진 일"에 대한 관심을 "복음주의적 콤플렉스"[21]로 치부하고 무시하는 것은 기독교적 은혜의 내적 논리를 오해한 처사다.[22] 그것은 자신의 사연을 말하고 무고함을 확인해 달라는 피해자의 호소(아벨의 피!)에 귀를 막는 일이기도 하다. 그것은 욥이 하나님에 대해서뿐 아니라 그와 하나님의 관계, 그의 고통과 하나님의 관계에 대해서도 올바르게 말했다는 확신

---

20 Volf, "The Final Reconciliation"을 보라.
21 Tran, *The Vietnam War*, p. 133n35.
22 두 가지 구조적 순간—악행을 밝힘과 그에 대해 악행자에게 죄를 묻지 않음—이 있는 용서에 대한 설명으로는 Volf, *Free of Charge*, pp. 127-224를 보라.

을 얻을 수 없게 만든다. 또한 욥의 친구들이 욥에게 일어난 일에 대한 자신들의 주장이 부당했음을 깨닫는 구속적 통찰을 얻지 못하게 가로막는다. 그것은 가해자들이 자신의 운명을 자책하는 장광설(가인의 불평?)를 늘어놓는 대신 자신의 악행을 있는 그대로 들여다보는 일을 막고, 그들이 회개하는 것(탕자가 "제정신이 들어서" "내가…죄를 지었습니다…나는 더 이상…자격이 없으니"라고 말하는 것)도, 어느 정도의 보상을 하는 것("나를 품꾼의 하나로 삼아 주십시오"라는 탕자의 간청[눅 15:18-19, 새번역])도 불가능하게 만든다. "어떤 상황이었는지"와 "무슨 일이 있었는지" 알게 되는 것은 아직 구속이 아니지만, 그것이 없다면 구속은 거짓일 것이다. 자신의 삶에 대한 은혜로운 재서술은 그들의 실제 삶과 동떨어진 채 변화를 **가로막는** 서사적 이데올로기로 바뀔 것이다.

둘째, 트랜은 나의 "제한된 구속(救贖)과 현실주의"에 이의를 제기한다.[23] 참상의 기억이 "생각나지 않음"은 그 참상이 구속 불가능함을 시사한다고 보기 때문이다. 그러면 트랜은 참상이 어떻게 구속된다고 생각할까? 그의 대안은 하나님의 종말론적 심판이 우리가 살았던 삶 전체를 재구성한다는 에버하르트 윙엘의 제안과 비슷하다고 볼 수 있다. 윙엘은 하나님의 종말론적 심판에서 알려지게 될 우리의 모습이 바로 "그때까지 한결같았던 우리의 모습이 될 것"이라고 주장한다.[24] 아니, 어쩌면 위르겐 몰트만이 시사한 대로 좀더 대담하게, 하나님이 종말에 "만물을 새롭게" 만드셔서 전에 있었던 옛날 것이 하나라도 "없어지거나 사라지지 않으면서, 모든 것이

---

23   Tran, *The Vietnam War*, p. 163.
24   Eberhard Jüngel, *Death: The Riddle and the Mystery*, trans. Ian Nicol and Ute Nicol (Philadelphia: Westminster, 1974), p. 121.

새로워진 형태로 변한다"²⁵고 생각할 수도 있겠다. 트랜의 소망은 이보다 소박하다. 하나님은 우리 이야기들을 재서술하심으로써 용서하시고, "선을 위해, 회복을 위해" 우리 이야기들로 플롯을 짜서 그 이야기에 "일관성, 논리, 온전함, 플롯, 특성과 행위"를 부여함으로써 용서하신다.²⁶ 그러나 이 모든 일을 통해 하나님이 궁극적으로 우리에게 하시는 말씀은 그저 "참상에 대한 너의 기억은 너라는 사람의 전부가 아니다!"와 "너는 너의 죄보다 낫다"는 정도다.²⁷

이것은 우리가 소망하는 정도에 훨씬 못 미치는 구속, 대단히 제한된 구속이다. 참상의 기억이 나의 전부가 아니라는 것을 알려면 약간의 자기성찰만 있으면 된다. 자기성찰로 알 수 없다면 정기적인 정신과 상담이 효과가 있을 것이다. 내가 나의 죄보다 나은 존재라는 사실도 기독교의 기본적인 확신만 파악하면 알 수 있다. 내가 하나님의 피조물이라는 확신, 그러므로 나의 선함은 하나님의 모든 피조물이 그렇듯 나의 온갖 자기 왜곡에도 불구하고 근본적인 것이라는 확신 말이다. 이 두 지식을 아는 일에

---

25 Jürgen Moltmann, *The Coming of God: Christian Eschatology*, trans. Margaret Kohl (Minneapolis: Fortress, 1996), p. 265.

26 Tran, *The Vietnam War*, p. 164.

27 Tran, *The Vietnam War*, pp. 163, 165. 이런 어구들에서 트랜은 폴 리쾨르의 말을 되풀이한다. 리쾨르는 *Memory, History, Forgetting*, trans. Kathleen Blamey and David Pellauer (Chicago: University of Chicago Press, 2004), p. 493에서 이렇게 적고 있다. "용서의 표지 아래서 우리는 죄인이 범행과 잘못 이외의 다른 것도 할 수 있다고 여겨야 한다. 그는 행동의 역량을 회복할 수 있다고 여겨지고, 회복된 행동은 계속할 수 있는 역량으로 이어질 수 있다.…이 해방의 말을 공식화하여 뼈대를 추리면 이렇게 될 것이다. 우리는 우리의 행동보다 나은 존재다." 이 텍스트의 앞부분에서 리쾨르는 용서의 모든 것이 "행위로부터 행위주체를 분리할 가능성"(p. 490)에 달려 있다고 진술했다. 그런데 "우리는 우리 행위보다 나은 존재다"가 어떻게 그런 분리를 성취하는지 나는 모르겠다!

는 용서가 필요하지 않다. 물론 용서받을 때는 내가 나의 죄보다 나은 존재라는 것과 참상의 기억이 내 존재의 전부가 아니라는 확신을 분명히 얻게 된다. 그러나 하나님의 용서는 더 많은 일을 한다. 성경이 인간적으로는 불가능한 행위, 우리가 하나님의 용서에 부응해야만 이룰 수 있는 행위인 용서를 어떻게 묘사하는지 간단히 요약해 보자. 용서하실 때 하나님은 "죄를 인정하지" 않으시고(롬 4:8; 시 32:1-2), 죄를 "덮어 주시고"(시 85:2; 롬 4:7, 새번역), 악행을 "주의 등 뒤에 던지[시고]"(사 38:17), 죄를 "도말하[시고]"(사 43:25), 동이 서에서 먼 것처럼 죄과를 죄인에게서 멀리 치우시고(시 103:12) 죄가 "안개처럼 사라지게 하[셨고]"(사 44:22, 새번역), 우리 죄를 기억조차 하지 않으신다(사 43:25; 렘 31:34; 히 8:12; 10:17). 용서의 결과, 범죄자는 사라진다. 현실에서 사라지고 기억에서도 사라진다. 이런 하나님의 행위, 하나님이 사람에게 "너는 너의 죄 이상의 존재"라고 말씀하시는 수준을 훌쩍 넘어서는 행위가 있어야만 "행위(action)에서 행위주체"를 분리하거나,[28] 혹은—트랜이 의지하는 폴 리쾨르가 아니라 마르틴 루터의 용어를 사용하면—사람을 행위(work)에서 분리할 수 있다. 그리고 이런 분리가 바로 용서의 본질이다.[29] 우리가 한 일 또는 당한 일을 우리의 자아와 분리하는 **이 기적**이 우리가 저지르고 당한 악행, 더 이상 우리가 **아닌** 그 악행이 생각나지 않을 가능성을 열어 준다. '우리 죄는 더 이상 우리의 일부가 아니다'는 '우리는 우리 죄보다 나은 존재다'보다 훨씬 더 강력한 용서론이다.

셋째, 트랜과 나는 시간과 영원의 관계에 대해 의견이 다른 것 같다. 내

---

28 Ricœur, *Memory, History, Forgetting*, p. 490.
29 이런 용서론에 대해서는 Volf, *Free of Charge*, pp. 127-156를 보라.

가 볼 때, "하나님의 영원성"이 "시간의 끈질긴 팽창을 삼킬"[30] 것이라는 말은 옳지 않다. 시간의 팽창은 창조세계의 특성과 인간 의식의 구조에 본질적이다. 내 판단으로는, 시간의 팽창이 사라진다면 새 창조는 탈창조(de-creation)와 같을 것이다.[31] 인간이 경험하는 시간성의 변화가 없는 새 창조는 상상하기 힘들지만, 시간의 흐름―과거, 현재, 미래, 기억, 예기―은 피조물의 영원한 생명의 일부로 남아 있을 것이다. (**하나님의** 영원성이나 혹시 모를 시간성을 어떻게 생각하는가는 새 창조에서 시간과 **피조물**의 관계를 이해하는 것과 필연적 관계가 없다. 지금 우리가 매일 경험하는 것처럼, 하나님은 영원성의 관점에서 생각해야 마땅하지만 하나님의 영원성은 피조물의 시간성과 양립 가능한 것이 분명하다. 그러므로 새 창조에서 사정이 달라져야 할 이유는 없다.) 새 창조에서 인간의 기억은 우리가 그 세계에서 발견하는 다른 모든 인간적인 것과 함께 남아서 정화된다. (새 창조에 통합될 수 없는) 악행을 당하고 저지른 기억이 생각나지 않음은 기억의 종말론적 정화의 한 차원이다.

V

고난이 상상력과 기억을 포함한 우리 삶에서 어떤 역할을 하는지에 관한 수수께끼를 제시하면서 에필로그를 마무리하고자 한다. 이것은 모순으로 보이는 것을 함께 깊이 생각해 보자는 초청이다.

이 에필로그와 『배제와 포용』의 에필로그에서 내가 쓴 내용은 우리가 저지르고 당한 악행에 대한 새 창조에서의 기억을 설명하는 내 이론을 향

---

30 Tran, *The Vietnam War*, p. 137.
31 에버하르트 융엘, 위르겐 몰트만, 볼프하르트 판넨베르크를 비판적으로 다룬 논거가 궁금하다면 Volf, "Enter into Joy!"를 보라.

한 모든 반론을 잠재우기에 충분하지 않을 것이다. 나는 내 입장이 경쟁하는 다른 입장들보다 낫다고 생각하지만, 난점이 없다고 주장하지는 않는다. 하지만 내 경험상 나의 제안에 반대하는 대부분의 사람들은 내 생각이 신학적으로 방어하기 어려울 뿐 아니라 인간적으로도 **바람직하지 않다**고 본다. 그 이유는 잘 모르겠다. 내가 이 책의 본문에서 밝힌 것처럼, 인간관계에서의 (그저 '생각나지 않음'만이 아니라) 망각에 적극적으로 가치를 부여하는 일에 기독교 작가들이 저항감을 느끼는 것은 사실 역사적으로 볼 때 비교적 최근에 일어난 현상이다.[32] 그러나 망각에 대한 그런 적극적 가치 부여에는 늘 뭔가 "부자연스러운" 측면이 있었는데, "보복적" 도덕이 옳다는 생각을 전제하고 보면 망각에 대한 그런 저항감은 충분히 이해할 수 있다. 그런 저항감은 오늘날뿐 아니라 고대 세계에도 있었다. 『오디세이아』의 끝부분에는 집으로 돌아온 오디세우스가 그의 재산을 노리고 아내를 모욕하려던 자들에게 복수를 하는 대목이 나온다. 그 후, 제우스가 개입하여 오디세우스에게 아들 안티노오스를 잃은 에우피테스의 "잊을 수 없는 슬픔" 때문에 복수의 새로운 악순환이 시작되지 않도록 조치를 취한다. 오디세우스의 명예가 회복되자, 제우스는 이렇게 촉구한다. "양편이 굳은 맹약을 맺어 그가 평생 다스리게 하라./ 그들이 아들들과 형제들이 당한 살육을 잊게 해 주자꾸나. 그들이 친구가 되고/ 이전처럼 서로 헌신하게 하자. 그들의 땅에 부와 평화가 충만하게 해 주어라."[33] 루이스 하이드

---

32 이 책에서 나는 내가 제안하는 종류의 "망각"을 옹호하는 과거의 위대한 신학자들 몇몇의 사례를 제시한다.

33 Homer, *The Odyssey*, trans. Robert Fagles (New York: Penguin Books, 1996), book 24.

는 이 구절을 두고 이렇게 적고 있다. "여기서 필요한 망각은 인간이 아니라 신들이 만들어 내는 것이다. 마치 호메로스 시대에는 불화를 망각하는 것이 인류에게 아직 생소한 기술이었던 것만 같다."[34]

'생각나지 않음'이라는 제안에 대한 저항감을 설명하는 데 도움이 될 만한 또 다른 비신학적 이유는 우리가 자신의 정체성을 상상하는 방식이 변했기 때문일 수도 있다. 오늘날 많은 이들이 전제하는 암묵적 정체성 이론에서는 내러티브가 결정적 역할을 한다. 우리가 누구인지를 상당한 정도로 결정하는 요인은 우리의 이야기―우리에게 어떤 일이 벌어졌고, 우리가 어떤 일을 했으며, 우리가 한 일과 "고난들"을 어떻게 경험하고 자아상에 통합해 냈는가에 대한 모종의 내러티브―라는 것이다.[35] 맥아더의 "새 창조 안에서의 기억"(Memory in the New Creation)은 주로 개인 정체성 이론의 관점에서 나의 제안을 비판한다. (이 논문은 『기억의 종말』이 출간되기 전, 즉 내가 우리 삶의 중요한 사건들이 "생각나지 않음"과 정체성 사이의 관계를 일관된 방식으로 분명하게 설명하기 전에 나왔다.)[36] 나는 『기억의 종말』 본문에서 우리가 자신이 저지르거나 당한 악행이 떠오르지 않는 기억을 가진 존재로 자신을 이치에 맞게 생각할 수 있음을 보여 주었다고 믿는다.

---

34 Lewis Hyde, *A Primer for Forgetting: Getting Past the Past* (New York: Farrar, Straus & Giroux, 2019), p. 337.
35 여기서 내가 개인 정체성에 관해 쓴 내용은 내러티브 정체성에 대한 철학적 이론 중 어떤 하나의 요약이 아니라, 내가 보기에 우리가 정체성을 드러내고 경험하는 방식이라 여겨지는 것을 대략적으로 묘사한 것이다. 몇 가지 최근의 제안들에 대한 논의로는 Janna Kelly Gonwa, "The Singular Individual: Particularity and Selfhood before God" (PhD diss., Yale University, 2020), pp. 128-194를 보라.
36 유감스럽게도, 이 책을 처음 집필할 당시에 나는 맥아더의 박사학위 논문을 알지 못했다.

정체성에 관한 나의 논증에 설득된 사람들 중에도 일부는 변함없이 ['생각나지 않음'이라는] 이 제안을 반대하거나 거북하게 여긴다. 나의 논지를 놓고 많은 사람과 대화를 나누면서, 나는 우리가 당하거나 저지른 악행이 생각나지 않아도 개인적·사회적 피해가 전혀 없음을 설령 증명할 수 있다고 해도, 많은 사람이 여전히 그 기억들을 간직하고 싶어 할 것 같다는 느낌을 받았다. 그들은 그런 기억을 놓아 보내는 일을 상실로 경험할 것이다. 내게 그것은 수수께끼다. 우리는 악행을 당한 기억, 고통을 겪은 기억을 간직하는 일에 왜 그렇게 마음을 쏟을까? 자신이 악행을 당한 기억에 대해서는 특히나 애착이 강한 것 같다. **자신이 저지른** 악행과 **초래한** 고통을 기억하는 데는 그만큼 집착하지 않는 듯 보인다. 우리 대부분의 경우, 존 던을 따라 이렇게 기도하는 일이 그리 어렵지 않을 것이다. "오, 당신의 오롯이 값진 피와/ 저의 눈물로 천상의 레테 강물을 만드소서./ 그리고 그 강물에 제 검은 죄의 기억을 익사시키소서."[37] 하지만 우리의 몸과 영혼이 입은 공격이 우리 자신에게든 다른 누구에게든 종국에는 생각나지 않게 되기를 바라는 일은 그보다 더 힘들 것이다. 우리는 왜 자신의 지난 고통에 그토록 열렬히 매달리는 것일까?

오늘날 많은 사람들이 깊은 생각 없이 받아들이는 번영의 삶—숙고해 보면 많은 이들이 거절하게 될 삶—의 비전은 고통이 없고 쾌락이 풍성한 삶이다. 많은 사람들이 사실상 이런 삶을 원하고 바람직하게 여긴다.[38] 그리고 우리 중 많은 사람은 니체의 "마지막 인간"의 약간 순화된 형

---

[37] John Donne, "Holy Sonnet 9", in *The Norton Anthology of English Literature: Major Authors*, 5th ed., (New York: Norton, 1987), p. 615.
[38] 번영하는 삶에 대한 이 널리 퍼진 생각은 다양한 공리주의에서 철학적으로 세련된 방식으

태다. "'우리는 행복을 발명했다.' 마지막 인간은 그렇게 말하고 눈을 깜빡인다.…이따금씩 약간의 독을 먹는다. 그러면 즐거운 꿈을 꿀 수 있다. 그리고 마지막에는 다량의 독으로 즐거운 죽음을 맞는다."[39] 쾌락을 중심으로 조직화된 사회를 그린 올더스 헉슬리(Aldous Huxley)의 『멋진 신세계』(Brave New World)에 대한 현대인들의 반응은 많은 것을 말해 준다. 그 텍스트는 디스토피아를 보여 주지만, 유발 하라리가 올바르게 지적한 대로, 현대의 독자들은 "그것이 정확히 왜 디스토피아 소설인지 파악하는 데" 애를 먹고 있다.[40]

번영하는 삶을 구성한다고 여겨지는 즐거움의 배후에는 고통과 고난이라는 부정적 배경이 있다. 하지만 대체로는 고통과 고난을 피하는 것이 즐거움을 경험하는 것보다 더 중요하게 여겨지는 경향이 있다. 만약 우리가 "천국으로 가는 길은 언제나 지옥의 쾌락을 통과한다"거나 고통과 즐거움, 불행과 행복이 "함께 자라거나…함께 성장을 멈추는 자매, 또는 심지어 쌍둥이"[41]라고 믿는다면, 더 큰 쾌락과 행복을 얻기 위해 더 큰 불행과 고통을 받아들인다는 니체의 명제를 거부할 가능성이 높다. 우리는 고난은 없어야 한다고 생각하는 경향이 있다. 고난받는 사람에게는 고난의 결과로

로 표현되었다(John Stewart Mill, *Utilitarianism*을 보라). 『공리주의』(현대지성).

[39] Friedrich Nietzsche, *Thus Spoke Zarathustra*, trans. Walter Kaufmann (New York: Viking, 1966), p. 17. 니체의 "마지막 인간"에 대해서는 Miroslav Volf, *Flourishing: Why We Need Religion in a Globalized World* (New Haven: Yale University Press, 2019), 에필로그를 보라.

[40] Yuval Noah Harari, *21 Lessons for the 21st Century* (New York: Spiegel & Grau, 2018), p. 257. 『21세기를 위한 21가지 제언』(김영사).

[41] Friedrich Nietzsche, *The Gay Science*, trans. Walter Kaufmann (New York: Vintage Books, 1974), #338. 『즐거운 학문』(책세상).

어떤 유익도 주어지지 않는다고 보는 것이다. 우리는 니체 당대의 사람들과 그리 다르지 않다. 니체의 과장된 불평에 따르면, 그들은 "고통을 **생각**하는 것만으로도…전 존재에 대한 비난"이라고 여긴다.[42] 고난은 궁극적 부정성의 구체적 형태다.

이 모든 즐거움 추구와 고난 회피에도 불구하고, 우리는 자신의 고난이 제거되기만을 바라는 게 아니라 그것이 **인정받기**를 원한다. 고난에서 자유로워진 후에는 자신이 고난을 당했다는 사실이 인정받기를 원한다. 우리는 자신의 크고 작은 비극들이 결코 잊히지 않고, 언제나 기억되기를 간절히 바란다. 그러나 고난의 인정이 왜 우리에게 그렇게 중요한 걸까? 우리는 왜 고난의 **영속화**를 갈망할까? 이것은 수수께끼다.

고난의 영속화, 말 그대로 고난을 영원한 것으로 만드는 것에 관해 말하자면, 제2차 세계대전 이후로 최고의 기독교 신학자들 중 일부는 **하나님의 고난**을 긍정하는 것이 반드시 필요한 일이라고 믿게 되었다. 물론 이 생각은 성육하신 말씀, 삼위일체의 제2위이신 예수 그리스도와 이어져 있고, 19세기 독일 철학의 거물 게오르크 빌헬름 프리드리히 헤겔(Georg Wilhelm Friedrich Hegel)이 성금요일의 사건들을 이해하는 방식과도 이어져 있다.[43] 이들의 주장의 한 가지 논증은 다음과 같다. 만약 하나님이 예수 그리스도 안에서, 특히 그분의 십자가 죽음 안에서 하나님이 참으로 누구신

---

42 Nietzsche, *The Gay Science*, #48.
43 헤겔의 성금요일 이해에 대해서는 다음을 보라. Eberhard Jüngel, *God as the Mystery of the World: On the Foundations of the Theology of the Crucified One in the Dispute between Theism and Atheism*, trans. Darrell Guder (Grand Rapids: Eerdmans, 1983), §7.2.

지 계시하신다면, 하나님의 영원한 생명 안에는 예수 그리스도께서 감당하시도록 보냄을 받고 기꺼이 순복하신 고난에 상응하는 어떤 것이 있음이 분명하다. 이런 이유로 한스 우르스 폰 발타자르는 삼위 하나님의 영원한 관계 안에 있는 "미리 치른 희생"에 대해 말하고, 보다 구체적으로는 성자의 발생, 즉 성부로부터 나심이라는 고난에 관해 언급한다.[44] 이 첫 번째 논증과 관련된 또 다른 논증은 다음과 같다. 하나님은 예수 그리스도 안에서, 특히 그분의 십자가 죽음 안에서 사랑으로 계시되셨고, 사랑의 본질은 타자를 창조하고 그와의 교제를 추구하는 것이다. 위르겐 몰트만은 이 두 가지 표현—창조와 교제 추구—모두 하나님의 사랑이 불가피하게 고난을 포함하고 있음을 주장한다.[45] 나의 박사학위 논문 지도 교수였던 몰트만의 신학에 나는 큰 빚을 지고 있다.

분명한 사실에 주목하라. 이러한 신적 고난은 세상의 고생에 공감하는 것—성경 텍스트에서 풍성하게 입증되는 주제—의 차원을 넘어서고, 하나님이 세상에 영향을 받아야만 압제받는 자들의 부르짖음에 귀를 기울이시고 그들의 고통이 마음에 새겨져서 도움의 손길을 내미신다는 주장 또

---

[44] Hans Urs von Balthasar, *Theo-Drama: Theological Dramatic Theory*, vol. 5, *The Last Act*, trans. Graham Harrison (San Francisco: Ignatius, 1998), p. 510. Hans Urs von Balthasar, *Theo-Drama: Theological Dramatic Theory*, vol. 3, *Dramatis Personae: Persons in Christ*, trans. Graham Harrison (San Francisco: Ignatius, 1992), p. 226도 보라. 여기서 그는 고난이 "[성자의] 신성에 심오하게 적절한 것이어야 한다"고 주장한다.

[45] Jürgen Moltmann, *The Trinity and the Kingdom*, trans. Margaret Kohl (Minneapolis: Fortress, 1981), p. 59. "창조세계가 존재하는 것은 영원한 사랑께서 창조를 통해 타자에게 자신을 주시기 때문이다. 창조세계가 존재하는 것은 영원한 사랑께서 교제를 추구하시고 자유로운 반응을 원하시기 때문이다. 그러므로 우리는 참으로 창조세계의 역사를 **신적 사랑의 비극**으로 봐야 하고 구속(救贖)의 역사를 **신적 기쁨의 잔치**로 봐야 한다."

한 뛰어넘는다. 발타자르와 몰트만처럼 생각하는 이들은 창조세계와 별도로 하나님의 존재 자체에 있는 고난과 창조 가능성의 조건이 되는 고난에 대해 말한다. **이런** 신적 고난에 대한 주장은 성경 텍스트 어디에서도 입증되지 않는다. 이것은 그리스도의 이야기로부터 **추론한 것**이고, 필수적인 것도 아닐뿐더러 강력하지도 않다. 이것은 린 톤스태드가 최근에 표현한 것처럼, 고난을 "하나님의 생명 안에 있는 한 사건으로" "신화화"하는 것에 가깝다.[46] 그러나 왜 그럴까? 하나님의 공감이면 구원의 동기로서 충분하지 않은가? [삼위] 하나님 간의 차이와 사랑의 실재가 고난 없이는 생각할 수 없는 것이라고 보는 이유가 무엇일까? 사람은 자신의 고난을 인정받는 정도로는 부족하고 그것을 하나님의 고난으로 만들어 인증을 받아야 직성이 풀리기 때문일까?

나는 "삼위일체는 우리의 사회적 프로그램"(Trinity Is Our Social Program, 1998)이라는 논문에서 "춤을 추시는" 삼위일체 하나님의 사랑과 "고난당하시는"—수사적 강렬함은 떨어지지만 '공감하시는'이 신학적으로 더 정확한 단어일 것이다. 그리스도의 고난과 하나님의 고난을 혼동하지 않게 해 주기 때문이다—삼위일체 하나님의 사랑을 구분했다. 그리고 나는 하나님의 고난을 그분이 인간의 죄와 취약함에 구속적으로 개입하시는 것과 연결시켰다. "춤추는 사랑은 삼위일체의 위격들 사이의 내적 사랑이다. 고난받는 사랑은 **그 동일한 사랑**이 증오로 뒤덮인 세상으로 향한 것이다. 그 유사한 사랑이 인간에게서 나타나는 예를 찾자면, 첫째는 불안하고 불완전

---

46 Linn Marie Tonstad, *The Trinity, Sexuality, and the Transformation of Finitude* (New York: Routledge, 2016), p. 11.

한 상호성을 지니는 우리 최고의 사랑들에 담긴 [하나님의] 완전한 세상 사랑과 그 메아리다. 둘째는 동일한 사랑이 심각한 결함이 있는 지금 세상을 변화시키는 일에 참여하는 것이다."[47]

"태초의"(창조 이전의) 삼위일체의 생명과 사랑, 영광 가운데 있는 (새 창조 이후의) 삼위일체의 생명과 사랑에는 어떤 형태의 고난도 없다는 주장은 새 창조의 주민들의 눈물이 씻긴 채로 있어야 한다는 주장을 수반한다. 하지만 첫 번째 주장은 애초에 그 눈물을 초래했던 고난이 기억에서 더 이상 생각나지 않을 거라는 주장을 수반하지는 않는다. 그러나 이 두 주장 사이에는 조화를 이루는 부분이 있다. 피조물의 황홀하고 자기를 망각한 기쁨―하나님 안에 있고 하나님과 함께하는 기쁨, 서로 안에 있는 기쁨, 세상에 있는 기쁨, 과거와 현재의 선(善) 안에 있는 기쁨과 다가올 영광 안에 있는 기쁨[48]―과 하나님의 기쁨의 춤은 한 세트다.

---

[47] Volf, *Exclusion and Embrace*, p. 359(강조는 추가된 것).
[48] 이 마지막 문구 "과거와 현재의 선 안에 있는 기쁨과 다가올 영광 안에 있는 기쁨"에서는 니사의 그레고리오스가 옹호했던 미래의 삶에 대한 역동적 개념의 메아리가 나의 신학적 관점을 거쳐 달라진 음색으로 들려온다(이 책의 7장을 보라).

제임스 스미스와의 인터뷰

예일대 신학자 미로슬라브 볼프가 쓴 이 책의 중심이 되는 한 가닥의 기억은 그가 구유고슬라비아에서 경험했던 일들로 거슬러 올라가는데, 그는 거기서 전쟁과 폭력을 지척에서 목격했다. 심문을 당했던 기억은 그를 계속 따라다녔다. 하지만 그는 원수를 사랑하라는 그리스도의 명령에도 직면했다. 「코멘트」지의 편집장 제이미 스미스가 볼프와 함께 기억의 역학과 정의와 용서의 소망에 관해 대화를 나누었다.

스미스: 『배제와 포용』에서 교수님은 우리의 역사가 눈을 속이는 뒤틀린 거울과 같다고 지적하시면서, 우리가 이야기하는 역사들이 우리를 실제 모습보다 더 괜찮게 보이게 만든다고 하셨습니다. 그런 역사들이 "얼굴 주름 제거 성형술"을 해 준다고 표현하셨어요. 과거에서 기억하고 싶은 "해피 엔딩"의 완결성을 어지럽힌다는 이유로 우리가 근대의 "포용" 서사에서 편리하게 배제하는 사람들의 존재를 상기시켜 주신 대목이 특히 인상 깊었습니다. 그런 의미에서, 정의는 우리의 선별적 기억을 극복하는 것이라고

할 수 있을까요?

볼프: 복잡하고 중요한 질문입니다. 그 질문은 대부분 기억의 진실성이라는 문제와 이어져 있습니다. 저는 진실하게 기억하는 일이 기억함의 정의(定義)의 핵심이 되는 부분이라고 생각합니다. 제가 이 책에서 강조하는 내용 가운데 하나죠. 우리는 왜 진실하게 기억해야 할까요? 진실하지 않은 모든 기억은 불의한 기억이고, 사람들 사이에 폭력이 난무하는 위험한 관계와 관련된 경우에는 더욱 그렇기 때문입니다. 진실하지 않은 모든 기억은 정체성을 왜곡합니다. 이 진실함은 특정한 기억과 "실제로 벌어진 일과의 일치" 이상을 의미합니다. 또 다른 진실함이 있는데, 그것은 기억이 더 광범위한 기억함 안에 자리를 잡는 방식과 우리 정체성의 구축 및 다른 이들과의 관계 구축 안에 자리 잡는 방식을 통해 이루어집니다. 그리고 편집장님이 말씀하신 대로, 진실은 우리 실체를 폭로하기 때문에 감당하기 어려울 수 있습니다.

스미스: 그 말씀이 깊은 차원, 거의 개인적인 수준에서도 옳은 것 같습니다. 가족사도 이런 것이 펼쳐지는 장으로 생각할 수 있을 것 같군요. 교수님은 국가적 규모에서도 이 문제를 생각하고 계시지요. 구유고슬라비아에서 교수님이 직접 겪은 강렬한 경험이 영향을 준 부분도 있을 것 같습니다.

볼프: 저는 이것이 우리의 개인적 삶뿐 아니라, 자신 및 타인과의 관계를 이해하는 방식에도 적용된다고 생각합니다. 대인관계를 맺는 사회생활, 이를테면 가족생활과도 관련이 있습니다. 우리의 교회생활과도 관련이 있고요. 여기에는 전 세계 교회 안의 특정한 공동체인 우리 지역 교회의 역사를 어떻게 인식하는가가 포함됩니다. 더 나아가, 특정 교회 안에서의 관계뿐 아니라 교회들 간의 관계, 교회와 일반 사회와의 관계까지 포함됩니다.

기억의 문제는 우리가 우리 자신을 국가로서 해석하는 방식에도 작용합니다. 국가는 상상의 공동체이고, 그 상상력의 일부는 우리 공통의 과거와 관련이 있기 때문입니다.

이 모든 다양한 수준에서 우리는 기억의 여러 문제와 가능성을 만납니다. 저는 각 상황마다 약간씩 다른 방식으로 기억에 접근해야 한다고 생각합니다. 그렇지 않으면 특정한 각 영역의 특성에 충실하지 못할 것입니다. 다시 말해, 특정 영역의 특성은 기억하는 과정이 생겨나는 방식과 생겨날 수 있는 방식에 부분적으로 영향을 끼칩니다.

스미스: 그러니까 진실하게 기억하기의 역학은 우리가 여기서 어떤 규모나 영역이나 수준에 관해 이야기하는가에 따라 달라지겠군요. 같은 내용을 미시적 수준과 거시적 수준에서 재현하기만 하는 것이 아니라는 말씀이겠군요.

볼프: 편집장님의 질문에 대답하기 전에 보충설명을 좀 하겠습니다. 여기서 제 관심사의 일부는 기억의 문제가 단순히 인지적 문제, 그러니까 우리가 외웠거나 보았거나 경험한 것을 정확하게 재현하는 것만이 아니라는 것입니다. 기억의 **화용론**이라는 것이 있습니다. 우리는 기억함을 통해 언제나 뭔가를 **합니다**. 기억의 화용론은 종종 개인 차원의 내용과, 이를테면 국가 차원의 내용이 아주 다릅니다.

판단의 형성 과정과 관련해서도 중요한 차이점들이 있습니다. 제가 개인이든 공동체든 타인과 관계하는 한 사람으로서 기억하는 것은 공적 기억의 일부를 기억하는 것과 전혀 다른 일입니다. 공적 기억의 일부는 역사가에서 정치가까지, 그리고 그 사이의 모든 사람을 아우르는 더 큰 공적 대화의 중요한 부분입니다. 저는 그 대화에 참여할 수 있지만 제 목소리는 많은 소리 중 하나일 뿐이라 그 대화에 거의 영향력을 끼칠 수 없습니다. 저의 사적 기억은 공적 기억과 불일치할 수 있습니다. 어떤 시점에서는, 니체식으로 표현하자면 제가 '무리에 방금 합류했다'(이 문맥에서는 '공적 기억을 반성 없이 그냥 받아들였다'는 의미다—옮긴이)는 사실을 알게 될 수도 있지요.

스미스: 흥미로운 지적입니다. 모든 기억함이 동일하지 않은 것은 모든 기억함이 같은 일을 하지 않기 때문이지요.

『배제와 포용』의 한 대목에서 엘리 위젤의 말을 인용하셨지요. "기억 없는 정의는 불완전한 정의다." 여기서 기억함의 역학이 다시 나타납니다. 교수님은 그리스도인들에게 주어지는 명령도 언급하셨습니다. 그리스도인들은 "십자가의 그늘 아래 살아가기에 기억할 의무 아래 살아간다"고 말씀하셨지요. 이것은 대중문화의 단어연상 놀이와 비슷한 느낌인데요, 『배제와 포용』에서 이 문장을 다시 읽었을 때, 저는 수프얀 스티븐스(Sufjan Stevens)의 잊을 수 없는 앨범 "캐리와 로웰"(Carrie and Lowell)을 떠올리지 않을 수 없었습니다. 앨범에 수록된 노래 중에 귀에 꽂히는 이런 대목이 있습니다. "십자가 그늘 아래 그림자 따윈 없어." 물론, 우리는 십자가의 그늘 아래 산다고 할 수 있겠지만, 그렇다고 해서 잘못한 일을 늘 그냥 넘어갈 수 있는 것은 아닙니다. 오히려 십자가의 그늘 아래 있기 때문에 우리 자신의 실패를 직시하지 않을 수 없습니다.

그 부분에서 교수님은 교회가 진실하게 기억하는 문제도 거론하시는데요. 교회가 공적 실패를 기억하는 것은 어떤 모습으로 나타납니까? 우리가 그 일을 잘하나요? 저는 교수님의 동료인 윌리 제닝스(Willie Jennings)의 저작도 많이 읽었습니다. 그는 식민 지배와 노예제 등에서 교회의 역할에 대해 생각하지요. 그런 불의에 공적으로 공모했던 교회가 구속(救贖)적이지만 정직하게 기억하는 일은 어떤 모습으로 나타날까요? 솔직히 말해, 너무 광범위한 질문 같습니다만.

볼프: 저도 수프얀 스티븐스와 "십자가 그늘 아래 그림자 따윈 없어"를 간략하게 얘기할 생각이었습니다. 그의 말은 과장되었지만 일리가 있습니다. 그것은 거의 역설적 경험입니다. 십자가 그늘 아래에는 **폭로**도 있으니까요. 하지만 마르틴 루터의 표현대로 그것은 "날개 아래에서의" 폭로이고, 그 날개는 보호의 날개입니다. 그것은 우리가 자신의 과거로부터 달아날 필요가 없도록, 우리 죄를 드러내면서도 우리를 회복시키는 은총입니다. 빛이 우리에게 온전히 비추되 우리의 존재 자체가 그 빛으로 위협받지 않게 하는 은총입니다. 우리가 어떤 사람이었고 어떤 일을 했는지 기억하는 밝은 빛이 우리에게 비칠 때만 구원이 제대로 일어날 수 있고 용서가 참으로 주어지고 받을 수 있습니다. 『기억의 종말』에서도 말했지만, 저는 이런 맥락에서 십자가의 기억과 부활의 기억을 중요한 규제적 "메타"기억으로 봅니다. 이 기억은 우리의 기억하기를 자리매김하고 형성하는 동시에 진실하고 치유를 안겨 주는 기억하기를 가능하게 만듭니다.

십자가와 부활의 이 메타기억은 교회가 과거를 기억하는 방식에도 영향을 끼쳐야 마땅합니다. 교회가 잘 기억한다는 것은 과거의 아름답고 영광스러운 측면들만 기억하는 것이 아니라 추악한 사건들과 교회 역사에서 생생하게 이어졌던 길고 유독한 흐름들도 기억한다는 뜻입니다. 편집장님이 윌리 제닝스의 저작을 언급하셨는데, 그의 멋진 책 『기독교적 상상력』(*The Christian Imagination*)은 어떤 면에서는 올바르게 기억하기를 훈련하는 책입니다. 생각과 실천의 회심 비슷한 것이 일어나고 치유의 과정이 시작될 수 있도록 하기 위한 훈련 말입니다. 그리고 오늘날 미국의 인종 간

관계를 고려할 때, 우리에게는 치유가, 그러므로 올바르게 기억하기가 절실히 필요합니다. 요한 바오로 2세와 그가 생각한 교회의 "기억의 정화" 개념도 언급할 수 있겠네요. 다른 의견들도 있지만, 이 두 사람의 목소리는 교회의 과거를 바라보고 그 과거를 진실하게 서술하라는 아주 중요한 촉구입니다. 그렇게 하려면 우리가 저지르고/저지르거나 당한 악행, 누군가를 부당하게 대했거나 부당한 대우를 받은 일을 기억하는 고통을 불가피하게 짊어져야 할 것입니다.

오늘날 저는 요한 바오로 2세와 제닝스가 말하는 그런 기억의 정화와 기독교가 악에 공모했던 일을 무슬림들과 관련하여 서술하는 것이 중요하다고 생각합니다. 교회가 이슬람에게 한 일에는 추악한 면이 있습니다. 이슬람이 교회와 그리스도인들에게 한 일에도 분명히 추악한 면이 있습니다. 그러나 한쪽의 추악함이 다른 쪽의 추악함을 정당화하지는 못합니다. 저는 예일대 신학부 교수들이 "공통의 말씀"에 대한 "예일의 답장"으로 알려지게 된 답신을 작성한 때를 기억합니다. "공통의 말씀"["우리와 여러분 사이의 공통의 말씀"(A Common Word Between Us and You)은 2007년 10월 13일에 이슬람 지도자들이 기독교 지도자들에게 보낸 공개서한이다. '성경의 사람들아, 우리와 너희 사이의 공통의 말씀으로 나아오라'는 꾸란의 계명과 '하나님을 사랑하고 이웃을 사랑하라'는 성경의 계명에 따라, 무슬림과 그리스도인의 평화와 두 종교의 공통 기반을 확인하고 상호 이해를 높이자고 촉구한다—옮긴이]은 전 세계 주요 무슬림들이 서명한 문서로서, 이슬람에 대한 교황 베네딕토 16세의 도발적 강연에 응답하기 위해 작성된 것이었습니다. 예일의 답장(이 글은 당시 예일대 신앙과문화연구소 화해 프로그램의 책임자이던 조지프 커밍스의 재촉으로 작성되었습니다) 서두에서 우리 측은 기독교와 이슬람의 장구한 공통 역사에서 그리스도인들이 무슬림들에게 저질렀던 과거의 악행에 대해 용서를 구했습니다. 이 외에도 삼위일체, 하나님의 무조건적 사랑, 원수에 대한 사랑 등에 관한 많은 중요한 내용을 말했지만, 이 글에서 그리스도인들이 가장 격렬하고 비판적으로 반응한 대목은 바로 이 고백과 사과였습니다. "왜 사과를 하는 겁니까? 그들도 사과해야 하는 것 아닙니까? 그들이 사과하지 않는다면, 우리도 사과해서는 안 됩니다!" 이것은 마치, 그들이 잘못된 방식으로 기억하고 있으니 우리도 잘못된 방식으로 기억해야 한다는 말 같습니다. 그들이 잘못을 회개하지 않으니 우리가 회개하지 않는 것도 정당하다는 말 같습니다. 무슬림과의 관계에서는 도덕적으로 살고 그리스도를 따르는 일이 하나님의 명령이 아니라 정치적 협상에서 나올 수 있는 결과라는 말 같습니다. 그리스도의 명령을 따르기는 하겠지만, 그들이 똑같이 하도록 만든 다음에야 그렇게 하겠다는 겁니다!

스미스: 그런 상황에서 상호성은 실제로 비도덕적입니다. 적어도 기독교적이지 않은 것은 분명합니다.

볼프: 물론입니다. 나의 도덕이 다른 누군가의 도덕에 의존하게 둘 수는 없지요. 내가 회개하고 용서받기 위해서 내가 저지른 악행을 기억해야 하는 겁니다. 나는 내 악한 과거에서 멀리 떨어져야 하고 하나님이 내게 허물을 물으시는 일이 없게 해야 합니다. 다른 사람이 무엇을 하든 상관없이 말입니다. 바라건대, 자신의 실패를 인식하고 자신의 역사를 진실하고 겸손하게 잘 서술하는 능력은 다른 사람에게도 그렇게 하라는 초청이 될 것입니다. 다른 사람이 그렇게 하든 아니든, 나의 의무는 여전합니다. 그것은 하나님에 대한 의무이기 때문입니다. 솔직히 말해, 나 자신, 내 인간성에 걸맞은 삶에 대한 의무이기도 합니다.

스미스: 그것은 경제적이고 도구적인 목적을 염두에 두고 하는 일이 아닙니다. 상대가 똑같이 호응하지 않을 줄 알면서도 자신의 죄를 고백하고 회개하는 것은 일종의 십자가를 지는 것입니다.

볼프: 정확히 그렇습니다.

스미스: 어떤 점에서, 교수님이 『기억의 종말』에서 제시하는 여러 주장 가운데 논란의 여지가 큰 것은 우리도 우리 기억을 놓아 보낼 필요가 있다는 대목일 듯합니다. 그런데 교수님은 그 주장에 아주 중요한 조건들을 다셨습니다. "특정 지점이 지나서"와 "특정 조건 아래서" 그 기억들을 놓아 보낼 필요가 있다고 말입니다. 사실, 이것은 하나님의 행하심이고 은혜의 작용입니다.

그런데 그렇게 기억을 놓아 보내는 일―그런 무기억 또는 망각―이 그처럼 종말론적인 행위에 그칠까요? **너무 일찍** 망각하려 애쓰는 것은 과잉 실현된 종말론인 것일까요?

볼프: 저는 잊으려 **애쓴다**는 개념조차도 문제가 될 수 있다고 생각합니다. 제 요점은 망각이 우리가 자신이나, 그런 일이 없기를 바라지만, 다른 사람들을 대상으로 정하는 직접적이고 의도적인 목표라는 게 아닙니다. 제가 주장하는 것은 올바르게 이루어지는 망각―제가 선호하는 표현으로는 무기억과 "생각나지 않음"―은 성공적인 치유 과정에 따르는 결과이자 치유 과정의 최고 수준이라는 것입니다. 하지만 치유 과정에 있어서 기억하기는 반드시 필요합니다. 이런 치유―성공적 치유는 자신이 저지르거나 당한 악행에 대한 무기억을 낳습니다―는 하나님의 종말론적 새 창조 이전의 이곳에서도 예기적이지만 중요한 방식으로 나타날 수 있습니다.

이 일은 때때로 부부 관계나 형제자매 관계에서 일어납니다. 악행의 기억이 점차 뒤로 밀려날 때, 관계가 회복되고 아마도 새로운 깊이가 더해지면서 악행의 기억이 우리 감정을 지배하지 못할 때 이런 일이 일어납니다. 그러면 나를 부당하게 대우한 사람이 더 이상 가해자로 보이지 않습니다. 그 사람은 그의 악행 없이, 마치 문제의 악행이 발생한 적도 없는 것처럼 내 곁에 있습니다. 이런 종류의 무기억은 일시적 사건에 그칠 수도 있습니다. 나 또는 상대방의 마음속에서 "재발"이 일어날 수 있지요. 나는 유난히 심술궂고 수상쩍어하는 상태가 되어 무기억을 가져왔던 변화가 가짜일 뿐이라고 믿기 시작할 수 있습니다. 그러다 과거 속에 깊숙이 잠겨서는 묻혀 있던 쓰레기를 죄다 파낼 수도 있습니다. 혹은 변화가 실제로 가짜였던 것으로, 상대는 변하지 않았던 것으로 드러날 수도 있습니다. 그렇다면 내가 잊지 않는 편이 나을 것입니다.

    종종 우리가 어떤 일을 기억하는 이유는 악행이 반복될 수 있다거나 악행자가 악행을 제대로 인정하지 않았다고 우려할 만한 근거가 있기 때문입니다. 악행의 기억은 다양한 방식으로 우리에게 아주 중요한 역할을 할 수 있습니다. 그렇기 때문에 올바르게 기억하기는 치유와 화해의 조건이자 그에 따른 부속물이며, 치유와 화해가 완성되면 무기억으로 이어지게 됩니다. 왜 치유와 화해가 무기억으로 이어질까요? 우리에게나 우리를 부당하게 대우한 이들에게 기억을 독려할 만한 중요한 요인이 없어지기 때문입니다. 하지만 종말 이전의 이 세상에서는 모든 무기억이 부분적이고 불안정합니다. 충분히 이해할 만합니다. 사람들도 그들이 맺는 관계도 "불안정"하고 더 나빠지기가 쉽기 때문입니다. 사랑의 세상에서는 무기억이 완성되고 영속적일 것입니다. 적어도 저는 그렇게 소망합니다.

스미스: 무기억은 내가 **하는** 일이 아니라고 말하게 된다면 그것 자체가 은

총입니다. 만약 우리가 무기억을 위해 **애쓰고** 있다면, 그것은 아직은 자신이 그것을 받을 자리에 있지 않고, 그 시점에서는 아직 "놓아 보내"서는 안 된다는 신호라고 볼 수 있습니다. 그것이 선물로, 거의 망각하는 선물로 주어지는 자리에 이르러야 합니다.

볼프: 그렇지요. 우리는 화해를 위해 일하면 됩니다. 화해에는 기억하기가 필요하지요. 그리고 무기억은 저 알아서 하도록 내버려 두면 됩니다. 하지만 무기억의 가능성을 닫아 버리면 무기억은 일어나지 않습니다.

스미스: 피해자들의 부정적 반응은 없었습니까? 이런 내용이… 뭐랄까, 마치 과거를 적당히 덮어 버릴 수 있다는 말로 들릴 수도 있을 것 같아서 말입니다. 저는 지금, 예를 들면 캐나다 원주민들이 이런 종류의 설명을 어떻게 받아들일지 상상해 보고 있습니다. 만약 그들이 "쳇, 당신이야 쉽게 말하겠지"라고 한다면 뭐라고 대답하시겠습니까? 물론, 교수님이 그들에게 과거에 아무 일도 없었던 것처럼 가장하라고 요구하시는 것이 아님은 저도 압니다. 교수님은 기억을 놓아 보냄의 첫째 조건이 **올바르게** 기억하기라고 강조하시니까요. 피해자들이 "쳇, 이건 압제자의 특권이잖아"라고 생각한다는 느낌을 받아 보신 적이 있습니까?

볼프: 압제자들은 기억이 오래가지 않아야 유리합니다. 피해자들의 기억은 오래가지요. 저는 그것이 이해할 만하다고, 아주 당연하다고 생각합니다. 저는 오히려 가해자들이 잘 기억하지 못하는 것을 의심해야 마땅하다고 생각합니다. 앞에서 우리는 대인관계의 차원과 국가 차원에서의 기억함의 역학이 다르다는 얘기를 나눴습니다. 두 차원에는 무기억에 대해서도 그와 유사한 차이점이 있습니다. 저는 아메리카 대륙의 원주민들에게 식민 지배의 참화에 대한 무기억이 종말 이전에 주어지는 것을 상상할 수

없습니다. 1619년에 영국령 북아메리카에서 처음으로 노예들이 팔리면서 시작된 미국의 대서양 노예무역에 대한 무기억을 상상할 수 없습니다. 그로부터 지난 4세기 동안 이어진 노예제의 유산에 대한 무기억도 상상할 수 없습니다. 그런데 그런 잔혹행위에 대한 기억이 생생한 현실로 존재하는 "천국" 역시 상상할 수 없습니다. 그런 해악에 대한 생생한 기억은 "천국"을 망쳐 놓을 것 같아요. 하지만 『기억의 종말』의 핵심은 무기억이 아니고, 그것이 주된 내용도 아닙니다. 책의 원 부제는 올바르게 기억하기에 대해 말합니다. 그리고 1부는 올바르게 기억하는 일의 의미를 밝히는 데 전적으로 할애되고 있습니다. 아마 역설적으로 느껴지겠지만, 무기억은 올바르게 기억하기의 일부입니다!

대인관계 차원에서는 양상이 이와 다릅니다. 기억을 놓아 보내는 일과 관련된 어려움은 용서의 어려움과 유사합니다. 종종 사람들은 이렇게 말합니다. "글쎄요, 피해를 당한 이들에게 용서를 요구하는 건 너무 지나치지 않나요? 그들은 위해를 당했습니다. 그런데, 당신은 거기에 더해 그들에게 정의의 요구를 포기하고 기억까지 놓아 보내라고 말합니다. 그건 그들에게 그리 공정하지 않은 것 같습니다." 이에 대한 제 답변은 첫째, 하나님을 제외한 누구도 피해자에게 가해자를 용서하라고 요구할 수 없다는 것입니다. 그리고 사복음서에서 보듯이, 예수님은 우리에게 용서하라고 요구하십니다. 동료 그리스도인으로서 저의 역할은 다른 사람들을 용서의 길로 초청하는 것이고, 그들이 그 길에 나설 수 없다면 그 상황을 이해하는 것입니다. 용서는 은혜이고, 은혜는 선물입니다. 제 답변의 두 번째 부분은, 참으로 이상하게도 피해자들에게서 종종 용서하기를 **원하는** 모습이 관찰된다는 것입니다. 그들이 그렇게 하는 부분적인 이유는 용서가 권력의 행위이기 때문입니다. 부당한 일을 당한 사람들은 스스로를 옳은 편의 도덕적 주체로 자처하고, 가해자의 도덕적 지위가 자기 손에 달려 있다고 여깁니다. 가해자를 정의의 요구로부터 해방시킬 수도 있고 그것을 거부할 수도 있다는 신중하고 제한적인 의미에서 그렇습니다. 물론, 피해자가 **평화**를 원한다는 것도 용서의 이유입니다. 범죄는 우리 삶을 깊이 교란시킬 수 있고, 용서는 우리에게 자유와 평화를 줍니다.

기억을 놓아 보내는 일에도 비슷한 역학이 작용하는 것 같습니다. 종종 피해자들은 해방되고 싶어 합니다. 물론, 지혜로운 피해자라면, 가해자가 범죄를 되풀이하는 일이 절대 일어나지 않게 하고 싶을 것이고, 그 때문에 기억이 필요합니다. 그러나 피해자로서 우리는—1인칭 단수형으로 표현해 보면, 피해자인 저는—가해자가 사실상 거실에 저와 같이 계속 앉아서 과거의 악행에 대한 기억 속에서 처음부터 다시 저를 억압하고 분노로 저를 오염시키기를 원하지 않습니다. 기억한다는 것은 그런 가해자의 출몰에 자신을 노출시키는 일입니다. 적어도 저는 『기억의 종말』에서 말한 심문 이후 이런 일을 경험했습니다. 그 일이 벌어진 때로부터 5년 후, 저의 집 거실에 편안하게 앉아 은은한 조명 아래에서 음악을 듣고 있는데 갑자기 저를 심문했던 G 대위가 기억의 문을 통해 들어오는 것이었습니다. 저는 분노하여 그에게 묻습니다. "도대체 당신 지금 여기서 뭐하는 거요? **거기 있었던 것으로 충분하지 않은 건가? 누가 당신을 여기로 들였소?**"

자아와 관계가 치유되고 안전이 보장되는 등 상황이 달라졌을 때, 피해자인 저는 무기억을 **원했습니다**. 그리고 제가 기억을 놓아 보낼 수 있고 배경으로 밀어낼 수 있다는 것을 알게 되었습니다. 그런데 이것은 무기억의 의도적 측면입니다. 자신이 당한 (그리고 저지른) 악행의 기억을 붙들지 않기로 결심하고 자신이 무기억을 은혜로 경험하도록 허용하는 것입니다. 저는 무기억이 올바르게 이루어질 때, 피해자와 가해자 모두가, 그리고 우리의 전 세계가 혜택을 입는다고 생각합니다.

스미스: 이제 『배제와 포용』, 『기억의 종말』, 교수님의 이후 저서 『광장에 선 기독교』(IVP)를 잇는 다리를 놓아 보려고 합니다. 저서들에서 명료하게 드러나지 않은 연결선을 하나 그어 볼 수 있을까요? 예를 들면, 『기억의 종말』에서 저는 교수님이 성경적 기억, 출애굽의 기억, 그리스도 수난의 기억이 미래를 기억하고 있다고 지적하시는 대목이 참 아름답다고 느꼈습니다. 우리는 미래를 알기 위해 과거를 봅니다. 이것이 그리스도인들이 공동선에 기여할 수 있는 여러 방식 중 하나가 아닐까요? 잘 기억하는 법을 보여 주는 것 말입니다.

그리고 그 전에, 저는 기억과 관련하여 우리―그러니까 북미 사회―가 있는 자리에 대한 교수님의 문화적 평가가 궁금합니다. 교수님은 우리가 향수에 빠진 사회에 살고 있다고 보십니까, 아니면 기억상실증이 심한 사회에 산다고 생각하십니까? 하나의 문화적 경향으로서 우리의 기억 능력에 대한 교수님의 평가가 궁금합니다. 혼란스럽고 복잡한 내용이어도 괜찮습니다.

볼프: 기억과 관련된 많은 흐름들이 서로 충돌하며 흘러가고 있습니다. 한편으로, 저는 우리가 기억상실증이 아주 심한 사회에 산다고 생각합니다. 우리 사회가 기억상실증이라고 할 만한 상황에 있는 이유는 너무 빠르게만 살아갈 뿐, 과거와 미래에 상대적으로 거의 주목하지 못하고 현재에도 제대로 주목하지 못하기 때문입니다. 우리는 쪼그라든 현재 안에서 사는 것만 같습니다. 이 안에서 과거와 미래는 대단히 선별적인 정도에도 못 미

치고 최소화됩니다. 그와 동시에, 우리는 이 쪼그라든 현재에 제대로 존재하지도 않습니다.

스미스: 아, 그 점에 대해 잠시 말해도 될까요? 흥미도 있고 뜻밖이기도 해서 그렇습니다. 기억하실 겁니다, 우리가 처음 만난 2000년에 교수님은 칼빈 대학교에서 "모더니티, 포스트모더니티, 그리고 소망의 미래"라는 제목의 세미나를 인도하고 계셨습니다. 교수님이 우리에게 읽어 오라고 하신 텍스트 중 하나가 니체의 "삶에 대한 역사의 유익함과 해로움에 대하여"(On the Uses and Liability of History)라는 도발적인 글이었는데요. 저는 「코멘트」이번 호를 준비하면서 그 논문을 다시 읽다가 한 대목에서 깊은 인상을 받았습니다. "저기서 풀을 뜯는 짐승의 무리를 보라. 그것들은 어제와 오늘을 구분할 수 없다. 펄쩍펄쩍 뛰어다니고 먹고 자고 소화시키고 좀 더 뛰어다니고, 쾌와 불쾌라는 짧은 끈에 매여 매일매일 아침부터 밤까지 저런 모습으로 계속 살아간다."

우리 문화의 현대적 사고방식에 관해 방금 하신 말씀은 니체가 저 동물의 무리를 묘사하는 방식과 정확히 일치합니다. 녀석들은 지금 우적우적 먹는 데 완전히 빠진 탓에 기억하지 않고 소망하지도 않습니다. 이 묘사는 교수님이 지금 우리 문화의 특별한 부분으로 언급하신 내용과 관련이 깊은 것 같습니다.

볼프: 정말 그렇습니다. 지금의 문화의 또 다른 특성은 소셜 미디어의 편재성과 모든 것에 대한 디지털 기록의 편재성일 것입니다. 그러니까 잊을 수 없는 상황도 널리 퍼져 있는 것이지요. 우리의 개인사 전체, 당시에는 너무나 똑똑하고 멋지다고 생각했던 크고 작은 멍청한 언행과 보다 심각한 비행까지, 이 모든 것이 기록되고 지울 수 없는 채로 후대를 위해 보존

된다면 어떤 일이 벌어질까요?

우리에겐 망각할 권리가 있을까요? 회개하고 행실을 고치고 잘못을 바로잡은 이후에는 악행을 망각할 권리가 있을까요? 아니면 우리가 한 일이나 다른 이들이 우리에게 한 일에 영원히 매여 있는 것일까요? 작가로서 오로지 쓸 수만 있고 어떤 것도 삭제할 수 없다고 상상해 보십시오! 우리가 우리 인생의 책이고, 말하고 행한 그야말로 모든 것의 기록이라고 상상해 보십시오! 그리고 우리 인생인 이 책, 쓸 수만 있고 어떤 것도 삭제할 수 없는 이 책을 모두가 볼 수 있게 된다고 상상해 보십시오. 이제 우리가 말하고 행한 모든 것을 가지고 다른 사람들이 우리의 이미지를 내키는 대로 알아서 구성하고 지울 수 없는 그 자료를 자기들 마음대로 왜곡해도 우리는 어쩔 도리가 없습니다.

앞에서 언급한 대로, 저는 20대 후반에 심문을 당했습니다. 심문 과정에서 벌어진 일―최소한 제게 벌어진 일―은 저의 사적 대화를 녹음한 기록을 확보한 심문자들이 제 삶의 일부분을 알고 있었고, 그 정보를 끔찍하게 **왜곡했다는** 것이었습니다. 그들은 "넌 이렇게 말했어"라고 말할 수 있었고 그 말 자체는 옳았지만, 그것은 제가 하고 싶었던 말의 초안이라고 할 만한 것에 불과했습니다. 그들은 제가 한 말을 제가 어찌할 수 없었던 방식으로, 그 말을 했던 때의 저와 거의 상관이 없고 심문 당시의 저와는 더더욱 무관한 형태로 왜곡했습니다.

사회 전반에서 이와 유사한 일이 벌어지고 있는 것 같습니다. 우리는 자료의 다양한 조각들과 부분들에 주의를 기울이고 그것을 비틀어 버립니다. 우리의 정체성이 갑자기 무자비한 사람들의 손에 속수무책으로 넘겨집니다. 예를 들면, 사생활의 문제는 종종 감시의 문제만이 아니라 기억

및 정체성 구성의 문제입니다. 우리는 시간의 흐름 속에서 살아가는, 변화하고 오류가 있고 몸을 가진 피조물이고, 이런 존재로 살아가려면 모종의 무기억이 필요합니다. 무기억은 우리의 건강한 정체성을 위해서도 필요합니다. 우리의 관계에도 필요합니다. 어쩌면 우리의 공동체와 국가의 정체성을 위해서도 무기억이 필요할 것 같습니다.

또, 현대 세계에는 자아가 점점 더 취약해지고 있다는 인식이 있고, 그래서 안전을 향한 엄청난 갈망이 있습니다. 우리의 피부가 너무 얇아진 나머지 쉽게 상처를 입게 된 것 같은 상황입니다. 때때로 우리 과거의 기억들, 우리가 한 일이나 당한 일에 대한 기억들이 유리조각처럼 그 얇디얇은 피부에 닿아 깊은 상처를 입힙니다. 우리가 과거를 어떻게 기억하고 우리 정체성을 어떻게 만들어 갈지를 놓고 고통스럽게 분투해야 한다는 것이 놀라운 일이 아닙니다.

그래서 오늘날 기억하기의 여러 방식을 형성하는 다양한 흐름들을 봅니다. 그중에는 기억함을 북돋우는 흐름이 있는가 하면, 저해하는 흐름도 있고 왜곡하는 흐름도 있습니다. 저는 우리가 바로 이 혼란 속으로 들어가야 한다고 생각합니다. 우리는 폭력적인 세상에서 올바르게 기억하는 일의 의미를 밝힐 뿐(이것이 제가 『기억의 종말』에서 추구한 목표입니다) 아니라 우리가 기억하는 존재라는 말의 의미까지 보다 일반적으로 밝혀 주는 포괄적 이론을 가지고 혼란 속으로 들어가야 합니다. 어떤 기억이 우리의 인간됨에 걸맞을까요?

스미스: 기억에 대한 설명, 또는 기억하는 존재로서의 인간에 대한 "이론"이 필요하다고 말씀하셨습니다. 기억에 대한 대안적 이론도 내놓을 수 있을 것 같습니다. 그런데 하나님의 백성들이 공동선을 위해 제시할 수 있을

만한 기억하기, 망각하기, 소망하기, 투사하기의 **실천법**이 있을까요? 제가 궁금한 것은 이것입니다. 교수님이 제시하신 미래를 위한 기억함의 성경적 모델이 교회를 위한 공적 자세로 전환되는 것을 볼 방법이 있을까요? 교수님이 방금 언급하신 여러 도전들에 맞서 싸우고 있는 사회에 우리가 성경적 기억 모델을 선물할 방법은 무엇일까요?

볼프: 규모가 작은 공동체들과 개인들에게 그런 것을 줄 수 있는 방법에 대한 제 생각은 분명합니다. 예를 들어, 그리스도의 죽음과 부활의 기억이 그리스도인들에게 모종의 규제력을 가진 메타기억이 된다면, 우리는 기억을 둘러싼 구체적 분투 중에서도(지금까지 다뤄 온) 우리가 세례와 성찬의 예식을 만들어 가는 방식에 더 주목할 수 있을 것입니다. 그러나 이것은 그리스도인들과 기독교 공동체들을 위한 방법입니다. 우리는 다원화된 세계에 삽니다. 그래서 이것이 "국가적" 기억들을 다루는 방법의 모델이 될 수 있는지는 분명하지 않습니다. 이 부분에 대해서는 더 많은 연구가 필요할 것입니다.

스미스: 좋습니다.

볼프: 이와 유사하게, 저는 국가 차원의 공적인 용서, 사과, 화해에 대해서도 더 많은 연구가 필요하다고 생각합니다[댄 필폿(Dan Philpott)이 이 사안에 대해 중요한 연구를 수행했습니다만]. 요즘 우리는 자주 사과를 합니다. 그 횟수가 얼마나 많은지 사과가 아주 과장되고 다른 사람을 조종하는 일이 되어 버렸습니다. 공적인 용서, 사과, 화해라는 이 중요한 일들을 잘해 내는 방법이 그리 분명하지가 않은 것 같습니다. 우리는 개인 간이나 여러 사람 사이에서 사과와 용서를 실천하는 법을 더 많이 압니다. 공적 사과와 용서의 실천은 이보다 훨씬 더 이해하기 힘듭니다. 저는 기억에 대해서도 마

찬가지일 거라고 생각합니다.

"공적" 기억함에 관해서는 진실하지 않은 기억이 정의상 불의하고, 따라서 해로운 기억이라는 사실을 염두에 두는 것이 특히 중요합니다. 진실하겠다는 다짐은 기독교적 기억함의 이론에 근본적인 것입니다. 앞에서 저는 기억하기의 화용론에 대해 말했는데, 지금이 기독교적 기억하기의 두 번째 요소를 소개할 때인 것 같습니다. 그것은 사랑의 기억하기입니다. 누군가가 저지른 일이든 당한 일이든, 악행을 기억하는 목표는 사랑의 공동체, 또는 국가 차원에서 그와 유사한 것을 창조하는 데 있습니다. 이 두 가지가 올바르게 기억하기의 두 기둥일 것입니다. 이것들은 에베소서 5장의 사랑으로 진리를 말하라, 사랑으로 진리를 **행하라**는 명령을 기억에 적용한 것입니다.

스미스: 예. 그리고 너무 거창한 기대를 하지 않는 것이겠지요. 저는 교수님의 주장에서 어떤 조심스러움이 감지됩니다. 주저함은 아닙니다. 국가적 대화를 조성하는 것에 관한 기대치를 낮추고 보다 국지적 표현들에 초점을 맞출 필요가 있다는 신중함이 느껴집니다.

볼프: 예. 저는 우리가 거기에 초점을 맞춰야 한다고 생각합니다. 우리는 더 작은 공동체들에서 잘 기억하는 연습을 합니다. 우리의 기억함이 그리스도의 죽음과 부활로 빚어져야 한다면, 성찬에 계속 참여하는 것이 잘 기억하는 법을 배울 기회가 될 수 있습니다. 성찬은 우리의 일상적 판단과 심지어 일상의 지각까지 빚어낼 수 있습니다. 당연한 말이지만, 기억은 우리가 사건들을 경험하는 순간에 작용하니까요.

스미스: 그렇고말고요.

볼프: 물론 우리는 이것을 엉망으로 할 수도 있습니다. 예전에 참여하면서

도 원한과 분노를 키우고 그것을 후대에게 전하는 방식으로 기억할 수 있습니다.

스미스: 우리의 공동 기도와 예전이 비성경적 방식의 기억하기에 휘둘리도록 방치해 버릴 수 있지요. 그래서 우리는 자신이 속한 실천의 공동체와 기억하기의 레퍼토리를 찬찬히 살펴야 합니다. 방금 교수님이 말씀하신 것은 강력한 그림이니까요. 그것은 잘 기억하는 법을 배우기 위한 전례적 조건이고, 십자가와 성찬식을 통해 다른 방식으로 기억하고 따라서 세상을 다르게 보도록 훈련하는 방식입니다.

그런 배움과 훈련은 우리가 이 이야기, 교수님의 표현에 따르면 **앞을 향해** 기억함이라는 이 그림을 전수하는 실천의 공동체에 참여해야 받을 수 있습니다. 그러나 우리가 영화 〈브레이브하트〉에 나오는 모습처럼 무모함과 복수심에 불을 지르기 위한 기억함을 즐기는 대안적 공동 기도―우리는 그런 것에 아주 쉽게 끌립니다―의 포로가 된다면, 실제로 우리가 드리는 기도는 온갖 최악의 것들을 강화시킬 수 있습니다.

볼프: 그렇습니다. 우리는 삶의 가장 신성한 순간들에도 죄인입니다. 죄는 그토록 음흉합니다. 우리는 광명의 천사처럼 보이고 광명의 천사처럼 행동하지만 실제로는 암흑의 도구일 때가 있습니다. 그럼에도, 참된 빛은 빛으로 행세하는 어둠 속에서조차 빛납니다.

스미스: 그 부분을 **상기시켜 주셔서** 감사합니다! 대단히 통찰력 있는 지적입니다, 미로슬라브. 시간 내어 주셔서 정말 감사합니다.

감사의 말

이 책은 그림 그리기처럼 마무리하기까지 오랜(너무 오랜!) 시간이 걸렸다. 시작했다가, 다른 일에 밀려났다가, 다시 붙들고 씨름을 하다가, 한동안 미완성 상태로 다시 내버려 두기를 반복했다. 이제 "그림"이 완성되고 보니, 지난 8년 동안 이 책이 나올 수 있게 도움을 주신 모든 분에게 어떻게 다 감사를 드려야 할지 모르겠다. 그중에는 이런저런 식으로 책을 쓰라고 재촉한 분도 있고, 내가 이 주제로 생각하고 글을 쓸 때 의견을 나눠 준 분들도 있다. 여러모로 도와주신 분들의 이름을 일일이 떠올리는 것은 내 기억력이 허락하지 않는 일이다. 어떤 선행도 잊지 않으시는 분이 그분들의 착한 일을 기억해 주시기를 바랄 뿐이다!

나는 이 책의 여러 부분에 해당하는 내용을 여러 유명한 강연에서 발표했다. 내가 참여했던 강연들을 순서대로 나열해 보면, 듀크 대학교 신학부의 그레이 강연(Gray Lectures, 2001), 캘빈 칼리지의 스토브 강연(Stob Lectures, 2002), 프린스턴 신학교의 청년·교회·문화에 대한 프린스턴 강연(2002), 웨스트민스터 칼리지의 리드 강연(Reid Lectures, 2002), 글래스고

대학교의 로버트슨 강연(Robertson Lectures, 2003), 프린스턴 대학교의 레이놀즈 강연(Raynolds Lecture, 2004), 하버드 대학교 신학부의 더들린 강연(Dudlean Lecture, 2004), 세인트노버트 칼리지의 켈린 석좌강연(Kelleen Chair Lectures, 2006) 등이다.

이 책은 스토브 강연에서 발표했던 것보다 훨씬 많은 내용을 담고 있는데도, 어드먼 출판사가 캘빈 칼리지 및 캘빈 신학교와 공동으로 매년 출간하는 스토브 강연집 시리즈 중 한 권으로 나오게 되어 기쁘게 생각한다. 이 시리즈는 캘빈 신학교에서 오랫동안 저명한 철학 교수이자 도덕신학 교수로 활동했고 그 이전에는 캘빈 칼리지 철학 교수로 봉직했던 고(故) 헨리 스토브(Henry J. Stob)를 기리는 취지에서 펴내고 있다. 나는 스토브 교수님을 직접 뵌 적은 없지만, 내가 귀하게 여기고 여러 행복한 추억을 갖고 있는 학교에서 지난날 매우 중요한 역할을 하신 분과 내 책이 어떤 식으로든 관련을 맺게 되어 특히 기쁘게 생각한다.

나는 앞에서 거론한 강연과 별도로, 이 책에서 다룬 주제로 학계의 여러 장소에서도 강연을 했다. 미국 신학회 연례회의(2003), 미국 종교아카데미 연례회의(필라델피아, 2005), 사라예보 대학교, 베이징 대학교, 런민 대학교, 그리고 내가 가르치는 예일 대학교 신학부에서도 강연을 했다. 이 모든 강연에 참석해 주신 청중 및 대화 상대자들과 내가 미처 언급하지 못한 모든 분들에게도 진심으로 감사를 드린다. 그분들이 내가 생각에 집중할 수 있도록 도와주었고, 내 생각을 자극하고 문제를 제기해 주었다.

이 책을 쓰는 과정에서 많은 분이 도움을 주셨다. 피터 포리스트와 션 라슨은 연구보조를 맡아 주었고, 린 톤스태드는 원고에 대해 논평해 주었다. 예일 대학교 신앙과문화연구소의 우리 "팀", 조지프 커밍, 린다 리자드

레이더, 데이비드 밀러 박사, 크리스 셰런 박사, 트레비스 터커는 원고 전체를 가지고 나와 토론을 했다. 내가 그중에서 린다를 콕 집어 감사를 표한다 해도 그 멋지고 콧대 높은 집단의 누구도 섭섭해하지 않을 것이다. 린다는 원고를 더할 나위 없이 꼼꼼하게 읽은 후 타당하고 예리한 질문들을 던졌고 현명한 제안들도 내놓았다(명령도 내렸다!). 켄들 술런 교수는 이 책의 마지막 부분의 초기 원고를 읽고 비판적이고 유용한 지적을 해 주었다. 미국 종교아카데미에서 기억에 대한 내 발표에 논평을 해 준 세 분, 세라 코클리 교수, 니콜라스 월터스토프 교수, 마이클 와이스코그로드 교수에게 많이 배웠다. 보스턴 대학교의 힐렐 르바인 교수는 내가 쓴 내용에 값진 유대교적 관점을 더해 주었고, 화해를 실천함에 관한 본인의 비할 바 없는 경험을 이야기해 주었다. 내 담당 편집자 코니 건드리 태피가 없었다면, 원고는 지금보다 두 배는 읽기 어려웠을 것이다. 출판사에 원고를 넘기겠다는 약속을 수없이 어긴 터라, 존 포트 편집장은 내 원고를 영영 보지 못할 줄 알았을 것이다. 그의 부드럽고 끈기 있는 재촉과 편집 실력에 감사를 전하고 싶다.

    이분들 모두에게 엄청난 감사의 빚을 졌다. 인사를 전해야 할 사람이 또 있다. 원고를 보지도 못했고 앞으로도 내 책을 읽지 못할 사람이다. 소설『익명성』(*Anonymity*, 1994)의 저자 수전 버그먼(Susan Bergman)은 내게 심문받은 사연을 이 책에 집어넣으라고 제안해 주었다. 그녀는 내가 쓴 내용을 한 글자도 보지 못하고 2006년 초에 뇌종양으로 세상을 떠났다.

    이 책을 팀 콜린스에게 바친다. 50세 생일을 축하하네, 친구!

찾아보기

9·11 테러공격의 기억(memories of 9·11 terrorist attacks) 66, 76-77, 83, 85-87, 105

거짓/가짜 기억(false/faulty memories)
    거짓 증거로서의 136-137
    과 가해자와 관련해서 올바르게 기억함 33-35
    과 거짓기억증후군 77-78
    과 기억의 정당한 사용 106-108
    과 기억의 한계 73-75
    시간적 간격과 의도성 없는 부정확함 73-74, 94-95
    악행의 기억에 대한 피해자들의 왜곡 55-56, 93-95
    의도성 없는 윤색 73-75
    의 종 38-40
거짓 증거(false witness) 97-100
고통과 기억(pain and memory)
    43-47, 353-354
    과 기억과 감수성에 대한 아우구스티누스의 견해 45-47

과 억압 44, 51-53, 107, 110-112, 209, 222-223, 279
과 행복을 주는 망각 229-231
또한 '트라우마적 기억'을 보라.
공동체(community)
    와 신성한 기억 145-146
    와 악행을 기억하지 못함 182-183
    와 악행을 당한 기억 38-40, 181-185
    와 올바르게 기억하기 30-38
공적으로 기억함(public remembering) 38-40, 54-55, 307-310
『광장에 선 기독교』(A Public Faith, 볼프) 391
교회와 이슬람(church and Islam) 384-385
구속(redemption)
    과거의 68-72
    과 과거 경험을 의미 있는 미래로 통합함 264-271
    과 그리스도의 수난/죽음의 의미 268-271
    과 급진적 역사성 267-268
    과 기억해야 할 도덕적 의무

　　　　288-291
　　　과 올바른 기억 69-72
　　　과 최종적 화해 253-257
　　　과 통합을 거부하는 트라우마적 기
　　　　억 261-267
　　　구원의 본질 259-261
　　　내세의 영구성 257-259
　　　악행의 기억을 구속할 방법을 살핌
　　　　61-62
　　　에 대한 니체의 견해 68-69
　　　우리가 구속을 받는 여러 방식
　　　　251-271
　　　인격동일성과 무기억의 문제
　　　　274-288
『구속을 상상하다』(Imagining Redemption, 켈
　　시) 118
구원(salvation)
　　　과 니사의 그레고리오스의 환상
　　　　264-265, 267
　　　과 보호 58-60
　　　과 인정 53-56
　　　과 정반대로서의 기억 45-47
　　　과 치료 51-53
　　　과 피해자들과의 연대 56-58
　　　기억된 악행을 의미 있게 만드는 일
　　　　259-261
　　　의 본질과 구속 259-261
　　　또한 '행복과 기억'(well-being and
　　　　memory)을 보라.
구유고슬라비아(former Yugoslavia) 19-23,
　　38-40, 61, 134
『국가』(The Republic, 플라톤) 196-197
그로스, 데이비드(David Gross) 212 주42
그리스도(Christ)
　　　와 새로운 가능성 121-124

　　　와 새로운 정체성 118-121
　　　의 죽음 37-38, 161, 169-170,
　　　　268-271
　　　의 죽음과 기억의 영향 338-341
　　　또한 '그리스도 수난 이야기 기억하
　　　　기'를 보라.
『그리스도교의 훈련』(Practice in Christianity,
　　키르케고르) 242
그리스도 수난 이야기 기억하기(remembering
　　Passion narrative) 138-149, 162-181
　　　반목과 화해의 축 167-171
　　　압제와 해방의 축 164-167
　　　와 미래 146-147, 164-166, 178-179
　　　와 성찬 144-145, 162, 173-174
　　　와 용서 161-162, 175-176
　　　와 은혜 162, 171-172, 175
　　　와 피해자와 가해자의 화해
　　　　172-174, 178-179
　　　의 교훈 163-164, 174-176
　　　의 약속 171-174
　　　의 오용 138-141
　　　의 정체성을 형성하는 특성 143-145
　　　출애굽 기억과 공유하는 특성들
　　　　145-149
　　　출애굽 기억과의 차이 163, 171
　　　하나님에 대한 기억으로서의
　　　　148-149
『그리스도인의 자유』(The Freedom of a Chris-
　　tian, 루터) 265, 281-282
『기독교적 상상력』(The Christian Imagination,
　　제닝스) 383
기든스, 앤서니(Anthony Giddens) 284
『기억, 역사, 망각』(Memory, History, Forgetting,
　　리쾨르) 103
기억의 오용(misuses of memory)

과 기억의 도덕적 변덕 60-62
　　　과 진실함 106-108
　　　그리스도 수난의 기억 138-141
　　　본보기적 기억 132-136
　　　출애굽 기억 138-141
『기억의 윤리학』(Ethics of Memory, 마갈릿) 46
기억의 통합(integration of memories) 49,
　　　69-71, 114-117, 120-121, 261-271
기억의 호황(memory boom) 65-66
기억의 희석(fading of memories)
　　　209, 221-223
기억해야 할 도덕적 의무(moral obligation to
　　　remember) 288-297
　　　에 대한 반론/항변 89-92
　　　와 영원히 기억함 293-297
　　　와 용서/화해 290-291, 295-297
　　　와 정의 293-297
　　　와 주어진 사건에 대한 기억 289
　　　와 진실해야 할 의무 82-89
　　　와 타인에게 가해진 악행의 기억
　　　　289-290
　　　의 어려움 291-293

나치 독일(Nazi Germany) 40, 132-134
남아프리카공화국 진실화해위원회(South African Truth and Reconciliation Commission) 54-55, 307-309, 311 주1, 330
니사의 그레고리오스(Gregory of Nyssa) 191, 258, 264-266
니체, 프리드리히(Friedrich Nietzsche) 392
　　　고통스러운 기억에 대한 견해
　　　　44-45, 353, 374-375
　　　구제/구속에 대한 견해 68-69
　　　기억함/망각함에 대한 견해 211, 275
　　　약자의 증오에 대한 견해 332-333

　　　에 대한 프로이트의 찬사 225-226
　　　와 망각의 네 가지 의미 225-235,
　　　　248
　　　의 "마지막 인간" 373-374
　　　자아와 망각에 대한 견해 244
　　　정의에 대한 견해 161
　　　진실/진리에 대한 견해 79-80 주10,
　　　　365
　　　진실함과 기억의 올바른 사용에 대한
　　　　견해 107-108
　　　행복과 기억에 대한 견해
　　　　109, 374-375

닥터로(E. L. Doctorow) 66
단테 알리기에리(Dante Alighieri)
　　　가 바라본 하나님의 용서 194-203,
　　　　248-249
　　　망각과 기억에 대한 입장 194-203,
　　　　248-249
　　　와 구속 268
　　　와 복된 자들의 기억 201-203
　　　와 정의에 대한 관심 248-249
　　　와 죄/악의 기억 197-200
던, 존(John Donne) 373
『도덕의 계보』(The Genealogy of Morals, 니체)
　　　79-80 주10, 231-232, 353
도스토옙스키, 표도르(Fyodor Dostoyevsky)
　　　115, 115-116 주16
뒤 트와, 앙드레(André Du Toit) 54-55
들뢰즈, 질(Gilles Deleuze) 300

라너, 칼(Karl Rahner) 192
랭어, 로렌스(Lawrence Langer) 261-262
레비, 프리모(Primo Levi) 93
로크, 존(John Locke) 283-284, 284 주7

루터, 마르틴(Martin Luther) 369
    거짓 증거를 금하는 계명에 대한 견해 97-98
    그리스도인의 정체성에 대한 견해 281-283
    의 구속에 대한 설명 265-266
    이웃의 죄를 덮어 줌에 대한 견해 99, 239
    정의에 대한 견해 161
    정체성과 기억에 대한 견해 285
르완다의 집단학살(Rwandan genocide) 133, 335-336 주8
리쾨르, 폴(Paul Ricœur) 77 주9, 84-85, 103, 212, 277, 368 주27, 369

마갈릿, 아비샤이(Avishai Margalit) 46, 194
마르크스, 카를(Karl Marx) 20, 258, 313, 317
망각(forgetting) 189-216, 349-351, 360-362, 386-388
    과 기억 235-237, 236 주49
    과 기억의 희석 209, 222-223
    과 단테가 바라본 하나님의 용서 194-200, 248-249
    과 악행에 대한 무기억 204-206, 213-214, 269-270, 298, 300-304
    과 트라우마적 기억의 치료 218-225
    귀족적 231-235
    내세에서의 기억과 213-216
    동기적("억압") 221-223
    생각나지 않음에 대하여 208-210
    에 대한 의혹 205-206, 206-207 주36, 327-328
    역사적 226-228
    용서와 190-194, 237-244
    의 불가능성 393
    의 옹호와 니체 225-235, 248
    의 옹호와 프로이트 206 주35, 218-225, 244, 248
    의 옹호자들 217-249
    인류학적 211-212, 228-229
    키르케고르와 235-249
    행복을 주는 229-231
    또한 '용서'를 보라.
맥아더, 제인(M. Jane McArthur) 360, 372, 372 주36
맥팔레인, 알렉산더(Alexander C. McFarlane) 261
『멋진 신세계』(*Brave New World*, 헉슬리) 374
메츠, 요한 밥티스트(Johann Baptist Metz) 164-167
맥베이, 티머시(Timothy McVeigh) 59 주17
몰트만, 위르겐(Jürgen Moltmann) 122, 367, 370 주31, 376-377
무관심(indifference) 57-58
물레이슨, 제인 바터(Jane Barter Moulaison) 362 주14
미디어 문화와 기억(media culture and memory) 65-66
미라보 백작(Comte de Mirabeau) 231-232
미래 세계/내세(future world/world to come)
    와 그리스도 수난 이야기 146-147, 164-166, 178-179
    와 악행에 대한 무기억 213-215, 214-215 주43, 300-304
    와 출애굽 이야기 146-147, 158-159
    의 기억 37-38, 213-216, 300-304
    의 영구성과 구속 257-259

바르토브, 오머(Omer Bartov) 90-91
바르트, 칼(Karl Barth) 193, 303
바울(Paul) 28, 37, 107 주4, 119, 148, 161, 168-169, 179, 265, 286, 322, 337
바이츠제커, 리하르트 폰(Richard von Weizsäcker) 334-335
반 데어 콜크, 베셀(Bessel A. Van der Kolk) 261
『반시대적 고찰』(Unfashionable Observations, 니체) 44, 226-227
발타자르, 한스 우르스 폰(Hans Urs von Balthasar) 376-377
『배제와 포용』(Exclusion and Embrace, 볼프) 356, 358-360, 379, 382
베네딕토 16세(Benedict XVI) 384
『베풂과 용서』(Free of Charge, 볼프) 358
보호와 기억(protection and memory) 58-60
본보기적 기억(exemplary memory)
    과 있는 그대로의 기억 129-131
    을 이용할 성경적 틀 137-149
    의 교훈을 결정함 134-136
    의 시원찮음에 대한 설명 133-134
    의 오용/문제점 132-136
    의 적절한 사용 136-137
    또한 '출애굽 이야기 기억하기', '그리스도 수난 이야기 기억하기'를 보라.
볼프, 미로슬라브(Miroslav Volf)
    언제까지나 기억하겠다는 다짐 190
    와 가상의 화해 305-326
    와 가해자에 대한 사랑 38-40
    와 구속 266-267
    와 그리스도 수난의 기억 177-179
    와 기억과 정체성의 관계 50, 280
    와 기억의 통합 70-71
    와 무기억의 선물 204-205
    와 본보기적 기억의 시원찮음 133
    와 심문의 기억 19-30
    와 악행의 인정 53-56, 309
    와 올바르게 기억하기 30-40
    와 치료 53, 120-121, 123-124, 129
    와 타인에게 상처를 주어 자기를 치유하는 문제 129
    정의의 의무로서의 진실함 86-88
    진실함과 기억의 오용 107-108
    진실함과 신뢰할 수 없는 기억 56, 75
    학대에 대한 반응 이해하기 24-30
부팔란, 선더 존(Sunder John Boopalan) 360, 363-364
북아일랜드 내의 갈등(conflict in Northern Ireland) 134
브라이슨, 수전(Susan Brison) 112, 121-122
브로이어, 요제프(Joseph Breuer) 218-219
블랑쇼, 모리스(Maurice Blanchot) 116

사랑(love)
    과 거짓 증거를 금하는 계명 97-100
    과 용서/망각에 대한 키르케고르의 견해 237, 240-248
    과 정의 29-30, 245-247
    굴욕감을 해소하는 241
    으로 진실을 말함 97-100
    이웃/원수 26-29, 97-100
    자기애 243
『사랑의 역사』(Works of Love, 키르케고르) 236, 237-240, 243, 246, 345
사이더, 알렉산더(J. Alexander Sider) 362 주14
사전기억(prememory) 121-122, 146-147
"사회적 프로그램으로서의 삼위일체"(The

Trinity Is Our Social Program, 볼프) 359
사회주의(socialism) 20, 22
사후기억(postmemory) 121-122
살리에리, 안토니오(Antonio Salieri) 302-303
"삶에 대한 역사의 유익함과 해로움에 대하여"(On the Uses and Liability of History, 니체) 392
"새 창조 안에서의 기억"(Memory in the New Creation, 맥아더) 372
생각나지 않음(not-coming-to-mind) 208-210
  또한 '망각'을 보라.
서구 문화와 기억(Western culture and memory)와 30, 66-67
『선악의 저편』(Beyond Good and Evil, 니체) 107, 107 주4, 226
성경적/신성한 기억의 틀(frameworks of memories) 136-185
  과 공동체 145-146, 181-185
  과 미래 146-147
  로 구속적 사건들을 사용함 138-145
  의 역사적 오용 138-141
  의 정체성 형성적 특성 143-145
  하나님의 기억으로서의 148-149
  또한 '본보기적 기억', '출애굽 이야기 기억하기', '그리스도 수난 이야기 기억하기'를 보라.
성찬과 기독교적 기억(Holy Communion and Christian memory) 144-145, 162, 173
소망(hope) 117, 238
『소송』(The Trial, 카프카) 21, 325
수동적으로 기억함(passive remembering) 103-104

슈메만, 알렉산더(Alexander Schmemann) 173
스미스, 제임스(James K. A. Smith) 379-397
스티븐스, 수프얀(Sufjan Stevens) 382-383
시오랑, 에밀(Emil M. Cioran) 59
『신곡』(The Divine Comedy, 단테) 194-203
『신국론』(City of God, 아우구스티누스) 45-47, 192
『신의 도시』(City of God, 닥터로) 66
실버먼, 카자(Kaja Silverman) 114
실용적 기억(pragmatic memories) 103-106, 381
심판(judgment) '최후의 심판'을 보라.
심판의 날(Day of Judgment) '최후의 심판'을 보라.
십자가의 기억(memory of cross) 383

『아가 주석』(Commentary on Song of Songs, 니사의 그레고리우스) 191-192
아부그라이브 수용소 수감자 학대(Abu Ghraib detainees' abuse) 19, 26, 78
아스만, 알라이다(Aleida Assmann) 277 주2
아우구스티누스(Augustine) 45-48, 192, 362 주14
악(evil)
  과 단테가 바라본 하나님의 용서 197-200
  과 보호의 방패로서의 기억 58-60
  아우구스티누스가 말하는 두 종류 45-47
  의 승리 27-28
악행에 대한 무기억(non-remembrance of wrongs) 345-348
  과 그리스도의 수난과 죽음 269-271

과 기독교적 용서 295-297, 298
과 미래에 다가올 내세에서의 기억
  214-215, 214-215 주43,
  300-304
과 참혹한 악행의 기억 301-302
의 특성 204-206, 386
또한 '망각'을 보라.
악행자/가해자(wrongdoers/perpetrators)
  에 대한 관용 325-326
  와 관련해서 올바르게 기억함 34-38
  와 용서를 받아들임 310, 319-321
  와 피해자의 미래 관계와 그리스도
    수난의 기억 171-174, 177-179
  의 처벌에 대한 출애굽의 교훈
    156-157, 160 주3
  피해자가 가해자가 됨 59-60,
    128-129
『안티 크리스트』(Anti-Christ, 니체) 233
알박스, 모리스(Maurice Halbwachs) 145,
  182, 328
『어부의 신발』(The Shoes of the Fisherman, 웨스트) 25
억압(repression) 44, 51-53, 107, 111, 209,
  222-223, 279
  또한 '트라우마적 기억'을 보라.
『열여덟 편의 교훈적 강론』(Eighteen Upbuilding Discourses, 키르케고르) 236, 236
  주51, 239, 246-247
『영혼과 부활에 대하여』(On the Soul and the Resurrection, 니사의 그레고리오스) 265
예루샬미, 요세프(Joseph Yerushalmi)
  141-143
『오디세이아』(The Odyssey, 호메로스) 371
오리게네스(Origen) 258
『오성에 관하여』(A Treatise of Human Nature, 흄) 276
올바르게 기억하기(right remembering) 357
  '올바르게'를 정의함 31-32
  가해자와 관련해서 33-38
  악행을 올바르게 기억하기 335-345
  와 공동체 30-38
  와 기억의 불완전함 34-36
  와 기억하라는 사회적 촉구 30
  와 내면의 공간/시간 32
  와 십자가 358
  와 의도에 민감함 35-36
  와 잘못 기억하기의 문제 30-31
  와 화해 36, 37-38
  위한 적절한 틀 찾기 33-34
  피해자가 31-32, 36
『외상 스트레스』(Traumatic Stress, 반 데어 콜크, 맥팔레인, 바이사스) 261
요한 바오로 2세(John Paul II) 354, 384
용서(forgiveness)
  기독교 전통에서의 190-194
  기억을 놓아 보냄과의 연관성
    205-206
  단테가 생각한 하나님의 194-203,
    248-249
  와 기억해야 할 도덕적 의무
    289-291, 295-297
  와 망각 190-194, 238-244
  와 정의 245-247
  의 선물을 받아들임 310-311,
    319-321
  최종적 화해와 상호 포용
    254, 256-257
  또한 '망각'을 보라.
"우리 시대"(Nostra Aetate, 제2차 바티칸 공의회)
  140 주12

『웃음과 망각의 책』(The Book of Laughter and Forgetting, 쿤데라) 355
위젤, 엘리(Elie Wiesel) 127-128, 382
  과 기억의 구원의 능력 41-43, 51, 331
  과 망각에 대한 의심 206-207 주36
  과 영원히 기억해야 할 의무 293-294
  기억의 잠재적 오용에 대하여 61-62, 333-334
  보호의 방패로서의 기억에 대하여 58, 356
  참혹한 기억에 대하여 301-302
  홀로코스트의 기억 41-42, 43, 51, 61-62, 301-302
윌리엄스, 돌로레스(Dolores Williams) 170
『유대인의 역사와 유대인의 기억』(Zakhor: Jewish History and Jewish Memory, 예루샬미) 141-145
유월절(Passover Seder) 144, 162
"유혹자의 일기"(Seducer's Diary, 키르케고르) 43-44
융엘, 에버하르트(Eberhard Jüngel) 288, 367, 370 주31
은혜(grace)
  와 그리스도 수난 이야기의 기억 162, 171-172, 175
  와 기억해야 할 도덕적 의무 296-297
  와 최후의 심판 96, 253-256
의도(intentions)
  와 올바르게 기억함 35
  와 의도성 없는 윤색 73-75
『이것이냐 저것이냐』(Either/Or, 키르케고르) 166, 236, 236 주49, 286-288

이스라엘에서의 유대인들과 팔레스타인 사람들의 갈등(conflict between Jews and Palestinians in Israel) 134
『이야기해 그리고 다시 살아나』(Aftermath, 브라이슨) 112, 121-122
『일상생활의 정신병리학』(The Psychopathology of Everyday Life, 프로이트) 222
있는 그대로의 기억(literal memory) 129-131

자신이 당한 악행의 인정(acknowledgment of wrongs suffered) 53-56, 310
『자아의 원천들』(Sources of the Self, 테일러) 260-261
'정당한 전쟁론'의 기준(just war criteria) 136 주7
정의(justice)
  악행의 기억이 어떻게 이에 대한 믿음을 강하게 해 주는가 135-136
  와 고통스러운 기억에 대한 피해자들의 왜곡 55-56
  와 공적 기억 38-40
  와 기억해야 할 도덕적 의무 293-297
  와 원수를 사랑할 의무 28-29
  와 출애굽 이야기 156-157, 160-161
  응보적 29, 157, 160-162
  의 의무로서의 진실함 85-88, 106, 158, 380
정체성/자기동일성(identity) 372
  과 기억의 구원하는 능력에 대한 위젤의 믿음 51
  과 망각 275-277
  과 무기억 274-288
  과 신학적 지식에 근거한 자아 개념 281-283

과 악행에 대한 수동적 기억 105
　　　과 악행을 기억하지 않고도 우리가
　　　　자신일 수 있는지 여부 274-281
　　　과 치료 51-52, 104-105, 118-121
　　　과 하나님 282, 285, 287-288
　　　기억이 어떻게 이를 형성하는가
　　　　47-51, 105, 211
　　　서사적 276-277
　　　에 대한 인간의 전근대에서 근대로의
　　　　변화 283-286
제닝스, 윌리(Willie Jennings) 382-384
제임스, 윌리엄(William James) 74
죄책(guilt) 113, 245-247
"죽음의 푸가"(Deathfugue, 첼란) 83, 85-86
줄리언, 노리치의(Julian of Norwich) 347
즉각적인 기념물(immediate memorials) 66
즐거운 기억들(pleasurable memories) 43-44
진실하게 기억함(truthfulness in remembering)
　　　65-100
　　　과 거짓/가짜 기억 73-77, 106-108
　　　과 거짓 증거를 금하는 계명 97-100
　　　과 공간적/시간적 한계가 있는 개인
　　　　의 관점 80-82
　　　과 과거의 구속 68-72
　　　과 기억된 악행 65-68, 92-97
　　　과 기억의 사용(실용적인 면) 106-108
　　　과 기억의 오용 106, 108
　　　과 내적 치유 108-114
　　　과 사랑으로 진실을 말함 97-100
　　　과 심판의 날 96
　　　과 인정 55-56
　　　과 출애굽 이야기 158-159
　　　과 화해 88-89
　　　기억이 과연 진실할 수 있느냐는 질
　　　　문 79-82

　　　도덕적 의무로서의 82-92, 106, 158
　　　을 정의함 79-80
　　　의 위험한 주장 72-76, 89-92
『집단기억』(The Collective Memory, 알박스) 145

『차라투스트라는 이렇게 말했다』(Thus Spoke
　　　Zarathustra, 니체) 68-69, 233-234
참혹한 악행(horrendous wrongs) 115-117,
　　　301-302
『청결한 마음은 한 가지를 원하는 것이다』
　　　(Purity of Heart Is to Will One Thing, 키
　　　르케고르) 245-246
첼란, 파울(Paul Celan) 83, 85-86
최면 요법(hypnotic method) 221-225
최종적 화해(Final Reconciliation) 253-257
최후의 심판(final judgment) 96
　　　과 단테가 생각한 하나님의 용서
　　　　199
　　　사회적 사건으로서의 255
　　　은혜의 심판으로서의 96, 253-256
　　　을 통한 구속과 이행 253-257
　　　의 결과를 즐겁게 전용함 256
　　　의 특징 253-256
출애굽 이야기 기억하기(remembering Exodus
　　　narrative) 138-149, 152-162
　　　가 악행을 기억함에 대해 갖는 의미
　　　　158-160
　　　그리스도의 수난 기억과의 공통적
　　　　특성 143-148
　　　그리스도의 수난 기억과의 차이점
　　　　163-164, 171
　　　와 과거로부터 배움 160
　　　와 미래 146-147, 158-159
　　　와 압제받는 자들의 구출 152-155,
　　　　157-158

와 압제자들의 처벌 156-157,
      160 주3
   와 유월절 144, 162-163
   와 응보적 정의 156-157, 160-161
   와 진실함 158, 159
   와 치료적 기억 159
   의 교훈 152-161
   의 오용 138-141
   의 정체성을 형성하는 특성
      143-144
   하나님의 기억으로서의 148-149
치료/치유와 기억(healing and memory)
   51-53, 101-125
   과 가해자와의 화해 124-125
   과 구원 51-53
   과 그리스도께서 주시는 새로운 가능
      성 121-124
   과 그리스도 안에서 얻는 새로운 정
      체성 118-121
   과 니체 107, 109
   과 사회적 자아 124-125
   과 소망 117
   과 악행을 생애사로 통합함 114-117
   과 억압 44, 51-53, 107, 111, 209,
      221-223, 279
   과 인지적/실제적 기억 103-106
   과 정체성 50-53, 105, 118-121
   과 죄책으로부터의 자유 113
   과 진실함 106-114
   과 참혹한 악행 115-116
   과 출애굽 기억 159
   과 트라우마적 기억 51-53,
      111-114, 218-225
   과 프로이트 51-52, 107, 218-225
   과 행복 109-110

   심리치료 기법 51-52, 107, 108-109
      주5, 218-225
   또한 '행복과 기억'(well-being and
      memory)을 보라.
치료사/영적 지도자(therapists/spiritual derec-
      tors) 316-318

카라지치, 라도반(Radovan Karadžić) 309
카프카, 프란츠(Franz Kafka) 21, 325
칼뱅, 장(John Calvin) 192, 269, 347
캐루스, 캐시(Cathy Caruth) 111, 113
"캐리와 로웰"(Carrie and Lowell, 스티븐스)
   382
커밍스, 조지프(Joseph Cummings) 384
켈시, 데이비드(David Kelsey) 118, 121, 123,
   164, 359
코젤렉, 라인하르트(Reinhard Koselleck) 147
쿤데라, 밀란(Milan Kundera) 30, 81,
   355-356
키르케고르, 쇠렌(Søren Kierkegaard)
   기억과 망각에 대한 일반 이론
      235-237
   망각과 무에 대한 견해 303
   망각과 자아에 대한 견해 242-243
   망각의 옹호자 235-249
   사랑과 용서/망각에 대한 견해 237,
      240-248
   와 즐거운 기억 43-44
   용서받은 자의 소외 344-345
   용서와 정의에 대한 견해 245-247
   죄를 망각함에 대한 견해 237-245
   죄책과 시간의 경과에 대한 견해
      245-246

테일러, 찰스(Charles Taylor) 260, 284 주7

토도로프, 츠베탕(Tzvetan Todorov) 129-
  132, 134-135, 137
토마스 아퀴나스(Thomas Aquinas) 97, 270
  주21
톤스태드, 린(Linn Tonstad) 97 주23, 377
투투, 데즈먼드(Desmond Tutu) 307-308,
  311
"트라우마와 경험"(Trauma and Experience, 캐
  루스) 111, 113
트라우마적 기억(traumatic memories)
  과 사전기억 146-147
  과 억압 44, 51-53, 107, 111-113,
    209, 222-223, 279
  과 최면 요법 221-225
  과 통합을 거부하는 경험들 261-267
  기억하기 51-53
  의 치료와 망각 218-225
  통합/해석/새김 53
트랜, 조너선(Jonathan Tran) 360-361, 362
  주14, 364-369
트레이시, 데이비드(David Tracy) 258
트로이, 아브라함(Avraham Troy) 289-290
트루스, 소저너(Sojourner Truth) 27

『파우스트』(Faust, 괴테) 243, 286-287
『파이드로스』(Phaedrus, 플라톤) 267
폰 랑케, 레오폴트(Leopold Von Ranke) 226
푸코, 미셸(Michel Foucault) 365
프로이트, 지크문트(Sigmund Freud)
  218-225
  기억의 희석에 대한 견해
    209, 221-224
  와 관계/사회적 관계 224
  와 기억의 억압 107, 222-223
  와 망각 206 주35, 218-225, 244,
    248
  와 심리치료 요법 52, 107, 206-207
    주36, 218-225
  와 최면 요법 221-225
  자아와 망각에 대한 견해 244
플라톤(Plato) 196-199, 267
핑켈크라우트, 알랭(Alain Finkielkraut)
  133 주5

하라리, 유발(Yuval Harari) 374
하이드, 루이스(Lewis Hyde) 371-372
행복과 기억(happiness and memory) 109-
  110, 229-231, 300-302
행복과 기억(well-being and memory) 41-62
  과 기억의 잠재적 오용 60-62
  과 보호 58-60
  과 인정 53-56
  과 정체성 47-51
  과 치료 51-53
  과 피해자들과의 연대 56-58
  기억의 즐거움과 고통 43-47
  또한 '치료/치유와 기억'을 보라.
『향수』(Ignorance, 쿤데라) 30, 81
허구와 기억(fiction and memory) 83-84
헤겔, 게오르크 빌헬름 프리드리히(Georg
  Wilhelm Friedrich Hegel) 375, 375 주
  43
호프만, 마틴(Martin Hoffman) 344
홀로코스트의 기억(Holocaust memories)
  41-42, 43, 51, 61-62, 301-302
  과 망각에 대한 의혹 206-207 주36
  과 본보기적 기억의 문제 132-133
  과 통합을 거부하는 경험들
    261-264
『홀로코스트의 증언』(Holocaust Testimonies:

The Ruins of Memory, 랭어) 261-264
화이트, 헤이든(Hayden White) 260
화해(reconciliation)
    값싼 321-323
    에 대한 도덕적 의무 88-89
    에 보탬이 되는 방식으로 기억함 184-185
    와 가해자가 도덕적 책임을 받아들임 310-311
    와 가해자가 용서를 받아들임 319-321
    와 사랑의 교제 328
    와 올바르게 기억함 36-38
    저자가 상상한 305-326
    최후의 심판 이후의 323-326
회상/기억(recollection) 81 주12, 95-96, 235-237
흄, 데이비드(David Hume) 276, 284 주7
힘러, 하인리히(Heinrich Himmler) 90-91

옮긴이 홍종락은 학부에서 언어학을 공부했고, 한국해비타트에서 간사로 일했다. 2001년 후반부터 현재까지 아내와 한 팀을 이루어 번역가로 일하고 있으며, 번역하며 배운 내용을 자기 글로 풀어낼 궁리를 하며 산다. 저서로 『오리지널 에필로그』, 공저로 『나니아 나라를 찾아서』(이상 홍성사)가 있고, 역서로는 『그리스도인은 누구인가』(공역) 『덕과 성품』 『한나의 아이』 『예수님께 뿌리내린 삶』(이상 IVP), 『평화의 나라』 『폐기된 이미지』(이상 비아토르), 『실낙원 서문』 『오독』 『이야기에 관하여』 『영광의 무게』 (이상 홍성사), 『한밤을 걷는 기도』(두란노) 등이 있다. 2009 'CTK(크리스채너티투데이 한국판) 번역가 대상'과 2014년 한국기독교출판협회 선정 '올해의 역자상'을 수상했다.

기억의 종말

초판 발행_ 2016년 4월 14일
확대개정판 발행_ 2022년 6월 15일

지은이_ 미로슬라브 볼프
옮긴이_ 홍종락
펴낸이_ 정모세

펴낸곳_ 한국기독학생회출판부
등록번호_ 제2001-000198호(1978.6.1)
주소_ 04031 서울시 마포구 동교로 156-10
대표 전화_ (02)337-2257 팩스_ (02)337-2258
영업 전화_ (02)338-2282 팩스_ 080-915-1515
홈페이지_ http://www.ivp.co.kr 이메일_ ivp@ivp.co.kr
ISBN 978-89-328-1934-1

ⓒ 한국기독학생회출판부 2016, 2022

책값은 뒤표지에 있습니다.
무단 전재와 복제를 금합니다.